Ann F. Caron · Wenn Söhne Männer werden

Ann F. Caron

Wenn Söhne Männer werden

Ein Ratgeber für Mütter

Kösel

Übersetzung aus dem Amerikanischen von Rosemarie Altmann, Mainburg.

Die Originalausgabe erschien unter dem Titel »Strong Mothers, Strong Sons. Raising Adolescent Boys in the '90s« bei Henry Holt and Company, Inc., New York.

ISBN 3-466-30397-4
Copyright © 1994 by Ann F. Caron
© 1996 by Kösel-Verlag GmbH & Co., München
Printed in Germany. Alle Rechte vorbehalten
Druck und Bindung: Kösel, Kempten
Umschlag: Kaselow Design, München
Umschlagmotiv: The Stock Illustration Source/Mike Reed

1 2 3 4 5 6 · 01 00 99 98 97 96

*Gedruckt auf umweltfreundlich hergestelltem Werkdruckpapier
(säurefrei und chlorfrei gebleicht)*

Für meine Söhne
John, Peter, Paul und Mark

Inhalt

Dank

Als die Mütter in meinen Gesprächsgruppen mich zum erstenmal baten, ein Buch über heranwachsende Söhne zu schreiben, zögerte ich erst, weil ich mich selbst eigentlich mehr für ein besseres Verständnis zwischen Müttern und ihren Töchtern im Teenageralter interessierte. Nachdem ich jedoch angefangen hatte, diesbezüglich etwas zu forschen und viele Gespräche zu führen, war ich bald davon überzeugt, daß auch die Erfahrungen eines heranwachsenden Jungen von Müttern besser verstanden werden sollten und mehr Aufmerksamkeit verdienten. Deshalb bin ich auch den Müttern dankbar, die mich darum gebeten hatten, über Mütter und ihre Söhne ein Buch zu schreiben.

Zu ganz großem Dank bin ich vielen heranwachsenden Jungen verpflichtet, die ich für dieses Buch interviewt habe. Ihre Geschichten haben mir sehr geholfen, zu verstehen, was sie bewegt, antreibt, was ihnen Freude oder Sorgen bereitet und was sie belastet. Ich danke ihnen, daß sie mir ihr Vertrauen geschenkt und mir ganz detailliert ihre Gedanken und Gefühle geschildert haben.

Ich möchte mich auch bei den Verantwortlichen in den Schulen und bei den Leitern von Jugendzentren bedanken, die mir erlaubt haben, mit ihren Schülern und Jugendlichen zu sprechen. Außerdem danke ich den Lehrern und Betreuern, die ihre Schüler ermutigt haben, zu mir zu den Gesprächen zu kommen.

Als ich mit den Müttern sprach, bewunderte ich ihre Offenheit, über die Liebe und die Ängste, die sie gegenüber ihren Söhnen empfinden, zu reden. Ihre Ansichten spiegeln die Bedenken von allen anderen Müttern wider, die die Gegebenheiten kennen, denen die heranwachsenden Jungen in den 90er Jahren ausgesetzt sind. Ich danke ihnen für ihr Vertrauen und ihre Bereitschaft, mir ihre Erfahrungen, ihre Frustrationen und ihren Stolz auf ihre Söhne mitzuteilen.

Die Unterstützung, die ich von Freunden erhielt, hat mich angespornt, in den verschneiten Wintertagen durchzuhalten. Dabei habe ich vor allem die Ratschläge von Robin Loughman, einer freien Lektorin und Mutter von zwei heranwachsenden Söhnen, geschätzt. Sie war die »erste Leserin« dieses Buches und sagte mir ihre ehrliche Meinung, auf die ich mich verlassen konnte. Vielen Dank, Robin.

Danken möchte ich auch Molly Friedrich, meiner Literaturagentin, die meine Überzeugung teilte, daß dieses Buch über die Teenagerzeit wichtig ist. Sie hat mir geholfen, die Einzelheiten der Verträge und die Fachsprache des Verlagswesens zu verstehen, und ich danke ihr sehr dafür.

Meine Lektorin bei Henry Holt, Cynthia Vartan, hat mich ebenfalls angespornt, das Verhältnis zwischen Müttern und Söhnen zu erforschen, und ich danke ihr dafür, daß sie mir Mut gemacht und mir ihr Vertrauen geschenkt hat.

Meine Mutter Mildred, mein Bruder Cushing Fitzgerald, meine Schwestern Moira Collins und Sara Penn, deren Partner und Kinder haben mir immer wieder zugesprochen, wenn ich nicht mehr wußte, ob ich noch auf dem richtigen Weg war. Dafür möchte ich ihnen danken.

Ohne die Liebe meines Mannes John hätte ich nicht meine Träume verwirklichen können, die ich als Erzieherin und als Autorin hatte. Danke, John, für deine unermüdliche und bedingungslose Liebe und deine Unterstützung.

Meine Töchter Elizabeth und Cathleen haben die Zeit bis zur Veröffentlichung meines Buches als heranwachsende Töchter ganz gelassen ertragen. Ich liebe sie und möchte ihnen für ihre Ratschläge und ihre Zuneigung danken. Vor allem habe ich die redaktionellen Fähigkeiten und guten Ratschläge von Cathleen bei beiden Manuskripten geschätzt.

Als ich beschloß, ein Buch über heranwachsende Männer zu schreiben, habe ich mich mit jedem meiner Söhne über seine Jugendzeit unterhalten. Sie gaben mir bei den (manchmal stundenlangen) Telefonaten bereitwillig Auskunft und haben mich mit Begeisterung dabei unterstützt, das Mutter-Sohn-Verhältnis näher zu ergründen. Jeder meiner Söhne hat dadurch auf seine Weise zu diesem Buch beigetragen.

John und seine Frau Dede waren immer für mich da, um mich zu unterstützen. Vor allem hat mir John dadurch sehr geholfen, daß er mir seine Gedanken über die Entwicklung von heranwachsenden Männern mitteilte und mir erlaubte, Auszüge aus einem Brief zu zitieren, den er uns geschrieben hat.

Peter und seine Frau Jane haben alle meine Fragen bereitwillig beantwortet, als Peter sich an seine Erfahrungen in der Jugend erinnerte. Ich war sehr bewegt, als mir Peter mitteilte, daß er sehr froh sei, daß ich Ratschläge für die »nächste Generation« weitergeben wollte, zu der jetzt auch seine Tochter Madeline zählt.

Paul und seine Frau Andrea haben mein Manuskript mit den Augen von Eltern zweier kleiner Söhne – Joey und Frank – gelesen. Ich habe ihre Erfahrungen als Eltern und Pauls Ansichten über die Bedeutung des Sports für heranwachsende Jungen schätzengelernt.

Unser Sohn Mark und seine Frau Lisa beantworteten mir gern meine Fragen nach den Problemen von heranwachsenden Kindern, und Mark verhalf mir zu manch brillanten Einsichten – vor allem als ich über die Risikobereitschaft von Heranwachsenden schrieb.

Diesen wundervollen jungen Männern, unseren Söhnen, ist dieses Buch mit Liebe und Dankbarkeit gewidmet.

Einleitung

Ein Vater kam in eine Diskussion, die ich an der Schule seines Sohnes leitete, und fragte mich, warum ich mir als Gesprächsthema die Mütter und ihre heranwachsenden Söhne im Umfeld der Männerbewegung und des männlichen Bindungsverhaltens ausgesucht hätte. »Warum schreiben Sie nicht etwas über Väter und Söhne?« fragte er mich. Dieser Vater vertrat die übliche Meinung der Männerbewegung, daß nämlich Mütter Probleme bei ihren Söhnen bewirken, wenn sie ihre Söhne zu stark an sich binden. »Nimm den Schlüssel unter dem Kopfkissen deiner Mutter weg«, predigt Robert Bly seinen Anhängern mit dem Mythos vom Eisenhans: »Finde dein wahres Selbst in der Gesellschaft von Männern.« Starke Mütter, so warnt Bly, produzieren schwache Söhne.

Ich vertrete im Gegensatz zu Bly die These, daß die Mütter *viel* Einfluß auf ihre Söhne haben sollten. Obwohl die wichtige Rolle, die ein Vater bei der Entwicklung seines Sohnes spielt, nicht geleugnet werden darf, bin ich davon überzeugt, daß ein heranwachsender Sohn auch seine Mutter braucht. Eine frühe Loslösung von ihr verhindert geradezu die Suche eines heranwachsenden Sohnes nach seinem eigenen Selbst, anstatt sie zu fördern. Während Bly und andere eine Trennung von der Mutter und die Unabhängigkeit für den Sohn befürworten, verfechte ich die These, daß die *gegenseitige Abhängigkeit* voneinander der Schlüssel zu dem ist, wie die Männlichkeit der 90er Jahre charakterisiert sein sollte.

Ein Junge, der versteht, daß er andere Menschen genauso braucht wie die anderen Menschen ihn selbst brauchen (gegenseitige Abhängigkeit), wird dadurch zum Mann – und zu einem menschlich eingestellten Individuum. Er findet dieses Geheimnis nicht heraus, wenn er in die Wälder geht und dort auf eine Trommel schlägt oder seine Bindung an eine starke Frau löst. Ein Junge, aus dem ein Mann werden soll, entdeckt sich selbst, wenn er erkennt, daß er nicht allein auf der Welt ist, daß die Qualitäten sowohl von Männern als auch von Frauen geschätzt, unterstützt und anerkannt werden müssen – und genutzt. Diese Erkenntnis erhält er dadurch, daß er lernt, in einer Familie und mit Freunden zusammenzuleben. Seine Mutter schafft dafür die grundsätzlichen Voraussetzungen.

Jungen haben mir oft von ihrer Abhängigkeit von anderen erzählt (die meist nicht zugegeben wird), als ich sie für dieses Buch interviewt habe. Ich fragte sie nach ihren Müttern, ihren Vätern, nach ihrem Schulalltag und nach den Beziehungen zu den Nachbarn. Einige Jungen sprachen sehr selbstbewußt und selbstsicher über bereits geleistete Taten und ihre Lebensziele. Andere hatten damit Probleme, über ihr Leben und ihren Alltag zu sprechen. Einige waren Angeber und total von sich eingenommen. Andere bedauerten sehr die Abwesenheit ihres Vaters, und einige wenige konnten kaum ihre Gedanken artikulieren, weil sie durch übermäßigen Alkohol- oder Drogenkonsum schon stark beeinträchtigt waren.

Obwohl jeder Junge seine individuellen Erfahrungen und Hoffnungen erzählte, konnte ich dennoch viele Gemeinsamkeiten feststellen. Ein heranwachsender Junge wünscht sich, daß seine Mutter an ihn glaubt, sich ihm verbunden fühlt und ihm die Unterstützung gibt, die er braucht, um die Teenagerzeit erfolgreich zu bestehen. Während der Jugendzeit verändern sich seine Kommunikationsformen und Interessen, aber er wünscht sich weiterhin, daß ihm seine Mutter klare Richtlinien aufzeigt und ihm seinen individuellen Wert immer wieder bestätigt. Er will eigentlich keine Unabhängigkeit, sondern als Individuum anerkannt werden.

Als ich *Töchter werden junge Frauen* schrieb, war ich zum Teil sehr erstaunt über meine heranwachsenden Töchter, und ich wollte ergründen, was sich hinter unseren Gefühlen füreinander verbarg. Obwohl meine eigenen Söhne inzwischen längst keine Teenager mehr sind, haben mir die Interviews und das Schreiben über die verschiedenen Jungen sehr dabei geholfen, ihre Jugend besser zu verstehen. Bei den Gesprächen mit den Jungen ist mir

14

bewußt geworden, welch innerer Aufruhr das Leben der Heranwachsenden beherrscht, den auch meine Söhne sicherlich erlebt haben. Ich habe meine Söhne immer beim Wort genommen und habe nicht nach ihren verborgenen oder tiefen Ängsten oder nach nagenden Zweifeln gefragt. Jetzt weiß ich, daß es ganz charakteristisch ist für heranwachsende Söhne, ihre inneren Ängste oder Selbstzweifel ungern auszudrücken, was für die Mütter, die ihren Söhnen unterstützend beistehen wollen, sicherlich eine Herausforderung ist. Wenn Mütter nicht wissen, wie sich ihre heranwachsenden Söhne fühlen, wird es eine um so größere Herausforderung, sie durch diese Zeit zu begleiten, eine Herausforderung, die einige Mütter gern annehmen, während andere sie einfach ignorieren oder auch geradezu ablehnen.

Mich den heranwachsenden Söhnen zu widmen, hat mich kurzzeitig etwas verunsichert, als mich einige Frauen beschuldigt haben, ich würde dabei die Interessen von Mädchen und Frauen vernachlässigen. Aber ich habe das Gefühl, daß das Wohlbefinden und die Fortschritte von Frauen sehr stark an die Einstellungen gebunden sind, die sie von zu Hause mitbekommen. Wenn eine Mutter die Aufmerksamkeit ihres Sohnes darauf lenkt, daß er Mädchen schlecht behandelt, sie nicht respektiert oder sich nicht sensibel genug ihnen gegenüber verhält, dann bringt sie ihm damit bei, Respekt vor ihr selbst und auch vor anderen Frauen zu haben. Deshalb ignoriere ich nicht die Frauen, sondern bringe ihre Bedürfnisse, die sie dem männlichen Geschlecht gegenüber haben, damit erst recht zur Sprache.

Mütter wissen sehr genau, daß es Unterschiede gibt, ob sie Söhne oder Töchter erziehen. Trotz der gutgemeinten Bemühungen, die Unterschiede von Männern und Frauen zu verwischen, ist das Verhältnis zwischen Mutter und Sohn immer noch durch die verschiedenen Geschlechter geprägt. Eine Mutter in einer meiner Arbeitsgruppen meinte, daß sie sich Gedanken darüber gemacht hätte, ob man Jungen ähnlich wie Mädchen behandeln würde. Jetzt, wo ihr Sohn heranwächst, habe sie das Gefühl, sie mache sich etwas vor, wenn sie die grundsätzlichen Unterschiede zwischen ihrem Sohn und ihrer Tochter ignorieren würde.

Sie selbst war Einzelkind, und ihr Sohn ist ihr manchmal ein Rätsel.

Eine Frau mag sich vergleichsweise sicher fühlen, wenn sie eine Tochter hat, weil sie selbst erlebt hat, wie es ist, als Mädchen aufzuwachsen. Vielleicht will sie ihre Tochter nicht in derselben Weise erziehen, wie sie selbst erzogen wurde, aber sie versteht zumindest alle ablaufenden Prozesse und weiß, was es heißt, eine Frau zu werden. Sie kann auf ihre eigene Jugendzeit zurückblicken und die Vorstellungen ihrer eigenen Mutter akzeptieren oder verwerfen. Trotz der auftauchenden Fragen über neue Moralvorstellungen ihrer Tochter und deren Begeisterung für neue Möglichkeiten will die Mutter selbst ihre Bindung an die Tochter immer mehr verstärken.

Erziehen Mütter jedoch heranwachsende Söhne, die voller Testosteron, Energie oder Lethargie sein mögen – und womöglich alles gleichzeitig –, dann fragen sie sich, was da eigentlich abläuft. Eine Mutter gerät vielleicht in Panik, wenn sie Geschichten hört über sexuelle Eskapaden und die offen zur Schau gestellte Ablehnung der heranwachsenden Jungen für die eigene Sicherheit und das Wohlbefinden von ihnen selbst und anderen gegenüber. Sie hat vielleicht Zweifel, ob man, wenn man als Mann aufwächst, überhaupt jemals erwachsen wird. Und ihr selbst hat man erzählt, daß sich Mütter während der Pubertät ihrer Söhne zurückhalten sollten.

Mütter, die ihre Söhne hier nicht im Stich lassen wollen, möchten aber wissen, wie sie hier Brücken bauen und das Schweigen durchbrechen können, damit sie die Prozesse, die aus ihrem Jungen einen Mann machen, besser verstehen lernen. Eine Mutter wünscht sich, ihren Sohn so zu erziehen, daß er nicht nur erwachsen wird, sondern daß er auch seine eigenen Talente entsprechend ausleben kann. Können Söhne aber selbstsicher, stark und männlich sein und gleichzeitig lernen, ihre Gefühle auszudrücken und Mädchen und Frauen zu respektieren? Wie kann eine Mutter diese Persönlichkeitszüge ihres Sohnes fördern, ohne seiner Männlichkeit damit zu schaden? Einige Frauen verstehen unter »stark und maskulin« inzwischen männliche Dominanz und weibliche Unterwerfung. Ich glaube dagegen, daß man mit diesen Worten einen freundlichen jungen Mann beschreiben kann, der seine eigenen männlichen Eigenschaften schätzt mit allen physischen und geistigen Stärken, aber sich und seine zukünftige Partnerin als gleichberechtigte und verantwortungsvolle Individuen sieht, die sich beide gleichermaßen um die Kinder kümmern.

Solche jungen Männer stammen aus Familien, in denen sich die Eltern um das emotionale Wohlergehen der Kinder Gedanken machen, sie umsorgen und die ganz klar aussprechen, was sie für wichtig erachten. In vielen Familien gibt es sicherlich ökonomische und soziale Probleme, die unüberwindbar scheinen, aber trotzdem kann ein Kind – in diesem Fall ein Sohn – auch solche Bedingungen gut bewältigen. Und Mütter können dies sehr gut unterstützen.

Ich hoffe, daß die Jungen, Mütter und Experten, die in diesem Buch zu Wort kommen, Müttern helfen können, ihren heranwachsenden Sohn besser zu verstehen, und ihnen als Elternteil Selbstvertrauen geben. Wenn man Zeitung liest, den Fernsehapparat einschaltet, nur aus dem Fenster schaut oder die Gespräche des eigenen Sohnes miterlebt, hört und erlebt man oft Schaudergeschichten. Das Vertrauen einer Frau auf ihre eigenen Fähigkeiten, ihren Sohn erziehen zu können, wird ihm jedoch entscheidend helfen, die Zeit, bis aus ihm ein Mann wird, erfolgreich hinter sich zu bringen. Dieses Vertrauen sollte man sich nicht von der falschen Annahme nehmen lassen, daß Jungen im Teenageralter ihre Mütter nicht brauchen. Denn sie brauchen ihre Mütter, sie brauchen starke Mütter.

1

»Willkommen im Club«

Es ist ein Sohn!

Eine Frau lachte, als sie sich im Kreis von einigen Müttern, die über ihre heranwachsenden Söhne redeten, an die Geburt ihres eigenen Sohnes erinnerte. »Gratuliere«, hatte ihre Mutter am Telefon gesagt, »jetzt bist du Clubmitglied.« »Welcher Club?« fragte die frischgebackene Mutter. »Der Club der Mütter von Söhnen, was sonst«, meinte ihre Mutter lachend. »Mein ganzes Leben lang«, erzählte diese Frau weiter, »hat meine Mutter immer Seufzer ausgestoßen: ›Ach, die Mütter von Söhnen.‹ Sie wußte, daß sie eine spezielle Art von Beziehung zueinander hatten. Die Mutter meines Vaters hat ihn förmlich angebetet, sie hätte am liebsten den Boden unter seinen Füßen geküßt. Meine Mutter hat darüber immer spitze Bemerkungen gemacht.« Die Frau, die diese Geschichte erzählte, hat eine Schwester, aber keine Brüder, und hat nie ganz verstanden, warum sich ihre Mutter so fühlte, als sei sie aus »diesem Club« ausgeschlossen.

Wenn sie sich jetzt aber den fast erwachsenen Mann anschaut, ihren Sohn, denkt sie an die Kommentare ihrer eigenen Mutter. Wie hat sie sich selbst gefühlt, als er geboren wurde? Beeinflussen diese Gefühle auch heute die Art und Weise, wie sie ihn jetzt als heranwachsenden jungen Mann erzieht?

Jede Mutter reagiert ganz individuell auf ihr neugeborenes Kind, die Gefühle sind bei jeder Frau und bei jeder Geburt anders. Einige Frauen zeigen keine »speziellen« Reaktionen, wenn sie einen Sohn bekommen und hätten vielleicht lieber eine Tochter gehabt, die ihr für den »Rest des Lebens« nähergestanden wäre. Sie fühlen sich selbst unter Frauen vielleicht wohler und wissen gar nicht, wie sie mit einem männlichen Kind umgehen sollen.

Unter Umständen haben sie sich auch einen Sohn gewünscht, der den geliebten Vater ersetzen soll, oder um dem Ehemann eine Freude zu bereiten oder auch um ein Gleichgewicht in der Familie herzustellen.

In einigen Kulturen werden Söhne aus traditionellen Gründen auch heute noch Töchtern vorgezogen. Erst kürzlich war wieder zu lesen, daß neugeborene Mädchen in China einfach »verschwinden«. Eine Frau aus Indien erzählte mir folgendes: »Einen erstgeborenen Sohn zu haben, ist das Allerwichtigste. Ich hatte das Gefühl, daß es ein Junge werden würde, aber ich wünschte mir eigentlich sehnlichst ein Mädchen und sah alles rosarot. Meine Eltern waren sehr glücklich, als sie erfuhren, daß es ein Sohn war.«

Eine schwangere Frau hört sich vielleicht viele Theorien über die Vorteile des einen Geschlechts über des anderen an. Manche behaupten, daß es einfacher sei, Jungen statt Mädchen aufzuziehen, andere behaupten genau das Gegenteil. Man kann nur hoffen, daß eine Frau, die gerade Mutter geworden ist, die Prophezeiungen ihrer Verwandten und Freunde ignoriert und ihren eigenen Erfahrungen und Instinkten vertraut.

Als ich die Mütter, die sich ein ganz bestimmtes Geschlecht wünschten, nach den Gründen fragte, gaben sie meist sehr persönliche Aspekte an. »Ich mußte hart kämpfen, um das zu werden, was ich bin, und ich will meiner Tochter auch zeigen, was ich alles erreicht habe«, meinte eine Frau, die sich auf eine Tochter freute. Eine andere Frau vertrat die gegenteilige Ansicht: »Ich möchte keine Tochter haben, weil ich zu meiner Mutter ein sehr gespanntes Verhältnis hatte.« Dann meinte sie lächelnd: »Außerdem habe ich Jungen immer geliebt.«

Auch der Wunsch, dem Ehemann eine Freude zu machen, kann eine Mutter beeinflussen. »Sehr viele Frauen, die zu uns ins Krankenhaus kommen, wollen ihren Ehemännern Söhne schenken«, meinte eine Krankenschwester in einer Entbindungsstation. »Sie sind regelrecht enttäuscht, wenn es dann ein Mädchen ist.« Andere Frauen wollen einfach nur das andere Geschlecht näher kennenlernen. »Ich wäre enttäuscht gewesen, wenn ich keine

Söhne gehabt hätte«, meinte eine Mutter. »Ich hatte nur eine Schwester, die sich nur um ihre Haare und ihre Kleidung gekümmert hat. Ich habe mir immer einen Bruder gewünscht, mit dem ich viel unternehmen und auf Bäume klettern und all das machen hätte können, was die Jungen eben machten und was auch mir Spaß gemacht hätte und was ich so nicht tun konnte. Das war ein Teil meines Lebens, der mir fehlte.«

Als wir über die Wünsche der meisten Mütter sprachen, sagte eine Frau ganz dankbar: »Ich hoffte, daß ich Kinder beiderlei Geschlechts haben würde, und glücklicherweise hatten wir das auch.«

Reaktionen

Die meisten Mütter wünschen sich einfach nur, ein gesundes Baby im Arm halten zu können – das allein zählt. Die Ängste und Sorgen der Wehen sind vorbei, und das Baby kann man als wirkliche Person liebhaben. So sehr man ein Baby aber auch als Baby lieben kann, so behandeln Mütter und Väter ihre Söhne und Töchter doch ganz unterschiedlich, und das Geschlecht ist – wie die Psychoanalytikerin Christiane Olivier schrieb – in einer Familie nie ganz gleichgültig.

Ein kleines Mädchen, so Olivier, wünscht man sich nicht, weil es ein Mädchen ist, sondern weil es bestimmte Qualitäten hat – es ist so süß, so liebenswert und so herzlich. Es wird immer eine Freundin ihrer Mutter sein. Einen Jungen wünscht man sich um seiner selbst willen. Er ist ein kleiner Mann, eine Ergänzung seiner Mutter, ihr ganzer Stolz und ihre Freude. »Indem ihr Sohn ein Teil von ihr selbst ist«, schreibt Olivier, »hat die Mutter die einzige Möglichkeit, sich selbst in männlicher Form zu sehen. Dieses Kind, das sich in ihrem Körper entwickelte, gehört dem anderen Geschlecht an, und deshalb kann die Frau den uralten Traum eines jeden Menschen träumen: Bisexualität ... Man beachte allein, wie stolz sie ihren Sohn trägt, der sie in einer Weise vollständig macht, wie es sonst niemand kann.«[1]

Einige Mütter sind vielleicht nicht einverstanden mit den Ansichten von Christiane Olivier, wie wichtig das Geschlecht ist oder daß die Menschen mit beiden Geschlechtern bestimmte Charaktereigenschaften verbinden, aber ihre Beobachtung, daß Mütter und Väter ihre Söhne und Töchter ganz anders »betrachten«, haben auch viele Frauen bemerkt, mit denen ich gesprochen habe.

Eine Frau empfand eine Art Vollständigkeit, als sie nach zwei Töchtern noch einen Sohn bekam. »Jetzt sind wir komplett«, sagte sie zu ihrem Ehemann voller Freude. Eine andere Mutter, die Zwillingssöhne bekommen hatte, verkündete stolz und überschwenglich einer Bekannten, die selbst zwei Töchter hatte: »Ich habe jetzt das große Los gezogen.«

In den Augen vieler Mütter ist ein Sohn der wunderbarste Mensch der Welt. Sie strahlt, wenn sie über ihn redet, und erwartet von ihm, daß er ihre eigenen Träume von einem perfekten Mann erfüllen wird. Eine Mutter sagte zu mir: »Man sieht sich den eigenen Mann an und denkt, na gut, er ist halt nicht so, wie ich es gerne hätte. Dann sieht man den eigenen Sohn an und denkt sich: Vielleicht kann ich aus *ihm* einen Mann machen, so, wie ich mir einen Mann vorstelle.« Dann lachte sie und meinte: »Und dann hat man plötzlich diese pubertierenden Söhne, und sie sind überhaupt nicht so, wie man sich das erwartet hat, und jeder muß sich damit arrangieren.«

Weil Mütter nie persönlich erlebt haben, wie es ist, ein Junge zu sein, ist die Geburt eines Sohnes eine Herausforderung und gleichzeitig die Erfüllung eines Traums. Mit einer Tochter kann eine Frau auf ihre eigene Erziehung zurückblicken und die Erziehung ihrer eigenen Mutter nachahmen oder auch ablehnen. Viele Mütter nehmen an meinen Elternkursen teil, um ihre heranwachsenden Töchter nicht so zu »bemuttern«, wie sie es bei sich selbst erlebt haben.

Einem Sohn gegenüber fühlt eine Mutter dagegen vielleicht eine übermächtige Verantwortung. Sie möchte, daß er stark ist, ein wirklicher Mann, und trotzdem in der Lage, sich mitzuteilen. Stärke und Sensibilität sind ihre Idealvorstellungen, aber wie soll sie die verwirklichen? Soll sie die Unterschiede zwischen Jungen und Mädchen verwischen? Soll sie ihm »Mädchenspielzeug« zum Spielen geben? Soll sie ihm »neutrales« Spielzeug kaufen, mit dem Mädchen und Jungen gleichermaßen spielen? Wie bringt sie ihren Sohn dazu, seine Gefühle auszudrücken, damit er emotional ausgeglichen ist? Ja, wie kann sie den perfekten Sohn erziehen?

Kommunikationsformen

Eltern haben enormen Einfluß auf ihre Kinder, und die Kinder beeinflussen wiederum ihre Eltern. »Es ist keineswegs offensichtlich, wer wen erzieht, die Kinder die Eltern, oder umgekehrt«, schreibt der Psychotherapeut Kaspar Kiepenheuer. »Zusätzlich zum bewußten Einfluß, den man gegenseitig aufeinander hat, leben Kinder in einer tiefen unbewußten Einheit mit ihren Eltern.«[2] Ein Kind kann manchmal schon die Gefühle und Stimmungen seiner Mutter spüren, bevor sie ihr selbst auffallen. Diese unbewußte Einheit verbindet Eltern und Kinder in der ursprünglichsten und stärksten aller Beziehungen.

Die Persönlichkeit eines Kindes formt und beeinflußt auch das Verhältnis zu seinen Eltern. Ein Kind ist beispielsweise ruhiger als seine Geschwister und gestattet seiner Mutter, ganz ruhig und behutsam auf seine Bedürfnisse zu reagieren. Ein anderes Kind fordert schon vom Augenblick seiner Geburt an sehr viel Aufmerksamkeit und erschöpft seine verzweifelte Mutter derart, daß sie sich wundert, was aus ihrer früher so gelassenen Art geworden ist.

Zusätzlich zu den individuellen Persönlichkeitsmerkmalen entwickeln Jungen und Mädchen noch eigene geschlechtsspezifische Charakteristika, und die Eltern können diese Verhaltensweisen ganz ungewollt noch unterstützen. Wenn zum Beispiel ein Junge im Kleinkindalter ganz aggressiv Aufmerksamkeit fordert – verbal, nonverbal oder auch physisch –, wird er normalerweise beachtet (wie könnte man das auch übersehen?). Wenn eine gleichaltrige Tochter jedoch ähnliche Forderungen stellt, wird sie meist zurechtgewiesen und erhält die erwartete Aufmerksamkeit erst dann, wenn sie ihre Wünsche angemessen mit Worten ausdrükken kann. Viele Eltern passen sich diesen traditionellen Erwartungen an und ermutigen ihre Söhne, aggressiv zu sein, und ihre Mädchen, sich verbal verständlich zu machen.[3]

Mütter und Väter geben sehr viel von ihrer eigenen Persönlichkeit und ihren geschlechtsspezifischen Eigenschaften preis, wenn sie mit ihren Söhnen spielen. Ein Junge entdeckt schnell, daß sein Vater viel ausgelassener und lebhafter mit ihm spielt als seine Mutter. Er wartet deshalb voller Vorfreude auf ihn, weil er weiß, daß er mit ihm viel Spaß haben wird. Sein Vater kugelt mit ihm auf dem Boden herum, wirft ihn durch die Luft und tollt mit ihm im Zimmer herum. Der Junge liebt die Umarmungen seines Vaters und seine bekannten Klapse. Das Leben mit seinem Vater ist aufregend, das Leben mit seiner Mutter spielt sich auf einer viel zärtlicheren Ebene ab.

Wenn ich sage, daß Kinder geschlechtsspezifische Botschaften erhalten, dann meine ich damit nicht die, die ihr Talent, ihre intellektuellen Fähigkeiten oder ihre Karriere betreffen, denn die sind geschlechtsneutral. Ich meine die Botschaften, die sie psychologisch beeinflussen und das Sozialverhalten von Jungen und Mädchen betreffen.

Verschiedene Forschungen haben gezeigt, daß Mütter über die Gefühle von anderen Kindern mehr mit ihren Töchtern als mit ihren Söhnen reden.[4] Wenn ein Mädchen im Kleinkindalter einen Spielkameraden beißt, jemanden schlägt, stößt oder sich nicht mitteilt, nimmt ihre Mutter es normalerweise beiseite und spricht mit ihm über die Gefühle der anderen Kinder. Die Mutter eines gleichaltrigen Jungen kann auf dieselbe Situation jedoch dadurch reagieren, daß sie die Kontrolle übernimmt und von ihrem Sohn fordert, sofort damit aufzuhören. Vielleicht erleben Mütter die Situation zwischen Jungen viel bedrohlicher und fühlen sich genötigt, einzugreifen und die Kämpfe abzubrechen. Ich habe zum Beispiel immer schnell eingegriffen, wenn meine Söhne miteinander gestritten haben, weil ich Angst davor hatte, daß einer den anderen verletzen könnte. Ich wollte viel lieber möglichst schnell wieder Ordnung herstellen anstatt nachzufragen, warum jeder glaubte, er müßte auf den anderen aggressiv reagieren.

Dreijährige Jungen sind in doppelt so viele Raufereien verwikkelt als dreijährige Mädchen. Deshalb ist die Methode, ihnen einfach nur zu sagen, daß sie aufhören sollten, nicht hilfreich. Wenn man den Jungen und Mädchen dagegen beibringt, ein anderes Kind zu respektieren, ist das ein besserer Weg, um ihr Verhalten zu ändern. Wenn man sie auffordert, mit dem Streiten aufzuhören, mag das ab und zu wirken, aber die meisten Mütter – wie ich – hätten gern eine etwas dauerhaftere Lösung und länger wirksame Methoden, Konflikte zu lösen. Untersuchungen haben gezeigt, daß Mütter, die ihre Söhne regelmäßig daran erinnern, daß deren Fehlverhalten den anderen Kindern weh tut, eher Kinder haben, die einfühlsam sind und auch einem traurigen Kind helfen.[5] Wenn man einem Jungen beibringt, erst nachzudenken, bevor er zuschlägt, kann man die Raufereien unter Jungen vielleicht eindämmen. Wenn sie älter werden, finden sie somit hoffentlich bessere Wege, das zu bekommen, was sie wollen.

Einem Sohn kann Einfühlungsvermögen und Fürsorge für andere sowohl vom Vater als auch von der Mutter vermittelt werden. Ein Vater, der sich um seinen jungen Sohn kümmert, seine Windeln wechselt, ihn badet und mit ihm spielt, zeigt ihm dadurch, daß männlich sein nicht ausschließt, auch fähig zu sein, andere zu lieben und sich um sie zu kümmern. Väter, die sich aktiv an der Erziehung ihrer Kinder beteiligen, leben ihren Söhnen das beste Beispiel von Männlichkeit vor. Eine Mutter und ein Vater, die ihren Sohn ermutigen wollen, die Bedürfnisse eines anderen Menschen zu respektieren, sprechen mit ihm auch über die Gefühle der anderen Kinder und zeigen ihm, wie er mit ihnen reden muß, anstatt sich an ihnen zu vergreifen oder einseitige Forderungen zu stellen. Sie vermitteln ihrem Sohn dadurch Wertvorstellungen über menschliches Zusammenleben.

Spielzeug

Jede Generation hat ihre eigenen Vorstellungen von Kindererziehung und entscheidet neu, welches Spielzeug im Kinderzimmer eines Sohnes sein sollte oder nicht. Als unsere Söhne klein waren und unsere Töchter noch nicht geboren, haben wir nur »männliches« Spielzeug gekauft: Bauklötze, Lastwagen, Autos, Puzzles und Lego. Wenn sie Trost brauchten, schmusten sie mit Stofftieren oder alten Decken. Ihre kreativen Bedürfnisse befriedigten sie mit großen Kritzeleien und mit Lehmfiguren. Statt Puppenhäusern hatten sie Garagen. Zu ihren phantasievollen Spielen gehörten Rollenspiele, Puppenspiele, Versteckspiele und das Raufen miteinander. Wir lasen ihnen Bücher vor und verboten ihnen Waffen und Pistolen, die die Aggression förderten.

Als unsere Töchter auf die Welt kamen, kamen Babypuppen, Anziehpuppen und Schmusepuppen zum Berg von Lastwagen, Autos und Garagen dazu. Heute gibt es mehr Eltern, die ihren Kindern *alle* Arten von Spielzeug ins Kinderzimmer stellen – das ist auch viel realitätsnaher. Viele Spielzeugfirmen stellen auch »neutrales« Spielzeug her, das von Jungen und Mädchen gleichermaßen begeistert angenommen wird.

In den meisten Familien stellen die Mütter fest, daß ihre Söhne dennoch immer noch von Autos, Lastwagen und Holzbauklötzen fasziniert sind. Mütter wissen instinktiv und auch aus Erfahrung, daß Jungen und Mädchen nicht nur unterschiedliches Spielzeug bevorzugen, sondern mit dem gleichen Spielzeug oft auch anders umgehen – und jetzt bestätigt auch die Forschung, daß dieses angeborene mütterliche Wissen richtig ist. Ein Junge, der die Puppe seiner Schwester auseinandernimmt, weil er sehen will, wie sie funktioniert, ist vom Ärger seiner Schwester ganz irritiert. Er glaubt nämlich, daß Spielen heißt, die Dinge auseinanderzubauen und sie dann wieder zusammenzusetzen.

Ein Jahr alte Jungen wie Mädchen spielen mit demselben Spielzeug, und manche davon machen das auch noch im zweiten Lebensjahr. Studien haben jedoch gezeigt, daß mit Beginn des dritten Lebensjahres Jungen eher mit »Gewehren, Bauklötzen und

Lastwagen, Mädchen dagegen mit Stofftieren, Puppen und Puzzles spielen. Gegen Ende des dritten Lebensjahres sind geschlechts-spezifische Unterschiede dann fest verankert.«[6]

Kindergärtnerinnen und Betreuerinnen in Kindertagesstätten sind meist erstaunt, wenn Jungen in den Spielzimmern jede Art von »Mädchen«-Sachen scheinbar schlichtweg ignorieren. Obwohl Jungen und Mädchen schon immer unterschiedliches Spielzeug bevorzugt haben, diskutiert die Forschung nach wie vor leiden-schaftlich darüber, warum ein Kind ein bestimmtes Spielzeug einem anderen gegenüber vorzieht. Einige Wissenschaftler sind der Meinung, daß Eltern bei Kleinkindern, die neue Fähigkeiten erwerben, die Geschlechtsunterschiede wieder bewußter wahrneh-men und in stereotype Verhaltensweisen zurückfallen. In einer Studie aus Oregon haben Eltern beispielsweise mehr positive Beurteilungen bei 12 bis 24 Monate alten Jungen abgegeben, wenn sie mit den typisch männlichen Spielzeugen spielten, als wenn sie mit den für Mädchen typischen Sachen spielten.[7] Und wenn ein Junge merkt, daß er seinen Eltern eine Freude macht, wenn er mit »Männersachen« spielt, greift er auch lieber zu diesem Spiel-zeug.

Andere Wissenschaftler glauben, daß es ganz egal sei, welche Einstellung die Eltern haben und welches Spielzeug sie einem Kind anbieten. Kleine Jungen würden ohnehin alles lieben, was Räder hat. Erwachsene denken normalerweise geschlechtsspezi-fisch bei ihren Kindern und geben ihnen, was sie für das jeweilige Geschlecht angemessen halten. Sie lassen die Kinder so wissen, was sie von ihnen erwarten. Dieses geschlechtsorientierte Wissen vermittelt Kindern ein Gefühl der Sicherheit, denn sie wissen dadurch, ob sie Jungen oder Mädchen sind. Man muß jedoch hoffen, daß die Kinder auch Botschaften über menschliches Ver-halten erhalten, die darüber hinausgehen.

Ich glaube, daß ein Sohn genügend Hinweise erhält, was es heißt, ein Junge zu sein. Spielzeug ist nur ein kleiner Teil dessen, was in die Welt der Geschlechterunterschiede einführt.

Freunde

Neben der Vorliebe für unterschiedliches Spielzeug und der spezifischen Art, sich auszudrücken, suchen sich Kinder im Vorschulalter auch gleichgeschlechtliche Freunde. Eleanor Maccoby, eine bekannte Forscherin auf dem Gebiet der Geschlechterunterschiede, hat beobachtet, daß Kinder sich vorwiegend gleichgeschlechtliche Freunde suchen und auch anders mit ihnen spielen als mit Kindern des anderen Geschlechts. Wenn Mädchen mit 33 Monaten mit Jungen spielten, standen sie meist nur am Rand und ließen die Jungen mit dem Spielzeug spielen. Wenn die Mädchen jedoch mit anderen Mädchen spielten, spielten sie voller Freude mit. Maccoby schlägt deshalb vor, daß Mädchen nicht mit Jungen spielen sollten, weil die Balgereien charakteristisch für Jungen seien und es für Mädchen »schwierig ist, Jungen zu beeinflussen« – selbst wenn sie schon zwischen drei und fünf Jahre alt sind. Die Jungen hatten die Gesten der Mädchen, die anzeigten, daß sie mitspielen wollten, überhaupt nicht beachtet, sondern sich nur an den anderen Jungen orientiert. Sowohl Jungen wie Mädchen spielten jedoch viel aktiver und genossen es viel mehr, wenn ihre Spielkameraden das gleiche Geschlecht wie sie hatten.[8]

Dieses Grundschema, daß Jungen lieber mit anderen Jungen spielen, mag durch die geschlechtsspezifischen Spiele noch verstärkt werden, was von Frauen, die ohne Brüder aufgewachsen sind, oft mißverstanden wird. Als ich Mütter fragte, ob ihnen Unterschiede aufgefallen seien, wie ihre Söhne und Töchter mit Freunden spielen, fiel ihnen sofort ein, daß die Jungen vergleichsweise grob miteinander umgehen, daß sie sehr viel Platz brauchen und daß sie überhaupt sehr aktiv sind. Mütter, die das Verhalten von Jungen verstehen, können das offener akzeptieren und genießen auch die ausgelassenen Späße ihrer Söhne. Andere haben dagegen Probleme mit dem hohen Lärmpegel und der ständigen Umtriebigkeit.

Maccobys Beschreibung von Jungen, die unter sich spielen, ähnelt etwas den Videos, die wir vom britischen Parlament her kennen. Kleine Jungen in reinen Jungengruppen, meint sie, »unterbrechen sich gern gegenseitig, befehlen, drohen oder wollen sich ihre Autorität beweisen. Sie weigern sich, die Bitten von anderen Kindern zu erfüllen oder mit Informationen herauszurükken. Sie stören den Redner durch Zwischenrufe, sie erzählen Witze oder spannende Geschichten, fügen den Geschichten von anderen noch etwas hinzu oder rufen ein anderes Kind beim Namen.« Deshalb ist eine Mutter vom Spiel ihres Sohnes oft ziemlich verwundert. Sie selbst erinnert sich vielleicht, daß sie als Kind ganz ruhig gespielt hat, ihren Freunden zugehört und sich mitgeteilt hat. Jetzt muß sie sich mit dieser Person auseinandersetzen, die eine Gruppe beherrschen, ein Spielzeug wegnehmen und seinen eigenen Weg gehen will. Sie ist wahrscheinlich erleichtert, wenn sie erfährt, daß Untersuchungen bestätigt haben, daß das nicht allein ihr Sohn so macht, sondern Jungen im allgemeinen die Konfrontation suchen, während Mädchen lieber »Zwänge und Dominanz vermeiden und versuchen, einvernehmlich zu handeln.«

»Ich mag das körperbetonte Spielen der Jungen«, erzählte mir eine Mutter. »Einerseits macht es mich manchmal verrückt, wenn sie im Flur überall ihre Fingerabdrücke hinterlassen, aber ich weiß trotzdem, wo sie sich die ganze Zeit über aufhalten und was sie gerade wieder anstellen.« Eine Mutter wird oft gerade dann stutzig, wenn es im Haus *zu ruhig* ist. Sie hat vielleicht Angst, daß ihrem Sohn etwas passiert sein könnte, und sie freut sich dann darüber, wenn sie feststellt, daß er ein Buch liest.

So sehr sich Mütter auch wünschen mögen, daß wir unsere Söhne und Töchter in einer komplett geschlechtsneutralen Umgebung aufziehen könnten, wissen wir doch intuitiv und aus Erfahrung, daß diese stereotypen Verhaltensweisen von Jungen und Mädchen nie ganz aus der Welt zu schaffen sein werden. In den Familien gibt es viele Spielarten von unterschiedlichem Verhalten, und jede Mutter kann davon berichten, wie einzigartig ihr Kind ist, ganz egal, welches Geschlecht es hat. Biologische, familiäre und kulturelle Einflüsse bestimmen aber, was man unter Männlichkeit versteht – und Söhne sind dagegen nicht immun. Wenn Mütter aus ihren Söhnen »das machen wollen, was ich mir unter einem Mann eigentlich vorstelle«, werden sie enttäuscht werden und sich geschlagen geben müssen. Mütter können und sollten ihre Söhne zu einem Verhalten ermutigen, weniger aggressiv und dominant mit anderen umzugehen, was jedoch immer im Einklang mit dem typischen Verhalten der Jungen stehen muß.

Kindheit

In den ersten Schuljahren verfestigen sich die geschlechtsspezifischen Eigenheiten. Als man zum Beispiel Kinder zwischen dem Kindergartenalter und den ersten drei Schuljahren bat, sich an Bilder zu erinnern, die Männer und Frauen in traditionellen, ungewöhnlichen und in neutralen Rollenmustern zeigten, erinnerten sie sich viel genauer an die Bilder, die die Männer in den vertrauten alten Geschlechterrollen zeigten. Das heißt, daß sie sich an das Vertraute und Gängige erinnerten, an die Bilder, die ihrer kindlichen Interpretation der Welt entsprachen.[9]

Kinder können das Verhalten von Jungen und Mädchen sehr genau beschreiben. Ein sieben Jahre altes Mädchen erzählte mir, daß sie die »Turtles«, die die Jungen so mögen, nicht gernhätte. Als ich sie fragte, warum, antwortete sie: »Weil Turtles kämpfen und ich selbst nicht streiten mag.« Als ich sie weiter fragte, warum sie sich nicht gern streitet, war sie von meiner Frage sehr überrascht und meinte ganz einfach: »Jungen raufen miteinander, Mädchen nicht.«

Wir hören oft, daß Männer ihre Gefühle nicht wie Frauen zeigen können, und die Forschung meint, das schon bei Kindern zwischen sieben und zwölf Jahren bestätigen zu können. In jeder Versuchsphase, die von einer Wissenschaftlerin der University of Texas geleitet wurde, zeigten Mädchen mehr – positive wie negative – Gefühle als Jungen. Jungen hatten »Strategien emotionaler Kontrolle«, um ihre Gefühle zu unterdrücken.[10]

»Ich würde gern so viele Dinge bei Männern ändern«, erzählte mir eine Frau, »aber ich bin absolut hilflos, wie ich das bei meinen Söhnen anstellen soll. Ich versuche sie auf die Gefühle der anderen

Leute aufmerksam zu machen. Ich versuche sie so zu erziehen, daß sie rücksichtsvoll werden, aber das verstößt gegen die herrschenden gesellschaftlichen Normen. Von anderen Jungen und aus der Schule erfahren sie, was heute unter einem angemessenen Verhalten von Jungen verstanden wird.« Eine andere Frau lachte, als sie erzählte:»Sobald sie mit sechs Jahren in den Schulbus steigen, ist es passiert. Im Schulbus lernen sie mehr als anderswo.«

So ist es auch kein Wunder, wenn ein Junge in die Pubertät kommt und seine Mutter sich dann fragt, ob sie eigentlich noch genetisch verwandt ist mit diesem schweigsamen, fordernden und zugleich liebenswerten Wesen. Er ist definitiv nicht der Teenager, der sie selbst in ihrer Jugend war.

Der Beginn der Pubertät

Wenn ein Sohn in die Pubertät kommt, merkt eine Mutter recht bald, daß seine Entwicklung teilweise in ganz anderen Bahnen verläuft, als sie es in ihrer eigenen Jugend erlebt hat. Plötzlich hat er völlig andere Kommunikationsformen, ist fasziniert vom anderen Geschlecht und kann einem mitunter auch sehr auf die Nerven gehen. Sie versucht, seine Beweggründe zu verstehen, warum er einmal wie von der Tarantel gestochen herumspringt und ein andermal nicht aus dem Bett zu bringen ist.

Ihre Tochter im selben Alter widerspricht ihr und kritisiert sie, aber zwischen ihnen herrscht trotzdem ein Geben und Nehmen. Obwohl die manchmal unkonventionellen Standpunkte eines Mädchens für eine Mutter sehr verletzend und besorgniserregend sein können, versteht sie im tiefsten Herzen doch, was ihre Tochter bewegt. Ihr Sohn dagegen ist ganz anders.

»Er reagiert auf die Welt, wie er sie sieht. Er hat sich in den letzten sechs Monaten wirklich total verändert«, meinte die Mutter eines 13jährigen. Sie erkennt an seinen Handlungsweisen, daß sie die Mutter eines heranwachsenden jungen Mannes ist und daß sie ihn nicht versteht. Ihr Sohn reagiert auf die Welt jetzt absolut männlich; die hormonelle Umstellung und seine sozialen Verhaltensweisen sind zu Hause diesbezüglich nicht mehr zu übersehen. Jetzt ist er 13 und macht wieder das, was er mit zwei Jahren schon gemacht hat: Er behauptet: »Das kann ich allein.« Er ist jetzt in der Pubertät, und das »spezielle« Verhältnis zwischen Mutter und Sohn wird sich in den kommenden Jahren der Pubertät wieder neu definieren.

☞ Tips für Mütter

1. Kommen Sie mit Ihren eigenen Gefühlen ins reine, was es heißt, einen Sohn zu haben, und überlegen Sie sich, wie diese Gefühle die Art Ihrer Erziehungsmethoden beeinflussen.
2. Machen Sie sich die unterschiedliche Art und Weise bewußt, wie Mütter und Väter mit ihren Söhnen und Töchtern umgehen, und lernen Sie sie schätzen.
3. Ermutigen Sie den Vater Ihres Sohnes, sich angemessen am alltäglichen Umgang mit dem Sohn zu beteiligen.
4. Machen Sie Ihrem Sohn keine Geschenke, die seinen angeborenen Hang zum Aggressiven noch verstärken könnten.
5. Erziehen Sie ihn zu Einfühlungsvermögen, indem Sie mit ihm über seine Gefühle und die der anderen reden – vor allem dann, wenn er einen Streit oder eine Rauferei mit Geschwistern oder Freunden hatte.
6. Schätzen Sie es, daß er ein Junge ist.
7. Lieben und ehren Sie die Einzigartigkeit Ihres Sohnes – selbst wenn Sie mit seinen pubertären Allüren nicht einverstanden sind und sie Ihnen unbegreiflich sind.

2
Total verrückt
Die Pubertät

Die Pubertät schlich sich in unsere Familie ein. Man sollte meinen, daß eine Mutter von vier Söhnen darauf aufmerksam werden würde, wenn sich ihre Söhne mehr und mehr für Sex interessieren, einem sicheren Zeichen von einsetzender männlicher Pubertät. Aufgefallen ist mir das jedoch erst, als ich stapelweise Playboy-Hefte, die unter dem Bett versteckt waren, entdeckt habe. Meine kleinen Jungen interessierten sich nicht mehr nur für Baseball.

Damals wußte ich über die Entwicklung von heranwachsenden Jugendlichen schlicht und einfach *gar nichts*. Ich konnte mir keinen Reim darauf machen, was hier überhaupt passierte, also ignorierte ich es einfach. Ich hätte vielleicht mit Garrison Keillor, dem beliebten Gastgeber der »American Radio Company«, sprechen sollen, der diese turbulente Zeit mit dem Namen Pubertät ganz treffend charakterisiert hat: »Die Pubertät erlebt ein Kerl wie eine schlechte Droge. Man ist total verrückt. Der Körper ist voller chemischer Substanzen für Wut und Verzweiflung, man wird furchtbar dick, man prustet vor Lachen und man will mit dem Kopf durch die Wand. Man wird furchtbar verletzlich und hat das Gefühl, daß man nie verstehen wird, was eigentlich der Sinn des Lebens ist.«[1]

Hatten es meine Söhne besser, weil ich ihre »chemischen Substanzen für Wut und Verzweiflung« einfach übersehen habe? Das glaube ich kaum. Wenn sie wissen wollten, was in ihrem Körper eigentlich vorging, lasen sie Lexika, gingen in Büchereien, zu einem aufgeklärten Lehrer, zu einem Jungen in der Schule, der sich schon rasierte, oder sie lasen *Playboy* – diese Zeitschrift war bei uns zu Hause verboten.

Waren das die richtigen Informationsquellen für diese jungen Burschen? Vielleicht einige, aber ich habe viele Gelegenheiten verpaßt, ihnen die passenden Antworten zu geben und ihnen zu versichern, daß die Veränderungen, die sie erlebten, ganz normal waren. Heute weiß ich, wie wichtig es ist, daß Eltern mit ihren Söhnen reden, damit sie sich in ihrem entwickelnden Körper wohl fühlen. In den meisten Schulen erhält man zwar detaillierte (sachliche) Informationen, aber die jungen Männer haben nur selten ein natürliches, entspanntes Verhältnis zu ihrem sich verändernden Körper.

Die Verwirrung eines Heranwachsenden über seine körperlichen Veränderungen war schon immer ein Thema. »Die Sexualität bricht wie ein Sturm über sie herein«, schrieb C.G. Jung, »und erfüllt sie mit unbändigen Wünschen und Nöten.«[2] Bricht die Pubertät aber tatsächlich »über sie herein«? Obwohl es den Eltern, die sich nicht auf sie vorbereitet haben, so vorkommen mag, ist sie in Wirklichkeit ein langsamer Entwicklungsprozeß. Der Hormonspiegel steigt im Körper der Jungen langsam an, bis die Hormone über Nacht förmlich explodieren und die Tagträume erfüllen. Der Junge, der bisher davon geträumt hat, ein toller Baseballspieler zu werden, träumt jetzt davon, ein toller Liebhaber zu werden.

Die Zeit der Pubertät kann einem Jungen endlos vorkommen, der in der Entwicklung hinter seinen Klassenkameraden zurückliegt – oder einem Kind, dessen mit Akne bedecktes Gesicht seine ganzen Gedanken und sein Leben beherrscht. Der Junge, der der Star in einer Sportmannschaft sein wollte, stellt jetzt fest, daß seine reiferen Klassenkameraden die eigentlichen Helden sind, während er selbst noch auf seine Zeit warten muß. Vielleicht kommt diese Zeit für ihn auch nie, wenn alle Rollen schon vergeben sind, bevor er überhaupt soweit ist.

Die Pubertät kann für Jungen sehr belastend sein. In einem Bericht der Carnegie Foundation steht zwar, daß es »gesellschaftlich nicht angebracht ist, über die Veränderungen in der männlichen Pubertät und die damit verbundenen Gefühle«[3] zu sprechen. Wenn man über die Pubertät und ihre schwierigen Begleiterscheinungen jedoch nicht Bescheid weiß, tun die Wissenschaftler und die Pädagogen den Teenagern damit keinen Gefallen – und auch den Eltern nicht, die sich bemühen, ihre heranwachsenden Söhne zu verstehen.

Was soll er wissen?

»Die Jungen haben in der fünften Klasse etwa fünf Minuten lang etwas darüber gehört«, erzählte mir ein Schüler in einer High-School über seinen Unterricht zum Thema »Pubertät«. »Die Mädchen hatten eine Schulstunde dafür.« Obwohl die Jungen damals froh waren, daß sie nicht eine ganze Stunde lang zuhören mußten, war er jetzt doch etwas verwundert.

Die Erfahrungen dieses Jungen spiegeln die allgemein geltenden Ansichten wider, daß die Pubertät bei Mädchen komplex sei und Mädchen mehr Zeit mit Erwachsenen verbringen müßten, um ihre Probleme diskutieren zu können. Jungen seien dagegen unkompliziert, bräuchten weniger Unterricht und würden sich weit mehr dafür interessieren, was mit den Mädchen passiert. Durch diese falschen Annahmen kommen die Jungen in der Sexualerziehung viel zu kurz. Den Unterricht über den Geschlechtsverkehr werden wir an anderer Stelle in diesem Buch besprechen. Wir wollen uns zunächst auf die Veränderungen konzentrieren, die in einem Jungen in der Frühphase der Pubertät ablaufen. Mütter, die darüber informiert sind, werden es später viel leichter haben, mit ihren Söhnen über Sexualität zu reden.

Wenn mich Mütter fragen: »Was soll ich meinem Sohn sagen?«, rate ich ihnen immer, alles zu erzählen, was sie über Pubertät wissen. Wenn sie so wenig wissen wie ich damals, sollten sie sich in einer Bibliothek kundig machen. Jeder Junge wird einmal erwachsen. Informierte Mütter haben vor ihrem Sohn immer einen Vorsprung – was in der Pubertät wirklich nicht einfach ist.

Hormone

Während der Schwangerschaft entwickeln sich im männlichen Fötus Gonaden, die Hormone absondern – Androgene –, die die männlichen Geschlechtsorgane entwickeln. In der frühen Kindheit ist die hormonelle Entwicklung im allgemeinen noch zurückgedrängt, erst im Alter von etwa sieben Jahren beginnen im Körper komplizierte Wechselwirkungen einzusetzen. Einfach dargestellt setzt die Hirnanhangdrüse allmählich Hormone frei. Die Jungen bemerken von dieser langsamen Hormonausschüttung zuerst gar nichts. Erst im Alter zwischen neun und fünfzehn Jahren kann ein Junge Veränderungen im Körper feststellen, die auf die Wirkung der Hormone zurückzuführen sind.[4]

Die auffälligsten Veränderungen setzen ein, wenn die Hirnanhangdrüse den Hoden Signale aussendet, Testosteron – das männliche Sexualhormon – zu produzieren. Ein ansteigender Testosteronspiegel bewirkt, daß Hoden, Penis und Hodensack zu wachsen beginnen und das Schamhaar sprießt.

Testosteron wird für viele pubertäre Probleme verantwortlich gemacht, angefangen von Akne bis hin zu aggressivem und impulsivem Verhalten.[5] Einige Forscher wollten die Ursachen der Aggression bei Teenagern auf eine Art »Testosteron-Vergiftung« zurückführen. Selbst wenn die männliche Aggression ausschließlich durch Testosteron ausgelöst werden würde und selbst wenn viele Frauen diese Aspekte der Männlichkeit am liebsten übersehen würden, bleibt es doch eine wissenschaftliche Tatsache, daß im Körper aller Jungen während der Pubertät mehr Testosteron gebildet wird. Ohne Testosteron könnten sie nicht heranwachsen. Mit diesem Hormon setzt die Pubertät bei einem Jungen ein, und Testosteron spielt auch in der Entwicklung der männlichen Sexualität eine wichtige Rolle.[6]

Zeitliche Abläufe

Es gibt eine bestimmte Reihenfolge, in der die pubertären Vorgänge ablaufen, aber trotzdem spielen sich diese Veränderungen bei jedem Jungen anders ab. Der eine ist mit 15 Jahren schon fast erwachsen, beim anderen setzt zu dieser Zeit erst der Wachstumsschub ein. Früh pubertierende Jungen haben meist einen gewissen Vorteil, denn sie fallen den Mädchen und ihren Lehrern besonders auf. Ein Junge, der in der Junior-High-School schon ausgewachsen war, lief in der achten und neunten Klasse zu sportlichen Höchstleistungen auf. Dann erzählte er mir, daß er im ersten Jahr auf der High-School von anderen Jungen überrundet wurde, die plötzlich besser als er waren. Heute meint er, daß diese Jahre vor der High-School seine liebsten gewesen wären – ein Gefühl, das einige seiner Klassenkameraden nicht teilen können, weil sie sich nur ungern an die Schwierigkeiten dieser Zeit erinnern.

Erste Anzeichen von Männlichkeit

Die sexuelle Entwicklung eines Jungen ruht noch in den ersten Jahren der Grundschule. Ein kleiner Prozentsatz der Jungen erlebt hier zwar schon die ersten Anzeichen der einsetzenden Pubertät, die meisten stellen die Veränderungen ihrer Sexualorgane jedoch im Alter zwischen 9 und 15 Jahren fest (das Durchschnittsalter ist 12 oder 13 Jahre).

Jungen, die bereits nackte Männer in öffentlichen Waschräumen und Umkleideräumen gesehen haben, sind nicht überrascht, wenn ihre Hoden zu wachsen beginnen – das erste sichtbare körperliche Anzeichen, daß die Pubertät begonnen hat. Die Hoden werden von einem »Hautsack« umschlossen, dem Skrotum, der sich hinter dem Penis befindet. Ein Junge macht sich vielleicht Sorgen, wenn ein Hoden niedriger hängt als der andere. Das ist jedoch völlig normal und kein Anlaß zur Sorge. Die ersten Schamhaare wachsen, und der Junge selbst wird auch größer.

Ein anderer Punkt, sich vielleicht ebenfalls Sorgen zu machen, ist ein Anschwellen der Brust. Dieses Anschwellen der Brust kann man bei vielen Jungen beobachten (etwa bei einem Fünftel bis zu einem Drittel). Bei den meisten ist dies aber nur eine vorübergehende Erscheinung, und kein Junge sollte sich Gedanken darüber machen, er sei nicht normal. Macht sich ein Junge deswegen trotzdem Sorgen, sollte er mit seinem Kinderarzt darüber reden, der ihm bestätigen wird, daß das ganz normal ist und von einer zeitweiligen Hormonschwankung verursacht wird. Dauert dieses Phänomen jedoch zu lang oder beunruhigt es den Jungen zu sehr, dann kann der Arzt empfehlen, zu einem Schönheitschirurgen zu gehen. Ein Arzt erzählte mir, daß einige Jungen damit warten, bis sie erwachsen sind. Vorausgesetzt, die Eltern können sich plastische Chirurgie leisten, kann dieser Schritt in Erwägung gezogen werden. Ein chirurgischer Eingriff sollte jedoch nicht vorschnell in Betracht gezogen werden – am besten wartet man erst einmal 12 oder 18 Monate ab – dann löst sich das Problem meist von allein.

Schwierig ist es manchmal, einen (Kinder-)Arzt zu finden, der Jugendliche wirklich gern behandelt und mit ihren medizinischen Problemen vertraut ist. Denn in den meisten Kinderarztpraxen sind die Wartezimmer voller Zweijähriger, und ein Teenager fühlt sich da fehl am Platz.

Stimmbruch

Im nächsten Stadium – meist zwischen 11 und 16 Jahren – wächst der Penis eines Jungen, auch Hoden und Hodensack werden immer größer und seine Schamhaare sprießen. Jetzt passiert sehr viel – auch seine Stimme verändert sich.

Eine Mutter erzählte mir, daß ihr Sohn als Sänger auftrat und für eine neue Show engagiert werden sollte. Er war in kurzer Zeit acht Zentimeter gewachsen, und seine Stimme hatte sich verändert. Weil er mit seiner Stimme Probleme bekam, schickte ihn seine Mutter zu einem Gesangslehrer. Der Lehrer nahm die Lieder für die Show auf Kassette auf, und sie hörten sich die Kassette auf dem Weg nach Hause im Auto an. Sie erzählte mir:»Ich sah ihn an und meinte: ›Das klingt ja schrecklich.‹ Als das Lied zu Ende war, sagte ich zu seinem Vater, der auch im Auto saß: ›Jetzt ist es soweit. Er wird nie wieder singen können.‹ Man hätte meinen können, ich hätte meinen Sohn mit dieser Bemerkung umgebracht. Er schrie: ›Ich kann gar nicht glauben, daß du so etwas gesagt hast. Vergiß es einfach. Ich will überhaupt nie wieder singen!‹ Er hätte am liebsten geweint. Ich hätte ein bißchen sensibler sein sollen.«

Sie hatte recht. Sie hätte wirklich mehr Rücksicht nehmen sollen. Diese Mutter hatte nicht bemerkt, wie sich die Stimme ihres Sohnes im normalen Gespräch verändert hatte und daß sein Gesang die Pubertät ankündigte. Der Sohn schämte sich, war zornig und wollte sich nicht eingestehen, daß er ab jetzt keine schöne Kindersopran-Stimme mehr singen konnte.

»Mein Sohn hat einen Schnurrbart«

Ein Junge kann vier Jahre vor oder hinter seinen Klassenkameraden mit seiner Entwicklung sein, wenn er glaubt, daß er sich jetzt rasieren müßte. Und seine Klassenkameraden können sich über ihn lustig machen, wenn sein Bart zu früh sprießt oder wenn er sich kurz vor der Collegezeit immer noch nicht rasieren muß. Wie auch immer: Seine Eltern sollten ihm nicht das »behaarte Idealbild« eines perfekten Mannes vorhalten. Einige Männer haben sehr wenig Körperhaar, andere dagegen sind über und über damit bedeckt. Mit Männlichkeit hat weder das eine noch das andere zu tun.

Der »behaarte Mann« im *Eisenhans* von Robert Bly symbolisiert in der Männerbewegung eine Rückkehr zur Maskulinität.[7] Bly meint, daß viele Haare mit Macht gleichzusetzen seien – wie bei Samson in der Bibel. Haare bedeuten »sexuelle Energie«, schreibt Bly, aber auch die Lust zu jagen, das Einssein mit der

Natur, Heißblütigkeit, »Exzesse« und Intuition, die Weisheit verleiht.

Die meisten Frauen dürften Blys Begeisterung für den behaarten Mann als seltsame Phantasie abtun. Natürlich haben Haare nichts mit dem Sexualtrieb, mit Leidenschaft oder mit geistiger Überlegenheit zu tun. Hoffentlich wissen das auch unsere Söhne und finden ihre Selbstbestätigung eher bei geistigen Qualitäten als bei körperlichen »Vorzügen«.

Spermabildung und Ejakulation

Wächst ein Junge heran, fangen seine Hoden an, Sperma zu produzieren. Die meisten Jungen erleben ihre erste Ejakulation mit Sperma in der Samenflüssigkeit nachts. Meist geschieht das, ohne daß sie dabei aufwachen und ohne daß sie diese nächtlichen Absonderungen bewußt erleben. Dieses Ereignis kann in gewisser Weise mit der ersten Menstruation bei Mädchen verglichen werden, weil es die Heranwachsenden häufig unvorbereitet trifft. Ein Junge hat zwar vielleicht schon davon gehört, das tatsächliche Ereignis kommt für ihn dennoch oft überraschend.

Die Wissenschaftler Alan Gaddis und Jeanne Brooks-Gunn befragten für eine kleine Studie Jungen zwischen 13 und 16 Jahren und fanden heraus, daß die meisten Jungen das, was sie über Ejakulationen wußten, irgendwo selbst gelesen hatten.[8] Da ihnen niemand die Lektüre besorgt hatte, nahmen die Wissenschaftler an, daß die Informationen aus Herrenmagazinen stammten. Die Jungen, die am besten informiert waren, hatten sich mit erwachsenen Männern unterhalten und nach ihrer ersten Ejakulation ganz offen mit ihnen geredet. Keiner von den anderen sagte darüber jedoch irgend etwas zu seinen Eltern oder zu seinen Altersgenossen. Das steht im krassen Gegensatz zu den Mädchen, die ihren Müttern meist von ihrer ersten Periode erzählen und sich bald danach auch mit ihren Freundinnen darüber unterhalten.

Mehr als die Hälfte der Jungen, die Gaddis und Brooks-Gunn interviewt hatten, hatten ihre erste Ejakulation durch Masturbation und nicht nachts im Schlaf. Weil das Thema Masturbation in einigen Familien heikel ist, sollte man hier vorsichtig sein. Früher wurde den Jungen erzählt, daß Selbstbefriedigung physische und psychische Schmerzen verursache, die Energie verringere, ebenso den Spermafluß, Akne verschlimmere und anderen nicht verborgen bliebe. Heute wissen wir, daß diese Aussagen jeder Grundlage entbehren. Selbstbefriedigung ist völlig normal und hat keine Nebenwirkungen. Ob oder wie oft jemand masturbiert, ist individuell verschieden – einige Jungen und Männer machen es oft, einige nur selten und manche nie.

Der Nobelpreisträger Bertrand Russell schrieb über seine Jugend: »Als junger Mann war ich oft sehr einsam und unglücklich ... Ich interessierte mich für Sex, Religion und Mathematik. Mit 15 war ich leidenschaftlich verliebt und hielt dieses Gefühl oft nur schwer aus. Als ich bei den Hausaufgaben saß und versuchte, mich zu konzentrieren, störten mich immer wieder Erektionen, und ich fing an, regelmäßig zu masturbieren.«[9]

Wenn Jungen mit einer Religion aufwachsen, die die Selbstbefriedigung verdammt, fühlen sie sich vielleicht schuldig oder schlecht, wenn sie masturbieren. Der bekannte christliche Psychologe und Autor von Elternratgebern Dr. James C. Dobson versucht hier zu vermitteln: »Ich bin überzeugt davon, daß Selbstbefriedigung nichts mit dem lieben Gott zu tun hat. Das ist ein normaler Entwicklungsschritt in der Jugend, der mit niemand anderem etwas zu tun hat. Masturbation verursacht keine Krankheiten, und man wird davon nicht schwanger.«[10]

Mit anderen Worten: Wenn ein Junge sich selbst befriedigt, muß man sich keine Sorgen machen. Kann sich ein Junge mit einem erwachsenen Mann unterhalten, wird er bald erfahren, daß die meisten Männer als kleine Jungen ebenfalls masturbiert haben und es oft auch als Erwachsene noch tun.

Eine Mutter hat mir eine amüsante Geschichte erzählt: »Ich erwischte meinen Sohn, als er sich selbst befriedigte. Das war für uns beide ein Schock. Er war in meinem Schlafzimmer, sah fern, und ich kam ins Zimmer und rief seinen Namen. Er verschwand schnell aus dem Zimmer. Er war ganz durcheinander. Ich fragte ihn: ›Was ist denn los?‹ Er sagte: ›Du weißt schon, Mom, du weißt schon.‹ Ich antwortete: ›Ich bin mir nicht sicher, ob ich das weiß.‹ Erst als er nichts weiter sagte, meinte ich: ›Das ist ganz normal, aber ich glaube, daß es besser wäre, wenn du das in deinem eigenen Zimmer machst, wenn die Tür geschlossen ist.‹«

Als ich sie fragte, ob sich ihr Mann jemals mit ihrem Sohn über Selbstbefriedigung unterhalten hat, meinte sie:»Ich bin sicher, daß er das auf seine Art gemacht hat. Wenn ich bei Jungen ab einem gewissen Alter etwas bemerkt habe, dann das, daß sie mit ihren Vätern mehr reden müssen.«

Dies ist einer der Bereiche, bei denen Mütter aufgefordert sind, den Vater des Jungen oder einen verständnisvollen erwachsenen Verwandten zu bitten, mit ihrem Sohn zu sprechen. Natürlich können auch Mütter mit ihrem Sohn ganz offen darüber reden, aber einige Jungen haben mir erzählt, daß sie sich nicht wohl dabei fühlen, wenn sie mit ihren Müttern über Selbstbefriedigung sprechen, und viele Mütter fühlen sich ihrerseits bei solchen Diskussionen nicht besonders behaglich.»Es ist mir nie in den Sinn gekommen, mit meinen Söhnen darüber zu reden«, erzählte eine Mutter von zwei Söhnen.»Ich habe nie daran gedacht, daß ich mich mit ihnen über solche Dinge unterhalten sollte.« Sie glaubte, daß auch ihr Mann nicht mit ihnen darüber geredet hat, weil »er einfach nie da ist. Er hat keine Gelegenheit dazu.«

Und diese Erektionen ...

Eine weitere unangenehme, aber ebenfalls ganz normale Erscheinung ist die unheimliche Fähigkeit seines Penis, zu den unpassendsten Zeiten steif zu werden. In der frühen Pubertät scheint er ein Eigenleben zu entwickeln. Richard Handy schreibt in seiner Autobiographie:»Mein eifriger Knabe brachte mich sehr in Verlegenheit, als ich jung war. Als ich mit 14 in einer Mathematikstunde saß, versteifte er sich ganz unerwartet, als ich an die Tafel gerufen wurde, um dort ein Problem zu lösen.

Seitdem vermied ich es, vor anderen etwas an die Tafel zu schreiben … In der siebten Klasse wollte ich keine Mannschaftssportarten mehr mitmachen, weil ich nicht wußte, was er dabei wieder anstellen würde.«[11] Spontane Erektionen gehören zum Erwachsenwerden und bedeuten nicht, daß ein Junge die ganze Zeit nur an Sex denkt. Sie können sich einstellen, wenn er an etwas ganz anderes denkt, zum Beispiel, wenn er Mathematik-Hausaufgaben macht.

Eine Mutter erzählte mir, daß ihre Söhne immer einen Standardausdruck dafür hatten, wenn sie allein mit ihrem Vater waren. »Wenn ich sage, daß ich heute abend allein ausgehe«, meinte die Mutter, »dann sagen meine Söhne: ›Oh, mein Gott, dann haben wir heute abend wieder die Geschichte von den Erektionen in der Mathematikstunde.‹ Das geht auf die Zeit zurück, als ich zu meinem Mann sagte: ›Ich glaube, du solltest mit den Jungs mal reden.‹ Er hat sich mit ihnen hingesetzt und gesagt: ›Hattet ihr eigentlich schon mal komische Gefühle? Hattet ihr schon Erektionen in der Mathematikstunde?‹« Diese Mutter erzählte weiter, daß ihre Söhne diese Unterhaltungen für äußerst amüsant hielten. Sie meinten, daß sie mehr davon verstanden als ihr eigener Vater. Heute sei diese Geschichte ein gängiger Witz in der Familie und mache es ihrem Mann und ihr viel einfacher, ernsthafte Themen miteinander zu bereden.

In seinem Buch *Fulfilling Lives* vergleicht Douglas Heath die Art und Weise, wie ein Junge seinen Penis unter Kontrolle bringen möchte, mit der typischen Art der Männer, ihre äußere Erscheinung, ihre Gefühle und ihre Aufregung unter Kontrolle zu haben.[12] Frauen fällt es schwer, sich die Bedeutung des Penis für einen Heranwachsenden vorzustellen, denn der Penis verursacht sowohl Angst als auch Freude und kann vom Gehirn nicht gesteuert werden. Die Kontrolle zu behalten, scheint für einen heranwachsenden Jungen aber etwas sehr Wichtiges zu sein. Mit seinen Freunden oder Familienmitgliedern redet er über seine Bedürfnisse nur sehr ungern. Von außen sieht man ihm nichts an. Er hat sich unter Kontrolle. Wie verletzlich ein Junge jedoch sein kann, zeigt folgende Aussage eines Jungen: »Es ist so, als könnte man nichts für die Zukunft planen. Das ist ganz spontan. Diese Dinge passieren einfach.«

Auch die Größe ihres Penis macht vielen Jungen Sorgen. In Sex-Zeitschriften – den geheimen Informationsquellen – wird ein großer Penis oft glorifiziert, aber Jungen brauchen deswegen nicht beunruhigt zu sein. Bei jedem Jungen ist der Penis unterschiedlich groß, und das hat nichts mit der sexuellen Potenz zu tun. Ich erinnere mich, daß ich mich immer wunderte, warum unsere Söhne immer wieder eine bestimmte Seite aus dem Buch *The Godfather* lasen, bis mir auffiel, daß es dort auf einer ganzen Seite um die Größe eines bestimmten Penis ging. Ein Junge sollte wissen, daß seine Fähigkeiten als Liebhaber nichts mit der Größe seines Penis zu tun haben, sondern mit seiner Sensibilität und seinem Verständnis für die sexuellen Wünsche einer Frau.

Groß zu sein, verändert alles

Jerry Springer, ein Moderator einer Vormittags-Talkshow, erzählte seinem Fernsehpublikum, daß er auf der High-School als »Zwerg« verschrien war. Damit meinte er, daß er mit 1,54 m sehr klein war, als er die High-School verließ und jeder sich über ihn lustig machte. (Heute ist er ein gutaussehender, prominenter Mann im Fernsehen mit »normaler« Größe.) An jenem Morgen hatte er in seine Show Männer und Frauen eingeladen, die auf der High-School auch »Zwerge« gewesen waren. Als sie sich an ihre Teenagerzeit erinnerten, erzählten sie, daß sie das Gefühl hatten, abseits zu stehen, weil sie zu klein oder zu dick waren. Klein zu sein bedeutete bei Männern vor allem, daß sie von den Mädchen gemieden wurden und bei ihnen unbeliebt waren. Der glücklichste Tag im Leben eines Mannes war der, wie er sagte, als er »nach der Zeugnisverleihung das Haus verlassen konnte.«

Unsere Gesellschaft bevorzugt leider große Männer. Ich erinnere mich daran, wie peinlich es mir auf der High-School war, daß mich meine Eltern zwangen, zu einer Tanzveranstaltung in

44

der Schule mit einem kleinen Jungen zu gehen, der der Sohn einer befreundeten Familie war. Mit einem ebenso kleinen oder noch kleineren Jungen zu tanzen, als ich selbst es mit meinen 1,54 m war, entsprach einfach nicht meinen Wunschvorstellungen. Ich bin mir sicher, daß er ein ganz netter Junge war, aber in meiner pubertären Perspektive war er einfach nur klein.

Die Größe eines Jungen ist hauptsächlich genetisch bedingt und deshalb nicht beeinflußbar. Deshalb sollten Mütter alles tun, bei ihrem Sohn Selbstvertrauen und Stolz unabhängig von seiner Größe aufzubauen. Wie groß ein Junge später als Erwachsener sein wird, kann man bei einem Heranwachsenden noch nicht endgültig feststellen. Der Wachstumsschub bei Jungen liegt normalerweise zwischen dem 12. und dem 17. Lebensjahr, die Jungen können aber auch noch bis zum Alter von 20 Jahren oder manchmal sogar noch später weiterwachsen. Ein Kieferorthopäde hat mir erzählt, daß sich die Kiefer von manchen Jungen manchmal sogar noch bis ins 26. Lebensjahr verändern.

Verblüffende und, wie ich meine, beunruhigende Forschungsergebnisse zeigen, daß Eltern – und die Jungen selbst – bei einem großen Sohn höhere schulische Ambitionen und Erwartungen haben als bei einem kleinen. Eine Untersuchung der Stanford University hat ergeben, daß sogar frühreife, aber an Statur kleine Jungen ihre eigenen potentiellen Schulleistungen unterschätzten. Bei dieser Untersuchung wurden etwa 4.000 Jungen zwischen 12 und 17 Jahren sowie ihren Eltern zwei Fragen gestellt: »Wie stellen Sie sich Ihre weitere Schulausbildung vor?« und »Wie wird es nach der Schule weitergehen?« Jede Frage sollte mit einer der folgenden Aussagen beantwortet werden: 1. So schnell wie möglich fertig werden. 2. Die High-School beenden. 3. Auf ein College gehen oder eine Lehre machen. 4. Einen College-Abschluß machen. 5. Nach dem College noch eine weitere Ausbildung machen.[13]

Vor allem große Jungen und ihre Eltern entschieden sich für eine der drei letzten Aussagen. Vielleicht wollen kleinere Jungen ihre Schulzeit tendenziell verkürzen, weil sie es – wie Jerry Springers Talkshow-Gäste – leid sind, sich als Außenseiter zu fühlen. Diese Jungen denken vielleicht anders über weiterführende Schulbildung, wenn sie die trostlosen Klassenzimmer und Umkleidekabinen der High-School verlassen haben. Aber für die meisten von ihnen dürfte der Tag am schönsten sein, wenn sie die High-School verlassen können.

Der Respekt vor dem großen Mann taucht auch in anderen Kulturkreisen auf, wie David Gilmore in seiner Untersuchung über kulturelle Vorstellungen von Männlichkeit geschrieben hat. Gilmore nennt amerikanische Forschungen, die mit Bedauern bestätigen, daß Größe »unsere sozialen Beziehungen, unsere sexuellen Verhaltensnormen, die Möglichkeiten, Karriere zu machen, den politischen Erfolg und selbst unsere Verdienstmöglichkeiten« beeinflußt.[14]

Eine bestimmte Größe kann auf die Interaktion zwischen Mutter und Sohn auch ganz pragmatisch einwirken. Eine Mutter erzählte mir, daß ihr 15jähriger Sohn, dem sie vor seiner Schule einen Kuß geben wollte, sagte: »Wenn ich groß wäre, könntest du mich küssen. Ich bin aber klein, deshalb würden alle Leute denken, ich sei noch ein Baby.«

Unter Umständen braucht ein relativ kleiner Teenager mehr Aufmerksamkeit von seinem Vater und seiner Mutter, damit ihm bewußt wird, daß Größe nichts mit seinem Wert zu tun hat. Er wird zwar wahrscheinlich kein berühmter Basketballspieler werden, aber er kann gute Freundschaften pflegen und alles erreichen, was er sich in der Schule vorgenommen hat, beruflich und auch körperlich. Ist er erst einmal erwachsen, spielt seine Größe keine Rolle mehr.

Er wird »männlich«

Das Bewußtsein, sich wie ein Junge und nicht wie ein Mädchen zu verhalten, verstärkt sich während der Pubertät. Psychologen nennen dies geschlechtsspezifisches Verhalten. Anne Petersen und einige Kollegen von der University of Pennsylvania haben in einer interessanten Forschungsarbeit herausgefunden, daß Jungen in der

Mittelstufe im Lauf der Jahre sich selbst mit immer »männlicheren« Begriffen wie »Selbständigkeit« charakterisieren, während Mädchen »femininere« Begriffe wie »Nachgiebigkeit« verwandten – ein typisches geschlechtsspezifisches Verhalten.

Das ist kein überraschendes Ergebnis. Was mir bei dieser Studie jedoch auffiel, war die mangelnde Bereitschaft der Jungen, die Gleichberechtigung von Männern und Frauen zu akzeptieren – in unserem heutigen »aufgeklärten« Zeitalter. »Von der sechsten bis zur achten Klasse«, so berichten die Wissenschaftler, »erkannten die Mädchen immer mehr die Gleichberechtigung von Mann und Frau an, während diese Einsicht bei den Jungen gleichzeitig immer mehr abnahm.«[15]

Ein Junge in der Mittelstufe mag vielleicht überzeugt davon sein, daß Jungen besser als Mädchen seien und ist deshalb auch bereit, sich mit den reiferen Mädchen in seiner Klasse zu messen. In seiner Schule wird es vielleicht auch nicht akzeptiert, wenn man sich »frauenfreundlich« gibt und Mädchen gern hat. Deshalb sieht er auf Mädchen verächtlich herab, um selbst angesehen zu sein – eine rücksichtslose Angewohnheit, die manche Männer leider nie ablegen können. Mütter und Väter sollten darauf dringen, daß ihre Söhne nicht nur Jungen und Mädchen gleich behandeln, sondern auch ihre individuellen Eigenschaften anerkennen.

Gutes Aussehen

Leider ist es in Amerika (und nicht nur dort) sehr wichtig, gut auszusehen, und das kann Heranwachsende oft sehr unter Druck setzen. Der »perfekte« männliche Körper in den modernsten Shorts strahlt als Idealbild von allen Titelseiten der populärsten Zeitschriften. Die perfekte Haut, schmale Hüften und die breiten Schultern eines Cowboys aus dem Wilden Westen verkörpern Träume aus der Pionierzeit – in den modernen Innenstädten und Vororten von heute. Aber die Realität ist anders. Der junge Leser fragt sich: Wie werde ich meine Pickel los? Warum schwitze ich so? Soll ich eine Diät machen? Wie soll ich einen Job bekommen?

In einer Studie über Schüler der sechsten Klasse entdeckten die Wissenschaftler, daß eine attraktive Erscheinung die Art und Weise bestimmt, wie sich die Schüler untereinander einschätzen. Gutaussehende Schüler hielten sich für kompetenter, hatten mehr Freunde unter Gleichaltrigen und ein besseres Verhältnis zu ihren Eltern.[16] Ein relativ großer Junge der High-School hat nicht nur Vorteile gegenüber seinen kleineren Altersgenossen, ein gutaussehender Schüler der Mittelstufe wird auch von seinen Klassenkameraden mehr geschätzt und fühlt sich wohler in seiner Haut als einer, der nicht so attraktiv wirkt. Es ist daher kein Wunder, daß (nicht nur) viele Jugendliche glauben, auf der Welt gehe es sehr ungerecht zu.

Jungen möchten genauso gut aussehen wie Mädchen – Mütter wissen genau, wie lang sie warten müssen, bis ihr Sohn im Bad fertig ist. In unserer Familie war Akne ein größeres Problem für die Jungen als für die Mädchen – und das ist sehr häufig der Fall. Jungen scheinen mit ihrer Haut viel eher Probleme zu haben als Mädchen. Akne entsteht während der Pubertät durch übermäßige Absonderungen der Talgdrüsen, was die Poren verstopft und Mitesser und Pickel verursacht. Akne sollten der Junge und seine Eltern ernst nehmen. Nicht alle Behandlungsformen bringen eine Besserung dieser Hautkrankheit, aber die Beachtung einiger Regeln kann den Zustand der Haut dennoch verbessern. Fordern Sie Ihren Sohn auf, sein Gesicht jeden Tag öfter zu waschen oder täglich zu baden. Seift man die Haut jeden Tag ein, verringert sich der Talggehalt der Haut im Gesicht. Wechselt man regelmäßig das Kopfkissen, gelangen auch weniger Talgabsonderungen wieder auf die Haut. Viele Jungen kaufen sich ein Gesichtswasser gegen Mitesser, was besser ist, als die Pickel mit den Fingernägeln auszudrücken – bei der Verwendung von Gesichtswasser sollte man jedoch vorsichtig sein: Gesichtswasser gegen Mitesser sollte man nur vorsichtig auf Mitesser und nicht auf Pickel tupfen, die sich aus Mitessern entwickelt haben.

Die Ärzte sind unterschiedlicher Meinung darüber, ob die

Ernährung Einfluß auf die Haut hat. Abgesehen vom Zustand der Haut sollte ein Heranwachsender aber ohnehin vernünftig essen – also *keine* fritierte oder fettige Speisen. Wenn ein Junge meint, daß seine Ernährung schuld daran sei, daß er Pickel bekommt, sollte er bewußt darauf achten, was er ißt, und sich aufschreiben, welche Nahrungsmittel seine Akne verschlimmern.

Wenn trotz aller Vorsicht Akne dann immer noch ein Problem für Ihren Sohn ist, sollten Sie mit ihm zum Arzt gehen. Gegen Akne gibt es gute Medikamente. Ein Arzt, der die Probleme von Heranwachsenden kennt, versteht ihre Kämpfe mit dem Selbstbewußtsein und wird ein geeignetes Medikament oder zusätzliche Maßnahmen verschreiben.

Grundsätzlich sollte eine Mutter aber ihrem Sohn gegenüber immer wieder betonen, daß seine inneren Werte viel wichtiger sind als sein gutes Aussehen. Doch seien Sie vorgewarnt. Er glaubt Ihnen das wahrscheinlich nicht, weil er immer wieder mit dem demütigenden Gefühl leben muß, sich dann und wann als Außenseiter zu fühlen.

»Er ißt und schläft soviel«

Alle heranwachsenden Jungen brauchen mehr Nahrung und mehr Schlaf als in ihrer Kindheit. Die meisten Mütter stellen mit Erstaunen fest, wieviel Geld sie für Lebensmittel ausgeben, wenn ihr Sohn immer mehr Kalorien verbraucht. In der Familie scheint das Essen dann nie zu reichen.

Auch die Schlafgewohnheiten können die Mütter schier zur Verzweiflung treiben. Einem Heranwachsenden sind die Stunden vor Mitternacht wahrscheinlich viel zu kostbar, um sie mit Schlafen zu vergeuden. Ihn jedoch am nächsten Morgen aus dem Bett zu bringen, verursacht die allergrößten Schwierigkeiten. Wenn man ihm einen eigenen Wecker gibt, macht man ihn dadurch selbst dafür verantwortlich, rechtzeitig aufzustehen. Wenn er nicht zur Schule oder zur Arbeit gehen muß, kann er den Wecker ausstellen und nach seinen nächtlichen Eskapaden richtig ausschlafen.

Gespräche über Menstruation

Jungen sind sehr neugierig, welche Veränderungen bei Mädchen in der Pubertät stattfinden, und Mütter sind hier die besten Informationsquellen. Eine einfache Erklärung, wie der Menstruationszyklus funktioniert, kann viele Fragen beantworten und Mißverständnisse bei Jungen beseitigen. Während dieser Gespräche mit einem elf- oder zwölfjährigen Jungen sollten Mütter betonen, auch frühreife Mädchen nicht auszulachen und Mädchen allgemein gleichberechtigt zu behandeln.

Jetzt ist er ein Mann

Eine Mutter hat vielleicht manchmal Angst, daß ihr Sohn ein ewiges Kind bleiben wird. Einige Jungen behalten ihre pubertären Vorstellungen eventuell noch bis in die ersten Jahre als Erwachsene – aber irgendwann haben die männlichen Hormone ein Gleichgewicht erreicht, der Mann ist erwachsen, und die Probleme sind verschwunden. Der kleine Junge hat sich verändert und lebt jetzt als junger Mann in der Familie. Eine Mutter erlebt nun eine neue Art der Beziehung zu ihm, indem er auf der Suche danach ist, wer er selbst eigentlich ist.

☞ Tips für Mütter

1. Machen Sie Ihrem Sohn klar, daß jeder Junge zeitlich seine eigene Wachstumsphase hat.
2. Informieren Sie sich über die Abläufe in der Pubertät, damit Sie Ihrem Sohn mit einfachen Worten erklären können, was mit ihm passiert.
3. Reden Sie mit ihm über spontane Erektionen und über Selbstbefriedigung, damit er weiß, daß das alles normal ist.
4. Machen Sie sich nicht über seinen Stimmbruch lustig.

5. Sagen Sie ihm, daß gutes Aussehen und groß zu sein nichts mit Erfolg zu tun haben.

6. Machen Sie sich bewußt, daß es in der Frühpubertät wichtig für Ihren Sohn ist, männlich zu wirken und sich unter Kontrolle zu haben.

7. Betonen Sie, daß Mädchen genausoviel können wie er.

8. Zeigen Sie Verständnis und Hilfsbereitschaft, wenn er sich um seine Haut oder sein äußeres Erscheinungsbild Sorgen macht.

9. Reden Sie mit ihm über die Menstruation, damit er lernt, die Mädchen in seiner Klasse zu schätzen und sie zu verstehen.

10. Stehen Sie in diesen körperlich so verwirrenden Jahren immer hinter ihm.

3
Der Kampf mit der Identität
Auf der Suche nach dem männlichen Selbstverständnis

Als ich eine Gruppe von Müttern fragte, was ihnen bei ihren heranwachsenden Söhnen am besten gefällt, antwortete eine davon: »Daß ich sehe, wie er immer unabhängiger wird.« Sie freute sich über das Bestreben ihres Sohnes, unabhängiger zu werden, was typisch für heranwachsende Jungen ist. Als ich sie aber ein paar Minuten später fragte, was sie an ihrem Sohn *nicht* mochte, benutzte sie zwar ganz andere Worte, um aber dasselbe wachsende Streben nach Unabhängigkeit zu beschreiben: trotzig, unausstehlich, distanziert, undurchschaubar, unerfreulich.

Diese zwiespältige Reaktion auf den Versuch des Sohnes, selbständig zu werden, ist ganz normal. Natürlich hätte es eine Mutter lieber, wenn ihr Sohn weiterhin so brav, hilfsbereit und fröhlich bliebe, wie er als Kind in den ersten Schuljahren war. Sie hat es zwar gern, wenn sie sieht, daß aus ihm ein Mann wird – aber sie ist eben auch seine Mutter und möchte diese auch gerne bleiben und ihm sehr nahe sein. Er glaubt, daß er jetzt ein Mann ist – sie denkt, daß er sich immer noch wie ein Kind benimmt. Eine Mutter versuchte, dieses Dilemma folgendermaßen zu erklären: »Er will nicht wie ein Kind behandelt werden, aber er will auch nicht erwachsen werden.« Die anderen Mütter, die diese Bemerkung in der Gesprächsrunde mit angehört hatten, murmelten zustimmend.

Distanzierung zur Mutter

Die Pubertät bringt eine ganz neue Dimension für das Mutter-Sohn-Verhältnis mit sich. Eine Mutter hat vielleicht das Gefühl, daß sie selbst um so mehr mit ihrem Sohn reden muß, je größer er wird.[1] Er scheint seine Muskeln extra für sie zu trainieren, um ihr beweisen zu können, daß er der Chef ist. Mütter verstehen oft nicht ganz, was sich da eigentlich abspielt. Sie selbst hat sich nicht verändert. Sie liebt ihn immer noch und versucht ihn zu verstehen. Je näher sie jedoch an ihn herankommen will, um so mehr weicht er aus oder zurück. »Sagen Sie ihr, sie soll relaxen!« riet mir ein Junge seiner Mutter auszurichten. »Sie sollte das Leben leichter nehmen.«

Ein Sohn kann seiner Mutter zum Beispiel den Vogel zeigen und einfach weggehen. Sie bleibt dann frustriert zurück und ist unfähig, zu ergründen, was in seinem Kopf eigentlich vorgeht. Und genau das will er auch haben. Er will seinen Horizont erweitern, und er will dabei nicht, daß sie alles, was er tut, weiß und kontrollieren kann. Er will seine Ruhe haben und auf eigenen Füßen stehen. So, wie er nicht versteht, warum sich seine Mutter in alles einmischen muß, macht sie sich Sorgen, warum er so ruhelos und abweisend ist. »Ich habe die Pubertät erlebt wie einen langen Winterschlaf«, erzählte mir ein Mann. »Ich war eingesponnen wie in einen Kokon und suchte nach meiner Identität.« Niemand außer seiner Mutter konnte diesen Kokon durchbrechen.

Der Jugendforscher Laurence Steinberg glaubt, daß die Distanzierung eines heranwachsenden Sohnes zu seiner Mutter einem traditionellen Schema gehorcht, das entwicklungsgeschichtlich notwendig ist, weil es einen Jungen darauf vorbereitet, später eine eigene Familie zu gründen. Steinbergs Untersuchungen befaßten sich nicht mit dem Alter der Jungen, sondern mit ihren jeweiligen pubertären Stufen. Er fand heraus, daß ein Junge, der sich der schwierigsten Zeit der Pubertät nähert, um so mehr Konflikte mit seiner Mutter hat. Während der Jugendzeit »unterbrechen sich Mutter und Sohn im Gespräch öfter [als vorher], erklären ihre eigenen Standpunkte seltener und sind gegenseitig unnachsichtiger.«[2]

Wird ein Sohn schließlich erwachsen, verringern sich die Konflikte wieder, nicht, weil er jetzt mehr Sympathie für seine Mutter empfindet, sondern weil sie anfängt, ihn als Mann zu begreifen. Er wird von seiner Mutter jetzt nicht mehr wie ein kleiner Junge behütet und braucht dagegen auch nicht mehr zu protestieren oder sich zurückzuziehen. Jetzt respektiert seine Mutter ihn als gleichwertigen Mensch.

»Meine Söhne haben immer darum gekämpft, ein eigenes Privatleben zu haben«, erzählte mir eine Mutter von zwei Söhnen. »Ich habe das vom Kopf her zwar verstanden, aber es hat mich trotzdem verletzt.«

Warum trifft es gerade Mütter?

Warum konzentriert sich der Kampf eines Sohnes um seine Selbstfindung mehr auf seine Mutter als auf seinen Vater? Viele Gründe können dafür ausschlaggebend sein, warum die Suche des Sohnes nach dem eigenen Ich sich besonders auf die Mutter auswirkt. Für einen Jungen mag es einfacher sein, trotzig auf seine Mutter zu reagieren, weil sie vielleicht sympathischer, nicht so bedrohlich und von der Statur her kleiner als sein Vater ist. Er kann sie aber auch als starke Frau erleben und Angst haben, von ihr überfordert zu sein. Vielleicht hat der Sohn auch Scheu vor seinem Vater und traut sich nicht, sich mit ihm direkt auseinanderzusetzen, so daß die Mutter zur Hauptzielscheibe seiner Angriffe wird. Oder er sieht seinen Vater nicht jeden Tag und muß ihm deshalb auch nicht ständig Rede und Antwort stehen. Das Verhältnis zwischen Vater und Sohn ist deshalb vielleicht relativ oberflächlich.

Schon Freud hat geschrieben, daß sich ein Junge erst von seiner ersten großen Liebe, seiner Mutter, trennen muß, bevor aus ihm selbst ein Mann werden kann. Er will sich *mit* seinem Vater identifizieren, statt sich von ihm zu distanzieren.

Außerdem glaube ich, daß eine Mutter durch den täglichen Umgang mit dem Sohn zwar besser über seine Aktivitäten Bescheid weiß, gleichzeitig aber nicht unbedingt mehr über seine Gefühle wissen muß. Sie wünscht sich, daß er Erfolg hat, Freunde findet und daß er glücklich ist. Dies kann dazu führen, daß sie manchmal vergißt, daß er bestimmte Dinge auf *seine* Art und Weise tun muß. Er wird verschlossen oder wehrt sich, wenn sich seine Mutter allzusehr einmischen will. Und ihr fehlen seine spontanen Zärtlichkeiten, wie mir eine Mutter erklärte: »Ein guter Freund hat mir erzählt, daß er nie den Anblick vergaß, als mein Sohn mich mit acht oder neun Jahren sah und auf mich zurannte und mich umarmte. Da gab es keine Probleme. Dieses Jahr im Frühjahr mußte ich so oft daran denken, weil er jetzt überhaupt nicht mehr so spontan reagiert. Manchmal zwinkert er mir noch zu oder ähnliches, aber diese Hormone haben alles durcheinandergebracht.«

Die Abnahme der körperlich ausgedrückten Zuneigung und die zunehmenden Streitereien können in jeder Familie beobachtet werden. Diese Veränderungen heißen jedoch nicht, daß ein Junge seine Mutter nicht mehr liebhat. Er will nur etwas auf Distanz gehen, um herauszufinden, wer er selbst ist. Sie will andererseits wissen, was er denkt, was er macht und wie er sich fühlt. Und sie fühlt sich für seine Entwicklung absolut verantwortlich und will sicher sein, daß es ihm gutgeht. Ein Junge reagierte folgendermaßen auf seine ständig besorgte Mutter: »Wenn sie mir immer wieder Fragen stellt, geht sie mir auf die Nerven. Sie fragt und fragt, das ist wirklich schrecklich.«

Viele Männer erinnern sich noch gut an die Versuche ihrer Mütter, sie auszuhorchen, aber ihre äußeren harten Schalen waren nicht mehr so leicht zu durchbrechen. Anstatt ständig zu fragen, wie es ihm geht oder was er denkt, wäre es einem Jungen lieber, wenn Mütter mit dem ständigen »Verhör« aufhören und besser aufmerksam und ruhig zuhören könnten. Vielleicht, so meinte dieser Junge, gibt ein Sohn dann seine Gefühle auch eher preis. Wenn sie wartet, bis er ihr von selbst etwas erzählt, respektiert sie seine persönlichen Grenzen.

Mütter und Väter –
Unterschiedliche Rollenverteilungen

Viele Jungen erzählten mir, daß sie ihren Müttern sehr nahestehen, und einige meinten, daß ihre Väter sich in ihrer Erziehung hervorragend verhalten würden.

»Meine Mutter ist wirklich großartig«, sagte ein Junge. »Sie kümmert sich um mich und meine Schwester. Aber sie sorgt sich nicht nur um uns, sondern hört uns auch zu, wenn wir von unseren Problemen erzählen und will wissen, was uns beschäftigt ... aber manchmal mischt sie sich zu sehr ein, so nach der Art: ›Das hast du mir gar nicht erzählt.‹ Mein Vater ist ganz anders. Er ist nur selten zu Hause, und deshalb weiß er kaum, was eigentlich alles passiert. Aber irgendwie weiß er immer, was er machen muß. Wenn ich mit ihm reden will, dann muß ich zu ihm gehen.«

Ein Sohn gibt vor seiner Mutter vielleicht nicht gern zu, daß er sich ihr sehr verbunden fühlt, auch wenn er weiß, daß sie das gern hören würde. Seine Zuneigung offen auszusprechen ist ihm möglicherweise zu peinlich. Ein Junge zeigte, wie ambivalent seine Gefühle gegenüber seiner Mutter waren, als er jedesmal, wenn er etwas Positives über sie sagte, schnell ein »Aber« hinzufügte. Als ich ihn zum Beispiel fragte, was er an seiner Mutter schätzt, antwortete er: »Ihre Ehrlichkeit. Sie sagt mir wirklich, was sie denkt. Aber sie ist viel zu fürsorglich, sie kümmert sich um alles. Ich denke schon, daß es gut ist, daß sie sich so um mich sorgt, aber ich glaube, sie macht sich viel zuviel Gedanken. Manchmal ist es verrückt, aber sie ist eben eine Mutter, und deshalb muß sie sich wohl so verhalten.«

Dieser Junge verstand, warum sich seine Mutter Sorgen um ihn machte und viel über ihn wissen wollte. Und er schätzte dies. Er wußte auch ganz klar, welche Bedeutung sein Vater hatte: »Meiner Mutter fühle ich mich näher als meinem Vater«, fuhr er fort, »aber ich mache auch viel mit ihm zusammen. Wir gehen fischen, an den Strand und fahren zum Krabbenfangen. Wir verbringen viel Zeit miteinander. Meinen Vater schätze ich jedoch anders als meine Mutter – auf einer ganz anderen Ebene. Ich weiß nicht, ob es fair ist, wenn ich das sage. Mein Vater ist strenger. Er ist für mich da, und ich kann immer mit ihm reden, aber ich fühle mich nicht so wohl, wenn ich mit ihm rede.«

Die Aussagen dieses Jungen entsprechen den Forschungsergebnissen, die besagen, daß ein Junge, je älter er wird, ein eher gleichberechtigtes Verhältnis zu seiner Mutter erlangt, aber nicht zu seinem Vater. Die Kontrolle über die Familie üben die drei Personen Vater, Sohn und Mutter nicht gleichgewichtig verteilt aus.[3] Die Mutter gibt etwas von ihrer Macht ab, der Vater aber nicht. »Zwischen meinem Sohn und mir gibt es einen ständigen Machtkampf. Er will erst dann etwas machen, wenn er es wirklich tun will«, beklagte sich eine Mutter.

»Ich sehe meine Mutter immer mehr als gleichberechtigte Person«, meinte ein Junge. Er glaubt, daß seine Auseinandersetzung mit ihr unter gleich starken Personen ausgetragen werden. Oft versucht er, seine Mutter auf seine Seite zu ziehen, wenn er mit seinem Vater Streit hat, und manchmal schließt dieses schweigende Einverständnis zwischen Mutter und Sohn den Vater auch vom wirklichen Leben des Sohnes aus. »Sag's bitte nicht Dad«, wünscht sich der Sohn.

»Das Schlüsselwort in unserem Haus heißt Kontrolle«, meinte die Mutter eines 16jährigen Jungen. »Er will von mir nicht kontrolliert werden.«

Allein schon das Wort »Kontrolle« ärgert einen heranwachsenden Jungen. Von einer Frau – und vor allem von seiner eigenen Mutter – kontrolliert zu werden, kann er – als Mann – nicht akzeptieren. Er sagt zwar vielleicht, daß er unabhängig sein will, aber in Wirklichkeit braucht er seine Familie. Die Vorstellung von *gegenseitiger* Abhängigkeit, der Realität, daß wir ein Leben lang voneinander abhängig sind, muß das emotionsgeladene Wort »Kontrolle« ersetzen.

Eltern sind aufeinander angewiesen, und jeder Elternteil hilft dem Sohn auf seine Art und Weise, seine Besonderheit und Einzigartigkeit schätzenzulernen. Sein Vater konfrontiert ihn meist mit Aspekten wie Lebensziele, Ehrgeiz, Erfolg in der Schule,

Verpflichtungen und Loyalität. Seine Mutter dagegen bringt ihm die Gefühle von anderen Leuten näher und versucht seine Motivation und innere Stärke zu festigen. Jeder Elternteil kann dabei Rollenmuster von beiden Geschlechtern verkörpern und vermitteln, aber ein Sohn braucht dennoch beide Seiten.

»Für sie ist es wichtiger, mir zu helfen als mich zu bestrafen«, erzählte mir ein Junge ganz stolz. Dieser Junge hatte das Glück, daß beide Elternteile gleichberechtigt für ihn da waren. Das haben jedoch nicht alle Jungen.

Selbstfindung durch den Vater

»Um ein richtiger Mann zu werden, ist es das wichtigste Ziel, sich von der kindlichen Identifikation mit der Mutter zu lösen«, schreibt der Psychiater Willard Gaylin in seinem Buch *Die Helden sind müde*. »Um ein richtiger Mann zu sein, darf man kein ›Muttersöhnchen‹ mehr sein, zumal es ein wichtiger Entwicklungsschritt im Leben eines Mannes ist, die ursprüngliche Identifikation mit seiner Mutter aufzugeben.«[4]

Um jedoch ein »richtiger Mann« zu sein, braucht ein Junge vorher ein entsprechendes Vorbild, das viele Jungen nicht haben. Wenn ein heranwachsender Junge keinen starken Vater oder keine Vaterfigur hat, kann aus ihm dann ein »richtiger Mann« werden? Offensichtlich ja! Aus vielen Jungen sind ansprechende Männer geworden, obwohl sie keinen richtigen Vater hatten. Starke Mütter voller Selbstvertrauen können starke Söhne voller Selbstvertrauen heranziehen – und genau darum geht es in diesem Buch. Trotzdem bin ich überzeugt davon, daß heranwachsende Jungen heute mehr als jemals zuvor auch die Zuwendung ihres Vaters brauchen.

Wenn ich mit den Jungen rede, koche ich oft über vor Wut auf den unbekannten Vater des jungen Mannes, der mir gegenübersitzt. Manchmal komme ich heim und erzähle meinem Mann, daß ich alle Väter am liebsten schütteln würde – damit sie endlich aufwachen und sich zwingen, sich mit den Sehnsüchten ihrer Söhne nach den Vätern auseinanderzusetzen.

Robert Bly nennt diese Sehnsucht den »Vaterhunger«. Ein Junge ist vor und nach der Geburt perfekt auf den Körper und den Rhythmus der Mutter eingestellt. Kommt er jedoch in die Pubertät, muß er, so Bly, sich seinem Vater anpassen. »Langsam, oft monate- und jahrelang«, schreibt Bly, »stimmt sich der Körper eines Jungen um auf das Harte, manchmal Fordernde, manchmal teils Humorvolle, Respektlose, Ungeduldige, Eigensinnige, vorwärts Orientierte und Schweigsame eines erwachsenen Mannes. Sowohl die männlichen wie die weiblichen Zellen tragen eine wunderbare Musik in sich, aber ein Sohn sollte genauso auf die männliche Frequenz wie auch auf die weibliche eingestimmt werden.«[5]

Ein Sohn, der seinen »Hunger« nicht stillen kann, wird eine »bittere, unauslöschliche Scham« über diesen Zustand empfinden und versuchen, dieses Wesentliche, was ihm fehlt, zu ersetzen. Um den Männern zu helfen, ihre maskuline »Frequenz« zu entdecken, empfiehlt ihnen Bly, männliche Versammlungsorte und Lagerfeuer aufzusuchen, um sich Riten zu schaffen, wirklich männlich zu werden. Er ermutigt die Männer, ihrer Männlichkeit freien Lauf zu lassen, den »Wilden Mann« in sich zu entdecken und sich untereinander als Brüder und Väter zu verbinden.

Als ich das Buch von Robert Bly zum erstenmal in der Hand hielt, war ich amüsiert und gleichzeitig verletzt über und von der Banalität und der Künstlichkeit von Lagerfeuern, Trommeln und Urschreien. Seine Unfähigkeit, zu erkennen, daß das Zeitalter des edlen Wilden schon längst vorbei ist, verärgerte mich. Ich war frustriert, daß er sich bei den Heranwachsenden von der Wiedereinführung von uralten Mythen eine innere Harmonie versprach. Ich glaubte, daß die Männer eher Zugang zu ihren weiblichen Qualitäten finden sollten, wie zum Beispiel Erziehen und Frieden schließen.

Nachdem ich mittlerweile mit vielen Jungen gesprochen habe, verstehe ich Blys Angst, daß eine starke und aktive männliche Einstellung in unserer Kultur ihren Wert verliert und daß sie durch Passivität ersetzt wird. Ich begrüße, daß er die Männer auffordert, sich um heranwachsende Jungen zu kümmern. Ich bin jetzt auch seiner Überzeugung, daß ein junger Mann wissen muß, wie es ist, ein Mann zu sein, in der Gesellschaft von Männern zu leben – und daß seine Mutter diese Männlichkeit akzeptieren sollte.

Absolut nicht einverstanden bin ich jedoch mit Blys Ansicht, daß sich ein Junge von seiner Mutter loslösen sollte, um sich mit seinem Vater zu verbinden und dadurch erst ein richtiger Mann zu werden. Die Sehnsucht eines Sohnes nach seinem Vater schließt eine starke Bindung an seine Mutter keineswegs aus. Er braucht die Liebe und Zuneigung von beiden Eltern, um die notwendige innere Stärke zu bekommen, damit er für sich selbst Verantwortung übernehmen und Abhängigkeiten akzeptieren kann. Denn gegenseitige Abhängigkeit macht das wirkliche Leben aus – sie ist kein epischer Mythos.

Jungen sehnen sich nach der Kameradschaft ihrer Väter und brauchen sich darüber oft nicht einmal miteinander zu unterhalten – dieses schweigende Einverständnis können Frauen oft nicht verstehen. Kameradschaft zwischen Vater und Sohn kann bedeuten, nebeneinander zu fischen, miteinander im Park spazierenzugehen oder miteinander ein Fußballspiel anzusehen. Sie kann aber auch bedeuten, daß der Vater die Führungsrolle übernimmt, ihm etwas beibringt, wie man zum Beispiel einen Ball wirft und wieder fängt, künstlerisch zeichnet, ein Musikinstrument spielt oder ein Bild aufhängt. Der Vater soll die Fortschritte seines Sohnes loben, ihn anspornen und ermutigen, ihn auf neue Ideen bringen und ihn nach Fehlschlägen trösten.

Andrew Malcolm hat über seine Beziehung zu seinem Vater in seiner Jugendzeit folgendes geschrieben: »Ich weiß nicht, wie es dazu kam, aber in meiner Generation gab es im Leben eines Jungen in seiner frühen Kindheit irgendwann einen Moment – ich erinnere mich, daß es bei mir an einem Samstag am späten Vormittag war –, als mir plötzlich die einfachsten Bemerkungen meines Vaters wie die Stimme Gottes erschienen. Was Mom sagte, waren die Zehn Gebote, oder zumindest ihre Richtlinien. Was Dad sagte, war jedoch das Evangelium. Die meisten Männer wissen selbst nicht, wann ihnen das im Leben passiert. Vor kurzem waren sie noch sterbliche Männer, die ihre Nasen wie alle anderen schneuzen – aber im nächsten Moment sind sie Vater, die Stimme der Erfahrung, Richter und Lehrmeister, platonischer Anführer, der wichtigste Freund und der oberste Lehrherr. Diese Aura bleibt bestehen, ist unantastbar und unverwüstlich. Sie widersteht der Zeit und dem Rost, aber nicht dem Unwillen.«[6]

Da könnte man die Väter eigentlich beneiden. Ein Junge schaut zu ihm auf, nimmt ihn sich zum Vorbild und will ihn als Ratgeber haben. Ein Vater muß sich seinem Sohn gegenüber nicht beweisen, er muß einfach nur dasein, physisch und psychisch. Sein Sohn wartet auf ihn.

Andrew Malcolms Erfahrung steht aber im krassen Gegensatz zu der eines 17jährigen Jungen, den ich interviewt habe. Als ich ihn fragte, wie er sein Verhältnis zu seinem Vater verbessern würde, meinte er: »Ich müßte ihm für die letzten 17 Jahre erst einmal vergeben, und glaube nicht, daß ich das kann. Ich habe mich schon so daran gewöhnt, daß es so ist, wie es ist, daß es wahrscheinlich ziemlich seltsam wäre, wenn es plötzlich anders wäre.« Dieser junge Mann lebte bei seinem Vater, nicht bei seiner Mutter. Sie lebten zwar unter einem Dach zusammen, aber sie lebten nebeneinander her. Er fühlte sich verraten, weil sein Vater nur seinen eigenen Interessen nachging und sich um seine Familie überhaupt nicht kümmerte. Dieser Junge hatte sein Vertrauen in Männer verloren.

Als ich einen anderen Jungen fragte, wie sich sein Leben verändert hätte, seit seine Eltern geschieden sind, antwortete er: »Das hat mein Leben nicht weiter beeinflußt, weil ich ihn sowieso nie gesehen habe.« Diese Antwort – »Ich habe ihn sowieso nie gesehen« – habe ich immer wieder gehört.

Als ich nach einem guten Ratschlag fragte, den man Vätern geben könnte, meinte ein Junge: »Sagen Sie ihnen, daß sie sich um ihre Söhne mehr kümmern sollten. Als mein Vater noch in der Innenstadt arbeitete, war er nie zu Hause. Jetzt arbeitet er hier in der Nähe, und ich sehe ihn öfter. Ich habe viele Freunde, bei denen auch nie jemand da ist. Die Väter müßten sich mehr um ihre Familien kümmern.«

Der Psychologe Guy Corneau schreibt dementsprechend: »Eine

mangelnde Zuwendung vom Vater bewirkt beim Sohn, daß er sich nicht mit seinem Vater identifizieren kann und deshalb Schwierigkeiten hat, seine eigene männliche Identität zu entdecken. Fehlen einem Sohn die Bestätigung und die Sicherheit, die ihm durch die Gegenwart seines Vaters vermittelt werden, dann ist er nicht fähig, erwachsen zu werden.«[7] Ich glaube, daß Corneaus Ansichten insgesamt zu pessimistisch sind. Ein Junge kann auch ohne die Aufmerksamkeit seines Vaters erwachsen werden, aber der Weg dorthin ist dann schwieriger, und die Mutter ist dann noch stärker gefordert. Sie muß beide Rollen verkörpern, und das ist alles andere als einfach.

Obwohl der Gedanke an eine Ersatz-Vaterfigur selbst selbstbewußte und kluge Mütter verwirren mag, bin ich der Meinung, daß man diese Idee nicht einfach verwerfen sollte. Die meisten Mütter schätzen jede Hilfe bei der Erziehung ihres Sohnes. Am einfachsten wäre der Kontakt zu einem Onkel oder einem anderen nahen männlichen Verwandten, der sich an den Geburtstag des Sohnes erinnert, ihn mit auf Ferienreisen nimmt und ihm hilft, seine typisch männlichen Interessen zu pflegen, zu der seine Mutter vielleicht nicht direkten Zugang hat. Wenn eine Mutter Sportarten wie Fischen oder Fußball mag, sollte sie diesen Ersatzvater bitten, sie und ihren Sohn dabei zu begleiten. Ich glaube nicht, daß der Sohn und ein männlicher Verwandter oder Freund automatisch Freundschaft miteinander schließen. Deshalb sollte eine Mutter ganz offen mit einem erwachsenen Mann darüber reden und sich seiner Hilfe versichern, damit es im Leben ihres Sohnes eine starke Vaterfigur gibt.

Auf der Suche nach Lebenszielen

Ein Heranwachsender muß sich nicht nur über seine männliche Identität klarwerden, sondern er muß sich auch fragen, was er mit seinem Leben anfangen will und wie er über die Runden kommen will, wenn er die Sicherheit, die die Familie bietet, verlassen wird.

»Ich habe viele Probleme mit meiner Zukunft und meinen Lebenszielen«, schrieb ein 15jähriger in einem Kurs für kreatives
Schreiben, den ich für elternlose Teenager abhielt. »Ich kann mich
nicht entscheiden, was ich werden will. Manchmal habe ich
Kopfschmerzen, wenn ich mir vorstelle, was ich wirklich gern
mag oder sein möchte und wenn ich zu einem Ergebnis kommen
möchte. Ich weiß, daß ich allen gesagt habe, daß ich Berufs-Basketballspieler werden möchte, aber das habe ich gar nicht so ernst
gemeint. Obwohl ich gern hätte, daß ich das wirklich werden will,
denn dann hätte ich wirklich einen Beruf, den ich anstreben
könnte.«

Der Kampf dieses Teenagers mit seinen Lebenszielen ist typisch
für Jungen, und darüber zu schreiben, sollte man nicht als mäd-
chenhaft abtun. Er erwähnt keine andere Person oder Beziehung
zu jemandem und beschäftigt sich ausschließlich damit, sich selbst
zu beweisen. Die Mädchen in dieser Gruppe schrieben über ihre
Freunde, ihre Familie und ihre Beziehungsprobleme. Obwohl die
Chancen nur gering sind, daß aus diesem jungen Mann wirklich
ein Berufs-Basketballspieler werden wird, erlebt er damit reale
Qualen. Er muß sich einen Beruf suchen, damit er selbst jemand
ist. Sein persönlicher Kampf wird noch dadurch verschlimmert,
daß er kein Zuhause hat, in dem er sich sicher fühlen kann.

Für mein Buch über heranwachsende Mädchen habe ich die
Werke von Erik H. Erikson herangezogen, der ausführlich die
Entwicklung von Heranwachsenden beschrieben hat. Eriksons
Forschungen über die Entwicklung des Menschen gingen meiner
Meinung nach in erster Linie von männlichen Erfahrungen und
nicht von denen junger Frauen aus. Seine Erkenntnisse zeigen
jedoch ganz deutlich, welches Durcheinander im Leben von Heranwachsenden herrscht. Erikson glaubt, daß es die wichtigste
Aufgabe eines Heranwachsenden sei, ein stabiles Selbstbewußtsein
zu bekommen und ein Lebensziel zu finden. Erst danach wäre er
für den nächsten Entwicklungsschritt bereit, Verpflichtungen einzugehen und Intimität zu finden.[8] Erikson meint, daß ein Junge,
der am Ende der Pubertät seine Identität noch nicht gefunden hat,
auch als Erwachsener noch damit beschäftigt sein wird.

Im Gegensatz zu Eriksons Theorie, die er in erster Linie aus seinen Erfahrungen mit Männern gewonnen hat, entwickelt sich die Identität eines Mädchens und ihr Selbstbewußtsein vor allem *durch* Beziehungen, und dieser Prozeß ist auch nach der Pubertät noch nicht völlig abgeschlossen. Weil eine Frau sich häufig mit anderen verbunden fühlt und sich auch durch andere definiert, kann sie sich selbst ihr ganzes Leben lang immer wieder neu definieren. Wie auch Carol Gilligan von der Harvard University schreibt, bleiben heranwachsende Mädchen und Frauen viel enger mit ihrer Familie und ihren Freunden verbunden und machen viele Entscheidungen von ihren Beziehungen zu anderen abhängig. Sie trennen nicht zwischen Beziehungen und Lebenszielen.[9] Frauen denken nicht: erst das Ziel, dann die Beziehungen. Sie vermischen beides ein Leben lang.

Der Teenager, der Kopfschmerzen bekam, wenn er an seine Zukunft dachte, weiß genau, daß sein Selbstwertgefühl von der Fähigkeit abhängt, auf ein bestimmtes Ziel hin zu arbeiten. Er identifizierte sich selbst nicht als Sohn, Bruder oder als Freund, und deshalb hatte er auch Schwierigkeiten, auszudrücken, wer er selbst eigentlich ist. Seine Selbstzweifel machten sich breit, weil er sich seine Frage, was er eigentlich tun wolle, nicht beantworten konnte.

Das Problem dieses Jungen wird allgemein um so schlimmer, je weniger Arbeitsmöglichkeiten es für junge Männer gibt. Selbst wenn er durch seine Erziehung auf die Arbeitswelt vorbereitet wurde, kann ihm die gegenwärtige Betonung der Wahlmöglichkeiten und der Selbstverwirklichung noch Schwierigkeiten machen. In den früheren Generationen wurden die Berufswahl und die Karriere eines Jungen noch stark von den Erwartungen der Familie und den Werten seiner Umwelt geprägt. Ein Junge wußte damals noch, was von ihm erwartet wurde. Heute gibt es dagegen keinen Konsens über verantwortliches männliches Verhalten mehr, und ein Junge kann sich somit auch nicht mehr an einem entsprechenden Vorbild orientieren. Wenn ihm die Gesellschaft suggeriert, daß praktisch alles möglich ist (auch Nichtstun oder sich von anderen unterstützen lassen), dann müssen die Eltern früh eingreifen, bestimmte Erwartungen anbringen, ihm eine Arbeitsmoral beibringen und auch selbst vorleben, was sie von ihm erwarten. Der Junge ist damit vielleicht nicht einverstanden, aber er weiß dann zumindest, wo seine Eltern stehen. Das weite Feld der Karrieremöglichkeiten ist aufregend, aber einen Beruf zu finden, der ökonomisch lukrativ und zugleich erfüllend ist, kann lange dauern und frustrierend sein. Ein Junge bekommt dabei vielleicht Kopfschmerzen, ein anderer greift unter Umständen zum Alkohol.

Innenansichten

Das Verhältnis zu seiner Mutter kann die männliche Suche nach Identität maßgeblich beeinflussen. Die neuere Forschung bestätigt auch, daß eine starke Mutterbindung dem Jungen hilft, herauszufinden, wer er selbst ist. Eine Studie bewies, daß männliche und weibliche College-Studenten, die angaben, *stark an ihrer Mutter zu hängen*, auch ein »besseres Bewußtsein ihrer Identität« hatten.[10]

Außerdem wurde bei dieser Untersuchung festgestellt, daß die Söhne, je näher sie sich ihrem Vater fühlen, um so zufriedener mit ihrem Leben im allgemeinen sind. Obwohl typischerweise die Töchter eher als die Söhne an ihrer Mutter hingen, berichteten beide, Söhne und Töchter, daß sie sich ihrer Mutter näher als ihrem Vater fühlten, ganz egal, wie intakt ihre Familien waren. Die vielen heranwachsenden Jungen, mit denen ich mich unterhalten habe, bestätigten mir diese intime Allianz mit der Mutter. Sie wollen als eigene Individuen gesehen werden und Distanz wahren, aber sie wollen ihr auch nahe sein und hängen an ihr.

Als ich einen 17jährigen fragte, worüber er am meisten nachdenken würde, meinte er: »Die Zukunft. Ich denke zum Beispiel daran, daß jemand, der mir so nahe steht wie meine Mutter, sterben könnte. Dann würde ich am liebsten sofort anfangen zu weinen. Und ich denke daran, was passieren würde, wenn ich meine Familie nicht mehr hätte und allein leben müßte, was ich dann tun könnte, um mich selbst zu ernähren.«

Im Gegensatz zu dem Jungen mit den Kopfschmerzen, der keine Unterstützung von seiner Familie hatte, sah sich dieser Mann als Mitglied einer Familie, als Sohn, der seiner Mutter nahe war und sich darüber Sorgen machte, wenn er allein sein würde. Der Verlust seiner Mutter würde für ihn bedeuten, daß er die häusliche Sicherheit nicht mehr hätte – eine furchtbare Vorstellung, die sein Bedürfnis ausdrückte, sich von seiner Mutter zu distanzieren und ihr trotzdem nahe zu bleiben.

Die Aussicht und die Verwirrung, für sich selbst sorgen zu müssen, können einen heranwachsenden Jungen stark beherrschen und wichtiger als seine emotionalen Bindungen werden. Er kaschiert seine Zuneigung zu seiner Mutter, weil er den starken und notwendigen Wunsch nach Autonomie verspürt.

»Ich freue mich schon darauf, wegzukommen«, meinte ein Schüler kurz vor dem Abschluß der High-School. »Meine Mutter werde ich wahrscheinlich vermissen, aber nicht meinen Vater. Er hat ein neues Leben angefangen, mit einer neuen Frau und einem anderen Sohn. Ich will jetzt dann auch ein neues Leben anfangen, deshalb will ich auch weg und werde damit auch zurechtkommen.« Als ich ihn weiter befragte, zeigten sich bei diesem jungen Mann zweischneidige Gefühle in bezug auf das Verlassen seiner Mutter und seiner jüngeren Schwester. »Manchmal frage ich mich, wie mein Leben aussehen würde, wenn meiner Schwester etwas passieren würde«, meinte er besorgt. »Ich hoffe, ich muß das nicht erleben. Aber ich denke oft darüber nach.« Obwohl er zuerst ganz nüchtern wirkte, hing er sehr an seiner Mutter und seiner Schwester. Diesem Jungen waren seine Beziehungen sehr wichtig.

Sein Freund, der genauso sorglos bei dem Gedanken schien, von zu Hause wegzugehen, gestand: »Ich mache mir wirklich Sorgen um meinen Bruder, weil ich nicht sicher bin, ob er wirklich vernünftig ist. Er geht auf ein großes College, an dem mit Drogen gehandelt wird, und das macht mir angst. Ich habe Angst, daß er eines Tages die Sache nicht mehr im Griff hat.«

Die Jungen, mit denen ich sprach, hatten Mühe, die richtige Balance zu finden zwischen der Verantwortung und der Liebe zu ihrer Familie und ihrem Bedürfnis, sich ihrem Alter entsprechend von ihrer Mutter abzunabeln. Die meisten Jungen wußten aber, daß diese gemischten Gefühle ganz normal waren und sie auch nicht daran hindern würden, die nächste Lebensphase zu erreichen.

Ihre Mütter sind vielleicht traurig, weil sie von zu Hause weggehen. Eine starke Mutter wird es jedoch begrüßen, wenn ihr Sohn erwachsen wird, selbst wenn ihr das weh tut. »Je intensiver die Beziehung zum Sohn ist, um so schlimmer ist der Ablösungsprozeß«, sagte eine Mutter ganz offen, als sich ihr Sohn stark veränderte, als er auf ein College gehen wollte.

Als Susan Harter von der University of Denver die Konflikte bei den Selbstbildern von Heranwachsenden untersuchte, bat sie junge Leute, ihr zu beschreiben, wie sie sich bei den Eltern, bei Freunden, in der Schule und in ihren Liebesbeziehungen fühlten. Susan Harter fand heraus, daß Mädchen in jeder Entwicklungsstufe mehr widersprüchliche Selbstattribute und Konflikte als Jungen hatten. Sie kam zu dem Ergebnis, daß Jungen »eher auf dem Weg sind, unabhängig und selbständig zu werden, wobei die Logik ihrer Moral und ihrer sozialen Entscheidungen vorrangig vor den affektiven Zuneigungen zu den anderen Menschen ist, zu denen sie emotionale Bindungen eingegangen sind.«[11] Mit anderen Worten: Ein Junge geht weg und ist auf der Suche, weil er weiß, daß er das für sich selbst tun muß.

Männlichkeitsbeweise

Wenn ein Junge seine sozialen Interessen über die Familie hinaus ausdehnt und mehr Zeit mit seinen Freunden verbringen will, macht sich seine Mutter häufig Sorgen, daß er all das tun wird, wovor sie Angst hat. Er wird Risiken eingehen, auf die er nicht vorbereitet ist. Seine Impulsivität wird ihn in Schwierigkeiten bringen, und Autoritäten – Polizei oder seine Vorgesetzten in der Schule – werden auf seine überschwengliche Suche nach Abenteuern überzogen reagieren.

Die ernsteren Probleme – Drogen, Alkohol und erste Sexualkontakte – wollen wir in späteren Kapiteln behandeln. Hier möchte ich mich darauf konzentrieren, warum ganz normale Jungen in der Pubertät kein normales und ruhiges Leben führen wollen.

»Ich habe versucht, so schnell wie möglich wegzukommen«, erzählte mir ein junger Mann. »Wenn ich nachts aus dem Haus schlich, stellte ich mir immer vor, was ich tun würde, wenn meine Mutter oder mein Vater auf meinem Bett sitzen würden, wenn ich durch das Schlafzimmerfenster wieder zurückkrieche.«

»Ich habe soviel Widerstand erlebt, den ich bei meinen Töchtern einfach nicht gekannt habe«, erzählte mir eine Mutter eines 13jährigen. »Dieser Wunsch nach Unabhängigkeit bringt sehr viel Trotz hervor. Und erst seine Frisur! Auf einer Seite ist er ganz kahl rasiert. Wenn er das bedecken will, kämmt er die längeren Haare von der anderen Seite darüber.«

Als ich später feststellte, welche Risiken unsere Söhne in den ersten Jahren der Pubertät eingegangen waren, war ich froh, daß sie ihre Dummheiten als 15jährige und nicht auf der High-School angestellt haben. Sie sprangen nachts vor Autos, spazierten auf dem Geländer einer hohen Brücke entlang, sprangen von Klippen, schwammen weit ins Meer hinaus, turnten auf dem Dachkamin und machten alles sehr schnell oder ganz wild. Sie schienen sich überhaupt keine Gedanken darüber zu machen, was alles passieren könnte. Manchmal – oder meistens – lebten sie ganz für den Augenblick.

Als einer meiner Söhne in der Mittelstufe war, führten er und zwei seiner Freunde einen sorgfältig geplanten Ladendiebstahl aus. Sie hatten nicht damit gerechnet, daß ich sie in der Innenstadt zufällig antreffen würde. Als ich sie fragte, was sie da alles mit sich tragen würden, hatte der kurze Ausflug ins kriminelle Leben ein Ende. Sie hatten überhaupt nicht daran gedacht, daß sie von mir oder vom Geschäftsinhaber erwischt werden könnten. Für sie war das ein Spiel, ein riskantes Abenteuer, eine Mutprobe. Für mich war es natürlich eine Untat.

Manchmal wunderte ich mich auch, wie sie sich physisch so verausgaben konnten. Sie wetteiferten miteinander, um sich gegenseitig zu übertrumpfen, wer sich die tollsten Abenteuer ausdenken konnte. Ich weiß aber aus Gesprächen mit anderen Müttern, daß viele Jungen gern Risiken eingehen, um sich ihre Männlichkeit, ihren Mut oder auch ihre Unbekümmertheit zu beweisen.

Als ich vor kurzem einen Jungen fragte, warum er während der Mittelstufe so viele verrückte Sachen anstellte, meinte er: »Das war einfach abenteuerlich. Man denkt sich etwas aus und sagt sich zum Beispiel: ›Wäre es nicht toll, mit dem Skateboard den steilen Berg hinunter- und die Rampe hinaufzufahren und zu sehen, wie schnell man sein kann.‹« Das sei wie ein »Adrenalinstoß«, meinte er. Mit seiner Clique machte er immer wieder etwas Verrücktes aus, und sie sprachen dann gern darüber, wenn sie das Abenteuer überstanden hatten. Diese Geschichten amüsierten sie jahrelang.

Mein Sohn erzählte mir von zwei verschiedenen Risikoarten. Einerseits ging es darum, etwas zu tun, was man nicht gern mochte, um jemand anderen zu beweisen, daß man keine Angst hatte. Das sei eher gruselig als witzig, meinte er, und das führt manchmal auch zu ernsthaften Verletzungen oder sogar zu Todesfällen. Die zweite Art von Risiko waren Eskapaden, die er sich zusammen mit seinen Freunden ausdachte. Man konnte dabei zwar ziemlich nervös werden, aber die Aufregung und der Nervenkitzel überwogen die Gefahren. Was zählte, waren Kameradschaft und Spaß. Unserem Sohn ging es hauptsächlich – wie allen anderen Jungen – um den Spaß.

Die meisten Mütter haben in ihrer Jugend selbst Gefährliches angestellt und haben in den 60er und 70er Jahren vielleicht auch über die Stränge geschlagen. Aber Aktivitäten wie Bungeespringen, Autorennen, Felsklettern oder Bandenrituale sind in erster Linie typisch für Jungen, worüber sich die Mütter entweder amüsieren oder wovor sie Angst haben.

Willard Gaylin beschrieb in *Die Helden sind müde* die uralten Rituale, bei denen die jungen Männer bewiesen, daß sie in die Welt der Erwachsenen aufgenommen werden können.[12] Die Älteren überwachten diese Initiationsriten und vermittelten den Jüngeren, was es heißt, als Mann Respekt zu zeigen und Verantwortung zu tragen. Sie mußten die Männlichkeit nicht ihren Freunden beweisen, wie es heute üblich ist, sondern den Älteren gegenüber.

In den frühen Gesellschaften war die wichtigste Aufgabe des Mannes die Jagd und die Versorgung mit Nahrung. Seit die Industriegesellschaft mit ihrer Massenproduktion an Nahrung und mit Supermärkten die Jagd ersetzt hat, hat der männliche Ernährer diese geschlechtsspezifische Rolle verloren, und seitdem gibt es für junge Männer auch keine dementsprechenden Initiationsriten mehr. Gaylin schreibt:»Seit die Initiationsriten und -zeremonien aufgegeben beziehungsweise überflüssig geworden sind und Männlichkeit von daher nicht mehr klar definiert ist, muß ein Mann seine Männlichkeit fast täglich beweisen.«

Wie anstrengend muß es sein, sich täglich als Mann beweisen zu müssen! Frauen müssen sich nicht »beweisen«. Mütter müssen aus ihren Töchtern keine Frauen »machen«. Aber Jungen denken, daß sie Männer aus sich »machen« müssen – wenn nicht durch Rituale, so doch durch den täglichen Kampf, sich als Mann zu beweisen.[13]

Viele Jungen schaffen sich ihre eigenen Initiationsriten, moderne Versionen der Jagd und des Krieges. »Mein 13 Jahre alter Sohn hat mit seinen vier Freunden eine ganze Nacht lang Krieg gespielt – mit infraroten Helmen und Tarnanzügen. Sie spielten in der Dunkelheit, sprangen von Bäumen und nahmen ihr Spiel ganz ernst.« In einigen Vierteln amerikanischer Städte sind diese Kriegsspiele todernst. Die Banden und die rivalisierenden Cliquen von Jungen erfüllen den gleichen Zweck wie Rituale, Freundschaftsbeweise und Aufregung. Das ist kein »ernstes Spielen« mehr, sondern ein Überlebenskampf, und die neuerworbenen Fähigkeiten werden dazu benutzt, dem Kugelhagel auszuweichen, Dealern aus dem Weg zu gehen, Verletzungen zu ignorieren und Feinden zu entkommen. Ziemlich unsichere Rituale, um ein Mann zu werden!

Einige entdecken akzeptablere Herausforderungen, wie etwa Radrennen oder Motorradfahren, um Männlichkeitsrituale zu inszenieren. Zwei Jungen, mit denen ich mich unterhalten habe, erzählten mir, daß sie sich ihren Nervenkitzel jeden Sonntagvormittag bei Moto-Cross-Rennen holten, für die sie während der Woche trainierten. Diese Rennen verschafften ihnen nicht nur den gewünschten Status, sondern halfen ihnen auch, ihre persönlichen Probleme zu bewältigen oder zu verdrängen. Ein Junge meinte: »Als sich meine Eltern scheiden ließen, habe ich viele Rennen gewonnen. Wenn du gewinnst, dann geht's dir gut, und das hat mir viel geholfen. Ich weiß nicht, was passiert wäre, wenn ich nicht Rennen gefahren wäre.«

Eine Mutter lachte, als sie sich an die Abenteuer ihres Sohnes, der jetzt gerade erwachsen geworden ist, erinnerte. Zu seinen Mutproben gehörte es, sich von einer großen Autobahnbrücke über einen Fluß hängen zu lassen. Die Frau ihres Sohnes bekommt heute schon Gänsehaut, wenn sie sich vorstellt, daß ihre zwei jungen Söhne die pubertären Abenteuer ihres Vaters nachmachen könnten. Das große Abenteuer in der Pubertät eines anderen Mannes war es, sich dreimal pro Woche durch den Kamin eines Kinos abzuseilen, sich dann in der Herrentoilette zu verstecken, um schließlich Filme anzusehen – bei freiem Eintritt.

Viele Väter können ähnliche alte Streiche erzählen, aber die Tendenz vieler Väter, riskantes Verhalten als normal zu tolerieren, wird von den meisten vergleichsweise ängstlichen Müttern nicht geteilt. Sie möchten, daß ihre Söhne keine Schwierigkeiten bekommen und auch keine verursachen.

Als ich einen gut 30jährigen Mann bat, mir von einigen seiner Jugendstreiche zu erzählen, meinte er, daß er keine begangen hätte. Interessanterweise fügte er hinzu, daß er das heute bedauern würde, weil ihn die Risikofreude eines jungen Mannes von unnötigen Ängsten befreit hätte und er dann in der Lage gewesen wäre, heute als Erwachsener mehr persönliche und geschäftliche Risiken einzugehen. Wenn er als Junge risikobereiter gewesen wäre, meinte er, hätte er heute mehr Selbstvertrauen, um als Erwachsener seine Chancen wahrzunehmen.

Zu risikofreudig

Mit diesen Jungenstreichen können sich noch erwachsene Männer viele Abende lang schallend lachend an ihre Jugend erinnern und sich damit auf Entscheidungen vorbereiten, die sie als Erwachsene treffen müssen.

Einige junge Söhne können jedoch nicht schnell genug reagieren, oder es passiert ihnen ein Mißgeschick bei ihren Mutproben, und sie bestätigen so die schlimmsten Erwartungen ihrer Mütter. Ein Schüler der achten Klasse wurde von einem Zug überfahren, als er mit Freunden nach dem Kino auf dem Weg nach Hause eine Abkürzung gehen wollte. Dieses Ereignis war nicht nur für seine Eltern traumatisch, sondern auch für seine Klassenkameraden, die immer über die Bahngleise liefen. Die Mutter eines Sohnes, der diesen tödlichen Unfall miterlebte, erzählte mir, daß ihr Sohn jetzt mehr Zuwendung und Aufmerksamkeit bräuchte als ihre anderen Söhne und daß er jetzt Angst hätte, aus dem Haus zu gehen. Den Tod eines Freundes miterlebt zu haben, hat den Gedanken an aufregende Abenteuer verdrängt und ihn zeitweise davon abgehalten, selbständiger zu werden.

Mehr Jungen als jemals zuvor erleben heute auf den amerikanischen Straßen den Tod von Familienmitgliedern oder Freunden, deren Tod *nicht* durch ihre eigene Risikofreude verursacht wurde. Ein Unfalltod oder auch ein Totschlag ist durchaus im Bereich des Möglichen. Eine verirrte Kugel eines Amokläufers oder eines Bandenfeuers kann urplötzlich das Leben eines Jungen beenden. Die langfristigen Auswirkungen eines ständig möglichen gewaltsamen Verlusts auf einen jungen Menschen sind noch nicht vollständig erforscht, die Zunahme von Depressionen bei Jugendlichen und ihre steigende Selbstmordrate sprechen jedoch für sich. Der Verlust eines Familienmitglieds oder Freundes verzögert eine der wichtigsten Aufgaben eines Jugendlichen: herauszufinden, wer man ist und welche Pläne für die Zukunft geschmiedet werden können.

Seine »Person«

Wenn einem Jungen alles zuviel wird, hat er vielleicht eine unrealistische Selbsteinschätzung. Wenn er von einer speziellen und klaren Originalität überzeugt ist, kann er sich vorstellen, zu überleben, anstatt unterzugehen. Diese Einstellung mag einer Mutter irrational vorkommen, die möchte, daß ihr Sohn praktisch veranlagt und vorsichtig ist. Ein Junge muß sich jedoch ständig selbst beweisen, daß ihm nichts passieren kann. Wenn er glaubt, daß hinter jeder Straßenecke Gefahren lauern, wird er nie das notwendige Selbstvertrauen entwickeln, um seine inneren Ängste zu überwinden.

Er baut seine Verteidigungsstrategien auf, indem er sich selbst überzeugt – wie ein Zweijähriger, der behauptet: »Das kann ich.« Dieses Selbstzureden erlaubt ihm, sich als Individuum mit einem Lebensziel zu sehen. Ich glaube nicht, daß sich eine Mutter wegen solcher überzogenen egoistischen Einstellungen Sorgen machen muß. Unter der dicken Schale verbergen sich oft innere Zweifel und Skepsis gegenüber der ganzen Welt.

Eine Frau hatte Angst, daß ihr Sohn den gesunden Menschenverstand einfach deshalb ablehnen würde, weil ihm das schlicht zu traditionell wäre. »Ich möchte, daß er für sich selbst die richtigen Entscheidungen trifft, und nicht für die Person, die aus ihm werden soll«, sagte sie. »Er wird ein richtiger Freigeist, jemand, der alles in Frage stellt und überzeugt davon ist, daß er recht hat und wir im Unrecht sind.« Die Skepsis ihres Sohnes machte ihr Sorgen. »Er hat alle Eigenschaften, weswegen ich meinen ersten Freund nicht geheiratet habe«, erinnerte sie sich. »Er ist der Sohn, bei dem ich denke, den hätte ich mit dem wuschelhaarigen Hippie gehabt. Ich selbst bin ins andere Extrem ausgeschlagen und habe einen sehr verantwortungsvollen Mann geheiratet, weil ich meinte, daß er ein besseres Rollenmodell abgeben würde. In meinem Innersten, da, wo ich nicht Mutter bin, liebe ich dieses Kind. Aber da, wo ich Mutter bin, mache ich mir Sorgen, ob er jemals einen verantwortungsvollen Beruf ergreifen kann oder nicht und ob er in der Lage sein wird, sich selbst zu ernähren.«

Der Glanz in den Augen dieser Mutter verriet die tiefe Liebe, die sie für ihren Sohn empfand. Seine Selbstermutigungen beunruhigten sie jedoch. Ihr Sohn muß sich seine Einzigartigkeit aber durch Distanzierung beweisen, um zu zeigen, daß er nicht wie der verantwortungsvolle Vater ist und auch nicht wie der frühere Freund, sondern er selbst.[14] Weil ihr Sohn Fragen stellt, Herausforderungen sucht und sich die Vorstellungen und Überzeugungen von anderen Menschen anhören kann, wird er sein Bedürfnis, eine Mauer des Skeptizismus um sich zu errichten, irgendwann aufgeben können. Er wird die Erfahrungen von anderen (auch die seiner Eltern) kennenlernen und andere Standpunkte schätzenlernen.

Wenn man Söhne in die Gemeindearbeit einbezieht, lernen sie die Bedürfnisse und Erfahrungen von anderen Leuten kennen. Jungen könnten beispielsweise freiwillig mit Kindern in Kindertagesstätten spielen oder zusammen mit anderen Jugendlichen Jugendfreizeiten organisieren. Sie können für ältere Leute in der Nachbarschaft Besorgungen machen oder ihnen im Haushalt helfen. Eine persönliche Bindung zu einem jüngeren Kind oder zu einem älteren Menschen hilft einem Jungen, aus seinem egoistischen »Kokon« herauszukommen. Ein Sohn wird dann feststellen, daß »Unabhängigkeit« nur ein Mythos ist, daß wir statt dessen alle auf andere angewiesen sind und uns gegenseitig brauchen – daß er nicht die Unabhängigkeit, sondern die gegenseitige Abhängigkeit braucht. Er muß sich nicht von seiner Mutter oder von anderen trennen, um entdecken zu können, wer er selbst ist. Er kann auch als Individuum und eigenständige Persönlichkeit mit eigenen Lebenszielen innerhalb seiner Familie anerkannt werden.

☞ Tips für Mütter

1. Verstehen Sie, daß sich Ihr Sohn emotional von Ihnen zurückziehen muß, wenn er in die Pubertät kommt.
2. Interpretieren Sie seine Distanzierung nicht so, daß er Sie nicht mehr liebt. Er möchte Ihnen weiterhin nahe sein.
3. Warten Sie, bis er selbst offener wird. Wenn Sie ihn dauernd nach seinen Gedanken und Gefühlen fragen, erreichen Sie wenig.
4. Machen Sie sich klar, daß er seine wichtigen Entscheidungen auch weiterhin zusammen mit Ihnen besprechen will.
5. Lassen Sie ihm mehrere Wahlmöglichkeiten, für die er in beschränkter Form auch selbst verantwortlich ist.
6. Respektieren Sie seinen Wunsch, mit seinem Vater allein etwas zu unternehmen, und versuchen Sie nicht, diese Aktivitäten zu kontrollieren.
7. Ist sein Vater nicht verfügbar, dann bitten Sie einen männlichen Verwandten, mit Ihrem Sohn etwas zu unternehmen, damit er die Gesellschaft von erwachsenen Männern kennenlernt.
8. Untergraben Sie nicht die Bewunderung, die er für seinen Vater oder Ersatzvater empfindet.
9. Ermutigen Sie ihn, über seine Ziele und seine Zukunft nachzudenken und mit Ihnen darüber zu reden.
10. Lernen Sie seine jugendliche Begeisterung für Abenteuer schätzen.
11. Seien Sie froh, daß er Ihnen nicht alles erzählt.
12. Holen Sie ihn aus seinen einsamen Selbstbetrachtungen heraus, und schlagen Sie ihm vor, aktiv ein kleines Kind oder eine ältere Person zu unterstützen.
13. Betonen Sie immer wieder, daß in Wirklichkeit die gegenseitige Abhängigkeit und nicht die Unabhängigkeit zählt.

4
»Soll ich ihm sagen,
daß ich ihn liebe?«

Die neue Art der Beziehung

Ich erinnere mich noch gut an den Tag, an dem mir auffiel, daß aus meinem ältesten Sohn ein Mann geworden war. Er war damals auf der High-School und ging mit einigen Freunden zusammen zur Tür hinaus auf den Sportplatz. Sie waren voller Energie, begeistert und – männlich. Plötzlich wurde mir bewußt, daß ich nicht mehr die Mutter eines Kindes, sondern eines bezaubernden und sexuell attraktiven jungen Mannes war. Er war immer noch mein Kind, aber er war plötzlich ganz anders, er war nicht mehr ein Teil von mir. Ich liebte ihn aus tiefstem Herzen, aber ich wußte, daß ich meine mütterliche Beziehung jetzt dazu benutzen mußte, ihn (und seine jüngeren Brüder) loszulassen und ihnen zu erlauben, ihre eigenen Wege zu gehen. Unsere Verbindung würde jetzt darin bestehen, daß ich ihn als Mann sehen und anerkennen mußte, daß er auch Wesenszüge entwickelte, die ich nicht mehr verstand. Diese innere Energie hatte er von meinen männlichen Genen und von seinem Vater geerbt und war mir nicht mehr zugänglich.

Diese Erkenntnis einer Mutter, ihren Sohn als sexuelles Wesen anzusehen, kann jederzeit eintreten und verwirrt und verwischt viele Grenzen. Die Privatsphäre von Mutter oder Sohn wird zum Beispiel verletzt, und Geheimnisse werden zu offen ausgetauscht. Es kann auch sein, daß seine rauhe Männlichkeit die Mutter so aufrührt, daß sie abblockt und ihn mit seinem Kampf mit sich selbst ganz allein läßt.

Ein Sohn kann auch unter dem übermäßigen Einfluß seiner Mutter auf sein Leben förmlich zusammenbrechen, wenn sie versucht, aus ihm den Mann zu machen, den sie gerne hätte. Einige Männer, die vom Ehrgeiz und den Wünschen ihrer Mütter angespornt wurden, erkennen manchmal erst in der Mitte ihres Lebens, daß die Ziele ihrer Mutter gar nicht ihre eigenen sind. In einer Konferenz, der ich beiwohnte, erzählte ein 40jähriger Mann, daß er erst kürzlich aus dem Schatten seiner dominanten Mutter getreten sei. Das ehrlich zugeben zu können, ist jedoch die Ausnahme. Die meisten Männer beklagen sich weder über den zu starken Einfluß ihrer Mütter, noch glauben sie daran, sondern denken darüber erst gar nicht nach.

Obwohl sich eine Mutter oft gar nicht bewußt ist, wie stark ihr Einfluß ist, besteht kein Zweifel daran, daß sie ihren Sohn antreiben und motivieren oder ihn auch erdrücken und entmutigen kann. Als ich den jüngeren und auch älteren Männern zuhörte und ihre Lebensgeschichten las, wurde mir klar, welchen außergewöhnlich großen Einfluß eine Mutter auf ihren Sohn hat.

Als Russell Baker beschloß, seine Autobiographie zu schreiben, meinte er: »Ich muß mit meiner Mutter anfangen und ihrer Leidenschaft, die männliche Gattung zu verbessern, was in meinem Fall hieß, daß sie mich drängte, ›etwas aus mir zu machen‹. Mein Gott, wie habe ich diesen Satz gehaßt! ... Sie war realistisch genug, um zu wissen, wie schwierig das war. Als sie das Material, das ihr der Herr geschenkt hatte, begutachtet hatte, konnte sie es nicht hoch genug einschätzen, was sie alles damit anfangen konnte.«[1]

»Sie wollen doch sicherlich nichts über meine Mutter hören«, meinte ein Mann, der damit zeigte, wie gemischt seine Gefühle ihr gegenüber immer noch waren. Mütter – Mrs. Baker vielleicht ausgenommen – vergessen meist, welch gewaltigen Einfluß ihre Worte und ihre Taten haben, und sie machen sich häufig auch nicht klar, daß ihre Söhne oftmals alles, was sie sagen und tun, wortwörtlich nehmen.

Die meisten Mütter sind sich nicht einmal bewußt, wie neugierig ein Sohn auf ihren Körper ist. Eine Mutter sagte: »Ich habe einen Siebenjährigen, der behindert ist. Ich glaube, daß ich immer noch vieles für ihn tue, weil das für mich schneller und einfacher ist. Ich nehme ihn mit unter die Dusche und habe das einem Freund erzählt. Er meinte, das sei lächerlich, und ich sollte das nicht mehr tun. Als wir wieder duschten, beobachtete ich meinen Sohn genau, und dieser Mann hatte wirklich recht. Mein Sohn sah mich an, so ganz anders, ich war ganz irritiert. Er ist vielleicht etwas zurückgeblieben und hat deshalb gewisse Probleme, aber dieses Kind ist wirklich zu alt, um mit mir zusammen zu duschen. Und das mußte mir erst ein Fremder sagen.«

Wenn ein Junge nicht offensichtlich neugierig auf den Körper seiner Muter ist, konzentriert sich seine Faszination vielleicht auf eine andere Autoritätsfigur. »Wir waren bei einer Preisverleihung mit Abendessen«, erzählte eine Mutter. »Eine Lehrerin hielt eine Rede, und mein 16jähriger Sohn fragte: ›Mom, weißt du eigentlich, daß ich mit 13 oder 14 immer nur ihren Busen angestarrt habe? Wir haben ständig darüber gesprochen. Wir hatten spezielle Zeichen und wußten ganz genau, wann ihr Busen kalt wurde.‹« Die Lehrerin hatte nach Aussagen dieser Mutter keine großen Brüste, aber den männlichen Schülern fiel trotzdem jede Veränderung ihrer Brustwarzen auf.

»Ich weiß noch, wie mich meine Söhne immer angelangt haben, als sie 13 oder 14 Jahre alt waren«, erzählte eine Frau, als sie den Körperbau ihrer Söhne beschrieb. »Das war ihre Art und Weise zu lernen, wie sich Frauen anfühlen.«

Eine andere Mutter erzählte mir eine witzige Geschichte, wie sie aus der Dusche sprang und die Badezimmertür aufmachte. »Fünf Nachbarjungen starrten meinen splitternackten Körper an. Keiner rührte sich von der Stelle. Ich schrie ganz laut auf, und dann rannten sie aus dem Haus. Ich hätte meinen Sohn umbringen können. Ich habe sie dann wochenlang nicht gesehen. Ich glaube nicht, daß die Jungen das absichtlich so geplant hatten – das wäre für einen Jungen zu arrangiert gewesen.« Sie denkt sich offenbar, daß das alles gar nicht beabsichtigt war – aber ich glaube, daß sie sich da täuscht.

Mütter bewundern umgekehrt oft auch den Körper ihres Sohnes. Als ich eine Mutter fragte, was sie an ihrem Sohn gern mochte, meinte sie: »Ich mag seine Muskeln, seine Männlichkeit.« Eine andere Mutter sprach ganz offen über ihre drei Söhne: »Mir ist aufgefallen, wie attraktiv und wie männlich diese jungen Männer sind.«

»Mir kommt es so vor, als ob er über Nacht erwachsen geworden wäre«, sagte eine Mutter ganz gerührt. »Wenn ich meinen Sohn in der Unterwäsche sehe, bin ich immer ganz verlegen. Ich würde am liebsten sagen: ›Zieh dir doch was an.‹ Ich habe auch noch einen Siebenjährigen. Das ist ein Unterschied wie Tag und Nacht.« Ihre Freundin meinte dazu: »Die Gefühle passen nicht mehr zum Körper. Ich sehe immer noch den kleinen Jungen im Körper eines großen.«

Aufmerksame Mütter und sensible Söhne spüren diesen neuen Abschnitt in ihrer Beziehung und versuchen eine neue Form von Intimität zu leben.

Das Dilemma

Wenn sich ein Junge für Frauenkörper zu interessieren beginnt, können seine Mutter oder seine Schwestern diese Neugierde am Anfang befriedigen. Das währt jedoch nur kurz, und sein Interesse an ihnen verschwindet wieder. Er entdeckt jetzt andere Mädchen. Das ist ein gutes Zeichen. Eine Mutter protestiert womöglich, daß ihm die Mädchen nachlaufen würden oder daß er noch zu jung für Mädchen sei – und vielleicht hat sie auch gute Gründe dafür, ihn noch davon abzuhalten –, aber nicht nur sie allein hat festgestellt, daß aus ihrem Sohn ein Mann geworden ist. Die Mädchen in seiner Klasse haben auch bemerkt, wie attraktiv er geworden ist.

Eine Mutter, die den Sexualtrieb ihres Sohnes sich entwickeln sah, meinte, daß er zwischen 16 und 18 »ganz unausstehlich« zu ihr war. Für sein Verhalten hatte sie eine ganz spezielle Erklärung gefunden. »Dieses Kind konnte nicht erwachsen werden und eigenständig sein«, sagte sie. »Bis zu seinem ersten Sexualkontakt verhielt er sich mir gegenüber immer aufbrausend. Er wußte, glaube ich, daß er vom Biologischen her bereit dazu war, aber noch nicht emotional. Ich war die Frau, die er am besten kannte, und wenn er mich sah, erinnerte er sich an seine unausgegorenen

Gefühle. Das war eine schlimme Zeit, und es gab gar nichts, was ich machen oder tun konnte.«

Einige Söhne, die noch nicht genau wissen, was sie mit ihrer neuentdeckten Männlichkeit und ihrem Verhältnis zu ihrer Mutter anfangen sollen, sind verwirrt oder haben Angst. »Müttern muß auffallen, daß ihre Söhne jetzt Männer sind, und sie müssen sie anders behandeln«, sagte mir ein Junge drei- oder viermal hintereinander. »Mütter sollten begreifen, daß ihre Söhne jetzt Männer sind.«

Jungen reagieren unterschiedlich auf ihre Mütter, aber jeder steckt im selben Dilemma. Wie kann er sich die Liebe seiner Mutter erhalten und gleichzeitig die psychische Nähe aufgeben, die sie sich vielleicht wünscht?

Die bekannte Psychoanalytikerin Nancy Chodorow schreibt: »Eine männliche Persönlichkeit entsteht mehr aus Verdrängung von Zuneigung, der Verweigerung von Beziehungen und einem Gemeinschaftssinn, als es bei der weiblichen Persönlichkeit [der Fall ist].«[2] Jonathan Rutherford beschreibt in seinem Buch *Men's Silences* die Arbeit mit Männergruppen und stimmt mit Nancy Chodorow darin überein, daß Männer Defizite bei der »Sprache der Gefühle« hätten, die ihnen helfen würde, sowohl ihre Zuneigung für als auch ihren Rückzug von den Müttern auszudrücken.[3] Die Männer waren in seine Gruppe gekommen, um ihren Sexismus gegen Frauen zu bekämpfen – über ihre eigenen Mütter, den ersten Frauen in ihrem Leben, konnten sie nicht reden.

Dieses reduzierte emotionale Vokabular, das bei manchen Männern wieder stärker ausgeprägt ist als bei anderen, hat seinen Ursprung möglicherweise in der frühen Kindheit, als die Bedürfnisse des Jungen so schnell befriedigt wurden, daß er seinen inneren Kummer gar nicht artikulieren mußte. Während seiner Kindheit haben ihm die Erwachsenen nicht beigebracht, daß man die Gefühle von anderen respektieren muß, oder sie haben seine eigenen Gefühle nicht beachtet. In der Pubertät hat sich das noch verstärkt, als er erfahren hat, daß zuviel Freude oder zuviel Trauer seine Mutter zu aufmerksam machen, so daß sie ihm viel zu nahe kommen und damit an seinem männlichen Image rühren kann.

»Kein Problem«

Die Probleme eines Jungen, über seine Mutter sprechen zu können, wurden mir spätestens bewußt, als ich an diesem Buch arbeitete. Als ich Mädchen für mein Buch *Töchter werden junge Frauen* interviewte, fragte ich immer eine Gruppe von ihnen, ob sie Probleme mit ihren Müttern hätten. Andere Fragen mußte ich gar nicht mehr stellen. Sie fingen sofort an, ganz leidenschaftlich und lebendig zu erzählen und ihre Mütter zu kritisieren, sie zu loben, sie zu hassen und sie zu lieben. Als ich mit Jungen über dasselbe Thema sprach, habe ich jedoch bald festgestellt, daß sie in der Gruppe zurückhaltend oder abweisend wurden und nicht über ihre Mütter reden wollten. Deshalb redete ich mit den Jungen häufig unter vier Augen und sprach mit ihnen erst über ihre Freizeitaktivitäten, ihre Sozialkontakte und ihre Familie – und selbst dann hatte ich noch Schwierigkeiten, Antworten auf Fragen nach den Müttern zu bekommen. Fragte ich sie beispielsweise direkt, ob sie an ihren Müttern gern irgend etwas verändern wollten, sagten die meisten: »Nein«.

»Ich habe keine Probleme«, berichtete ein Junge. Später erzählte er, daß seine Mutter die Familie verlassen hätte, um sich in einem anderen Staat ein neues Leben aufzubauen. Aber er wollte trotzdem nichts Negatives über sie sagen. Ein Junge möchte während der Pubertät auf Distanz zu seiner Mutter gehen, aber Distanz heißt hier nicht dasselbe wie Kritik. Vielleicht setzt ein Junge der Aufdringlichkeit seiner Mutter Grenzen, aber es fällt ihm schwer, seine Gefühle für sie auszudrücken. Grundsätzlich akzeptiert und beschützt er sie.

Einige Jungen fangen manchmal sogar zu raufen an, wenn einer etwas Negatives über seine Mutter sagt. Die Zuneigung zur Mutter ist für einen Jungen oft mehr wert als seine Freundschaften zu den anderen. Söhne wissen, daß ihre Mütter sie immer auffangen und beschützen, und das machen sie selbst auch. »Meine Mutter und ich gehören zusammen«, sagte einer und drückte damit die Gefühle von vielen anderen aus. »Sie versteht mich und mischt sich nicht allzusehr ein«, meinte ein anderer. »Mit meiner Mutter kann ich über alles reden, und sie gibt mir das, was ich brauche«, sagte ein dritter. »Wenn mein Vater sagt, daß etwas zu teuer ist, dann sagt meine Mutter: ›Kauf es doch.‹ Ich weiß nicht, wie ich das ausdrücken soll. Ich glaube, sie ist einfach netter.«

Mütter geben meist gern zu, daß sie den Charme ihres Sohnes unwiderstehlich finden. »Ich werde schnell schwach«, meinte eine Mutter lächelnd, »und das weiß er ganz genau.« »Mein Sohn hat Witz, viel Sinn für Humor und so viel Charme, daß er mich im Zimmer herumwirbelt und am Ende das bekommt, was er wollte«, erzählte eine andere Mutter. Die übrigen Mütter im Raum lachten zustimmend.

Eine Frau in dieser Gruppe räumte ein, daß ihr Mann sie immer darauf aufmerksam machen würde, daß sie immer auf der Seite ihres Sohnes stehe. »Ich erinnere mich, daß ich mich zu meinem Sohn hinsetzte – weil er sich geweigert hatte, als Hausaufgabe eine Zeichnung anzufertigen – und ihm ein Stück Papier und Malstifte hinlegte. Mein Mann fragte: ›Was machst du da eigentlich? Er ist schon in der Junior-High-School, und du machst immer noch die Arbeit für ihn.‹ Herzlichen Dank für so einen Mann«, meinte sie scherzhaft. »Für dieses Kind hat er überhaupt keine Gefühle oder Empfindungen.«

Eine andere Frau fügte zustimmend hinzu: »Mein Sohn stellt mich auf ein Podest, weil mein Mann zu ihm so streng ist und ihn oft anschreit. Ich gebe ihm immer wieder Selbstvertrauen und tröste ihn, aber ich glaube, daß sein Vater der bessere Elternteil ist, weil er ihm etwas beibringt und ihm ganz klare Anweisungen gibt.«

Jungen fühlen manchmal, daß ihre Mütter auf ihrer Seite stehen, sie anspornen und wollen, daß sie Erfolg haben. Die Söhne bedanken sich für die Besorgtheit der Mütter damit, daß sie unkritisch bleiben – und ihre negativen Gedanken für sich selbst behalten oder mit anderen Leuten nur über die guten Seiten ihrer Mütter reden. Ein Sohn mag mit seiner Mutter vielleicht sehr viel diskutieren, wenn er in die Pubertät kommt, aber er wird sich hüten, allzu persönlich zu werden und sie zu verletzen. Er hat zu viel zu verlieren.

»Männer sehen ihre Mütter nur als Idealbild oder ziemlich unkritisch«, schreibt Rutherford. »Dieses Mutterbild schließt oft tatsächliche Beziehungen zu anderen Frauen aus. Im Unterbewußtsein ist ihre Männlichkeit um diese Muttervorstellung herum aufgebaut worden.«[4]

Eine starke und gesunde Beziehung zwischen Müttern und ihren heranwachsenden Töchtern entwickelt sich trotz (und manchmal gerade wegen) unterschiedlicher Standpunkte und Konfrontationen, weil sich beide lieben und gleichzeitig anderer Meinung sein können. Ein Sohn versteht das oft nicht. Er will die emotionale Unterstützung seiner Mutter und akzeptiert sie deshalb mit all ihren Fehlern. Oder er denkt, daß Kritik oder unterschiedliche Meinung seine Mutter so zornig machen würden, daß sie seine Feindin oder ihm fremd wird. Ein Junge ist vorsichtig. Obwohl er sich von seiner Mutter distanzieren muß, um sich als heranwachsender Mann selbst zu beweisen, will er trotzdem, daß sie immer auf seiner Seite steht. Wenn er sich ihr gegenüber unkritisch zeigt, garantiert ihm das, daß sie seine Verbündete bleibt.

Kein Wunder also, daß eine Mutter, die von ihrer heranwachsenden Tochter ganz offen entthront wird, nach der Akzeptanz ihres Sohnes verlangt. »Wir tendieren dazu, Personen vorzuziehen, die auch uns gern mögen«, schreibt Carol Klein. »Ein Sohn, der weiß, daß seine Mutter ganz stolz auf ihn ist, wird sich auch so verhalten, daß er diese Wertschätzung verdient. Ihre bedingungslose Bewunderung übersteht jedes Argument und jede Kritik.«[5]

Ich glaube, daß ein Sohn, der sein inneres Bedürfnis zum Einspruch oder Widerspruch verdrängt, um seine Beziehung zu seiner Mutter aufrechtzuerhalten, beiden keinen Gefallen damit tut. Seine Mutter wird dadurch nicht nur seine Gefühle oder seine Aktivitäten nicht richtig kennen, sondern sie wird ihn auch im Glauben lassen, daß schweigsame Männer am beliebtesten seien. Ein Sohn muß lernen, daß ein Austausch von Ideen und Gefühlen in Beziehungen notwendig ist und daß die meisten Frauen Männer bevorzugen, mit denen sie reden können.

Die Bewunderung der Mütter

Selbst wenn manche Söhne vielleicht nur zögernd über ihre Mütter sprechen, haben Mütter selbst oft keine Schwierigkeiten, ihren Gefühlen für ihre Söhne freien Lauf zu lassen. Einige Mütter strahlen, wenn sie über sie reden, und dieses Strahlen irritiert vielleicht ihre Töchter, die sich fragen, ob sie selbst in ähnlicher Weise bewundert werden. Jenifer Braun, eine junge Studentin an der Yale University, schrieb als High-School-Schülerin folgendes Gedicht mit dem Titel »MutterTochterSohn«:

Als wir ins Eßzimmer einen neuen Teppichboden legten,
war mein Bruder sieben
und ich elf.
Meine Mutter machte tagelang sauber,
sie reinigte, verpackte und verstaute
ihr glänzendes Silber und ihr glänzendes Porzellan.

Ich räumte innerlich auf –
stampfende rote Pferde mit rollenden Augen –
wenn sie vom Leben meines Bruders erzählte,
so, wie sie vergoldete, lilafarbene Teetassen ansah
an jenem Tag,
als wir im Eßzimmer einen neuen Boden verlegten.

Alle Frauen mit Söhnen sind so.
Söhne brechen die Herzen ihrer Mutter so leicht wie Porzellan.
Das habe ich erlebt, wenn ich mit ihr im Auto saß,
wenn sein Team verloren hatte
oder er nicht ins Team aufgenommen wurde.
Ihre Augen wurden aufbrausend, und
ich wagte nicht mehr, sie zu berühren.

Nicht, daß ich ihre Kleider gestohlen hätte,
ich habe auch nicht genörgelt oder gejammert,
daß sie mir verzeihen müßte.

Ich bin auch nicht aufgewacht und habe meine geglätteten,
gesäumten und aufgebügelten Kleider gefunden,
die faltenlos ausgebreitet lagen,
daß ich mich vor ihr hätte verneigen müssen,
als sie mir um Mitternacht Kaffee servierte.
Die Schuld liegt immer auf meiner Seite.

Aber egoistisch, wie ich bin, würde ich gern wissen,
ob sie auf mich genauso stolz ist
wie auf ihr Porzellan und ihre Söhne
und ob ich ihr Herz genauso brechen könnte wie er.

Die Mutter-Sohn-Verbindung, die Jenifer in ihrem Gedicht als so
mächtig porträtiert, kann die realistische Sicht der Mutter für ihren
Sohn stark einschränken und ihre Fähigkeit, als Elternteil und
Wegweiser zu handeln, sehr behindern. Eine Mutter, deren Sohn
mehrmals von der Schule geflogen war, ergriff bei jeder Gelegenheit immer noch seine Partei und klagte die Schule und die
Polizei an, die all diese Probleme verursacht hätten: »Er hat all
das, wovon jedes Mädchen träumt, tolle Muskeln und schöne
Schultern. Mein Nachbar meint, er sei ein dicker Brocken, und
ich muß ihm recht geben. Mein Sohn kann zu mir sagen, was
immer er will. Das weiß er. Er würde mich immer beschützen.
Ich könnte durch jede Straße laufen, ohne mir Sorgen machen zu
müssen. Er ist sehr kräftig und sehr selbstsicher.«
   Einige Mütter sprechen voller Sehnsucht von ihrem Wunsch,
ihren Söhnen noch näher zu sein. »In unserer Beziehung gibt es
keine Spannungen«, sagte die Mutter eines 15jährigen Sohnes.
»Ich wünsche mir nur, daß ich mehr über sein Leben erfahre
und daß er mir mehr erzählen würde.«
   Eine andere Frau lachte, als sie ganz besitzergreifend sagte:
»Ich würde jeder anderen Frau die Knochen brechen, die versuchen
würde, ihn einzufangen.« Dann erzählte sie, wie ihre eigene
Schwiegermutter »ihren eigenen Mann entmachtet und ihren Sohn
angebetet« hätte. Sie meinte, daß die Generation ihrer Schwiegermutter ihre Söhne zu sehr angebetet hätte – aber sie merkte nicht,

daß sie selbst in dieselbe Falle gegangen war. Ich erinnere mich, daß ich jedesmal ganz frustriert war, wenn mir meine eigene Schwiegermutter immer wieder erzählte, welch wunderbarer Sohn mein Ehemann sei und wie einverstanden mein lächelnder Ehemann mit dieser Bemerkung war. Ich wußte, daß er nicht immer dieser perfekte Sohn war, aber sie wollte das nicht sehen, während er seine Vorzugsstellung sichtlich genoß.

Die Mutter eines 21 Jahre alten Sohnes berichtete mir, daß er bis 15 ein wunderbares, sensibles und offenes Kind gewesen wäre, als er plötzlich überhaupt nichts mehr erzählte. »Wenn er zu Hause war, war er eigentlich gar nicht anwesend«, meinte sie. »Wir lebten aneinander vorbei, und ich wartete darauf, daß er wieder so werden würde wie früher.« Das dauerte, bis er 21 war, aber sie hatte zwischenzeitlich nie aufgehört, ihn anzuschwärmen.

Die Mutter eines 15 Jahre alten Theater spielenden Sohnes sagte ganz stolz: »Wenn ich über ihn spreche, gerate ich ganz außer Atem, weil ich immer versuche, ihn mir vorzustellen und das nicht kann. Ich glaube, er ist ein ganz ungewöhnliches Kind.«

Weil eine Mutter manchmal vor lauter Liebe regelrecht blind ist, wird sie ihren Sohn immer in Schutz nehmen – vor seinem Vater, seinen Lehrern und seinen Freundinnen – und ihn von jeder Verantwortung, negativen Gefühlen und schwierigen Entscheidungen möglichst fernhalten. Sie wird dadurch seine emotionale Verbündete und isoliert ihn von den anderen und seinen eigentlichen Gefühlen.

Ich war ganz überrascht von einigen Müttern, die ich befragte, weil sie von ihren Söhnen alles zu wissen schienen und eine – wie ich es nenne – »neue Intimität« schufen. Ein 15jähriger erzählte seiner Mutter zum Beispiel alles über seine ersten sexuellen Erfahrungen und bat sie, »Dad nichts darüber zu sagen«. Eine Mutter diskutierte mit der Freundin ihres Sohnes und unterbrach ein Telefonat der 16jährigen mit ihrem Sohn, um ihr zu sagen, wie sehr sie die Gefühle ihres Sohnes mißachten würde. Seine Freundin wollte die Beziehung zu ihm beenden, und er hatte seiner Mutter von seinem »unglaublichen Schmerz« berichtet. Sie griff ein, um seinen Kummer zu lindern.

Eine andere Mutter erwähnte die Angst ihres 18jährigen Sohnes davor, keine Erektion zu bekommen, und teilte seine Freude, als er bei seiner Freundin schließlich »Erfolg« hatte. Sie war ganz stolz, daß er zu ihr soviel Vertrauen hatte, während sie diese Geschichte einer Gruppe von Frauen erzählte, die ich interviewte – und alle Frauen kannten ihren Sohn.

Diese Beispiele zeigen, wie extrem sich Mütter manchmal in das Privatleben ihres Sohnes einmischen – aber sie sind nicht typisch. Vielleicht spürten all diese Söhne, daß ihr Leben einfacher sei, solange sie mit ihrer Mutter redeten. Diese Jungen suchten nicht den Rat oder die Erfahrung ihrer Mutter, sondern ihre Zustimmung.

Ein Problem der Offenheit und der vollen Ehrlichkeit ist jedoch, wenn ein Sohn meint, daß er alles tun kann, was er will. Er hat seine Mutter für sich gewonnen, wenn er wieder den kleinen Jungen spielt, der ihr alles erzählt. Deshalb berichtet er offen, daß er die Schule geschwänzt hat, bei einem Test durchgefallen ist, betrunken war und mit vielen Mädchen ins Bett geht – und sie hört ihm wie eine gleichaltrige Freundin zu. Ihr Ehrgeiz konzentriert sich darauf, alles von ihm zu wissen, anstatt ihn zu moralischem Verhalten anzuspornen. Einige Jungen verhalten sich so bis ins Erwachsenenalter hinein, weil sie wissen, daß ihr verklärter Status als Mann und Sohn ihnen jederzeit für alles Vergebung einbringen wird. Das sind dann die Männer, die ewig Kinder bleiben.

Das Aufrechterhalten der Grenzen

Wenn das Verhältnis einer Mutter mit ihrem heranwachsenden Sohn zu intim ist und dadurch seine authentische Männlichkeit als Erwachsener gefährdet wird, wie können sich Mutter und Sohn dann gegenseitig ihre Zuneigung zeigen und trotzdem Grenzen für ein eigenes Privatleben setzen?

Es steht außer Frage, daß Mütter ihre Söhne lieben und führen und ihnen Herausforderungen aufzeigen sollen. Wenn ein Sohn seiner Mutter in allem vertraut, wird dann aus ihm aber wirklich der »neue Mann«, der bereit ist, mit einer anderen Frau zu leben? Oder macht es die unbedingte Akzeptanz der Mutter für eine andere Frau unmöglich, sie zu ersetzen? Andersherum gefragt: Wenn ein Sohn seine Gefühle und Aktivitäten verschweigt, bleibt er dann ein Neandertaler, der nie mit einer anderen modernen Frau zusammenleben kann? Weder das eine noch das andere Extrem, weder die Offenbarung aller Gefühle noch eine stoische Ruhe berücksichtigen die Grenzen oder Realitäten eines alltäglichen Familienlebens.

Weil Jungen heute viel stärkerem sozialen Druck und Familienkonflikten ausgesetzt sind als jemals zuvor, ist es absolut wichtig, daß man ein Gleichgewicht zwischen zuviel oder zuwenig Einmischung herstellt. Da ständig neue Informationen verarbeitet und neue Bedürfnisse befriedigt werden müssen und Sexualität inzwischen auch tödliche Gefahren bringen kann, müssen Jungen die Möglichkeit haben, offen mit Erwachsenen reden zu können. Meist ist die Mutter die vertrauenswürdigste und besorgteste Erwachsene, die der Junge kennt. Deshalb sollte sie – zusammen mit seinem Vater – immer als Ratgeber zur Verfügung stehen.

Eine Freundschaft im klassischen Sinn ist jedoch nicht das, was sich ein Junge wünscht. »Du mußt nicht ein Freund von deinem Kind sein«, erzählte mir eine Frau, »sondern man soll sich wie ein Freund *zum* Kind verhalten.« Dieser Unterschied ist wichtig. Ein heranwachsender Junge sucht sich genügend Freunde in seinem Alter, mit denen er offen über seine Ängste reden kann, ohne daß ihm widersprochen oder daß er belehrt wird. Er will sich anderen heranwachsenden Jungen und Mädchen anvertrauen, weil sie dieselben Sorgen und in der Familie dieselben Probleme haben, mit ihrem Körper ähnlich unzufrieden sind und sich vor Prüfungen in der Schule oder vor ungerechter Behandlung in gleicher Weise fürchten.

Ein Sohn braucht keinen weiteren Busenfreund, sondern eine starke Persönlichkeit, die ihn führen kann, die ihm zuhört, sich in ihn hineinversetzen kann und ihm hilft, seine Entscheidungen zu treffen, anstatt *für* ihn zu entscheiden oder ihn vor den Konsequenzen seiner Handlungen zu bewahren. Er sollte wissen, was seine Mutter von ihm erwartet, welche Verhaltensweisen sie voraussetzt und sich klar darüber sein, daß er bei Verstößen dagegen nicht innig umarmt wird, sondern zurechtgewiesen und die Folgen zu tragen hat.

Hat er ernste Probleme (zum Beispiel Alkohol, eine schwangere Freundin, Zweifel an seiner eigenen Sexualität, Probleme in der Schule, Sorgen um einen Freund oder sogar Selbstmordgedanken), dann sollte er mit seiner Mutter jederzeit sprechen können und von ihr Rat erhalten. Er sollte dabei wissen, daß sie *nicht* für ihn handelt, sondern ihm lediglich helfen wird, seine Ratlosigkeit zu überwinden und gute Entscheidungen zu treffen.

»Sie hilft mir wirklich, wenn ich Probleme habe«, sagte ein 17jähriger. »Ich wäre zu nervös, mich mit einer anderen, für mich wichtigen Person darüber zu unterhalten, aber mit ihr kann ich immer reden.«

Als Erik Erikson über die Notwendigkeit schrieb, sich als Sohn von seiner Mutter zu »trennen«, um eine eigene Identität zu erlangen, hat er bei seinen Patienten wahrscheinlich zuwenig bestehende Grenzen festgestellt. Ein Sohn möchte die ursächliche Beziehung zu seiner Mutter nicht verlieren – und sie auch nicht. Trotzdem muß er ein Gefühl für seine Individualität entwickeln, damit er erwachsen werden kann.

Einigen Söhnen wird das Gefühl vermittelt, daß man für sie die Welt anhält, weil sie »der Mann im Haus« sind. »Er hat das Gefühl, daß er der Mann ist«, meinte eine Mutter. »Alles muß für ihn gemacht werden. Sein Vater, ein Polizist, war genauso. Er brachte das Geld heim, und deshalb haben wir alles für ihn getan. Mein Sohn erwartet von mir, daß ich ihm das Badewasser einlasse und alles für ihn mache, ihm morgens seinen Teller mit Corn-flakes hinstelle. Er will arbeiten, aber dafür muß ich bezahlen. Seine zukünftige Frau tut mir heute schon leid.« Der Sohn dieser Frau war zehn Jahre alt, und sie selbst und ihre 20jährige Tochter spielten die »männlichen Dominanz-Spiele« ihres Sohnes zu Hause mit. Dadurch, daß die Mutter ihrem Sohn gestattete, seine Forderungen durchzusetzen, setzte sie den

»Männermythos« fort. Auch mir tut die zukünftige Frau dieses Jungen leid, weil seine Erwartung, daß der Mann im Haus bedient wird, überholt ist.

Wenn eine Mutter die Individualität, das Privatleben und seine Fähigkeit, Verantwortung zu übernehmen, respektiert, dann ist sie eine starke Mutter.

»Bedingungslose« Liebe?

Ich glaube, daß der Ausdruck »bedingungslose Liebe« mißverständlich ist. Wenn ein Sohn glaubt, daß er alles machen kann, weil ihn seine Mutter liebt, erlebt er keine bedingungslose Liebe, sondern die Selbstaufgabe der Eltern. Ein Kind bedingungslos zu lieben bedeutet, ständig für es dazusein. Das Mutter-Sohn-Verhältnis entsteht bei der Geburt (oder bei der Adoption) und ändert sich nie – ein Sohn kann sich keine andere Mutter suchen, und eine Mutter kann sich auch keinen anderen Sohn aussuchen. Eine engagierte Mutter läßt ihren Sohn nicht im Stich, wenn er Schwierigkeiten hat, sondern leitet ihn, setzt ihm Grenzen, stellt klare Forderungen auf und zeigt ihm, wie er das Leben meistern kann. Sie möchte, daß ihr Sohn ein gesundes Selbstbewußtsein entwickelt und auf seine Fähigkeiten vertraut. Bedingungslose Liebe heißt nicht, ihn zu verhätscheln, ihn zu verweichlichen oder sich dagegen einzusetzen, daß er für seine Taten verantwortlich ist. Es heißt, wenn notwendig, auch hart zu sein.

Der Psychologe Jack Kornfield erinnerte sich an einen Freund, der einen alten tibetanischen Lama fragte, wie man ein Kind erziehen sollte, damit aus ihm ein geistig aktiver, weiser, mitfühlender und freundlicher Mensch wird. »Sie haben die falschen Vorstellungen«, meinte der weise Mann ganz vorsichtig. »Das Kind wird so werden, wie das Kind werden wird. Wenn Sie jemanden sorgfältig erziehen wollen, dann erziehen Sie sich selbst. Sie können dafür sorgen, daß Sie selbst ein reines Herz haben und ihn das auch spüren lassen.«[6]

Eine Mutter, die ihren Sohn mit reinem Herzen erzieht, wird

ihn nicht zu ihrem männlichen Verbündeten machen und nicht versuchen, aus ihm den Mann zu formen, den sie selbst nicht finden konnte, oder ihn in einen Roboter verwandeln, der vor ihr so erfolgreich seine Gefühle verbergen kann, daß er als Erwachsener feststellen muß, gar keine mehr zu haben. Sie wird das richtige Gleichgewicht finden.

Die Zuneigung des Vaters

Ich lag einmal einen Tag lang mit einem 16jährigen Mädchen im selben Krankenhauszimmer. Ständig kamen ihre Freunde von der High-School. Sie nahmen mich gar nicht zur Kenntnis – weshalb ich so tat, als ob ich nicht zuhörte. Aber ich verfolgte aufmerksam ihre Gespräche. Ihre Freundinnen und Freunde redeten sehr lebhaft darüber, wie toll der Vater eines bestimmten Jungen sei. Ihre Begeisterung für diesen Mann hatte vor allem den Grund, daß es seine Gewohnheit war, seinen heranwachsenden Sohn zu umarmen. Sie erwähnten nicht ein einziges Mal seinen Beruf, seinen Status in der Gemeinde, den Typ Auto, das er fuhr, welche Reisen er machte oder wie sportlich er sei. Sie redeten nur darüber, wie er seinem Sohn seine Zuneigung zeigen konnte. Die anderen Jungen standen im Raum in einer Gruppe zusammen und waren auf die Beziehung des Jungen zu seinem Vater offensichtlich ganz neidisch. Ich war von diesem Gespräch so beeindruckt, daß ich sofort meinem Mann davon erzählte, der selbst in einer Familie groß geworden war, in der der Vater seinen Söhnen höchstens die Hand gab. Er und auch unsere Söhne haben vom Geplauder meiner Zimmergenossin profitiert.

Heute kennen viel mehr Väter ihre Kinder bereits von Geburt an, sie umarmen und berühren ihre Söhne und fühlen sich dadurch nicht unmännlich. Die bisher wenigen Untersuchungen, die Berührungen zwischen Vater und Sohn zum Thema haben, zeigen, daß sich das Verhältnis zwischen Vater und Sohn verändert, sobald der Sohn in die Pubertät kommt. Der Vater berührt ihn dann nicht mehr so oft. In einer Studie haben die Wissenschaftler herausgefunden, daß sich am Anfang der Pubertät Väter und Söhne oft umarmen, sich küssen und auf die Schulter oder den Rücken klopfen. Je älter der Sohn wird, um so seltener werden jedoch diese Verhaltensweisen.[7]

In Zukunft werden Väter ihre Söhne hoffentlich auch in der Pubertät öfter umarmen, weil ein Junge die Umarmungen seines Vaters dann erst recht braucht. Die Teenager, die ich in meinem Krankenzimmer kennengelernt hatte, bestätigten mir, wie wichtig ein natürliches, unmittelbares und herzliches Verhältnis zwischen Vater und Sohn ist. Sie schätzten es, wenn ein Vater seinen Sohn umarmte.

Abhängigkeit und Unabhängigkeit

»Eine gute Mutter ist eine Person, die eine klare Vorstellung von sich selbst und ihrem eigenen Wert hat«, schreibt Nancy Chodorow in ihrem Buch über Mütter und Feminismus.[8] Eine Frau, die weiß, wer sie selbst ist, ist von anderen weder vollständig abhängig noch vollständig unabhängig und ohne Vertrauen. Statt dessen weiß sie, daß jeder Mensch auch auf andere angewiesen ist, und sie hofft, daß ihre Söhne diese *gegenseitige* Abhängigkeit schätzenlernen.

Viele Frauen – und Männer – wachsen in einem Klima von Individualismus und Konkurrenzdenken auf und glauben leider, daß sie niemand anderen brauchen. Sie sind die Superfrauen und Supermänner, die nie emotionale Unterstützung suchen, weil sie Angst davor haben, damit ihre eigenen Schwächen zu zeigen. Und wenn sie zugeben, daß sie auch von anderen abhängig sind, haben sie Angst, daß sie als Schwächlinge gelten und damit andere Macht über sie erhalten.

Mütter brauchen in diesen Konkurrenzsituationen nicht den guten Rat ihrer Ehemänner, Mütter, Großmütter, Kollegen oder Freunde, um einen Ausgleich zu finden. Erwachsene Männer glauben immer, daß sie, wenn sie mehr arbeiten, auch glücklicher sind und ihre Unabhängigkeit und Männlichkeit mehr denn je unter Beweis stellen können. Das macht sie aber einsam und unfähig zu verstehen, warum sie nicht zufrieden sind.

Ich glaube, daß sich viele Generationen von Männern und Frauen hinters Licht führen ließen, weil sie an Extreme glaubten. Vor Jahren dachten noch viele Frauen, daß es keine andere Wahl gäbe, als von einem Mann total abhängig zu sein. Und die Männer akzeptierten die Last, ganz allein eine Frau finanziell zu unterstützen und sie emotional glücklich zu machen. Sie war »das Herz« der Familie und kümmerte sich um das emotionale Wohlbefinden. Er war »der Kopf«, der Führer und die Autoritätsperson, und diese Rollenbilder änderten sich auch nicht. Vaters Talente in der Familie und Mutters Aufgaben außerhalb des Hauses wurden nicht gesehen und auch nicht geschätzt. Frau und Mann haben vielleicht sogar noch beide gearbeitet, aber zu Hause waren die Verhältnisse ganz klar geregelt. Glücklicherweise sind diese Zeiten vorbei.

Dann galt das andere Extrem – die totale Emanzipation. Frauen konnten plötzlich alles alleine: Kinder bekommen, sie aufziehen und sie physisch, psychisch und finanziell versorgen. Männer waren jetzt überflüssig oder Nebensache. Der alte männliche Grundsatz »erzeugen, beschützen und ernähren«, das Rückgrat der meisten Gesellschaften, galt nicht mehr. Frauen waren unabhängig. Männer auch. Und die Kinder waren die Leidtragenden. Zum Glück neigt sich auch diese Zeit dem Ende zu, und eine Zeit der Partnerschaft und der gegenseitigen Abhängigkeit ist angebrochen.

Vor mehr als 30 Jahren hat schon Harry Guntrip den Zusammenhang zwischen Unabhängigkeit und Reife herausgestellt: »Reife ist nicht gleichbedeutend mit Unabhängigkeit«, schrieb er. »Die Unabhängigkeit einer reifen Person ist einfach nur so zu sehen, daß diese nicht zusammenbricht, wenn sie allein sein muß. Das ist keine Unabhängigkeit vom Bedürfnis nach einem anderen Menschen, mit dem man eine Beziehung eingehen möchte: Das würde sich ein reifer Mensch gar nicht wünschen.«[9] Eine reife Abhängigkeit – oder gegenseitige Abhängigkeit – zeigt sich durch die Fähigkeit einer Person, zu geben und zu nehmen, die eigene Verletzlichkeit anzuerkennen und gern als Partner zu handeln, zu lieben und zu spielen. Ob die Frau oder der Mann dabei zu Hause oder außer Haus arbeitet, ist nicht die Frage. Den Kern ihrer Beziehung macht die Fähigkeit aus, sich gegenseitig zu achten und zu unterstützen.

Wie leicht ein Mann zugeben kann, von anderen abhängig zu sein, hängt hauptsächlich (aber nicht ausschließlich) davon ab, welches Verhältnis er zur ersten Frau in seinem Leben, zu seiner Mutter, hatte. Ein Junge kann von seiner Mutter abhängig sein, ohne ihr alles zu erzählen – ein Unterschied, den einige Mütter oft nicht verstehen.

Während der Interviews mit den Jungen für dieses Buch fand ich heraus, daß Jungen großen Respekt vor Müttern haben, die ein starkes Selbstbewußtsein, innere Werte und Selbstvertrauen als Mütter besitzen. Ein Junge erklärte: »Je älter ich wurde, um so mehr Verantwortung hatte ich für alles. Ich glaube, das hängt damit zusammen, daß meine Mutter jetzt viel selbstsicherer ist. Wir sind uns heute viel näher, weil sie selbst viel selbstbewußter geworden ist. Das kommt nicht nur von meiner Beziehung zu ihr. Das kommt von ihr selbst.«

»Sie hat die größte innere Stärke, die ich je kennengelernt habe«, meinte ein Junge, dessen Mutter Krebs hat. »Einige Monate lang geht es ihr gut, und dann geht's ihr wieder schlecht. Aber selbst nach einer Operation steht sie schnell wieder auf und läuft herum. Sie ist wirklich eine warmherzige und witzige Frau, aber sie ist auch sehr temperamentvoll und rückt mir auf die Pelle, wenn ich etwas falsch gemacht habe. Man muß diesen Glauben an die eigenen Kinder haben, und sie glaubt an mich.«

Eine starke Mutter strahlt wirklich Selbstvertrauen aus, sie »glaubt« an ihre Kinder und weiß, daß Reife gegenseitige Abhängigkeit bedeutet.

»Er glaubt, etwas zu hören, was ich gar nicht gesagt habe«

Manchmal ist ein Junge schon so daran gewöhnt, seine eigenen Gedanken zu unterdrücken, daß er glaubt, seine Mutter würde dasselbe machen, und er interpretiert in ihre Aussagen immer etwas hinein. Eine Mutter berichtete: »Ich glaube, er schätzt es, daß ich ihm zuhöre und seine Ansichten kennenlernen will. Ich sage ihm gern meine Meinung und versuche objektiv zuzuhören. Ich glaube, daß Jungen die Körpersprache sehr gut verstehen. Er reagiert sehr sensibel auf das, was ich sage. Er glaubt, etwas zu hören, was ich gar nicht gesagt habe«.

Sie erklärte, daß sie oft »in Klammern redet«, weil sie Angst davor hat, daß er sich abwendet, wenn sie etwas zu direkt aussprechen würde. Sie hat ihre klare Meinung, aber sie beißt sich lieber auf die Zunge, »setzt alles in Klammern« und drückt es nur vorsichtig aus. Anstatt wirklich zu wissen, was seine Mutter denkt, muß es ihr Sohn erraten. Es ist von daher kein Wunder, daß ihr Sohn »glaubt, etwas zu hören, was ich gar nicht gesagt habe.« Ihre Vorbehalte und das, was sie unausgesprochen läßt, sind das Problem der Botschaft, und deshalb achtet er genau darauf, was sie sagt und beobachtet ihre Körpersprache, um die wahre Bedeutung hinter ihren Worten zu erraten.

Diese Frau hat etwas umständlich eines der häufigsten Probleme zwischen Müttern und Söhnen angesprochen, das in Kapitel 6 noch ausführlicher behandelt werden soll. »Erwachsen zu werden war ganz schön schwierig«, schreibt Andrew Malcolm über seine Mutter. »All diese unterschiedlichen Gefühle kennenzulernen, die von einem erwartet wurden, anstatt die wirklichen zeigen zu können. Kontrolle und Versteckspiel – das gilt für alle Frauen.«[10] Es ist daher kein Wunder, daß viele Jungen Konfrontationen vermeiden und sich nicht mit ihren Müttern auseinandersetzen, wie das Mädchen häufig tun. Es fällt ihnen schwer, die verschlüsselten Botschaften ihrer Mütter zu verstehen. Man fühlt etwas anderes, als man sagt. Diese Botschaft vermitteln wir den Söhnen und Töchtern, aber Töchter fragen nach und klären die Standpunkte, während Söhne vieles in den Hinterkopf räumen und sich denken, daß dies einfach wieder etwas ist, was sie nicht verstehen.

Wenn Mütter direkte Antworten haben wollen, sollten sie offen und ehrlich mit ihren Söhnen diskutieren. Aber oft wurde eine Mutter selbst nicht dazu erzogen, offen zu sagen, was sie denkt, und drückt sich deshalb umständlich aus, um das rätselhafte, allwissende Lächeln ihres Sohnes zu durchbrechen. Er glaubt wiederum, daß er Probleme bekommen könnte, wenn sie wüßte, was er wirklich denkt. Deshalb antwortet auch er in verschlüsselter Form. So ist sozusagen ein Gleichgewicht erreicht.

Diese Art von Familienbeziehungen führt dazu, stereotype Mann-Frau-Beziehungen aufrechtzuerhalten und hilft einer Mutter nicht dabei, ihren Sohn zu führen. Er selbst bleibt mit der vagen Vorstellung zurück, daß er Frauen ohnehin nie verstehen wird, warum sollte er es also überhaupt versuchen?

Eine Untersuchung aus Texas bestätigte, daß Interaktionen in der Familie die Frauenbilder eines Sohnes maßgeblich beeinflussen. Die Forscher untersuchten dabei die Beziehungen der Schüler in Abschlußklassen einer texanischen High-School untereinander, zu ihren Geschwistern und ihren Eltern, während sie eine fiktive zweiwöchige Luxusreise planen sollten, zu der auch ein ausgearbeitetes Programm für jeden Tag mit allen Freizeitaktivitäten gehörte. Die Studie ergab, daß Mütter, die nicht nur die gewünschten Informationen von ihren Söhnen erhielten, sondern auch deren Wünsche und Vorstellungen kannten und mit vielem davon einverstanden waren, Söhne hatten, die zu Kompromissen bereit waren, die Gefühle von anderen verstehen und auf Nachfragen reagieren konnten. Diese Söhne praktizierten mit ihren Müttern ein ständiges Geben und Nehmen und waren später eher in der Lage, starke und offene Frauen höher einzuschätzen und sie zu akzeptieren als Söhne, die mit ihren Müttern weniger direkten Austausch gehabt hatten. Die Schlußfolgerung dieser Studie lautete: »Diese Ergebnisse bestätigen frühere Forschungen, nach denen mütterliche Wärme eine wichtige Rolle in der Entwicklung der männlichen Identität und der Geschlechterrollen spielt.«[11]

Vielleicht kommt ein Sohn, der die direkte Kommunikation mit seiner Mutter sucht und glaubt, daß ein ehrlicher Austausch von Meinungen mit ihr nicht möglich sei, zum selben Ergebnis wie Andrew Malcolm, der meinte, daß Kontrolle und Verschleierung effektiver seien als Zuhören, Meinungsverschiedenheiten und Kompromisse. Die meisten Mütter sollten die »Klammern« weglassen, damit ihre Söhne verstehen, was sie sagen.

Wie man seine Männlichkeit fördert

Oscar Wilde schrieb in *The Importance of Being Earnest*: »Alle Frauen werden wie ihre Mütter – und das ist ihre Tragödie. Der Mann nicht – und das ist seine.«[12]

Obwohl nur wenige Männer wie ihre Mütter werden wollen, möchten doch viele Männer einige Qualitäten ihrer Mütter besitzen. In ähnlicher Weise würden auch Frauen gern positive Züge ihrer Väter haben. Meist erwirbt man diese Eigenschaften des anderen Geschlechts im Laufe des Lebens, wenn man selbstbewußt genug mit seiner Sexualität umgehen kann.

Wenn man jedoch bereits von einem Heranwachsenden erwartet, daß er ein vollständiges Individuum mit allen menschlichen Qualitäten wird, erwartet man vielleicht ein bißchen zuviel. Die meisten Mütter wollen keine Abstriche an der neuentdeckten Männlichkeit des Sohnes machen, hätten ihn aber gern etwas sensibler und verantwortungsbewußter. Ich bin überzeugt, daß eine Mutter das auch erreichen kann und die Männlichkeit ihres Sohnes fördert, wenn sie selbst auf ihre eigenen positiven Züge stolz ist und damit zufrieden ist. Eine Mutter meinte: »Man möchte den Kindern nichts wegnehmen, sondern man möchte ihnen immer etwas mitgeben.«

Eine Mutter kann ihrem Sohn vermitteln, Frauen – und auch seine eigenen weiblichen Züge – schätzenzulernen, wenn sie ihm zeigt, daß auch sie andere verstehen, deren Gefühle nachempfinden und Freude, Zorn, Zuneigung, Ärger und Liebe ausdrücken kann.

Sie kann ihrem Sohn beibringen, daß Liebe ein wesentliches Element der Reife ist und durch viele Gefühle ausgedrückt werden kann.

Alleinerziehende Mütter

Alleinerziehende Mütter, ob geschieden oder verwitwet, haben zusätzliche Probleme, Grenzen aufzuzeigen und Zuneigung auszudrücken. Ein Sohn kann leicht zum großen Beschützer werden. »Er ist schon sehr reif und kümmert sich um alles«, erzählte mir eine Witwe mit einem 14jährigen Sohn. »Mein Mann starb vor zwei Monaten, und mein Sohn ist jetzt der Mann im Haus. Mir wäre es lieber, wenn er nicht so ernst wäre. Er sagt mir immer, was ich machen soll. Er ist sehr groß, und seine Stimme verändert sich. Er ist hilfsbereit, aber er ist so stark: Wenn er mich anfaßt, tut er mir weh. Deshalb sage ich immer, daß er das lassen soll. Er wächst viel zu schnell. Er will der Herr im Haus sein. Er fragt mich, was ich den ganzen Tag gemacht habe und will mir vorschreiben, was ich tun soll.« Das Verhalten dieses Sohnes zeigt wahrscheinlich, daß er Angst davor hat, daß beide, Mutter und Vater, sterben könnten, und deshalb will er sicher sein, daß er sie nicht ebenfalls verliert. Söhne von geschiedenen Eltern können genauso leiden und ähnliche Verhaltensweisen an den Tag legen.

»Seit ich alleinerziehend bin, hat sich unsere Beziehung verändert«, berichtete eine andere Frau. »Mein Sohn war schon immer sehr verantwortungsvoll, aber jetzt mischt er sich auch in sexuelle Dinge ein. Er registriert jede meiner Verabredungen mit anderen Männern, was ich anziehe und macht ständig Anspielungen. Er fragt mich zum Beispiel: ›Mit wem triffst du dich da?‹ Er weiß zu allem und jedem etwas zu sagen. Er ist eine sehr starke Persönlichkeit und spielt jetzt die Vaterrolle und den Mann im Haus. Aber er ist auch ein verliebter Teenager, der gerade seine eigene Sexualität entdeckt.«

Andere Söhne reagieren entgegengesetzt und werden absolut desinteressiert. »Er will überhaupt nichts hören«, meinte die geschiedene Mutter eines 15jährigen. »Er scheint sich jetzt mit meinem Exmann besser zu verstehen. Das war viele Jahre anders, da verstand er sich mit mir besser. Ich habe ihm vorgeschlagen, wieder eine Therapie zu machen – er hatte schon ein paar Sitzungen, als ich mich scheiden ließ. Er meinte aber, ich würde nur mein Geld verschwenden, weil er nur still dasitzen würde. ›Ich rede lieber mit meinen Freunden‹, meinte er.« Offenbar verändern sich seine Gefühle für seine Mutter, und er weiß nicht recht, wie er damit umgehen soll.

In ihrem hochgelobten Buch *Gewinner und Verlierer* schreibt Judith Wallerstein, daß Mütter und Söhne nach einer Scheidung »in einem machtvollen psychologischen Tanz gefangen sind, bei dem sie sich gegenseitig sehr nahe kommen und dann wieder abstoßen, vor und zurück, wie in einem klassischen Pas de deux.«[13] Eine Mutter möchte hier von ihrem Sohn unterstützt werden wie von einem Verbündeten, weiß aber, daß ihre Nähe für einen jungen Mann schädlich sein kann. Deshalb sind beide verwirrt.

Was ein Junge absolut nicht will und braucht, ist, sich allein zu fühlen und abgeschoben zu werden. Im Forschungsbericht von Judith Wallerstein fühlten sich mehr Jungen »weggeschoben« als angenommen. Eine Mutter mag die Ähnlichkeit des Sohnes mit seinem Vater vielleicht nicht, oder sie hat Angst, daß er sich zu stark an sie binden könnte und distanziert sich deshalb. Heranwachsende Jungen möchten ihrer Mutter jedoch nahe sein und brauchen die Bestätigung, daß sie von ihr geschätzt werden. Sie haben unter Umständen Angst, daß der Weggang des dominanten Mannes aus der Familie die Gefühle seiner Mutter ihm gegenüber vergiften könnte.

Gerade dann, wenn ein Junge eine starke Mutter braucht, zieht sie sich oftmals zurück, weil sie um den Verlust des älteren Mannes, der dem Sohn Disziplin beibringen und ihn führen könnte, trauert. Sie drängt vielleicht sogar darauf, daß er bei seinem Vater lebt – wenn ihr Exmann das will und kann. Einen Vormund zu wählen, ist vielleicht auch eine Möglichkeit, sofern dies nicht weitere Ängste schafft. Jungen brauchen ihre Väter, aber wenn ihre Väter ein neues Leben begonnen haben, zu dem die ursprünglichen Familien nicht mehr gehören, werden die Söhne enttäuscht.

Die meisten Jungen, die ich befragte, wollten zuerst nicht zugeben, daß die Scheidung der Eltern bei ihnen auch Gefühle ausgelöst hatte. Ein Junge, das älteste von vier Kindern, meinte, daß die Scheidung seiner Eltern ihn nicht berührt hätte. »Eigentlich hat sich kaum etwas verändert. Sie möchte, daß ich für die jüngeren Geschwister ein Vorbild bin, aber das bin ich nicht immer. Das weiß sie. Das versteht sie. Sie hat alles im Griff. Ich kann eigentlich gar nichts tun, und deshalb akzeptiere ich es so, wie es ist.«

Später gab er folgendes zu: »Ich war traurig und wütend und wie verrückt. Ich weiß nicht, ich hatte so viele verschiedene Gefühle. Ich wußte nicht so recht, was ich denken sollte. Es war irgendwie schlimm, als mein Dad an Ostern nicht da war, aber das wurde dann wieder ganz normal.« Aber nichts war mehr normal. Im weiteren Verlauf des Gesprächs erzählte er, daß es ihnen finanziell nicht sehr gutginge. »Wir haben gerade das Haus abbezahlt«, sagte er ganz väterlich, »und jetzt wollen wir es verkaufen, weil es ziemlich groß ist und viel Geld kostet, es zu unterhalten. Deshalb geht es uns nicht so gut. Sie hat viel Streß.«

Dieser junge Mann, der erst meinte, »nichts hätte sich verändert«, räumte also ein, daß sich im Gegenteil sehr vieles verändert hatte. Das wußten jedoch nicht einmal seine Freunde. Finanzielle Probleme beunruhigten auch einen anderen Jungen, dessen zwei Brüder bei seinem Vater lebten, weil sie Schwierigkeiten miteinander hatten, während er bei seiner Mutter geblieben war. »Manchmal redet sie über Geld«, sagte er. »Nicht, daß sie sich nichts leisten könnte. Wenn sie Rechnungen bezahlt, meint sie aber immer, daß mein Vater mehr Unterhalt zahlen sollte. Wenn ich die eine Seite der Geschichte höre und dann die andere, weiß ich nicht mehr, was ich glauben soll. Deshalb versuche ich ganz abzuschalten.«

Söhne von alleinerziehenden Müttern verdrängen oft ihren Zorn, um Konflikte zu vermeiden. In einer Untersuchung von Judith Smetana und anderen von der University of Rochester wurde festgestellt, daß es zwischen Heranwachsenden und einem geschiedenen Elternteil weniger Konflikte gibt als in intakten Familien. Obwohl dieses Ergebnis für geschiedene Mütter positiv gewertet werden könnte, sollte man – wie auch die Wissenschaftler meinten – das Resultat vorsichtig interpretieren. Weniger Konflikte können auch weniger Interaktionen oder Anteilnahme bedeuten. »Ein durchschnittliches Potential an Konflikten ist für ein gesundes pubertäres Ego und eine ausgeprägte Identität wichtig.«[14]

Alleinerziehende sollten ihre Ängste möglichst unter Kontrolle haben und sich sicher sein, daß sie ein verantwortungsvoller Elternteil sind. Sie sollten alle verfügbaren Informationsstellen ausschöpfen, um ausreichend Selbstvertrauen zu gewinnen. Gespräche mit anderen Müttern helfen nicht nur den Erwachsenen, sondern kommen auch den Söhnen zugute. Die meisten Forschungen haben erbracht, daß Jugendliche aus geschiedenen oder wiederverheirateten Familien Probleme haben, sich an ihren neuen Status zu gewöhnen und viele ihrer Konflikte ausleben.[15] Einen Sohn allein zu erziehen ist beileibe nicht einfach, und Mütter brauchen ständige Unterstützung – und ihre Freunde –, um stark bleiben zu können.

Heiraten Alleinerziehende wieder, sind die Probleme damit nicht gelöst. Ein Sohn hat vielleicht etwas dagegen, daß ein anderer Mann seinen Vater oder ihn selbst als den »Mann im Haus« ersetzt. Ein Stiefvater muß den Sohn oft erst für sich gewinnen. Die Zeit, bis der junge Mann dem älteren vertrauen kann und Unterstützung für seine Interessen bekommt, wird sicherlich nicht problemlos verlaufen.

Als ich einen 17jährigen fragte, welchen Rat er Eltern geben würde, meinte er:»Wenn sie sich scheiden lassen, sollten sie die Kinder nicht in den Mittelpunkt stellen. Ich glaube nicht, daß Eltern wissen, daß es für die Kinder viel schwieriger ist als für sie selbst.«

Stiefmütter

Ein heranwachsender Junge kann plötzlich mit einer attraktiven jüngeren Stiefmutter konfrontiert sein, die mit ihm Freundschaft schließen möchte. Ein Junge drückte ganz klar aus, wie verwirrt er über die Rolle seiner Stiefmutter war: »Mein Dad ist 50, meine Stiefmutter 30. Das ist eine ganz andere Generation, und auch ihre Einstellung Teenagern gegenüber ist ganz anders. Sie macht meinem Dad angst, weil sie ihm erzählt hat, was sie selbst als Teenager alles angestellt hat. Deshalb denkt er automatisch, daß ich drogensüchtig sei, und jedesmal, wenn ich mit ihm rede, fragt er mich, ob ich gerade was nehme. Meine Stiefmutter hilft mir da manchmal, weil sie viel versteht. Aber andererseits ist sie auch sehr extrem.«

Einige Jungen erzählten mir, daß sie mit ihren Stiefmüttern über ihr Sexualleben reden und sich Rat holen könnten. »Wenn ich Probleme habe, gehe ich zur bald offiziellen neuen Frau meines Vaters«, meinte einer. »Sie ist ungefähr 27 und hat mit mir über Sex geredet. Das kam ganz plötzlich. Sie wollte sicher sein, daß mein Bruder und ich Kondome benutzen.« Dieser Junge brüstete sich, daß er das Vertrauen einer jungen Frau gewonnen hatte. Stiefmütter sollten jedoch genauso wie leibliche Mütter darauf achten, biologische Grenzen aufrechtzuerhalten. Selbst wenn sie nicht eine ganze Generation älter sind, sind sie vom Status her doch eine Generation weiter und müssen ihre Position als Stiefmutter bedenken.

Die meisten Forschungen über Stieffamilien konzentrieren sich auf die neue Ehe, die die Mutter eingeht, und die Anpassungsschwierigkeiten ihres neuen Ehemannes in der Familie. Weil die meisten Kinder nicht bei ihrem Vater bleiben, sieht deren neue Stiefmutter seine Kinder oft nur am Wochenende und in den Ferien. Eine Stiefmutter muß sich bewußt sein, daß die biologischen Eltern eines Jungen in erster Linie für sein Verhalten verantwortlich sind und daß ihre Rolle auch darin besteht, ihren Ehemann bei seinen Pflichten seiner Familie gegenüber zu unterstützen. Eine neue Ehefrau wird es wahrscheinlich zuerst bedauern, wenn ihr Mann seinen eigenen Kindern soviel Zeit widmet, die Kinder schätzen jedoch ihre Liebe und ihre Aufmerksamkeit. Und Ihr Mann schätzt hoffentlich umgekehrt ihr Verständnis.

Beide, Eltern und Kinder, können von der neuen Ehe viel profitieren. Bei einer Studie wurde eine Familie beobachtet, die einen Sohn erfolgreich in die neue Ehe der Mutter und auch die des Vaters integrieren konnte. Deren Erfolgsrezept: »Klare Generationsgrenzen zwischen Stiefmutter und -sohn, eine entsprechende Fähigkeit zur Problemlösung, ein gutes Vater-Sohn-Verhältnis mit ausreichendem Besuchsrecht, Kommunikation und klaren Grenzen ... und eine Neudefinierung des Verhältnisses der früheren Ehepartner, der neuen Ehepartner und aller Familienmitglieder.«[16]

Soll ich ihm sagen, daß ich ihn liebe?

Wie schon mehrfach erwähnt, möchte ein Sohn sicher sein, daß seine Mutter ihn liebt – nicht wegen vager, heroischer Vorstellungen von Männlichkeit, sondern um seiner selbst willen, dem heranwachsenden und oft konfusen jungen Mann, der er in Wirklichkeit ist. Wenn er merkt, daß seine Mutter seine Männlichkeit, sein Anderssein und seine Einzigartigkeit als Individuum schätzt, wird er nicht verlegen werden, wenn sie ihm sagt: »Ich liebe dich.« Er weiß, daß sie es als besorgte und liebende Mutter sagt. Er wird dann offener seine Gefühle aussprechen können und ihre guten Eigenschaften, aber auch ihre Fehler anerkennen, weil er weiß, daß sie seine Unabhängigkeit nicht einschränken will, sondern ihn führen und ermutigen will, gegenseitige Abhängigkeit schätzenzulernen. Dann wird auch er gerne sagen: »Ich liebe dich auch.«

☞ Tips für Mütter

1. Machen Sie sich klar, daß Sie die Männlichkeit Ihres Sohnes eines Tages überrascht und Sie ihn attraktiv finden.
2. Denken Sie daran, daß er sich seiner eigenen Sexualität bewußt und neugierig auf Frauen ist, auch auf seine Mutter.
3. Respektieren Sie sein Privatleben und seinen privaten Raum.
4. Vergessen Sie nicht, daß Jungen ihre Mütter beschützen wollen und mit Kritik vorsichtig sind. Ermutigen Sie sie aber, ihre Gefühle und Standpunkte offen auszusprechen.
5. Bewundern Sie Ihren Sohn so, wie er ist – und nicht als Phantasiegestalt eines perfekten Mannes, den Sie gerne hätten.
6. Ermutigen Sie seinen Vater, ihn zu umarmen.
7. Einen Sohn bedingungslos zu lieben heißt, ihn zu führen, ihm Grenzen zu setzen, ihn zu ermutigen und miteinander Gefühle auszutauschen. Es heißt dagegen nicht, ihm Entscheidungen abzunehmen oder ihn vor den Konsequenzen seines Verhaltens in Schutz zu nehmen.
8. Eine zu enge oder auch eine zu distanzierte Beziehung will Ihr Sohn auf keinen Fall. Er braucht eine Mutter, die ein gesundes Gleichgewicht zwischen Zuneigung, Individualität und Liebe aufrechterhalten kann.
9. Seien Sie ehrlich zu Ihrem Sohn, damit er seine Gefühle nicht verschweigt oder verbirgt.
10. Lernen Sie Ihre eigenen weiblichen Merkmale schätzen, damit er Ihre Qualitäten von Obhut, Mitgefühl und Fürsorge nachahmen will.
11. Haben Sie Vertrauen zu Ihren Fähigkeiten als Elternteil.
12. Sagen Sie ihm, daß Sie ihn lieben.

5
»Meine Mutter
würde mich umbringen!«

Starke Mütter

Als ich einen Jungen fragte, wie es ihm gelungen sei, trotz seines Umgangs nicht mit Drogen zu handeln, antwortete er: »Die meisten Leute, mit denen ich aufgewachsen sind, handeln mit Drogen, aber sie wissen, wie ich bin, und das respektieren sie. Damit will ich nichts zu tun haben. Meine Mutter würde mich umbringen! Vor einigen Jahren wollten sie mich in den Drogenhandel hineinziehen, aber ich sagte nein, und für sie war die Sache in Ordnung.«

Ich hätte ihn am liebsten in den Arm genommen – und seine Mutter auch –, weil er so klar ausdrückte, was viele Männer schon immer gewußt haben: daß hinter einem erfolgreichen Mann eine Mutter steht, die nie aufgibt. Dieser Junge, der kurz vor seinem High-School-Examen stand, hat Erfolg. Er hat die Pubertät erfolgreich hinter sich gebracht, er hat Lebensziele und weiß, wer er ist – das hat er alles seiner Mutter zu verdanken.

Einige erwachsene Männer mögen sich vielleicht gegen die Behauptung sträuben, daß ihre Mütter im Leben wichtig seien. Wenn sich jedoch ausgewachsene Athleten zur Fernsehkamera drehen und mit »Hi, Mom!« grüßen, kann man nur vermuten, was sie wirklich sagen wollen: »Danke, daß du zu mir gehalten hast und mich unterstützt hast. Ich wäre mit den Jungs draußen beim Spielen geblieben, hätte die Schule geschwänzt und hätte mich herumgetrieben, wenn ich dich nicht gehabt hätte. Ich weiß, daß du wolltest, daß etwas aus mir wird.«

Starke Männer können regelrecht zusammenbrechen, wenn sie über ihre Mütter sprechen. Eine Frau erzählte mir, daß ihr Mann (ein kräftiger Polizist) immer nur dann weinen würde, wenn er an seine Mutter denkt, die vor vielen Jahren gestorben ist. Ich habe die Eröffnungsfeier der Baseball Hall of Fame miterlebt, bei der die Spieler mit ihren Tränen kämpften, als sie an ihre Mütter dachten. Einer der Stars konnte vor lauter Rührung nicht mehr sprechen. Ich glaube nicht, daß er Krokodilstränen vergoß, sondern daß sie wirklich aus seinem Herzen kamen. Diese Männer waren ihren Müttern dankbar.

Viele Jungen haben mir immer wieder erzählt, daß sie den Ansporn ihrer Mutter brauchen. »Meine Mutter sagt ganz offen, was sie denkt«, meinte ein Junge, der mit seiner Familie in einer Gegend wohnt, in der es viel Kriminalität gibt. »Sie stärkt uns immer den Rücken. Und sie will, daß wir immer alles noch besser machen. Sie macht zu Hause Heimarbeit, weil sie dann immer bei der Familie sein kann.«

Als ich eine Mutter fragte, die in einer ähnlichen Umgebung lebte, warum einige Mütter auf ihre Söhne nicht mehr aufpassen würden, meinte sie: »Um ihre Ruhe zu haben. Die Kinder verletzt das jedoch innerlich, wenn sie keine Autorität mehr erleben, und sie lassen einen das spüren. Viele Eltern meinen, wenn sie die Kinder nicht ihre eigenen Wege gehen lassen, hätten die Kinder sie nicht mehr lieb. Wen kümmert das schon, ob sie einen liebhaben? Sie mögen ihre Eltern lieber, wenn man streng ist und sie selbst noch jung sind. Wenn sie älter werden, kann man ein guter Freund für sie sein.«

Mütter werden von ihren heranwachsenden Söhnen immer neu herausgefordert, wenn sie Risiken eingehen und Neues ausprobieren. Wenn Frauen aber zum Beispiel ihre Kinder in einer Umgebung voller Kriminalität erfolgreich erziehen, haben sie dafür einen speziellen Orden und unsere Anerkennung verdient. Jungen, die gerade in den Städten ihre Pubertät erfolgreich durchleben und stark werden, verdanken das nicht zuletzt ihren Müttern. »Die Mütter von allen meinen Freunden kümmern sich um ihre Söhne«, erzählte ein Junge in einem Gespräch in einem Jugendzentrum. »Das Leben auf der Straße und in einer solchen Umgebung ist wirklich hart.« »Meine Mutter kümmert sich wirklich um alles, was mich betrifft«, sagte sein Freund später. »Sie arbeitet, und ich arbeite nach der Schule auch. Wenn ich meinen Lohn bekomme, sorgt sie dafür, daß ich mein Geld zur Bank trage und ihr dabei helfe, die Miete zu bezahlen. Sie versucht mich zur Verantwortung zu erziehen.«

Natürlich leben nicht alle Jungen mit alleinerziehenden Müttern, auch die Väter können dazu beitragen, ihre Söhne zu beschützen. »Mein Vater setzt mir klare Richtlinien«, meinte ein Junge ganz stolz. »Man kann die Kinder nicht immer so wild herumlaufen lassen, so, wie sie das gern möchten. Vorschriften sind ganz gut, vorausgesetzt, sie sind nicht zu streng – das ist auch nicht gut für die Kinder, weil sie lernen müssen, ihre eigenen Wege zu gehen. Kinder versuchen manchmal, sich aus dem Haus zu schleichen, wenn die Eltern schlafen.«

Er hat recht. Mütter und Väter müssen ihren Söhnen »klare Richtlinien« setzen, daß sie nicht nachts aus dem Haus schleichen, aber die Kinder müssen auch wissen, welche Verhaltensmuster erlaubt sind. Wenn Eltern hier nicht vorzeitig aufgeben, werden sie dafür sicherlich belohnt werden.

Ein 17jähriger selbstbewußter »starker Junge« erzählte mir, wie er von seinen Eltern erzogen wurde: »Das war ganz gut, weil ich Disziplin brauchte und ich es leid war, immer bestraft zu werden und als zäher Bursche zu gelten. Ich wußte, daß mich meine Eltern beide mochten, und deshalb habe ich mich verändert. Um die Wahrheit zu sagen: Mein Vater ist richtig stolz auf mich, seit ich anders geworden bin. Als ich ihm mein Zeugnis zeigte, hat er mich total stolz angesehen. Heute komme ich mir ganz blöd vor, wenn ich daran denke, was ich vorher alles angestellt habe. Meine Mutter machte Weiterbildungskurse, und mein Vater hatte drei verschiedene Jobs. Ich habe jetzt erkannt, daß sie für mich so vieles getan haben und warum sie mich so oft bestraft haben.«

Andere Leute wie sein älterer Cousin waren für diesen Jungen auch ein Vorbild, der jetzt seine Ausbildung an einem öffentlichen College fortsetzen möchte. Trotzdem war es vor allem seine Mutter, die ihm den richtigen Weg gewiesen hat. »Ich habe nichts mit Drogen angefangen – wegen meiner Mutter«, erzählte er.

»Wenn ich das getan hätte, wäre sie aus ihrer eigenen Wohnung geworfen worden, und das wäre ihr gegenüber nicht fair gewesen. Auch wenn ich ihr das Geld [vom Dealen] gegeben hätte, wäre das nicht richtig gewesen. Sie hätten die ganze Familie rausgeworfen.«

Der Stolz der Jungen auf aufmerksame Mütter

Ich war überrascht, wie durchgängig stolz die Jungen – wo immer ich sie auch interviewte –, auf die Erziehung ihrer Mutter waren, wenn sie wirklich klare Ziele hatte, und wie die Jungen es bedauerten, wenn dem nicht so war. Obwohl sie einräumten, daß sie sich zurückzogen, wenn die Mütter sich zu sehr engagierten, waren sie für ihre Aufmerksamkeit doch dankbar. Selbst wenn ein Junge – wie alle Söhne – versucht, dem »Ausfragen« seiner Mutter zu entkommen, erkennt er in der Regel, daß sie wahrscheinlich gute Gründe für ihre Fragen hat. Meist sieht ein Junge seine Mutter relativ objektiv und genießt es, wenn sie sich um ihn kümmert.

Zuerst dachte ich, daß die Kommentare der Jungen meinen vorgefaßten Glauben bestätigten, daß Heranwachsende aufmerksame Mütter wirklich brauchen und ihnen meine Fragen vielleicht schon die »richtigen« Antworten in den Mund legten. Viele Jungen waren in ihren Meinungen jedoch so überzeugend, daß ich erkannte, daß sie ihre Aussagen wirklich ernst meinten. Heranwachsende Jungen möchten tatsächlich, daß sich ihre Mütter um sie kümmern.

»Meine Mutter unterstützt mich immer«, sagte ein Junge. »Sie interessiert sich immer dafür, was ich mache. Sie setzt mir klare Richtlinien, was ich tun soll.« Ich fragte einen anderen Jungen, der ein gutes Gespür zu haben schien, was Mütter tun sollten. Er meinte: »Sie sollten ihm vertrauen und ihm auch sagen: ›Ich vertraue dir‹, weil es einem dann schlechtgeht, wenn man sie im Stich läßt.«

Nicht alle Mütter haben Freude daran, ihren heranwachsenden

Sohn zu erziehen, weil sie die direkten Auswirkungen ihrer mütterlichen Bemühungen nicht sehen. Die meisten Mütter sind auch überrascht, wenn ich ihnen sage, daß ihre Söhne es gern haben, wenn sie sich um sie kümmern und sich für sie interessieren. Die Jungen zeigen das aber meist nicht. Sie sagen ihren Müttern eher, daß sie aufhören sollten, sie wie ein Baby zu behandeln, oder sie ignorieren sie einfach. Eine beschützende Erziehung funktioniert dabei trotzdem.

Theorien und noch mehr Theorien

Psychologen haben die Wahrnehmung von Heranwachsenden und die Bewertungen ihres Verhaltens immer wieder anders gesehen. Früher dachten sich die Theoretiker, daß die Jugendlichen sich von ihren Eltern trennen, ihre Freunde wichtiger nehmen und ein selbständiges Leben führen sollten, weil sie nur dann bereit seien, wie ein Erwachsener Verantwortung tragen zu können. Heute haben wir erkannt, daß Heranwachsende ohne Führung nicht glücklich sein können und ein zu freies Leben auch gefährlich sein kann.

In der Literatur über Heranwachsende entstand dann eine gegensätzliche Theorie. Die Anhänger dieser Richtung meinten, daß jede Form von »normalem« jugendlichen Verhalten gefährlich sei. Sie verfochten deshalb stärkere Restriktionen für junge Leute. Wollten Heranwachsende mehr Zeit mit ihren Freunden verbringen oder neue Denk- und Handlungsmuster ausprobieren, sollte dies unter der Kontrolle von Erwachsenen geschehen, weil die Risiken zu groß seien.[1]

Mütter und Väter, die einen guten Mittelweg bei der Erziehung ihrer Teenager suchen, werden von solch extremen Theorien natürlich verunsichert. Im Fernsehen sieht man meist ebenfalls nur Extreme, wenn zum Beispiel der Heranwachsende in einer typisch amerikanischen Familie alles dominiert und eigene Normen aufstellt. Das andere Extrem propagiert die These, die Aktivitäten der Kinder mit strengen Verwarnungen weitgehendst einzuschränken, weil das natürliche Bedürfnis eines Jugendlichen, alles auszuprobieren, ihm selbst nur schaden würde.

Weder der eine noch der andere Ansatz hilft den Eltern, die, wenn sie ihre pubertierenden Kinder genau beobachten, wissen, daß totale Unabhängigkeit ebensowenig funktioniert wie totale Kontrolle. Mütter haben meist einen guten Instinkt, wie sie ihre Kinder mit Liebe und auch Angst richtig erziehen. Disziplinäre Maßnahmen, die nicht greifen, werden wieder aufgegeben, aber der Junge – oder auch das Mädchen – weiß, daß sich seine Eltern um ihn oder sie kümmern.

Die neuesten Forschungen kommen zu der realistischeren Einschätzung, daß den Kindern weder extreme Kontrolle noch extreme Freiheit auf dem Weg zum Erwachsenwerden hilfreich ist. Ich glaube, daß dieser Ansatz den Eltern wirklich weiterhelfen kann.

Autoritative Elternschaft

Nach der Auswertung der Fragebögen von 10.000 15- bis 18jährigen Schülern aus sozioökonomisch und ethnisch völlig unterschiedlichen Schichten kam ein angesehenes Forscherteam zu folgendem Ergebnis: »Unabhängig von der ethnischen Zugehörigkeit, der Klasse oder des Familienstandes der Eltern erreichen Jugendliche in der Schule mehr, wenn sie von ihren Eltern akzeptiert werden und sie entschlossen und demokratisch erzogen werden. Sie sind selbständiger, haben weniger Angst und Depressionen und neigen weniger zu kriminellen Verhaltensweisen.«[2]
Kann sich eine Mutter etwas Besseres wünschen? Wenn sie ihre Kinder so annimmt, wie sie sind, sie entschlossen und fair erzieht, wird ihr Sohn selbständig, furchtloser und wahrscheinlich kaum depressiv werden und in der Schule gut vorankommen. Andere Untersuchungen belegen, daß er dann weniger dazu neigt, Alkoholiker oder kriminell zu werden. Die meisten Mütter würden wohl sagen: »Ja, ja – geben Sie mir diesen Zaubertrank, und ich werde ihn austrinken – wie heißt er?«

Diese Zauberformel stammt von Diana Baumrind von der University of California in Berkeley und heißt *autoritative Elternschaft*. Autoritative Mütter und Väter *wissen, daß sie mehr wissen als ihre Kinder.* Sie sind nicht nur die verantwortungsvollen Erwachsenen in der Familie, sie sind die Spezialisten für elterliche Erziehung. Autoritative Eltern verlangen von ihren Kindern sehr viel und haben einen regen Erfahrungsaustausch mit ihnen. Es wurde festgestellt, daß diese Eltern am erfolgreichsten sind.[3]

Manchmal beklagt sich eine Mutter, daß die Erziehung eines kleinen Jungen viel einfacher war als die eines Heranwachsenden. Wenn sie dem Kind Disziplin beibringen wollte und ihn in sein Kinderzimmer schickte und das funktionierte nicht, dann versuchte sie das nächste Mal einfach etwas anderes. Bei einem jungen Mann ist das jedoch ganz anders. Wie kann man noch Autorität ausüben, wenn er schon so groß ist?

Ich erinnere mich noch gut daran, wie frustriert ich war, als mein großer, starker 13jähriger Sohn im Wohnzimmer sehr laut seine Schallplatten spielen ließ. Ich bat ihn mehrmals, die Lautstärke leiser zu drehen, aber er ignorierte meine Bitte und sagte, daß ich großartige Musik schätzenlernen sollte – je lauter, um so besser sei sie. Laute Musik war um sechs Uhr abends jedoch nicht das, was ich wollte, während ich für eine hungrige Familie Abendessen kochte. Deshalb ging ich ganz ruhig zum Plattenspieler, nahm die Schallplatte vom Teller und brach sie mit großem Krach über meinem Knie entzwei. Natürlich reagierte er jetzt. Er hob mich mit beiden Armen hoch, und ich dachte schon, er würde mich aus dem großen Fenster direkt neben uns werfen. Dann ließ er mich erstaunlich ruhig wieder herunter. Dieses Ereignis markierte für uns beide einen Wendepunkt. Ich erkannte, daß ich einen heranwachsenden Jungen anders erziehen mußte, und er hatte zum erstenmal realisiert, daß er viel größer war als ich.

Viele Jungen erkennen die Ironie, die darin steckt, wenn eine kleine Mutter sich über das Verhalten ihres großen Sohnes beklagt. Ein Junge meinte: »Eine Mutter muß sich ja fürchten, wenn ihr Sohn doppelt so groß wird wie sie.« Als der 2,16 m große und 303 Pfund schwere Shaquille O'Neal ein Interview gab, kurz nachdem er einen lukrativen Vertrag als Basketballspieler unterschrieben hatte, erzählte er, das Tollste wäre gewesen, als er mit seiner Mutter und seinem Vater telefonierte und sie ihm sagten, daß sie ihn liebten (ein wichtiger Bestandteil autoritativer Elternschaft). Ich bin mir sicher, daß es seine Eltern waren, die ihn als Junge auf das Spielfeld getrieben und ihm beigebracht hatten, seine Trainer und Lehrer zu respektieren.

Aufmerksame Mütter machen ihre Söhne zu wichtigen Familienmitgliedern

Die meisten Söhne sind nicht 2,10 m groß, aber selbst Söhne mit 1,55 m können Probleme heraufbeschwören, wenn sie anfangen, Rechte von Erwachsenen zu beanspruchen. Obwohl es Mütter wahrscheinlich unmöglich finden, ihrem heranwachsenden Sohn Forderungen zu stellen, zeigen die Forschungen von Baumrind, daß anspruchsvolle und fordernde Mütter ihre Söhne wissen lassen, daß sie ein wichtiges Familienmitglied sind, ganz egal, wie groß oder klein sie sein mögen. Dieses Bewußtsein für gegenseitige Abhängigkeit ist das erste Erfolgsrezept für eine glückliche Familie.[4]

In glücklichen Familien weiß ein Sohn, daß er wichtig ist und dazugehört. Seine Mutter braucht ihn, vertraut ihm und macht ihm immer wieder klar, daß er kein überflüssiges Anhängsel ist, daß zufällig im selben Haus wohnt. Ihm ist klar, daß seine Mutter auf ihn zählt und ihn nicht nur als Aushilfe braucht, sondern seine Vorstellungen über Familienangelegenheiten oder -aktivitäten, Familientreffen, Großmutters Geburtstag, über Reisen und finanzielle Probleme, über Entscheidungen, ob man Umziehen soll oder Veränderungen im Sozialleben treffen will, wissen möchte. Mit anderen Worten: Er ist ein zentrales Mitglied bei Familienbesprechungen, und seine Meinung ist wichtig und wird geschätzt.[5]

Eine Mutter mit einem großen Haushalt erzählte mir, daß sie sich jeden Sonntagabend mit ihren Kindern zusammensetzt, um mit ihnen alles, was in der nächsten Woche getan werden soll, zu besprechen – an welchen Abenden sie zu Versammlungen gehen will, welche Hausarbeiten von wem erledigt werden müssen und welche Schulveranstaltungen der Sohn besuchen möchte. Das ist ein guter Tip von einer vielbeschäftigten Frau. In einigen Familien wird am Sonntag die Vorschau des Fernsehprogramms angesehen und dann gemeinsam beschlossen, welche Sendungen sie in der kommenden Woche sehen wollen. In der wöchentlichen Besprechung der ersten Familie wissen die Kinder jedoch, daß sich ihre Mutter für alles interessiert, was in ihrem Leben passiert.

In einem kürzlich erschienenen Zeitungsartikel über Ausreißer sagte ein Polizist aus: »Zwischen Kindern und Eltern gibt es heute keine Kommunikation mehr, und die Eltern kümmern sich erst dann um ihre Kinder, wenn etwas Dramatisches passiert ist. Sie wären erstaunt, wenn Sie wüßten, wie viele Fälle wir haben, bei denen die Eltern über die Gewohnheiten oder Freunde ihrer Kinder kaum Bescheid wissen.«[6] Auf Lastwagen, die die Highways entlangdonnern, konnte man auf einer Seite oft den Spruch lesen: »Make Wednesday Night Spaghetti Night« – »Jeden Mittwochabend ist Spaghetti-Zeit«. Wenn Mütter ähnlich zum Grundsatz erheben würden: »Jeden Sonntagabend ist Familienkonferenz«, hätte dieser Polizist wahrscheinlich nicht das Gefühl, daß »unsere Gesellschaft degeneriert«. Eltern, die mit ihren Kindern viel reden, wissen immer, wo ihre Kinder sind.

Ich bat einen Austauschschüler der High-School aus Südafrika, amerikanische Familien mit denen seines Heimatlandes zu vergleichen. Er erwiderte vorsichtig: »Amerikanische Kinder haben mehr Freiheit als in meinem Land, und manchmal kümmern sich die Eltern hier gar nicht um ihre Kinder. Manchmal vergeht hier eine ganze Woche, bis die Eltern ihre Kinder wiedersehen, und amerikanische Kinder haben auch wenig Kontakt zu ihren Eltern. Wenn ich ein Kind frage: ›Wie geht's deinem Vater?‹, antwortet er, daß er das gar nicht weiß. Er hat ihn seit zwei Wochen nicht mehr gesehen. Wenn ich ihn frage, warum, erzählt er, daß sein Vater schon zu arbeiten anfängt, wenn er noch schläft. Sie haben keine Zeit füreinander. Sie haben keine Zeit, miteinander über irgend etwas zu reden. Sie haben ein Bild, das sie an die Wand hängen, und dann sagen sie: ›Das ist meine Familie.‹ Ich glaube, daß die Familien in meinem Land enger zusammenleben und mehr miteinander reden. Mutter ist Mutter und Vater ist Vater – überall auf der Welt. Sie brauchen ihre gegenseitige Liebe, und ich glaube, dieses Bewußtsein ist in den letzten Jahren in den USA verlorengegangen – das betrifft alle Beziehungen zwischen Sohn und Mutter, Mutter und Sohn, Sohn und Vater und Vater und Sohn. Das müssen sie wieder lernen. Sie müssen mehr Zeit miteinander verbringen.«

Die Ansichten dieses jungen Mannes sind vielleicht nach einem kurzen Aufenthalt entstanden und von einem bestimmten Freundeskreis geprägt, aber die grundsätzliche Aussage sollte alle Eltern aufhorchen lassen, sich mehr um ihre heranwachsenden Kinder zu kümmern.

Aufmerksame Mütter vermitteln Familienwerte

Manchmal mag eine Mutter denken, weil sie und ihr Sohn im selben Haus leben, wird er ihre Werte auch ganz automatisch übernehmen. Doch meist nimmt ein heranwachsender Sohn nicht das auf, was eine Mutter erwartet. Nur verbale Kommunikation garantiert, daß eine Wertvorstellung übermittelt wird. Natürlich verkörpert das Beispiel einer ehrlichen und gelassenen Mutter am besten ihre festen und dauerhaften Moralvorstellungen, aber Söhne glauben manchmal, alles sei möglich, weil eine Diskussion nicht stattgefunden hat oder eine Verwarnung nicht rechtzeitig ausgesprochen wurde. Eine Mutter sagte: »Sie nehmen alles so wortwörtlich. Sie sehen alles schwarz oder weiß. Man muß ihnen alles ganz genau erklären.«

Zeitungsartikel und Fernsehsendungen zeigen oftmals Möglichkeiten auf, über Werte zu diskutieren. Eine Mutter kann ihren Sohn fragen, was er über eine spezielle Sache denkt. Politische Probleme sind auch menschliche und moralische Probleme: Obdachlosigkeit, Schwangerschaft bei Teenagern, Rechte von Homosexuellen, militärische Fragen usw. Fast alle nationalen Themen beinhalten moralische Aspekte, über die sich anregend diskutieren – nicht kämpfen – läßt. Und ein Sohn braucht bei jeder Diskussion die Meinung seiner Mutter. Er ist damit vielleicht nicht einverstanden, aber beide sollten wissen, was der andere über dieses Thema denkt.

In einer Untersuchung über die Entwicklung von Moralvorstellungen bei Frühpubertären kam eine Wissenschaftlerin aus Harvard zu dem Ergebnis, daß Eltern, die oft und problemlos mit ihren Kindern reden können, sie unterstützen und verstehen, deren Fähigkeiten zu moralischem Denken stärken. Diese familiären Eigenschaften wirken sich auch auf die Zukunft der Kinder aus, weil sie als Jugendliche und Erwachsene moralisch reifere Entscheidungen treffen können.[7]

Populäre Fernsehshows verkaufen jede Woche die eigenen Werte der Teenager und berücksichtigen nur selten die Denkansätze ihrer Mütter. Wenn sich eine Mutter aber mit ihren Kindern die Sendungen gemeinsam ansieht, wird sie die Bedürfnisse und Sorgen ihrer Kinder besser verstehen – und eine gute Gelegenheit haben, ihre eigenen Überzeugungen »an den Mann« zu bringen.

In vielen Familien sind sicherlich die Tage und Wochen von jedem Familienmitglied so ausgefüllt, daß sie kaum mehr Zeit füreinander haben. Eine Mutter, die aber auf gemeinsame Mahlzeiten besteht, ist ein entschlossener Elternteil, der weiß, daß Mahlzeiten und Tischgespräche auch Werte vermitteln können. Eine Frau rief mich hierzu ganz verzweifelt an: Der Therapeut ihres Sohnes hatte sie davon überzeugt, daß sie, ihr Mann und die Kinder in Zukunft gemeinsam zu Abend essen sollten. Sie war ganz durcheinander, weil weder sie noch ihr Mann in ihren 15 Ehejahren jemals ein gemeinsames Essen vorbereitet hatten und sie gar nicht wußten, wie sie das anstellen sollten.

Ein gemeinsames Abendessen in der Familie ist das einfachste Familienritual, selbst wenn es nur ein- oder zweimal pro Woche stattfindet. In einigen Familien gibt es statt eines Abendessens während der Woche ein gemeinsames Brunch am Wochenende. Es wurde wissenschaftlich festgestellt, daß die Bindung eines

Jugendlichen zu seiner Familie sehr stark davon abhängt, inwieweit er in die Familienrituale einbezogen wird – wozu gemeinsame Abendessen, Freizeitaktivitäten am Wochenende, Urlaub, Feiertage, religiöse und kulturelle Traditionen gehören.[8] Während dieser Familienzusammenkünfte können die Heranwachsenden herausfinden, was ihren Eltern wichtig ist.

Ein Vater in einem meiner Eltern-Workshops wies die Idee gemeinsamer Mahlzeiten verächtlich von sich. Er erinnerte sich dabei an seinen eigenen Vater, der über dem gedeckten Tisch hing und schmatzte, jeder gab durcheinanderschreiend seine eigenen Kommentare ab – das machte wirklich keinen Spaß. Er meinte, gemeinsame Mahlzeiten seien etwas Verrücktes und für niemanden wichtig – ein Rückfall in die 50er Jahre.

Ich war damit aber nicht einverstanden. Das Familienleben wird heute von so vielen Zerstreuungen beeinträchtigt, und deshalb meine ich, daß man in der Familie mehr Zeit denn je miteinander verbringen sollte. Zumal jeder sowieso essen muß, scheint mir ein gemeinsames Abendessen die natürlichste Gelegenheit zu sein, sich mit den Kindern zusammenzusetzen – vorausgesetzt, man unterhält sich bei den Mahlzeiten in angenehmer Atmosphäre.

Aufmerksame Mütter vermitteln klare Normen

Wenn sie einem Sohn zeigen kann, daß er ein wichtiges Familienmitglied ist, und ihm Werte vermitteln kann, stellt eine autoritative Mutter für ihren Sohn gleichzeitig klare Verhaltensnormen auf und bezieht ihn immer in ihre Entscheidungen mit ein. Regeln festzusetzen, ohne den Jugendlichen mit einzubeziehen, führt von Anfang an zu Zuwiderhandlungen. Autoritative Elternschaft ist nicht dasselbe wie autoritäre Elternschaft, bei der der Sohn selbst kein Mitspracherecht hat und nur machen soll, was ihm gesagt wird. Das funktioniert nur, wenn er noch sehr jung ist. Wird er jedoch reifer, will er in die Diskussion über ihm gemäße Ausgehzeiten und Erwartungen integriert werden.

»Sagt ihm eure Regeln, bevor er weggeht, damit er weiß,

was von ihm erwartet wird, bevor er Schwierigkeiten bekommt«, meinte ein Junge. »Kennt er die Regeln nicht, weil ihr sie ihm nicht mitgeteilt habt, kann man ihm keine Schuld geben.« Mit einem Sohn Regeln vor – und auch während – seiner intensiven Ausgehphase festzulegen, ist ein weiser Rat von einem 16jährigen. Heranwachsende sind meist viel vernünftiger, als ihre Eltern es ihnen zutrauen, und Eltern sind meist offener, als ihre Kinder denken. Eine leidenschaftliche Diskussion über umstrittene Normen sollte immer stattfinden, und nicht, weil ein Elternteil kategorisch meint: »Das habe ich gesagt!«

Mütter sollten flexibel sein und bereit, Kompromisse einzugehen, wenn ein Sohn älter wird. Viele ältere Schüler der High-School erzählten mir, daß ihre »Sperrstunde« hieß: »Komm zu einer vernünftigen Zeit heim«, und sie hielten sich daran. Ein Junge meinte, daß eine Mutter »streng« sein sollte, bis ein Junge 14 ist, dann aber »loslassen« sollte. Er und seine Freunde hatten in der Mittelstufe diesbezüglich viele Probleme, was sehr häufig der Fall ist.

Jede Mutter muß selbst entscheiden, was bei ihrem Sohn angemessen ist. Einige Jungen gehen weniger aus und brauchen weniger feste Regeln. Einige gehen ungern Risiken ein, und die Diskussionen sind deshalb selten und unspektakulär. Jeder Junge hat seine eigene Persönlichkeit und seinen eigenen Freundeskreis, und somit sind die Gespräche in der Familie über Verhaltensnormen auch bei jedem Kind verschieden. Konstant bleiben jedoch stets die Normen und Erwartungen der Familie.

Aufmerksame Mütter überwachen das Verhalten

Eine Mutter erzählte mir, daß sich ihr Sohn zum Teil sehr seltsam benahm, als er auf die High-School ging. Er schien manchmal nicht ganz dazusein, ein bißchen *zu* gelassen und ausgeruht. Sie vermutete, daß er Drogen, eventuell Marihuana, nahm. Voller Angst reichte sie ihm einen kleinen Papierbecher und bat ihn um eine Urinprobe, erzählte sie mir später. Er tobte und schrie, daß sie kein Vertrauen zu ihm hätte. Die Urinprobe erhielt sie nie, aber von diesem Tag an veränderte sich sein Verhalten wieder, und er wurde wieder er selbst. Er wußte natürlich, was sie vermutet hatte. Wenn sie ihren Sohn, der heute gut 20 ist, auf diesen Vorfall anspricht, lächelt er nur, und sie weiß, daß sie recht gehabt hatte. Sie ist ein gutes Beispiel dafür, wie eine aufmerksame Mutter das Verhalten ihres Sohnes überwachen kann.

Eine Mutter hat oft damit zu kämpfen, zwischen normalen und nicht normalen Verhaltensweisen bei Jugendlichen zu unterscheiden. Wenn sie ihren eigenen Instinkten folgt – wie die Mutter im ebengenannten Beispiel –, dann ist sie auf dem richtigen Weg. Meist spürt eine Mutter, daß mit ihrem Sohn etwas nicht stimmt, daß ihn etwas beunruhigt oder daß er sich ungewöhnlich verhält. Sie sollte diesen Gefühlen näher nachgehen, ihn befragen und ihn genau beobachten.

Für eine Forschungsarbeit wurden 699 Heranwachsende und ihre Familien untersucht, wie sich die Erziehung der Eltern auf die Trinkgewohnheiten, die Kriminalität und andere Probleme der Jugendlichen auswirkt. »Die Ergebnisse bestätigen, daß die Unterstützung und die Beobachtung durch die Eltern sehr wichtig für die Entwicklung der Jugendlichen ist, selbst wenn man kritische demographische und familiäre Situationen, sozioökonomische Daten, Alter, Geschlecht und Rasse der Heranwachsenden, ihre Familienstrukturen und Familiengeschichten mit Alkoholmißbrauch berücksichtigt.«[9]

In dieser Untersuchung tranken die Jugendlichen, deren Verhalten von wachsamen und fürsorglichen Eltern kontrolliert wurde, nicht so regelmäßig, nahmen weniger Drogen, schlugen weniger Scheiben ein und zeigten allgemein weniger auffällige Verhaltensweisen (worunter man kleinere »Vergehen« wie Nichtbeachten der »Sperrstunde« oder Streit mit den Eltern, aber auch ernstere Probleme wie frühzeitigen Geschlechtsverkehr, Schlagen oder das Ausreißen von zu Hause verstand). Die Unterstützung und die Kontrolle half den Jugendlichen immer, ganz egal, aus welcher Bevölkerungsschicht sie kamen und ob sie aus intakten Familien stammten oder von Alleinerziehenden erzogen wurden.

Ein Junge erzählte über seine Mutter: »Sie hat uns vorgelebt, was sie unter Moral versteht, und deshalb hat sie keiner von uns angelogen. Wir haben's versucht, aber sie hat uns immer erwischt. Ich weiß nicht, woher sie immer alles weiß, aber sie weiß es eben, und meistens erzählen wir ihr auch alles.«

Beim Schreiben meines Buch *Töchter werden junge Frauen* wies ich immer wieder darauf hin, wie wichtig ein »wachsames Vertrauen« ist, eine Vorstellung, die ich entwickelt habe, um die obenbeschriebene Art von unterstützender Überwachung zu beschreiben. Weil Mädchen ihre Eltern oft anklagen, sie würden ihnen nicht so vertrauen wie den Söhnen, habe ich dieses Thema immer wieder aufgegriffen. Einem Jugendlichen zu vertrauen heißt, daran zu glauben, daß er erfolgreich seinen Weg durch die Jugendszene machen kann. Ganz von allein geschieht dies jedoch nicht. Mütter sollten hierzu die soziale Jugendszene kennenlernen, ihre Erwartungen und Verhaltensweisen mit den Heranwachsenden diskutieren, deren Vorstellungen anhören, ihnen Richtlinien setzen, die sie befolgen sollten, auf das Urteilsvermögen der Jugendlichen vertrauen, wachsam bleiben, ihr Verhalten aufmerksam beobachten, Konsequenzen ziehen, wenn ein Vertrauensbruch vorliegt (was sicherlich passieren wird) und wieder neues Vertrauen schöpfen. Dieser Prozeß von Vertrauen, Wachsamkeit und erneutem Vertrauen muß immer wieder wiederholt werden, aber er funktioniert. Am Ende wird auch der Jugendliche wahrscheinlich vertrauenswürdig.

»Wenn es einem Kind gutgeht«, sagte ein Junge, »dann haben seine Eltern großen Einfluß auf ihn. Wenn ich ihr Vertrauen mißbrauche, und das habe ich schon gemacht, bestrafen sie mich ein bißchen. Ich verstehe das auch, weil sie dann enttäuscht von mir sind.« Ein anderer Junge meinte: »Eltern sollten zum Beispiel sagen: ›Wenn du betrunken nach Hause kommst, kannst du hier nicht schlafen.‹ Meine Eltern haben das zu meinem Bruder gesagt und das auch durchgehalten. Sie sind immer sehr konsequent. Es ist für die Eltern sehr gut, ihre Anforderungen nachhaltig zu unterstreichen. Meine Eltern sind da ganz eindeutig.«

Aufmerksame Mütter bestrafen nicht, sondern unterstützen

Einer Mutter, die mit ihrem Sohn vernünftige soziale Verhaltensmuster ausgearbeitet hat, die wachsam ist und ihn direkt anspricht, wenn sie vermutet, daß er ihr Vertrauen mißbraucht hat, kann man nur gratulieren. An wen soll sie sich jedoch wenden, wenn er die Regeln verletzt hat, die er selbst mit aufgestellt hat?

Die Forschungsarbeiten von Diana Baumrind belegen, daß erfolgreiche Eltern – wie sie es nannte – eher »unterstützende als strafende« Methoden anwandten, um ihre Kinder wieder auf den Boden der Tatsachen zurückzuholen. Einem Sohn monatelang böse zu sein, wird nur neuen Ärger provozieren, und sie wird unter Umständen bald erleben können, daß er lieber ausziehen will. »Wenn Eltern immer wieder strafen, wird ein Kind rebellieren«, meinte ein Junge.

Eine Bestrafung sollte in einem angemessenen Verhältnis zum Vergehen stehen. Wenn ein Junge zuviel getrunken hat, kann ihm seine Mutter einige Wochenenden lang – aber nicht ein ganzes Jahr – die Autoschlüssel wegnehmen oder ihn nicht zu einigen Partys gehen lassen. Wenn er einen Autounfall mit relativ geringem Sachschaden verursacht hat, sollte er arbeiten, um die Reparatur selbst bezahlen zu können, um den Schadenfreiheitsrabatt nicht anzutasten. Wenn er seine Schulden abbezahlt hat, indem er zum Beispiel in einem Fast-food-Restaurant für einen geringen Stundenlohn gearbeitet hat, wird er in Zukunft wahrscheinlich vorsichtiger fahren.

Wenn man dem Sohn die Schmerzen nachempfinden läßt, die andere erlitten haben, hilft man damit dem Heranwachsenden, die Konsequenzen seiner Handlungen zu erkennen. Man kann ihn beispielsweise aushilfsweise in einem Krankenhaus arbeiten lassen, in dem die Opfer von Autounfällen liegen, die betrunkene Autofahrer verursacht haben.

Der Baseballspieler Rollie Fingers erzählte die Geschichte, wie er als Junge in seinem Elternhaus ein Feuer entfachte. Sein Vater, der den Sheriff gut kannte, brachte Rollie ins örtliche Gefängnis und ließ ihn dort drei Stunden lang einsperren, damit er über seine Aktion nachdenken konnte. Er sagte, daß er danach nie wieder mit Streichhölzern gespielt hätte und vor seinem Vater von da an großen Respekt hatte.

Zwei unserer Söhne gingen an Halloween nachts mit einem Freund weg, der ein Gewehr dabeihatte. Ihr Freund schoß auf ein vorbeifahrendes Auto, das zufällig einem Polizisten gehörte, der auf dem Weg zur Arbeit war. Als man uns von der Polizeistation aus anrief, daß wir kommen und unsere Söhne abholen sollten, waren wir ganz durcheinander. Aber die Erfahrung, sich wegen einer »verschwörerischen Straftat« verantworten zu müssen, werden weder meine Söhne noch mein Mann und ich je vergessen. Sie haben gelernt, daß sie, auch wenn sie nicht selbst »kriminell« gewesen sind, aber stillschweigend mitgemacht und die gefährliche Tat nicht verhindert haben, eine Bestrafung verdient haben. Und wir haben wieder einmal erfahren, daß Eltern sein heißt, geduldig, liebevoll und wachsam zu sein.

Ein Junge erklärte die disziplinarischen Methoden seiner Eltern: »Sie haben mir einmal verboten auszugehen«, sagte er, »aber ich bin trotzdem gegangen. Sie riefen zu Hause an, aber ich war ja nicht da. Als ich zurückkam, haben sie mich nicht ins Haus gelassen. Sie haben einen Freund, der mich vor dem Haus abgeholt hat, und ich habe die Nacht bei ihm verbracht. Am nächsten Morgen holten sie mich dort ab, und ich fragte sie: ›Was ist passiert?‹ Sie fragten mich, was sie meiner Meinung nach hätten tun sollen, und sie sagten, daß sie wirklich enttäuscht wären. Ich versuchte mich zu rechtfertigen, aber sie waren einfach nur enttäuscht, und deshalb ging es mir schlecht.«

Als ich ihn fragte, ob die Reaktion der Eltern genützt hätte, meinte er: »Oh ja. Ich glaube, daß sich Eltern damit mehr Respekt vor ihren Kindern verschaffen, zumal ich viele Kinder kenne, die ihre Väter und Mütter nicht respektieren. Die Eltern sagen: ›Du machst das‹, und sie sagen: ›Nein.‹ Sie respektieren ihre Eltern einfach nicht.«

Einige Mütter glauben vielleicht, daß strenge Moralpredigten allein schon genügen würden. Man kann einen Sohn aber ganz offen darauf hinweisen, daß er Hausarrest bekommt, wenn er betrunken heimkommt. Wenn er ein Kind zeugt, muß er Mutter und Kind ernähren. Wenn er drogengefährdet ist, soll er zu einer Beratungsstelle gehen. Jede Mutter soll ihren Sohn beurteilen und einschätzen können, wie ehrlich, verantwortlich und vernünftig er ist. Die meisten Söhne machen hier auch mit, weil sie mitgeholfen haben, die Familienregeln aufzustellen, und wenn sie sie brechen, müssen sie sich auch darüber im klaren sein, daß ihre Eltern von ihnen enttäuscht sind.

Der jüngste Sohn, den ich interviewte, war 13. Er erzählte mir folgendes: »Mütter sollten sich hinsetzen und mit ihren Kindern unter vier Augen reden, damit sie keine Rowdys werden. Sie sollten aufhören, ihre Kinder so oft zu schlagen.« Offensichtlich verprügelte ihn seine Mutter – was ich absolut nicht gutheißen kann.

Einige Jungen würden zu ihren eigenen Kindern sehr streng sein. Als ich einen Jungen fragte, der sich offensichtlich sehr schwer tat, einer Mutter einen Rat zu geben, sagte er schließlich: »Sie sollte ihn zusammen mit einem Lehrer in einen Raum sperren. An der High-School und an der Junior-High-School hat man die meisten Probleme. Manchmal geraten die Schüler schon auf der Grundschule in schlechte Gesellschaft. Die Eltern sollten den Jungen zeigen, mit wem sie sich besser nicht abgeben sollten. Es ist schön, Freunde zu haben, aber manchmal muß man sie sich auch vom Leib halten.«

Verantwortungsvolle Mütter fördern die Individualität

Die Forschungen von Diana Baumrind haben bewiesen, daß erfolgreiche Eltern nicht nur aufmerksam sind und viel fordern, sondern auch eine große Verantwortung ihren Kindern gegenüber empfinden. Ihre Söhne wußten, daß ihre Eltern sie sehr liebten, und sie konnten mit ihren Eltern diskutieren und sie sogar kritisieren, ohne Angst haben zu müssen, sie zu verlieren. Die Eltern schätzten die Individualität ihrer Kinder. Mütter wissen genau, daß sie auf jedes Kind anders reagieren. Manche Jungen springen von der Wiege auf die Schule und dann aufs College und sind ständig in Bewegung. Andere gehen alles ruhiger an und überlegen sich jeden Schritt. Einige malen mit vier Jahren schon detaillierte Bilder, während andere im selben Alter noch nicht einmal einen Stift halten können. Eine autoritative Mutter mit Verantwortungsgefühl kann an diesen Unterschieden auch viel Freude haben.

»Sie sollen ihren Sohn einfach nur unterstützen«, meinte ein Junge als Ratschlag für Mütter. »Sie sollen ihn das sein lassen, was sie sein wollen. Sie sollen sie Individualisten sein lassen und sie in allem unterstützen, was sie machen wollen. Ich bin in vielen Dingen ganz anders als meine Eltern. Ich glaube, daß sollte möglich sein. Das bewirkt, glaube ich, eine starke Individualität.«

Dieser Junge auf der High-School sagte, daß seine Eltern dafür waren, daß er auf jedes College gehen konnte, das er sich aussuchen würde, aber »ich möchte auf eine Schule mit Unterricht im Filmen. Meine Mutter meint, das sei in Ordnung, aber mein Vater sagt, daß ich Filmkurse auch in den Sommerferien machen könnte. Ich glaube, daß er weiß, daß ich das nie machen würde, aber ich sehe mir auch die Schulen an, die er gut findet.« Dieser stille junge Mann hatte großen Respekt vor seinen Eltern, und ich hoffe, daß er sich seine eigenen Träume und auch die Hoffnungen seiner Eltern erfüllen kann.

Jugendliche, die die Trennung ihrer Eltern erlebt haben, haben oft Schwierigkeiten, mit dem verbliebenen Elternteil – meist der Mutter – zu streiten, weil sie Angst haben, daß sie dann auch noch weggeht. Ich glaube aber, daß ein Junge sicher sein kann, daß er eine unterschiedliche Meinung vertreten kann, ohne Angst vor Verlust haben zu müssen.

Ein Junge hatte mit seinen Eltern ständig Streit. »Wir kämpfen um alles und jedes«, erzählte er, »Arbeit, Ausgehen, Schule, Zeugnisse.« Als ich ihn fragte, ob es ihm lieber wäre, wenn seine Eltern nicht mehr da wären, antwortete er: »Sie sind wichtig, weil ich sonst nur schlaff herumhängen würde.« Die meisten Jungen streiten sich zwar nicht gern mit ihrer Mutter, aber sie möchten deutlich ihre Gedanken aussprechen können, sie wollen wissen, daß ihr ihre Meinung wichtig ist, und sie wollen als einzigartig anerkannt werden.

Verantwortungsvolle Mütter fördern die Selbstbestimmung

Selbstbestimmung heißt hier, sich selbst soweit wie möglich zurückzuziehen und den Sohn ganz allein machen zu lassen. Er soll seine eigene Wäsche waschen, seinen Schulweg selbst organisieren, seinen Anteil an der Hausarbeit erledigen und ein verantwortungsvolles Mitglied in der Familie sein. Das eigentliche Ziel der Erziehung geht jedoch noch tiefer. Mütter wünschen sich, daß ihre Söhne *immer* verantwortungsvoll handeln – zu Hause, in der Schule und auch abends, wenn sie unterwegs sind. Trotzdem wird er nie lernen, was Verantwortung ist, wenn er selbst keine erhält. Eine Mutter, die dem Sohn immer das Zimmer aufräumt, seine Kleidung wäscht und die Hausarbeit ganz allein erledigt, bereitet ihn nicht auf das Leben als Erwachsener vor.

Eine Mutter hat mir erzählt, daß sie als junge Braut Besuch von ihrer Schwiegermutter erhielt, die ganz entsetzt war, als sie sah, daß ihr Sohn sein Bett selbst machte. Sie schrie die neue Schwiegertochter an: »Ich habe meinen Sohn nicht dazu erzogen, seine Betten selbst zu machen.« Die junge Frau antwortete: »Meine Mutter hat mich auch nicht dazu erzogen, dem Mann das Bett zu machen.« Ich glaube zwar nicht, daß viele Mütter noch diese altmodischen Einstellungen haben, aber etliche junge Männer erwarten immer noch mehr Service von der Mutter als ihre Schwestern.

Die meisten Jungen sehen inzwischen trotzdem ein, daß sie ihren Anteil an der Hausarbeit erledigen müssen, selbst wenn sie das meist nur murrend machen. »Gib Kindern Verantwortung, und dann geht es den Kindern gut«, sagte ein Junge, als wir über Verantwortung diskutierten. »Das ist wie mit dem Respekt. Wenn du als Mutter respektiert werden willst, mußt du das Kind wie einen Erwachsenen behandeln. Respektiere sie, und sie werden alles [was du von ihnen willst] machen. Wenn man Kinder wie Kinder behandelt, rebellieren sie gegen die Autorität.« Das ist eine interessante und kluge Beobachtung eines 16jährigen Jungen. Je mehr Verantwortung Mütter ihren Söhnen übertragen, um so verantwortungsvoller werden sie sich fühlen.

Eine Frau kam nach einer Gesprächsrunde, die ich geleitet hatte, und erzählte mir, daß ihr Mann die Arbeit, die er als Heranwachsender im Familienrestaurant geleistet hatte, sehr hoch einschätzte. Diese Arbeit vermittelte ihm das Gefühl, gebraucht und wichtig zu sein und Verantwortung zu haben. Sie befürchtete, daß ihr eigener Sohn diesbezüglich etwas versäumen würde, weil sie sich eine Haushälterin, eine Autowäsche, einen Geschirrspüler und viele andere moderne Geräte leisten konnten. Sie fragte sich, ob ihrem Sohn nicht ein wesentliches Zugehörigkeitsgefühl und Verantwortung entging. Ich riet ihr, daß sie damit beginnen sollte, ihren Sohn für sein eigenes Zimmer verantwortlich zu machen, seine Wäsche nicht mehr zu waschen und auch niemand anderen das tun lassen sollte. Sie sollte mit ihm in einer positiven und aufgeschlossenen Art über Verantwortung sprechen und ihn wissen lassen, daß sie seine Hilfe sehr schätzen würde. Auch Jungen kümmern sich gern um sich selbst, vor allem um ihre eigenen Zimmer.

Eine Mutter, deren Sohn jede Verantwortung ablehnte, irgend etwas für sich selbst zu tun, berichtete: »Mein Sohn meint, daß Hausarbeit seine Freiheit einschränkt. Wir können ihm dafür alle möglichen Belohnungen versprechen. Aber das funktioniert nicht. Als er auf die High-School kam, fanden wir, daß es an der Zeit wäre, den Streit zwischen uns zu beenden. Er konnte nicht verstehen, daß er von mir, die ihn die ganze Zeit bedrängt hatte, weggehen sollte, und ich nur sagte: »Das ist jetzt deine Sache.« Schließlich ging er auf die Summer-School. Ich weiß nicht, was dann passiert ist. Entweder war es die Summer-School, auf die er sehr gern ging, oder irgend etwas veränderte sich grundsätzlich mit seinen Hormonen. Dieses Jahr ist er wie ausgewechselt. Wir müssen ihn nicht mehr aufwecken. Letztes Jahr mußte ich ihm immer sagen, daß er kein Frühstück bekäme, wenn er nicht um 6.15 Uhr auf ist. Jetzt hat sich alles verändert.«

Diese Mutter und auch ihr Sohn haben beide profitiert. »Es ist, als würde man Regeln für das ganze Leben aufstellen«, fuhr sie fort. »Ich werde nicht sein ganzes Leben lang für ihn dasein können, und auf der High-School sollten sie alt genug sein, um zu wissen, was man von ihnen erwartet und was die Gesellschaft von ihnen erwartet. Es ist wirklich schwer, immer das Rückgrat zu sein.«

Eine andere Frau erzählte mir die Geschichte einer Freundin, deren Sohn »vergaß«, die Anmeldeformulare fürs College auszufüllen, auch den Nachtermin verstreichen ließ, um weiterzuarbeiten. Schließlich sagte ihm seine Mutter, daß sie darüber nicht mehr mit ihm reden wollte, und sie tat es auch nicht. Das fiel ihr zwar sehr schwer, aber sie wurde nicht schwach. Im nächsten Herbst waren alle seine Freunde auf dem College, während er arbeitete. Im übernächsten Herbst traf er jedoch seine Freunde auf dem College wieder – auch wenn er eine Jahrgangsstufe unter ihnen war –, aber inzwischen hatte er gelernt, für sich selbst verantwortlich zu sein und sein Leben selbst zu gestalten.

Verantwortungsvolle Mütter ermutigen zu Selbstbewußtsein

Wenn ein Sohn seine Mutter bittet, mit einem Lehrer zu reden, weil er eine zu schlechte Note bekommen hätte oder falsch behandelt worden wäre, sollte eine Mutter vorsichtig sein. Die Lehrer sind meist gegen elterliche Wut gewappnet, zumal sie sich bemüht haben, jedem Jungen Ehrlichkeit und Verantwortungsgefühl beizubringen. Eine Lehrerin erzählte mir, daß ein Vater gedroht hätte, sie gerichtlich zu verklagen, weil sie seinen Sohn beschuldigt hatte, abgeschrieben zu haben. Ich kann den Eltern nur raten, daß sie ihre Söhne auffordern, ihre Probleme mit ihrem

Lehrer oder anderen Autoritätspersonen selbst zu lösen. Das wird für sie eine lehrreiche Erfahrung sein, und eine Mutter kann ihnen dabei helfen, wie sie ihre Argumente am besten vorbringen können.

Es mag seltsam klingen, wenn ich sage, daß Mütter ihre Söhne ermutigen sollten, selbstbewußt zu sein, weil viele Frauen ohnehin glauben, daß Männer viel zu selbstbewußt seien – aber Selbstbewußtsein und Aggressivität sind nicht dasselbe. Selbstbewußtsein meint, in positiver Weise die eigenen Überzeugungen vertreten zu können. Wenn ein Sohn das Gefühl hat, daß er schlecht behandelt worden ist, soll er die Fakten sammeln, spezielle Vorfälle weiterverfolgen und sie klar und respektvoll vor seinem Lehrer vertreten. Hört ihm der Lehrer nicht zu, kann er auch zu dessem Vorgesetzten gehen. Wenn ein Junge aber aggressiv auftritt und herumschreit, übertreibt oder einen Lehrer beleidigt, hat er nichts gewonnen, und seine Schwierigkeiten werden nur noch größer werden.

Jungen wissen oft nicht, wie sie ihre Gefühle oder Meinungen ausdrücken können, ohne dabei zu aggressiv oder auch zu defensiv zu wirken. Mütter können hier viel erreichen, wenn sie ihrem Sohn beibringen, wie man selbstbewußt und damit positiv seine Meinung vertreten kann. Die Problemlösung in vier Schritten, die ich in Kapitel 7 vorstelle, wird dem Sohn helfen, sein Ziel zu erreichen.

Verantwortungsvolle Mütter bleiben immer engagiert

Heranwachsende, die wissen, daß ihre Mütter sie nicht im Stich lassen, sie lieben, Verantwortung für sie empfinden und ihnen vertrauen, haben Glück. Eine Mutter von vier Söhnen zeigte, wieviel Humor sie besitzt, als sie mir ihren 13jährigen beschrieb: »Er spielt mit meiner kreativen Seite und besitzt Eigenschaften, die ich einfach gern habe. Aber er ist auch derjenige, der mich immer wieder auf den Boden der Tatsachen zurückholt. Mit ihm kann ich selbst wieder wie eine Zweijährige sein. Manchmal kämpfen wir richtig miteinander.« Sie erzählte auch von einer Diskussion, die sie am Tag zuvor hatten: »Ich hätte ihn umbringen können. Manchmal rennen wir uns richtig die Köpfe ein. Mein Mann glaubt, daß man sich nicht liebt, wenn man miteinander streitet, aber ich glaube, daß man sich gerade dann um jemanden kümmert.«

Ihr begeisternder und liebenswert vorgebrachter Humor war richtig ansteckend. Ich glaube, daß sie von den anderen Frauen in unserer Diskussionsrunde um diese Leichtigkeit und Zufriedenheit beneidet wurde. Wenn ihr 13jähriger Sohn älter und größer sein wird, wird er mit ihr wahrscheinlich nicht mehr kämpfen wollen, sondern wird es vermutlich genießen, von seiner vitalen Mutter weiterhin herausgefordert zu werden.

Ich bin überzeugt, daß Jungen und ihre Mütter viel Freude miteinander haben können. Eine autoritative Mutter muß nicht träge, langweilig oder besorgt sein. Sie kann lustig, witzig und unterhaltsam sein – oder ernst und nachdenklich –, aber auch Forderungen stellen und Verantwortung empfinden. Sie kann sie selbst sein, und ihre Söhne werden sie lieben und schätzen.

☞ Tips für Mütter

1. Erinnern Sie sich stets daran, daß Mütter eine besondere Rolle im Leben ihrer Söhne spielen.
2. Haben Sie Vertrauen zu Ihren Fähigkeiten als Eltern(teil). Eine Mutter ist eine Autoritätsperson und weiß mehr als ihre heranwachsenden Söhne.
3. Erinnern Sie Ihren Sohn daran, daß er ein wichtiges und unverzichtbares Mitglied der Familie ist. Treffen Sie sich beispielsweise am Sonntagabend, um Informationen auszutauschen, damit jedes Familienmitglied weiß, was die anderen die nächste Woche machen werden.
4. Beziehen Sie Ihren Sohn in Familiendiskussionen mit ein. Schätzen Sie seine Ideen.

5. Vergewissern Sie sich, daß er Ihre Wertvorstellungen kennt. Reden Sie mit ihm ganz offen darüber, und leben Sie selbst dementsprechend.
6. Halten Sie gemeinsame Familienmahlzeiten ein.
7. Stellen Sie klare Normen und Verhaltensmuster auf. Bitten Sie ihn, dazu beizutragen.
8. Seien Sie aufmerksam, und überwachen Sie seine sozialen Aktivitäten.
9. Ihr Sohn sollte aus den Konsequenzen von Fehlern eher lernen als sich bestraft fühlen.
10. Freuen Sie sich darüber, daß er eine eigene Individualität hat, und lassen Sie ihm seine eigene Meinung, ohne daß er dadurch Ihre Zuneigung verliert.
11. Lassen Sie ihn soviel wie möglich selbst machen. Er sollte sein Zimmer selbst aufräumen und sich selbst um seine Wäsche kümmern.
12. Ermutigen Sie ihn, sich selbst zu behaupten, wenn er glaubt, daß er schlecht behandelt worden ist. Erklären Sie ihm, wie er sich am besten wehren kann.
13. Haben Sie Vertrauen zu ihm, und haben Sie auch Spaß mit ihm.

6
Die Sprache der Mutter
und die Sprache des Sohnes

Wie man mit einem Sohn redet

»Versuchst du, mir etwas zu sagen?« fragte mich mein Sohn eines Tages. »Wenn ja, warum sagst du es dann nicht einfach?« Ich erzählte ihm ausführlich eine Geschichte über den Sohn eines Freundes, der in einen Autounfall mit Alkohol am Steuer verwikkelt war. Mein Sohn wußte sofort, daß ich ihn ganz umständlich damit ermahnen wollte, vorsichtig zu sein, wenn er getrunken hatte und mit dem Auto fahren wollte – und er hatte recht.

Ich hatte – wie viele andere Frauen – gelernt, meine Bedenken nur versteckt auszudrücken und hoffte immer, daß mein Gegenüber die beabsichtigte Botschaft schon erraten würde und ich sie nicht explizit aussprechen müßte. Als ich meinem Sohn die Geschichte des Unfalls erzählte, hoffte ich, daß er die versteckte Absicht schon erkennen würde und ich sie nicht deutlich sagen müßte. Meine Vorgehensweise machte ihn jedoch ungeduldig. Er machte mir klar, daß ich, wenn ich wollte, daß er nichts trinken sollte, das auch direkt sagen und nicht um den heißen Brei herumreden sollte. Direkte und klar ausgesprochene Kommunikation – das wollte er, und das verstand er auch.

»Mit Jungen muß man Klartext reden«, meinte eine Mutter. »Ich kam spät von der Arbeit nach Hause und wollte schnell ein Abendessen kochen. Mein Sohn sah fern. Ich sagte zu ihm: ›Du hättest die Geschirrspülmaschine ausräumen können!‹ Er meinte: ›Das hast du mir nicht gesagt.‹ Ich erwiderte: ›Ich habe gar nicht daran gedacht, dir das extra sagen zu müssen. Ich war in der Arbeit, und du warst zu Hause. Du hättest selbst daran denken können.‹«

Mütter hoffen in der Regel, daß ihre Söhne auf unausgesprochene Botschaften oder auf der Hand liegende Tatsachen (wie volle Geschirrspülmaschinen) reagieren, aber heranwachsende Jungen verstehen meist nur direkte Anweisungen. Feinheiten überhören sie ganz oder verstehen sie falsch. Vermutlich kommunizieren Mütter und Söhne wie viele Männer und Frauen auf ganz verschiedenen Wellenlängen. Vielleicht könnten sie sich miteinander besser verständigen, wenn sie den Redestil des anderen verstehen würden.

In dem Buch *Männer sind anders* geht es John Gray darum, zu zeigen, wie leicht sich erwachsene Männer und Frauen mißverstehen können.[1] Anfangs glaubte ich, daß die Analogien dieses Buches nur für Erwachsene gelten würden. Als ich aber damit begann, die Gesprächsstile von Müttern und Söhnen zu untersuchen, fiel mir auf, daß die Mißverständnisse zwischen Männern und Frauen schon oft in der Jugendzeit beginnen – zwischen Mutter und Sohn.

Meine Söhne haben relativ gut gelernt, meine unterschwelligen Botschaften zu interpretieren, aber es gelang ihnen nicht immer. Wenn ich früher selbst gelernt hätte, direkt und präzise meine Wünsche auszusprechen, hätten sie vielleicht nicht so sehr damit kämpfen müssen, zu erraten, was ich wirklich meinte. Wenn eine Person immer nur indirekt ausspricht, was sie meint, und die andere immer nach den versteckten Bedeutungen sucht, kann daraus leicht eine Gewohnheit werden. Gray liefert viele solcher Diskussionsbeispiele: Sagt eine Frau zum Beispiel: »Nichts klappt«, erwartet sie einen Sympathiebeweis und jemand, der ihr hilft. Ein Mann interpretiert das aber vielleicht so: »Sie beschimpft mich.« Wenn sie ihn direkt um seine Hilfe bitten würde oder er die Bedeutung ihrer Worte verstehen würde, wäre ihre Kommunikation viel einfacher.

Sagt ein Junge zu seiner Mutter, sie solle aufhören, so »nett« zu sein und einfach nur sagen, was sie will, ist die Mutter häufig verletzt. Sie selbst wurde dazu erzogen, ihre Ansprüche zu kaschieren und ist deshalb von der Kritik ihres Sohnes überrascht. Männer und Frauen scheinen tatsächlich verschiedene

Gesprächsstile zu besitzen. Der Trend auf dem Buchmarkt mit vielen Büchern über die Kommunikation zwischen den Geschlechtern bestätigt nur, daß die beiden »Dialekte« erst verstanden werden müssen.

Unterschiede zwischen Jungen und Mädchen

Wie auch Deborah Tannen in ihrem Buch *Du kannst mich einfach nicht verstehen* schrieb, kommunizieren Männer und Frauen bereits von frühester Kindheit an ganz unterschiedlich.[2] Intelligente Männer und Frauen glauben, daß sie ohne Mißverständnisse miteinander reden und einander zuhören können, und vielen gelingt das tatsächlich. Deborah Tannen glaubt jedoch nicht daran, daß eine erfolgreiche Kommunikation zwischen den Geschlechtern ganz automatisch gelingt, sondern daß man daran arbeiten muß.

Als ich mit einer Gruppe von Frauen über die Verständigung mit Heranwachsenden redete, meinte eine Frau: »Bei meiner Tochter habe ich das Gefühl, daß sie sich genau überlegt, wie das, was sie sagt, beim anderen ankommt – ob sie damit jemanden verletzt. Wenn ich meinem Sohn sage, daß er die Gefühle von anderen verletzt hat, ist er total überrascht.« »Ich glaube, daß Jungen – und Männer – nicht so oft über ihre Gefühle reden«, meinte eine andere Mutter. »Ich glaube nicht, daß sie unsensibler sind, aber sie denken einfach nicht soviel darüber nach.« »Aber mit Jungen weiß man immer, woran man ist«, protestierte eine dritte Mutter. »Wenn sie verrückt spielen, weiß man das. Das kann physisch oder verbal der Fall sein. Das kommt ganz plötzlich, und ich mag das auch. Sie verbergen das nicht so lange wie Mädchen.«

Der Zorn eines Jungen kann auch schnell wieder verraucht sein, und die Mütter sind dann natürlich erleichtert. Wenn ein Junge jedoch nicht darüber reden will, warum er sich so aufregt, oder nicht einmal erkennt, daß er selbst ausrastet, hat er eine Gelegenheit verpaßt, zu lernen, wie er mit ähnlichen Zornesausbrüchen in der Zukunft umgehen soll.

Beim Anhören von Gesprächsprotokollen mit Jungen und Mädchen stellte Deborah Tannen fest, daß Mädchen miteinander reden, um ihre Beziehung zueinander zu verbessern. Sie nannte das »rapport talk« – Beziehungssprache. Die Mädchen tauschten ähnliche Erfahrungen aus und bestätigten sich gegenseitig ihre Gefühle füreinander. Wenn ein Mädchen zum Beispiel einer Freundin von ihren Schwierigkeiten mit einem Freund erzählte, zeigte ihre Freundin Mitgefühl und berichtete von ähnlichen Problemen, um ihrer Freundin zu zeigen, daß sie nicht allein war. Trotzdem kehrte das Gespräch immer wieder zum Ausgangspunkt zurück, und das Mädchen, das das Gespräch angefangen hatte, wußte, daß ihre Freundin zuhörte.

Die Jungen sprachen auch über sich, dies jedoch im »report talk«, in einer Berichtssprache. Sie diskutierten über »Status«, verglichen ihre eigenen Erfahrungen untereinander und schienen die Bedeutung der Geschichten ihrer Gesprächspartner herunterzuspielen. Sie favorisierten eher einen Gesprächsstil, der mit »Geschichten-erzählen-um-Geschichten-zu-erzählen« und »Kannst-du-das-überbieten« umschrieben werden könnte, weniger einen Kommunikationsstil, der darauf abzielt, sich gegenseitig Erfahrungen mitzuteilen. Sie hörten einander auf ihre eigene Art zu und schienen mit diesem Gesprächsstil zufrieden zu sein. Ein Mädchen hätte in dieser Situation jedoch gedacht, daß ihre Freundin ihr gar nicht zuhören würde.

Dieser Unterschied zwischen Jungen und Mädchen wurde auch in einer Forschungsarbeit bestätigt, bei der gleichgeschlechtliche Freundschaften zwischen 14jährigen Jungen und Mädchen untersucht wurden.[3] Die Wissenschaftler fanden dabei heraus, daß sich Jungen *und* Mädchen ihren Freunden emotional sehr nahe fühlten, wenn sie ihnen Gefühle oder Geheimnisse mitgeteilt hatten. Jungen gingen dabei jedoch häufiger den Weg, miteinander praktische Erfahrungen zu machen, anstatt nur miteinander zu reden. Viele Studien haben gezeigt, daß die Jungen viel »miteinander machen« und dadurch Freundschaften schließen und Intimität und Nähe herstellen, während Mädchen sich treffen und sich durch Gespräche kennenlernen.

Deshalb ist es nur natürlich, daß Mütter mit ihren Söhnen reden möchten, um sie besser kennenzulernen. Obwohl Söhne mit ihren Müttern in der Regel mehr als mit ihren Vätern reden, ziehen sie sich häufig schon nach kurzen Aussagen wieder zurück. Ihre Mütter sind deshalb oft unbefriedigt. Männer und Frauen und Jungen und Mädchen sprechen meist die Sprache ihres Geschlechts, und zuviel zu reden gehört nicht zur Sprache eines heranwachsenden Jungen.

Ein weiterer Unterschied zwischen Jungen und Mädchen fällt im Klassenzimmer auf. Weil sich die meisten Mädchen gern mit Freundinnen privat unterhalten, schwatzen und Witze machen, bleiben sie vor der Klasse häufig stumm. Und weil Jungen lieber über unpersönliche Dinge reden, sprechen sie vor der versammelten Klasse viel mehr als Mädchen, stellen mehr Fragen und antworten häufiger. Viele Frauengruppen haben sich schon mit diesem Thema befaßt und Lehrer immer wieder aufgefordert, ihre Schülerinnen und Studentinnen mehr in den Unterricht mit einzubeziehen.

Obwohl diese Geschlechtsunterschiede für Mütter und Väter offensichtlich sind, können sie diese Unterschiede nicht immer problemlos verstehen und sich bewußtmachen.

Wie sich heranwachsende Jungen verständigen

Ein Therapeut, der ständig mit heranwachsenden Jungen zu tun hat, erzählte mir, daß er mit den Jungen häufig erst Brettspiele oder Ballspiele macht, bevor er anfängt, sich mit ihnen zu unterhalten. Der Druck, über Gefühle reden zu müssen, ist für einen pubertierenden Jungen, der ohnehin schon Probleme genug hat, eine zusätzliche Last. Wenn der direkte Augenkontakt oder direkte Fragen nichts nützen, um (wie bei einem Therapeuten) Gefühle beim Gegenüber herauszukitzeln, muß eine andere Taktik angewandt werden. Erst wenn ein Junge das Gefühl hat, daß er seinem Therapeuten vertrauen kann, beginnt er auch offen zu reden.

Als ich für dieses Buch mit den Jungen sprach, saßen wir uns nie direkt gegenüber, sondern immer etwas versetzt. Eines der produktivsten Gespräche fand statt, als ein Junge und ich nebeneinandersaßen und wir uns nur leicht zueinander neigten. Er mußte mich auch nicht direkt ansehen, und ich bat ihn auch nicht, sich anders hinzusetzen. Er schaute im Zimmer herum, während er ganz klar und sehr direkt mit mir sprach. Ein anderer Junge spielte mit seinen Schnürsenkeln, als er mir erzählte, wie ihn sein Vater im Stich gelassen hatte.

Mir war während der Gespräche immer bewußt, wieviel Energie die Jungen hatten, wenn sie auf ihren Stühlen herumrutschten, ihre Hände ständig bewegten oder mit Hüten, Stiften oder vielen anderen Gegenständen spielten. Da sie wußten, daß ich ihre Namen und ihre Herkunft nicht preisgeben würde, fühlten sie sich ganz frei, über alles zu reden. Trotzdem war es nicht immer leicht für sie, ihre ureigene Abneigung zu überwinden, über ganz Persönliches zu reden.

Die Gespräche mit den 13- und 14jährigen Jungen waren sehr herzlich, aber auch ziemlich einsilbig – und gaben nicht viel Material her, das ich verwerten konnte. Die älteren Jungen konnten sich schon relativ gut ausdrücken und erzählten begeistert von ihren Aktivitäten – allerdings weniger lebendig, wenn es über ihre Gefühle ging.

Weil ich selbst vier Jungen großgezogen hatte, war ich nicht überrascht, daß sich die Jungen beim Reden immer auch bewegten. Leute, die mit Jugendgruppen arbeiten, haben häufig die Erfahrung gemacht, daß die Jungen, wenn man mit ihnen bestimmte Aktivitäten unternimmt, gleichgültig, ob Radfahren, Basketballspiele oder einer älteren Person im Haushalt helfen, während der Arbeit reden. Jungen nehmen dagegen nicht so gern an Gruppendiskussionen über Beziehungen teil, vor allem dann nicht, wenn dabei nichts weiter getan wird, als nur zu reden.

Jungen sind mit viel Leidenschaft am Werk, wenn sie sich aktiv austoben können. Für eine Forschungsarbeit, in der Jungen und Mädchen nach vielfältigen Gefühlen befragt wurden (Interessen, Freude, Überraschung, Schüchternheit, Schuldgefühle, Traurigkeit, Angst, Zorn, Abneigung, Zufriedenheit, Scham und Selbstverachtung), berichteten die Jungen, daß ihnen ihre Aktivitäten und ihre Errungenschaften die meisten emotionalen Freuden eingebracht hatten, während die Mädchen aussagten, daß ihnen die Beziehungen zu anderen die meisten Gefühle vermittelten.[4] Als man die Jungen für diese Studie darum bat, sich an bestimmte Gefühle zu erinnern, die sie während der letzten Woche, des letzten Monats oder des letzten Jahres empfunden hatten, konnten sie sich nicht daran erinnern, überhaupt welche gehabt zu haben. Als man ihnen jedoch dieselbe Frage für den betreffenden Tag stellte, gestanden sie sehr wohl, bestimmte Gefühle gehabt zu haben.

Jungen haben natürlich Gefühle, aber diese Forschungsarbeit belegt, daß sie sich allgemein nicht so sehr damit beschäftigen (was den Müttern auch auffällt) oder daß sie sich nicht so sehr damit beschäftigen, um sich an sie erinnern zu können. Die Tatsache, daß sie sich am wohlsten und emotional am engagiertesten fühlen, wenn sie aktiv am Geschehen beteiligt sind, zeigt, wie wichtig ihnen alle Aktivitäten nach der Schule und am Wochenende sind. Reden allein reicht ihnen einfach nicht aus.

Jungen-Sprache

Eines Abends hörte ich vier erwachsenen Männern zu, die von einer bestimmten Talk-Show im Radio schwärmten. Am nächsten Morgen hörte ich mir diese Sendung an und konnte einfach nicht glauben, wie man diese dummen und simplen Wortspiele, die als Unterhaltung gedacht waren, gut finden konnte. Ich dachte schon, ich würde die Gespräche in einer Umkleidekabine mit anhören. Als ich an den vorhergehenden Abend zurückdachte, fiel mir auf, daß sich die Männer, denen ich zugehört hatte, genauso unterhalten hatten wie der Talkmaster und seine drei männlichen Studiogäste. Ihre Jugendzeit hatte diese Männer (zumindest für eine Nacht lang) eingeholt.

Jungen erzählen mir oft, daß sie die verletzenden Bemerkungen, die sie austeilen und einstecken, ganz lustig finden und gar nicht ernst nehmen. Sie mögen Witze und abwertende und sarkastische Bemerkungen. Das ist für heranwachsende Männer ganz typisch, umgekehrt aber für ihre Mütter – und Freundinnen – oft nur schwer zu verstehen. Einerseits wollte ich meinen Söhnen immer die Freiheit lassen, miteinander oder mit ihren Freunden zu raufen, weil es ihnen soviel Spaß zu machen schien. Waren jedoch Mädchen dabei, waren sie viel zurückhaltender. Sie müssen bemerkt haben, daß die Mädchen ihre Sprüche nicht besonders schätzten und sie die sarkastischen Bemerkungen leicht verletzen konnten. Ihr robuster und bodenständiger Humor blieb nur den männlichen Freunden vorbehalten.

Ein Junge versuchte mir dieses Phänomen folgendermaßen zu erklären: »Jungen sind eine einzige große Familie. Man muß gar kein richtiger Freund von jemandem sein. Jeder erzählt reihum seine Witze. Ich kenne einen, den ich als meinen besten Freund bezeichnen würde, aber meine Witze mache ich am liebsten mit anderen.«

Wenn sie nicht in der Schule sind, reden die Jungen viel mehr mit ihren Müttern als mit ihren Vätern, und mit jedem ihrer Elternteile sprechen sie auch über ganz verschiedene Dinge. »Meine Söhne reden mit ihrem Vater über Politik oder über Unpersönlicheres«, meinte eine Mutter. »Sie sprechen darüber, wie man ein Fahrrad reparieren kann. Mit mir unterhalten sie sich darüber, was ihnen alles passiert ist.«

In einer weiteren Forschungsarbeit, die die Beziehungen von heranwachsenden Jungen zu ihren Müttern und Vätern untersuchte, wurden die Jungen befragt, was sie mit ihren Müttern und Vätern alles tun würden.[5] Die Jungen berichteten, daß sie durchschnittlich 48 Prozent der Zeit, die sie mit ihrem Vater verlebten, mit handwerklichen Arbeiten verbrachten, vom Vater Ratschläge erhielten oder etwas von ihm lernten. 25 Prozent der Zeit unterhielten sie sich über Allgemeines oder praktische Angelegenheiten und 17 Prozent ihrer gemeinsamen Zeit erholten sie sich oder machten etwas zusammen.

Mit ihren Müttern war es genau andersherum. Meistens (42 Prozent der Zeit) redeten Mütter und Söhne miteinander: über ihre

Väter, über Probleme mit Geschwistern, wie es ihnen in der Schule geht, über Grundeinstellungen zu Religion und Heiraten oder ähnliches. Ein Junge spricht demnach jedoch kaum über Probleme, die er mit seiner Mutter hat, auch nicht über Sexualität oder seine gesellschaftlichen Vorstellungen.

Mütter und Söhne verbringen 25 Prozent ihrer Zeit miteinander im Haushalt oder mit Ratschlägen, die die Mutter erteilt. 15 Prozent ihrer gemeinsamen Zeit braucht eine Mutter, um ihren Sohn zu »versorgen« – wenn sie für ihn kocht oder sich um ihn kümmert, wenn er krank ist. Nur zwei Prozent der Jungen berichteten, daß sie mit ihren Müttern auch noch etwas anderes machten, als sich nur zu unterhalten, obwohl die Jungen meinten, daß sie es *genießen* würden, mit ihren Müttern etwas zu unternehmen, wie etwa zum Einkaufen zu gehen.

Dieses Ergebnis entspricht auch dem, was mir einige Jungen erzählt haben. »Ich kann mit ihr über fast alles reden«, meinte ein Junge. »Sie reagiert nicht. Sie wird erst versuchen, sich mit der Situation auseinanderzusetzen und sich erst danach mit mir beschäftigen. Wenn ich ein Problem habe, erzähle ich ihr nie abends davon, weil sie dann die ganze Nacht nicht schläft und darüber nachdenkt. Am nächsten Morgen ist sie dann zwar erschöpft, aber sie hat vielleicht eine Lösung gefunden.«

Wenn sich ein Sohn wohl fühlt, wenn er mit seiner Mutter redet, heißt das aber noch nicht, daß er ihr alles erzählt, seine Gefühle offenlegt oder über persönliche Angelegenheiten spricht. Eine Mutter muß diese Form der Gespräche bei Heranwachsenden oft erst akzeptieren lernen. Wenn er ganz offen mit ihr spricht, sollte sie dankbar dafür sein und seine Direktheit respektieren.

Ein Junge sprach seine Bedenken gegen offene Gespräche mit seinen Eltern ganz offen aus: »Grundsätzlich habe ich Angst davor, daß sie alles ihren Freunden weitererzählen«, gestand er. »Mein Vater hat ein großes Mundwerk und meine Mutter auch. Sie versuchen immer die allerbesten Eltern zu sein. Sie wollen mein Freund sein und alles wissen, was passiert. Das stört mich sehr, weil ich weiß, daß sie jeden hier in der Stadt kennen und wahrscheinlich alles, was ich ihnen sage, weitererzählen. Wenn sie mir persönliche Fragen stellen, versuche ich deshalb etwas zu sagen, was sie zufriedenstellt, aber eigentlich nicht dem entspricht, was sie wirklich wissen wollen.«

Als ich ihn fragte, ob er selbst mit diesen ausweichenden Antworten zufrieden sei, meinte er:»Ja, weil sie so nicht herausfinden können, was eigentlich alles los ist.« Als ich ihn weiter fragte, ob er über diese Lösung glücklich sei, sagte er:»Nun, mir wäre es lieber, wenn ich ganz offen mit ihnen reden könnte, aber ich kann ihnen einfach nicht vertrauen, weil ich ihnen schon Dinge erzählt habe, die ich dann von anderen wieder erfahren habe.«

Wenn Jungen den Mut haben, mit ihren Eltern über alles zu reden, sollten die Eltern dieses Vertrauen nicht mißbrauchen.

»Cool muß man sein!«

»Verwechseln Sie einen Jungen nicht mit seiner Verkleidung, dem Panzer, den er in der Öffentlichkeit trägt«, warnte mich der Leiter einer Jungenschule. Der »Panzer«, den ein heranwachsender Sohn trägt, durchkreuzt nicht nur das Verständnis einer Mutter für ihren Sohn, sondern bringt ihn manchmal auch in der Schule oder sogar mit der Polizei in Schwierigkeiten.

Richard Majors untersuchte die »coole Haltung« speziell der Stadtkinder und fand heraus, »daß das Wesentliche des Cool-Seins darin besteht, sich unter Kontrolle zu haben, ob das nun eine bestimmte Art von furchtlosem Auftreten, ein abgeklärter Gesichtsausdruck, bestimmte Kleidung oder ein bestimmter Haarschnitt, die Gesten oder die Art des Ganges ist. Das Coole zeigt, daß man stark und stolz ist, ganz egal, welchen Status man in der amerikanischen Gesellschaft innehat.«[6]

Die Mutter eines Jungen aus der Stadt machte sich Sorgen um den Anschein von Gleichgültigkeit, die »Lebenseinstellung« und das vorlaute Mundwerk, das ihr Sohn an den Tag legte, wenn er provoziert wurde.»Er hat einen starken Willen, und ich habe Angst, daß er von anderen Erwachsenen falsch eingeschätzt wird, weil er alles so offen ausspricht, was er denkt«, erzählte sie mir. »Ich glaube nicht, daß er respektlos ist. Er sagt einfach nur jedem, was er denkt. Er weiß selbst, daß er damit sehr verletzlich ist, und er möchte, daß man ihm zuhört. Wenn ich ihn warne, meint er, daß er bestimmte Dinge einfach sagen muß. Ich mache mir Sorgen, daß er Erwachsene kennenlernen könnte, die ihn für gefährlich halten.«

Richard Majors und diese Mutter machten sich Sorgen wegen der Einstellung von jungen farbigen Männern aus der Stadt. Es sind aber viele Jugendliche – wie es schon der Leiter der Jungenschule ausgedrückt hatte –, die eine undurchdringliche Miene an den Tag legen, um sich selbst davor zu schützen, sich die Ängste ihres mitunter sorgenvollen Lebens einzugestehen. Ein Junge wird erst dann seine Schutzhaltung aufgeben und seinen wahren Gefühlen freien Lauf lassen, wenn er sich bei einem Erwachsenen sicher fühlt, der seine berechtigten Ängste ernst nimmt und sie nicht ins Lächerliche zieht. Mütter sollten fähig sein, diese »coole Pose« zu durchschauen und ihren Söhnen eine sichere Umgebung zu bieten, damit sie sagen können, was sie »auf dem Herzen« haben.

Söhne, die nur ungern reden

»Ich schwärme für Arnold Schwarzenegger«, erzählte mir ein gutgebauter Junge. »Er redet kaum etwas.« Hier haben wir also den typischen Mann: den starken, schweigsamen Macho – das Idol für viele Jugendliche. Einige Jungen brauchen nicht extra ins Kino zu gehen, um diesen Typ Mann zu sehen – sie haben ein solches »Vorbild« in der eigenen Familie. »Mein Vater ist sehr zurückhaltend, zeigt keine Gefühle – Sie wissen schon, er ist so, wie die meisten Männer sind«, erzählte mir ein Junge. Ein anderer Junge berichtete mir ebenfalls von seinem schweigsamen Rollenvorbild: »Mein Vater ist ein sehr schweigsamer Mann. Ich rede kaum mit ihm. Wir haben auch nichts, worüber wir reden könnten. Wenn er zu Hause ist, bin ich meistens in meinem Zimmer.«

Ein erwachsener Mann berichtete mir, wie erleichtert er war, als er während eines Familientreffens nicht gezwungen war, etwas zu sagen. Er entspannte sich, blieb ruhig und genoß das sichtlich. Beruflich mußte er ständig reden, aber nicht zu Hause. Einige Jungen sind genauso froh wie ihre Väter, wenn sie niemand zum Reden über ihre persönlichen Angelegenheiten oder zu einer Unterhaltung drängt.

»Man muß mit den Gefühlen eines Kindes sehr vorsichtig umgehen«, bat mich ein Junge, den Müttern zu raten. »Wenn es über irgend etwas nicht reden will, soll man es dazu auch nicht zwingen. Man soll das Thema einmal erwähnen, darüber sprechen und dann damit wieder aufhören.« Als ich ihn fragte, was eine Mutter tun sollte, wenn sie von ihrem Sohn keine Antwort erhält, meinte er: »Ein Sohn sollte seiner Mutter sagen, daß er versucht, es ihr so gut wie möglich zu erklären und auch versucht, ihre Fragen zu beantworten, aber daß er nicht ausführlich darüber sprechen will. Eine Mutter muß wissen, wie behutsam sie damit umgehen muß. Mütter wollen immer noch mehr wissen. Sie scheinen nie genug zu bekommen.«

Viele Untersuchungen haben gezeigt, daß gerade Jungen zu Beginn der Pubertät viel mehr Zeit allein verbringen als gleichaltrige Mädchen. Die Jungen sind lieber »allein bei Hausarbeiten und Hausaufgaben und beim Fernsehen«.[7] Das Bedürfnis eines Sohnes, sich vom Rest der Familie zu distanzieren, heißt nicht, daß er seine Familie nicht mag. Es gibt Zeiten, die er für sich selbst braucht und in der er nichts reden will – das ist für eine Mutter, die sich gern unterhält, oft frustrierend. »Wenn wir ein Problem haben, laßt uns einfach machen«, meinte ein Junge vorsichtig. »Das löst sich wahrscheinlich von allein wieder. Wenn wir eine Zeitlang schlecht gelaunt sind, sollte man uns darauf ansprechen. Aber im Prinzip wollen wir eigentlich gern allein sein.«

Der Zeitungskolumnist Austen Ettinger zeigte ganz deutlich die männliche Abneigung gegen Gespräche über persönliche Dinge auf, als er behauptete, das Geheimnis für eine glückliche Ehe gefunden zu haben: nicht über alles ausführlich zu diskutieren und nicht alles ständig zu zerreden.[8] Ettinger führt aus, daß »lange

Diskussionen« über seine eigenen Gefühle und die seiner Frau nur wiederum schlechte Gefühle nach sich ziehen würden, und deshalb würden sie solche Gespräche erst gar nicht mehr führen. Sie würden jetzt »Kommunikation durch Stille« ersetzen und darauf vertrauen, daß ihre tiefgreifenden »gemeinsamen Interessen den Ärger besänftigen können, bevor die Situation unerträglich wird.« Sie sind für sich zu dem Ergebnis gekommen, daß nur wenige Themen wichtiger sind als ihre Beziehung: »Warum sollten wir ihnen also Bedeutung verleihen und sie zum Gesprächsthema machen?«

Ettinger berichtet, daß er und seine Frau nur dann eine offene und mitteilsame Beziehung führen könnten, wenn die Luft rein sei und keine »verbalen Waffen« aus Irritationen und Zorn enthalte. Das ist ein interessanter Gedanke, den man auch auf die Beziehung zwischen Mutter und Sohn anwenden könnte. Viele Jungen ziehen sich gedanklich (oder auch physisch) zurück, wenn sie ständig den verbalen Attacken ihrer Mutter ausgesetzt sind. Deborah Tannen schrieb dazu: »Wenn man versucht, ein Problem durch Reden zu lösen, macht man alles vielleicht nur noch schlimmer, wenn die Art, miteinander zu reden, schon Schwierigkeiten bereitet.«[9]

In einer Diskussion über Kommunikationsformen drückte eine Frau dieselben Ängste wie der Kolumnist aus, zu offen und ausführlich miteinander zu reden. Sie sagte: »Ich glaube, daß wir erst einen Rückschritt hinnehmen sollten. In meiner Familie konnten wir uns kaum etwas erzählen, und ich meine, daß zuviel Kommunikation, wie sie derzeit oft praktiziert wird, auch gefährlich sein kann. Wir haben noch keine richtige Balance gefunden. Vielleicht schaffen wir das erst in der nächsten Generation.«

Eine Mutter, die möchte, daß ihr Sohn Gefühle und Tatsachen gleichermaßen ausdrücken und mitteilen kann, hat sich sehr viel, wenn auch nichts Unmögliches vorgenommen. Ich glaube, daß sie erst akzeptieren muß, daß ihr Sohn auch ein Privatleben hat, das nur ihm allein gehört. Dieses innere Ich muß respektiert werden. Ein heranwachsender Junge, der sich vor den Fragen seiner Mutter zurückzieht, hat Angst oder kann nicht ausdrücken, was er wirklich fühlt und möchte deshalb am liebsten alleingelassen werden – jedenfalls in diesem Moment.

Sowohl John Gray als auch Deborah Tannen sind der Ansicht, daß sich der Gesprächsstil der Männer vor allem durch Schweigen auszeichnet. Gray behauptet, daß Männer in ihre »Höhle« gehen müßten, um Zeit zum Überlegen zu haben. Er meint, daß Männer Informationen anders weitergeben als Frauen und erst einmal »darüber schlafen« und nachdenken müßten, was sie alles gehört haben, bevor sie darüber sprechen könnten. Frauen würden dagegen eher laut denken und über das Problem sprechen, wobei sie sich selbst klarer darüber würden. Jeder dieser Wege hat seine eigenen Vorteile und sollte akzeptiert werden.

Deborah Tannen beobachtete, daß Männer sich meist zurückziehen, wenn sie Probleme haben, aber auch, daß sie ganz ruhig bleiben, wenn alles in Ordnung ist, weil sie Ruhe mit Intimität gleichsetzen. Sie glauben, daß Worte oft überflüssig sind und nicht notwendig, um eine Beziehung lebendig zu halten. Die meisten Frauen würden in jeder Situation oft genau entgegengesetzt reagieren. Sie würden über ihre Probleme reden und ihre persönlichen Gedanken im Gespräch mitteilen, um die Beziehungen dadurch »zusammenzuschweißen«.

Eine Mutter ist häufig verwirrt, wenn ihr Sohn dieses männliche Verhalten an den Tag legt und ein Problem ganz allein mit sich selbst ausmacht. Er denkt in seinem Zimmer lieber allein darüber nach, anstatt das Problem mit seiner Mutter zu besprechen. Wenn er soweit ist, daß er konkret etwas dagegen unternehmen möchte, sagt er ihr das vielleicht auch, aber viele Jungen – nicht alle – brauchen auch dann noch ihre Ruhe. Eine Mutter erzählte mir, daß sie, als ihr Sohn mit seiner Freundin Schluß gemacht hatte, ihn fragte, wie es ihm ginge. Er antwortete, daß er ihren Rat nicht brauchen würde. Er wollte einfach nur Zeit für sich selbst haben und sie wissen lassen, daß es ihm gutginge und er damit fertig werden würde. Seiner Mutter nur mitzuteilen, daß sie sich keine Sorgen machen sollte, war ziemlich verletzend, weil sie meinte, daß er – wie sie selbst – gerne darüber geredet hätte.

Deborah Tannen führt aus, daß das Schweigen der Männer nicht bedeutet, daß sie aufgehört hätten, über ein Problem nachzudenken. Verhält sich ein Sohn ganz ruhig, heißt das nicht, daß er ein leeres Gehirn hat (wie seine Mutter vielleicht annimmt), sondern daß er damit beschäftigt ist, Informationen oder Gefühle zu verarbeiten, die er nicht ausdrücken will, oder daß er nicht weiß, wie er sie ausdrücken soll.

Wenn man das Schema verändern will

Eine Mutter sprach ganz frustriert über ihre Söhne: »Ganz egal, was ich auch mache, daß sie anders als die anderen Männer werden könnten, scheinen sie im Lauf der Zeit doch ganz typische Männer zu werden. Obwohl sie sich selbst angestrengt haben und wir es uns ganz bewußt als Ziel gesetzt haben, daß sie gefühlsbetonter als andere Männer werden und auch in der Lage sind, darüber zu reden, was sie denken – obwohl wir ihnen jede Hilfestellung dazu gegeben haben und sie immer wieder ermutigt haben, scheint es so zu sein, daß viele Jungen trotzdem nicht dazu fähig sind. Ich glaube, daß sich Jungen immer miteinander messen. Von der Gesellschaft – und nicht von uns – bekommen sie das Feedback, wie sie sich als Jungen richtig verhalten müssen.«

Obwohl sich einige Mütter sicherlich wünschen, alle Männer zu verändern, haben die meisten Mütter nur den Ehrgeiz, sich mit ihrem Sohn über alles unterhalten zu können – und zwar besser, als es in früheren Generationen zwischen Müttern und ihren heranwachsenden Söhnen üblich war. Die Intensität, mit der die gegenwärtige Generation von Jugendlichen lebt, zwingt sie dazu, emotional immer wieder Dampf abzulassen, und die Mütter hoffen dabei, daß ihnen das guttut. Mit einer Mutter reden zu können, ist eine Form, Streß abzubauen, – sicher nicht die einzige Möglichkeit, aber eine von mehreren.

Alle Mütter, mit denen ich gesprochen habe, wollten nicht, daß aus ihren Söhnen sozusagen Frauen werden, um selbst weibliche Kumpane zu haben, mit denen sie »Beziehungssprache«

reden könnten, sondern sie wollten, daß ihre Jungen dazu in der Lage sind, die Gefühle zu verstehen, die die Mütter bewegen. Diese Art, Emotionen zu ignorieren oder unfähig zu sein, sie benennen zu können, würde bedeuten, daß die Söhne einen Teil ihres reichen Innenlebens nicht kennenlernen würden.

Wie kann eine Mutter jedoch die typisch männlichen Kommunikationsformen verändern, damit sie ihrem Sohn helfen kann, verantwortlicher mit den eigenen und auch fremden emotionalen Bedürfnissen umzugehen? Ich glaube, daß es zunächst wichtig ist, das gängige Schema von männlichem Schweigen und weiblichem Reden zu verstehen, das ich weiter oben beschrieben habe. Dann kann sich eine Mutter alternative Strategien zurechtlegen, mit ihrem Sohn zu kommunizieren, und ihm dadurch helfen, sich über sich selbst klarer zu werden – vorausgesetzt, sie behält stets im Auge, wie jung er noch ist und daß er nicht perfekt sein kann.

Mütter müssen sich auch dessen bewußt sein, daß Heranwachsende ein starkes Bedürfnis nach Verbindungen und Beziehungen haben. Vielleicht hat er eine ganz andere Art und Weise, das auszudrücken, aber der Wunsch nach der Anerkennung seiner Eltern und nach ihrer Liebe ist bei Jungen genauso stark ausgeprägt wie bei Mädchen.

Zuhören statt Hören

Wenn ein heranwachsender Junge mit jemandem reden will, muß sein Gegenüber zuhören können. Seine Freunde hören ihm meist lediglich zu, ohne ihre Bemerkungen, Beurteilungen oder Erfahrungen beizusteuern. Deshalb reden Söhne meist auch lieber mit ihren Altersgenossen als mit ihren Eltern. Selbst Jungen, die mir erzählten, daß sie mit ihren Müttern ganz offen reden könnten, zögerten, als ich sie fragte, ob sie mit ihnen auch über ernste Angelegenheiten sprechen könnten. Wenn Mütter das Vertrauen ihrer Söhne gewinnen wollen, sollten sie gut zuhören können. »Meine Kinder sind die Art, wie ich mit ihnen rede, absolut gewöhnt«, meinte eine Mutter ganz ehrlich. »Sie müssen mir so oft zuhören, und sobald sie selbst fünf Sätze hintereinander geredet haben, habe ich meine Meinung dazu. Dann rede ich wieder. Es ist einfacher, sich das bewußtzumachen, als danach auch zu handeln.«

Mit der Zeit wissen Söhne ziemlich genau, was ihre Mütter erwidern werden. Meine Söhne stellten mich oft auf die Probe, um zu sehen, wie ich auf eine ungewöhnliche Bemerkung reagieren würde, und dann lachten sie, weil ich genau das sagte, was sie erwartet hatten. Ihr Sinn für Humor tröstete mich immer über den Kummer hinweg, wenn ich einen solchen »mütterlichen Zug« an mir selbst bemerkt hatte.

Zuhören ist eine Kunst, vor allem zwischen verschiedenen Generationen. Wenn eine Mutter altersbedingt viel mehr als ihr Sohn weiß, möchte sie oft gern eingreifen und ihm Ratschläge erteilen, bevor er überhaupt mit seiner ganzen Geschichte fertig ist. »Ich glaube, daß es ganz schön schwer ist, Mutter zu sein, es ist vielleicht einfacher, nur ein Ratgeber zu sein«, meinte eine Mutter. »Eine Mutter betrifft alles selbst, was ihrem Sohn passiert, und deshalb fällt es ihr schwer, einfach nur zuzuhören. Ein Ratgeber dagegen kann gut zuhören.«

Eine Mutter sollte nicht glauben, daß sie immer über alles Bescheid weiß, was ihr ihr Sohn erzählt. Der Satz »Ich weiß, wie es dir geht« ist für einen heranwachsenden Sohn unangemessen, weil er annimmt, daß seine Gefühle oder seine Erfahrungen einzigartig seien. Ein Sohn glaubt seiner Mutter kaum, daß sie wissen könne, wie es ihm geht – sie gehört einfach einer anderen Generation an. Einfach nur zuzuhören oder zustimmend zu nicken, wäre hier viel nützlicher.

Sagt ein Sohn: »Kein Problem, Mom«, oder: »Das ist ganz in Ordnung, Mom«, sollte man es dabei bewenden lassen. Er will in diesem Moment nicht weiter darüber sprechen oder ist wirklich davon überzeugt, daß er mit der Situation allein fertig werden kann. Hat eine Mutter das Gefühl, daß hinter seiner kühlen Fassade ein ernstes Problem verborgen liegt, sollte sie sich möglichst schnell darüber Gedanken machen, wie und wann sie mit ihm darüber reden will. Wenn Mutter und Sohn ganz allein und ausgeruht sind, redet er wahrscheinlich offener darüber. Hat eine

Mutter ihrem Sohn gesagt, daß er zu ihr kommen soll, wenn er Probleme hat, sollte sie sich auch wirklich Zeit nehmen, um zuzuhören, wenn er sich mit ihr über etwas unterhalten möchte.

Die Kunst, einem Jugendlichen zuzuhören, hat Paul Swets, ein Wissenschaftler für effektive Kommunikationsformen, als ACE-Modell (*A*ttending, *C*larifying, *E*valuation) bezeichnet, was mit AKE für *A*ufmerksamkeit, *K*larmachen und *E*inschätzen übersetzt werden könnte.[10] Wenn eine Mutter (oder ein Vater) ihrem (oder seinem) Sohn »Aufmerksamkeit« schenkt, dann schaltet sie (er) dabei jedes Nebengeräusch wie etwa einen laufenden Fernsehapparat aus und hört genau zu, was er sagt. Sie (er) registriert dabei seine Körpersprache. (Wirkt er nervös oder traurig?) Und der Sohn weiß, daß ihm mit ganzer Aufmerksamkeit zugehört wird.

»Klarmachen« meint, daß die Mutter sicherstellt, die Mitteilung des Sohnes so verstanden zu haben, wie er sie wirklich gemeint hat und wie sie seinen Wertvorstellungen entspricht, nicht den ihren. Wenn sie die Situation nicht ganz versteht, sollte sie einige klärende Fragen stellen, etwa: »Du meinst also ... nicht wahr?«, »Erzähle mir mehr darüber, damit ich das besser verstehen kann« oder: »Kannst du mir dafür ein Beispiel nennen?«

Wenn sie ihrem Sohn Aufmerksamkeit geschenkt und die Informationen klargemacht hat, sollte eine Mutter alles, was er ihr mitgeteilt hat, richtig »einschätzen« und dann entscheiden, wie sie darauf reagieren will. Sie braucht vielleicht noch etwas Zeit, um über eine seiner Bitten nachzudenken, oder sie möchte noch weitere Informationen erhalten. Vielleicht muß sie ihm auch gar nicht antworten, vielleicht mußte sie ihm nur zuhören. »Wenn sich mein Sohn selbst zuhört, wenn er über seine Probleme redet, findet er dabei meist selbst eine Lösung«, erzählte mir eine Mutter. »Ich muß einfach nur zuhören.«

Jungen spüren sehr genau, ob ihnen ihre Mutter gerne zuhört oder ob sie ihn einfach nur anhört. Sind beide zwar im selben Raum, aber können sich nicht richtig miteinander unterhalten, versucht er vielleicht gar nicht, noch ein weiteres Mal mit ihr zu reden. Man sollte alle Augenblicke inniger Gespräche mit anderen Personen, seien es Männer oder Frauen, sehr hoch einschätzen.

Fordern statt Nörgeln

»Meine Mutter nervt mich richtig«, beklagte sich ein Junge. »Ich weiß gar nicht mehr, was ich tun soll.« Als ich ihn fragte, was seine Mutter sagen sollte, wenn sie möchte, daß etwas Bestimmtes getan wird, antwortete er ernsthaft: »Ich glaube nicht, daß sie überhaupt etwas sagen sollte. Mir wäre es am liebsten, sie würde gar nichts sagen.«

So sehr sich dieser Junge vielleicht auch eine biologische Veränderung wünschen mag, Mütter und Söhne können nun einmal nicht osmotisch miteinander kommunizieren. Mütter verlangen von ihren Söhnen kleine Gefälligkeiten oder erlegen ihnen Pflichten auf und wollen, daß das auch schnell erledigt wird. Um Verzögerungstaktiken zu vermeiden oder einem Widerspruch zu entgehen, muß sich eine Mutter ihre Strategien sorgfältig überlegen und irritierende Worte vermeiden.

Viele »Experten« der Eltern-Kind-Kommunikation befürworten, eine Situation einem Kind zu erklären und Mitarbeit von ihm zu erwarten. Ich selbst habe jedoch nie festgestellt, daß das in der Praxis funktioniert. Jungen verstehen die Botschaft einfach nicht. Anstatt zu sagen: »Der Mülleimer ist voll«, wie es diese Experten vorschlagen, ist es viel erfolgversprechender, zu fragen: »Würdest du den Mülleimer hinaustragen?« In John Grays Buch *Männer sind anders* werden Wege aufgezeigt, wie man einen Mann zur Mitarbeit »motivieren« kann. Selbst wenn einige Frauen immer noch glauben, daß jede Art von Gesprächstechnik eine Form der Manipulation sei, bin ich damit nicht einverstanden. Mütter möchten, daß ihre Söhne wissen, wie sie miteinander auskommen können und ihnen dazu Hilfe anbieten.

Gray weiht seine Leser in die »fünf Geheimnisse ein, wie man einen Marsmenschen korrekt um Unterstützung bittet«: durch den richtigen Zeitpunkt, eine nicht zu bedrängende Haltung, Kürze, Direktheit und korrekte Benennung der Wünsche. Ich hielt diese Ratschläge für so vernünftig, daß ich sie auch hier an die heranwachsenden Jungen weitergeben möchte. Diese Gesprächstechniken können in jeder Situation angewandt werden.

Der richtige Zeitpunkt: Wenn ein Sohn gerade mit seiner Freundin telefoniert, ist es sicherlich nicht der richtige Zeitpunkt, ihn zu bitten, den Müll hinauszutragen. Man sollte ihn später fragen, wenn man seine Gedankengänge nicht mehr stört. Wenn er gerade dabei ist, die Hausaufgaben zu machen, sollte man fragen: »Wenn du damit fertig bist, könntest du dann den Müll hinaustragen?« »Die meisten Konflikte zwischen meiner Mutter und mir kommen daher, daß sie dauernd herumnörgelt«, berichtete mir ein Junge. »Sie hat absolutes Talent dafür, Dinge im falschesten Moment auszusprechen. Etwa: ›Warum räumst du dein Zimmer eigentlich nicht auf?‹, wenn ich gerade etwas sehr Wichtiges machen muß. Hier liegt der Ursprung für viele Konflikte.«

Eine nicht zu bedrängende Haltung: Wenn die Forderungen einer Mutter ihre Ungeduld zeigen oder die Tatsache, daß sie immer neue Ansprüche stellt (»Bring den Müll hinaus. Mach deine Hausaufgaben. Räum dein Zimmer auf. Hör endlich auf zu telefonieren«), wird er ihr sicher bald nicht mehr zuhören, weil er weiß, daß sie nie etwas uneingeschränkt schätzt, was er macht, ganz egal, was es ist, und daß sie immer neue Forderungen stellen wird, wie immer er auch reagieren mag.

Sich kurz fassen: Eine Mutter muß ihre Forderungen nicht begründen. Mütter haben viele berechtigte Gründe, um die Hilfe ihres Sohnes zu bitten. Sie muß ihm zum Beispiel nicht erklären, daß der Hund im Abfalleimer herumwühlen könnte oder daß Abfall für Mäuse oder Ratten ein gefundenes Fressen ist, daß Müll übel riechen kann oder daß die Müllabfuhr am nächsten Morgen kommen wird. Alles, was zählt, ist die einfache Bitte: »Würdest du den Mülleimer hinaustragen?«

Direktheit: Eine direkte Forderung, wie sie oben besprochen wurde, ist Jungen viel lieber, weil sie die Gedanken ihrer Mütter nicht lesen können. Eine Feststellung ist eine Feststellung. Eine Forderung ist eine Forderung. Mütter müssen sich oft den Spruch anhören: »Du hast mir nicht gesagt, daß ich das tun soll.« Die Mutter hat ihn zwar vielleicht darum gebeten, aber er hat sie nicht richtig verstanden. »Würdest du den Müll hinaustragen?« ist direkt und unmißverständlich, und fügt man noch ein »Bitte« hinzu, klingt das auch noch nett.

Korrekte Benennung der Wünsche: Einer von Grays originellsten Beiträgen für das Verständnis der geschlechtsspezifischen Sprache war es, gezeigt zu haben, daß Fragen, die mit »könntest du« oder »kannst du« beginnen, als Bitte um Information verstanden werden und nicht als Aufforderung zu einer Handlung. Wenn eine Mutter ihren Sohn fragt, ob er den Mülleimer hinaustragen »könnte« oder »kann«, erwidert er möglicherweise dementsprechend: »Natürlich, ich habe zwei Arme und zwei Beine, und ich kann den Mülleimer hochheben und ihn nach draußen tragen.« Seine Mutter hat ihn nur gefragt, ob er dazu in der Lage ist, diese Aufgabe auszuführen. Wenn man dagegen die Worte »würdest« oder »willst du das und das« benutzt, unterstreicht man damit die Bitte: »Würdest du bitte den Müll hinaustragen.« Dann ist die Aufforderung nicht mißzuverstehen.

Sich Unterhalten statt Verhören

»Anstatt zu nörgeln, könnten Mütter ihre Fragen in einem positiven Zusammenhang bringen, etwa ihre Söhne fragen, wie es ihnen in der Schule ging oder ob sie irgend etwas Interessantes gemacht haben«, riet ein Schüler einer High-School. »Mütter können dadurch auch den Lerneifer ihres Sohnes verbessern und sie irgendwie motivieren.«

Mütter fragen ihre Söhne oft auf eine sehr negative Art und Weise nach deren Unternehmungen oder danach, wie es ihnen in der Schule geht, und fordern Informationen. (Wo bist du gewesen? Mit wem hast du dich getroffen? Wer war noch dabei? Waren seine Eltern zu Hause?) Söhne entwickeln dagegen meist eine starke Abneigung und verweigern mit der Zeit manchmal alle Informationen über ihr Nachtleben oder ihr Leben in der Schule.

Mir ist aufgefallen, daß die Jungen selten Fragen an ihre Eltern stellen und deshalb auch sehr wenig über die Aktivitäten ihrer Mutter oder ihres Vaters wissen. Ein Junge hat mir erzählt, daß seine Mutter wieder auf eine Schule ging, um sich weiterzubilden.

Er wußte jedoch nicht oder konnte sich nicht daran erinnern, wohin sie ging und welches Fach sie sich ausgesucht hatte. Viele Jungen wußten nicht, was ihr Vater in seinem Beruf eigentlich genau macht. Sie wußten, in welcher Stadt er arbeitet, aber alles andere konnte nur noch ganz vage beantwortet werden. »Mein Vater pendelt regelmäßig nach North Carolina«, erzählte mir ein Junge aus dem Staat New York. Als ich ihn fragte, ob er sich mit seinem Vater jemals über seine Arbeit in North Carolina näher unterhalten hätte, meinte er: »Ja, ich habe ihn gefragt, wie seine Woche gewesen wäre, und er hat ›ganz gut‹ geantwortet.«

Dieses Informationsdefizit über die Eltern ist ein Ergebnis der nicht mehr vorhandenen Kommunikationsfähigkeit. Wenn sich die Eltern und ihre heranwachsenden Kinder nur noch über Regeln und Verbote unterhalten und die Söhne – und Töchter – nur über ihre eigenen Aktivitäten reden, verstreichen viele gute Gelegenheiten, die Eltern als Freunde kennenzulernen.

Manchmal müssen auch die Mütter und Väter die Initiative ergreifen und über ihre eigenen Erfahrungen mit ihren Söhnen reden. Sie sollten ihnen sagen, was sie den ganzen Tag über gemacht haben, ihnen beschreiben, wen sie im Geschäft gesehen haben, von einem interessanten Telefongespräch berichten und über ihre Familienangehörigen und Freunde reden – so, wie sie es auch mit gleichaltrigen Freunden machen würden. Eine Mutter kann zwar vielleicht nicht mitreden, wenn es um die aktuellen Sportskanonen oder das allerneueste Rockvideo oder die neuesten Modetrends in der Teenagermode geht, die ihr Sohn so sehr schätzt, aber sie kann ihm mitteilen, was in ihrem Leben passiert ist. Dann fällt es auch ihrem Sohn leichter, ihr von sich und seinem Leben etwas zu erzählen. Dann gibt es auch keine Gründe mehr, regelrechte Verhöre abzuhalten.

Ernstgemeinte und positive Fragen nach den Aktivitäten des Sohnes können tatsächlich sein Interesse »anspornen«, wie es bei dem Jungen der Fall war, der zu Beginn dieses Kapitels erwähnt wurde – man sollte jedoch auch darauf gefaßt sein, etwas völlig Unerwartetes zu hören. Ein Junge war ganz verwirrt, weil er auf alle Fragen immer ganz ehrlich antwortete. Er erzählte: »Ich bin einfach zu ehrlich. Die Leute sagen mir, daß die Wahrheit zu sagen nicht immer das Allerbeste sei – ich meine jedoch, daß die Wahrheit immer richtig ist. Als mich jedoch meine Mutter einmal fragte, ob mir ihre Nachspeise geschmeckt hätte und ich ihr dann sagte, daß ich sie abscheulich gefunden hätte, war sie ganz verstimmt. Ich sagte ihr, daß es mir leid täte, aber sie meinte, ich sollte beim nächstenmal erst einmal nachdenken. Solche Sachen passieren mir dauernd. Das ist schrecklich – ich weiß nie, was die Leute eigentlich hören wollen.«

Dieser Junge lebt in dem Zwiespalt, einerseits die Gefühle von anderen Leuten zu respektieren und andererseits sich selbst treu zu bleiben. Hätte er gesagt: »Gestern abend hat mir die Nachspeise besser geschmeckt«, wäre er ehrlich und zugleich rücksichtsvoll gegenüber seiner Mutter gewesen. Eine ehrliche Art, miteinander zu reden, kann einem Jungen helfen, zu erkennen, was für seine Mutter wichtig ist, und sie wird entdecken, was ihrem Sohn wichtig ist.

Verhandeln statt Kontrollieren

»Er haßt es, wenn ich ihm etwas befehle«, beklagte sich die Mutter eines 16jährigen. Eine andere Mutter nickte ganz verständnisvoll mit dem Kopf. »Mein Sohn verhandelt immer mit mir. Er akzeptiert überhaupt nichts.«

Jungen verhandeln, weil sie nicht das Gefühl haben wollen, von ihren Müttern kontrolliert zu werden. Da sie mit dem Beginn ihrer Pubertät die Kontrolle über ihren Körper verlieren (der Penis macht zum Beispiel, was er will), wird Kontrolle für sie ein sehr wichtiges Thema – und eine Plage für die Mütter. Jungen wollen Entscheidungen treffen, das Sagen haben und Macht besitzen. Deshalb gestatten erfolgreiche »autoritative« Eltern ihren Söhnen auch, Einfluß auf die Regeln und Verbote zu nehmen. Sie erlauben ihnen dagegen nicht, alles zu machen und zu Hause alles mögliche anzustellen, sondern sie hören sich gegenseitig zu und respektieren die Meinung des anderen.

Jungen verhandeln gern und sind viel eher bereit, kooperativ zu sein, wenn sie merken, daß sie davon profitieren. Eine Mutter möchte zum Beispiel, daß ihr ältester Sohn um Mitternacht nach Hause kommt. Zunächst muß ihr klar sein, daß ein absolut pünktlicher Zeitpunkt, nach Hause zu kommen, oft nicht einzuhalten ist und für ihren Sohn nur eine weitere Einschränkung darstellt. Und selbst wenn er früher hätte heimkommen können, wartet er vielleicht bis zur verabredeten Zeit. Vor dem vereinbarten »Zapfenstreich« nach Hause zu kommen, ist eher verwirrend – weil seine Eltern denken werden, daß etwas nicht stimmt und anfangen, ihn auszufragen.

Eine Diskussion über die »Sperrstunde« sollte von der Annahme ausgehen, daß der Sohn zu einer »vernünftigen Zeit« wieder zu Hause sein wird. Dann können Mutter oder Vater und Sohn über eine vernünftige Zeit miteinander reden und dabei Vergleichswerte von anderen Teenagern und ihren üblichen Aktivitäten heranziehen. Natürlich wird der Sohn eine spätere Zeit vorschlagen, etwa 1 Uhr nachts. Dann kann man darüber diskutieren, bis man einen akzeptablen Kompromiß gefunden hat, etwa eine Zeit zwischen 23.45 Uhr und 0.30 Uhr. Eine Mutter mag vielleicht denken, daß die ganze Sache eine lange Diskussion gar nicht wert sei, aber das ist sie. Er wird viel kooperativer sein, wenn seine Meinung ebenfalls gehört wird.

Ich glaube, daß ein Sohn Botschaften wie »Ich will nicht, daß du Drogen nimmst« viel eher akzeptieren kann, wenn er bei weniger wichtigen Entscheidungen wie Sperrstunden oder Aufgaben im Haushalt mitreden kann. Wenn sie die Wahl haben und über die Art der Tätigkeiten und wann sie sie erledigen sollen, mitreden können, stellen Jungen oft einen Zeitplan auf, der alle zufriedenstellt.

»Mein 14jähriger hat ein System entwickelt«, erzählte mir eine Mutter. »Er muß sein Zimmer selbst sauberhalten, seine Wäsche selber machen und ist teilweise für das Abendessen zuständig. Außerdem kann er auswählen, welchen Teil des Hauses er putzen möchte. Momentan räumt er immer das Wohnzimmer auf, saugt mit dem Staubsauger usw. Jede Woche macht er einen neuen Plan. Ich hätte gern, daß er noch mehr Arbeiten erledigt, und er braucht mehr Geld, deshalb hat er mich gebeten, eine Liste an den Kühlschrank zu hängen, und wenn mir etwas einfällt, schreibe ich es auf. Das ist keine lange Liste, aber sie hängt dort die ganze Zeit, und samstags bekommt er dann Geld von mir. Dann hat er mir eines Tages gesagt, daß er nicht mehr gern Unkraut jätet – worum ich ihn gebeten hatte –, und er fing selbst damit an, eine Liste zu schreiben mit Dingen, die er – in der verfügbaren Zeit – nicht mehr machen wollte.« Diese Mutter sah später ein, daß sie ihre Sauberkeitsansprüche großzügiger auslegen mußte, wenn sie das Zimmer ihres Sohnes betrat. Es sollte einigermaßen ordentlich sein, aber nur er allein bestimmt, wie es in seinem Heiligtum – seiner Höhle – aussieht.

Eine andere Mutter erzählte: »Um ihm die Kontrolle zu überlassen, muß ich selbst auch Verantwortung abgeben. Es ist gar nicht so schlimm, wie ich früher gedacht habe, daß er sein Zimmer nur einmal in der Woche saubermacht.« Auch sie hat ihre »Sauberkeitsansprüche« heruntergeschraubt.

Eine andere Frau betonte ebenfalls, wie wichtig es sei, einem Sohn zu erlauben, darüber zu bestimmen, wie er seine Arbeiten einteilt. »Wenn man ihnen sagt, was sie tun sollen, fühlen sie sich als Untertanen.« Und dann fügte sie hinzu: »Wenn ich meinen Söhnen Listen schreibe, was sie alles machen sollen, bekämpfen sie mich bis aufs Messer. Wenn ich jedoch wirklich etwas brauche, dann sind sie da. Diesen Unterschied spüren sie. Sie wissen ganz genau, ob ich ihnen nur Arbeit aufhalsen will oder ob ich wirklich ihre Hilfe brauche.« Nette Söhne mit einer weisen Mutter!

»Wissen Sie, was ich am Leben mit Männern so interessant finde?« fragte mich eine Mutter, die nur Söhne hatte. »Sie wollen nicht, daß man ihnen sagt, was sie tun sollen. Wenn ich eine Freundin bitte, etwas für mich zu erledigen, macht sie das einfach – und umgekehrt. Bei Männern ist das nicht so, und ich glaube, daß ich inzwischen auch herausgefunden habe, woran das liegt. Das geht auf ihre eigenen Mütter zurück und wie früher Kontrolle ausgeübt wurde. Männer wollen die Dinge auf ihre eigene Art und Weise machen, sie wollen nicht, daß man ihnen etwas befiehlt.« Ich riet ihr, die »Würdest-du«-Technik anzuwenden.

Stereotype?

Untermauern Mütter die männlichen Stereotypen, wenn sie bewußt auf den Kommunikationsstil ihrer Söhne Rücksicht nehmen? Das glaube ich nicht. Ich habe sehr viele Mütter und Söhne beobachtet und genug gehört, um mir der Allgemeingültigkeit dieser Unterschiede zwischen männlichem und weiblichem Verhalten in unserer westlichen Welt bewußt zu werden. Es gibt keinen Kommunikationsstil, der besser als ein anderer wäre – sie sind nur unterschiedlich. Eine ausgeglichene Person – ob Mann oder Frau – wird beide Aspekte ihrer Persönlichkeit schätzen und pflegen.

Extreme stereotype Kommunikationsformen sind nicht produktiv. Wenn ein Mädchen sich nur um ihre eigenen Gefühle kümmert und nicht mehr handlungsfähig ist, keine Probleme mehr lösen kann oder vor Publikum nicht frei sprechen kann, wird das ihre Entwicklung insgesamt hemmen. Und wenn ein Junge nie über seine Gefühle nachdenkt oder sich überlegt, wie das, was er sagt, bei anderen ankommt, oder wenn er in privaten Gesprächen nie etwas sagt, verleugnet und ignoriert er ein reiches Innenleben.

Mütter, die der Realität ins Auge sehen, wissen genau, daß das, was ein Kind zum Handeln motiviert, bei einem anderen Kind zu nichts führt. Wenn ein heranwachsender Sohn etwas in Bewegung setzt oder fertigstellt – ganz egal, was –, und wenn eine Mutter ihm zuhört, anstatt nur hinzuhören, wenn sie Forderungen stellt, anstatt zu nörgeln, wenn sie versucht, sich mit zu unterhalten, anstatt ihn auszufragen und wenn sie lieber verhandelt als Kontrolle ausübt, dann werden beide auf der Gewinnerseite stehen.

☞ Tips für Mütter

1. Sprechen Sie unmißverständlich und direkt mit Ihrem heranwachsenden Sohn. Es ist für ihn schwierig, unausgesprochene Botschaften zu verstehen.
2. Machen Sie sich den Unterschied zwischen der Sprache von Mädchen und Jungen klar.

3. Erinnern Sie sich immer wieder daran, daß miteinander reden nicht die einzige Möglichkeit ist, enge Verbindungen zu knüpfen. Genießen Sie einfach auch das Zusammensein.

4. Seien Sie sich dessen bewußt, daß Sie, wenn Sie mit Ihrem Sohn zusammen etwas unternehmen, ihm dabei helfen, sich zu entspannen, und er sich dann so wohl fühlen kann, daß er über seine Gefühle und persönlichen Angelegenheiten vielleicht sprechen will.

5. Schätzen Sie es, daß die meisten Jungen gern mit ihren Müttern reden, aber erwarten Sie nicht, daß er Ihnen alles erzählen wird, was sie von ihm wissen wollen.

6. Respektieren Sie sein Vertrauen zu Ihnen, wenn er bereit dazu ist, offen alles auszusprechen. Erzählen Sie nicht an andere weiter, was er Ihnen anvertraut hat.

7. Verstehen Sie sein Schweigen nicht als persönliche Zurückweisung. Vielleicht braucht er Zeit für sich selbst.

8. Hören Sie Ihrem Sohn aufmerksam zu, und vergewissern Sie sich, daß Sie alles verstehen, was er Ihnen sagt. Bitten Sie ihn um Klarstellung, wenn Sie sich nicht sicher sind.

9. Stellen Sie Ihre Forderungen ganz direkt. Verwenden Sie dabei die Formulierungen »würdest du« oder »machst du bitte das und das« statt »könntest du« oder »kannst du«.

10. Reden Sie mit ihm über Ihr alltägliches Leben. Vielleicht redet er dann auch über sich und lernt dadurch diese Art der Unterhaltung kennen.

11. Verhandeln Sie bereitwillig mit ihm. Wenn seine Vorstellungen von Regeln und Verboten respektiert werden, wird er viel kooperativer sein.

12. Seien Sie sich darüber klar, daß die Fähigkeiten für eine konstruktive Kommunikation erst allmählich mit der Erfahrung kommen – und mit der Praxis. Seien Sie dabei geduldig. Alle ernsthaften Bemühungen, zuzuhören anstatt einfach nur aufzunehmen, zu fordern anstatt zu nörgeln, sich zu unterhalten anstatt auszufragen und zu verhandeln, anstatt Kontrolle auszuüben, werden belohnt werden.

7

»Warum müssen sie dauernd miteinander kämpfen?«

Jungen und Gewalt

Als ich eines Morgens mit dem Auto anhielt, fielen mir zwei kleine rothaarige Jungen auf, die mit ihren Schultaschen aufeinander einschlugen, sich gegenseitig auf den Boden warfen und sich anschrien – und es offensichtlich voll genossen. Ihr damit verbundenes Lachen erzählte die bekannte Geschichte von kleinen Jungen, die gern miteinander raufen.

Als ich diesen Vorfall einer Gruppe von Müttern erzählte, die sich versammelt hatten, um über Töchter zu reden, waren wir uns alle einig, daß kleine Mädchen dabei nicht gelacht hätten. Mädchen würden sich nicht einfach gegenseitig auf den Boden ziehen, vor allem nicht in ihrer Schulkleidung. Bei keinen anderen Gelegenheiten werden die Unterschiede zwischen Jungen und Mädchen so deutlich wie beim Raufen, beim Kämpfen und überhaupt bei aggressiven Verhaltensweisen. Obwohl inzwischen auch Mädchen in den Berichten über Gewalt unter Teenagern öfter auftauchen als früher, werden die Kämpfe immer noch hauptsächlich zwischen Jungen und Männern ausgetragen.

Wenn ein Sohn in der frühen Kindheit gerne rauft, heißt das natürlich noch lange nicht, daß er ein wilder Schlägertyp wird. Als meine Söhne noch jung waren, dachte ich, daß sie nie wieder die Hände voneinander lassen könnten. Ich hatte immer meinen Standardsatz:»Im Wohnzimmer wird nicht gerauft!« Bei jeder Gelegenheit fielen sie übereinander her, und das darauffolgende wilde Gerangel brachte mich jedesmal auf die Palme. Das laute Geschrei, das sie dabei oft ausstießen, brachte mich häufig dazu, daß ich zu meinem eigenen Schutz gar nicht mehr hinhörte. Obwohl die meisten Raufereien nur Spaß waren, war das aber nicht immer der Fall. Eine Zeitlang befürchtete ich, daß sich zwei meiner Söhne nie miteinander verstehen oder sich sogar umbringen würden, bevor sie erwachsen wären. Gott sei Dank lernten sie sich aber während der Mittelstufe gegenseitig mit all ihren Unterschieden schätzen und wurden die besten Freunde.

»Als wir jung waren«, erzählte mir ein älterer Schüler, »haben mein Bruder und ich oft miteinander gestritten. Als wir dann ungefähr 14 waren, erkannten wir, daß wir, wenn wir wirklich miteinander kämpfen würden, uns gegenseitig töten könnten. Heute reden wir lieber miteinander, statt uns gegenseitig auf den Boden zu werfen. In der vierten Klasse haben wir uns gegenseitig lieber das Bein gestellt, aber vier Jahre später dachten wir: ›Was soll das eigentlich?‹« Als ich ihn fragte, was in der achten Klasse passiert wäre, meinte er: »Ich glaube, wir haben gemerkt, daß die Raufereien uns überhaupt nichts brachten und alles nur noch schlimmer machten. Wenn man klein ist, muß man immer der Sieger sein. Wenn man älter wird, denkt man: ›Es ist doch egal, wer die Fernbedienung vom Fernseher hat.‹«

Meistens drücken das Raufen und Balgen zwischen Brüdern und engen Freunden nur aus, daß sie Spaß miteinander haben. Fast jede Mutter wird beipflichten, daß ihr Sohn manchmal ziemlich wild ist. Eine Mutter, die selbst nur Schwestern hatte, meinte: »Ich glaube nicht, daß ich mich jemals daran gewöhnen werde, daß sie immer miteinander kämpfen.«

Die natürliche Körperlichkeit eines Sohnes kann ein positiver und beneidenswerter Zug sein, weil er dadurch eventuell weniger Furcht vor physischen Schmerzen entwickelt, sich leichter bewegen kann und sich in seinem Körper wohler fühlt. Ein Junge von der High-School beschrieb sein Schülerwohnheim folgendermaßen: »Dort raufen wir sehr viel und führen uns oft wie Machos auf, aber wir machen alles mit Spaß. Wir spielen miteinander und kneifen uns gegenseitig, aber alles auf eine sehr entspannte Art.« Dieses natürliche »Herumspielen« kann sich jedoch in ein ernsthaftes Konkurrenzdenken, in eine Verteidigungsbereitschaft und in ein gefühlloses Streben nach Überlegenheit verwandeln, bei dem man immer gewinnen will. Und wenn sich ein Junge dabei nicht »entspannt«, sondern seinen Zorn dadurch abreagiert, daß er die anderen angreift und bedroht, dann haben weder er noch sein Opfer wirklich ihren »Spaß« daran. Ich will damit nicht die ausgelassenen Raufereien verurteilen, die für die Beziehungen der jungen Männer untereinander so wichtig zu sein scheinen, aber ich denke, daß den Jungen die Nachteile dieses physischen Spiels auch bewußt sein sollten.

Sich selbst beweisen

»Ein Mann muß tun, was er tun muß, einfach aus offensichtlichen Prinzipien heraus. Das heißt, daß er sich verteidigen muß, wenn er bedroht oder herausgefordert wird. Einen tapferer Krieger lobt man als einen Mann, ›der sich um sich selbst kümmern kann‹, während Fehlschläge ihn lächerlich machen und ihn zum ›Hühnerbrüstchen‹, zum ›Schwächling‹ oder ›kleinen Jungen‹ abstempeln.«[1]

Obwohl man denken könnte, daß eine solche Bemerkung von einem Heranwachsenden stammen könnte, wurde sie vom Anthropologen David Gilmore geschrieben, als er »Muster der Männlichkeit« diskutierte. Er verglich anthropologisch die mikronesische Insel Truk, einige Kulturen des Mittelmeerraums, westliche Teile Kanadas und einige Regionen der USA und kam zu folgendem Ergebnis: »Was so verblüffend ist, ist ein allgemeines Verständnis von Männlichkeit, die mit vielen Konflikten behaftet und starkem Druck ausgesetzt ist und gefordert wird. Männlichkeit hat eine Maske von Omnikompetenz und einer fast schon zwanghaften Unabhängigkeit an den Tag zu legen.«

Ist dieses Verständnis ein wesentliches Merkmal der Männlichkeit, das auf primitive Urzeiten zurückgeht, als ein Mann noch seine Familie vor wilden Tiere beschützen mußte? Wie tief ist das Bedürfnis, »omnikompetent« zu erscheinen, verwurzelt? Obwohl wir diese Fragen nicht eindeutig beantworten können, ist uns bekannt, daß sich Jungen in vielen Kulturen »beweisen«

müssen, um als Mann anerkannt zu werden. Die meisten westlichen Gesellschaften kennen keine allgemeinen Initiationsriten für einen Jungen mehr, um als Mann zu gelten. Aber wir sollten untersuchen, wie bei uns Männlichkeit definiert wird und was sich unsere Söhne »beweisen« müssen.

Zurückschlagen

Jedem Jungen passiert es einmal, daß man ihm etwas wegnimmt oder daß er von einem anderen Kind angegriffen wird. Soll er dann zurückschlagen? In einer Forschungsarbeit, die die Konsequenzen untersuchte, die Schulkinder erwartet, wenn sie sich selbst verteidigen, stellten Wissenschaftler der Florida Atlantic University fest, daß ein Junge (wobei das Durchschnittsalter der Jungen 10,6 Jahre war) nicht davon ausgeht, von seinen Eltern ermahnt zu werden, wenn er mit einem anderen Jungen kämpft, der ihn provoziert hat.[2]

Eltern wollen, daß ihre Söhne sich wehren. Wir hören oft, wie eine Mutter oder ein Vater dem Sohn erzählen, daß er einen anderen Jungen, der ihn geschlagen hat, nicht einfach gehen lassen darf, sondern daß er »seinen Mann stehen« soll. Diese Einstellung der Eltern zeigt dem Jungen, daß es in Ordnung ist, wenn er mit einem anderen Jungen, der sich ihm in den Weg stellt, »seine Rechnung begleicht« – selbst wenn dieser ihn ohne Absicht verletzt hat. Er wird nicht dazu erzogen, ihm auch die andere Backe hinzuhalten oder seine Konflikte friedlich zu lösen.

In der genannten Forschungsarbeit fühlten sich die Jungen weniger schuldig oder unwohl als Mädchen, wenn sie kämpferisch reagierten. Auch andere Untersuchungen haben gezeigt, daß das Selbstwertgefühl eines Jungen tatsächlich wächst, wenn er eine heftige Auseinandersetzung gemeistert hat.[3] Wenn Jungen kaum getadelt werden und sich selbst auch noch besser fühlen, wenn sie sich schlagen, müssen wir uns über dieses Verhalten nicht weiter wundern.

Eine Mutter erzählte mir von ihrem Sohn und seinem Cousin.

»Mein 14jähriger Sohn ist drei oder vier Jahre älter als sein Cousin, aber sie sind gleich groß. Mein Sohn würde nie zurückschlagen, weil er von Haus aus Konfrontationen vermeidet. Wir haben ihn so erzogen. Eines Tages hat ihn sein Cousin jedoch so geschlagen, daß er kurze Zeit bewußtlos war. Ich regte mich furchtbar auf und sagte, daß hier wirklich eine Grenze überschritten sei. Meine Schwägerin meinte, mein Sohn sei ein Schwächling, wenn er sich das gefallen lassen würde. Ihre Einstellung konnte ich absolut nicht teilen. Ich glaube, daß die Kinder deshalb genauso wie ihre Eltern werden. Sie hat ihrem Sohn das Schlagen nicht verboten. Sie hat ihn dazu vielmehr ermutigt und ihm erzählt, daß er, falls mein Sohn das so einstecken würde, ruhig noch weiterschlagen sollte.«

In der Pubertät kann diese »männliche« Haltung ein Lebensstil werden. Als ich einen Jungen fragte, warum er dauernd raufen würde, meinte er: »Wenn du mich berührst, dann schlage ich dich.« Dieser Junge hatte sich nicht überlegt, daß ihn jemand auch zufällig oder aus Versehen berühren könnte. Er betrachtete jede Berührung als Bedrohung und hatte dann das Bedürfnis, zurückzuschlagen. Er hatte seine Lektionen über Männlichkeit sehr gut gelernt und hatte sich eine Einstellung zu eigen gemacht, sich ständig wehren zu müssen und zuzuschlagen.

»Mein Sohn nimmt jede Herausforderung an und fürchtet sich vor niemandem«, erzählte eine Mutter stolz. Dann schränkte sie jedoch ein: »Ich bin dabei, die ganze Familie zu überreden, umzuziehen, damit er in Sicherheit aufwachsen kann. Wo immer man auch hingeht, gibt es Probleme, und für ihn wäre es am besten, wenn er in Freiheit aufwachsen könnte.«

Ein anderer Junge, der eine Lederjacke, eine lange, schwere Metallkette und mehrere Ohrringe trug, erzählte mir, daß seine Clique viele Kämpfe austragen würde ... wegen Skateboards. »Viele Leute hassen Skateboardfahrer und machen sich über uns lustig«, sagte er. »Wenn wir sie uns dann schnappen und sie verprügeln, werden sie immer ganz kleinlaut. Wir fragen sie, ob sie Probleme hätten, und dann sagen sie nein und versuchen, mit heiler Haut davonzukommen. Wir sagen dann okay und warten, bis sie in der Schule sind. Dann raufen wir dort mit ihnen.«

Schullehrer aus verschiedensten sozioökonomischen Umgebungen haben mir berichtet, daß die Streitereien unter Schülern während der Schulstunden stark zugenommen hätten. In einem ruhigen Ort in Massachusetts gingen drei Jungen in eine Schule und stachen auf einen Schüler so lange mit einem Messer ein, bis er tot war, weil er eine der drei Mütter beleidigt hatte. Ein Lehrer meinte, daß es nicht nur beunruhigend sei, daß viel mehr Gewalt herrschen würde, sondern auch, daß kaum einer der Schüler bereit sei, bei Gewaltakten von anderen einzugreifen. Wenn sie in der Schule nicht miteinander kämpfen, suchen sie sich dafür Orte außerhalb.

Als ich eine Gruppe von Müttern mit Kindern an einer Schule in der Innenstadt interviewte, machten sie sich große Sorgen wegen der Vergeltungsmentalität, die sie bei jungen Leuten beobachtet hatten. Viele von ihren Söhnen waren schon in gefährliche Situationen geraten. »Ich sage meinem Sohn«, erzählte eine Mutter, »daß es besser ist, einfach wegzugehen, und wenn sie dich einen Angsthasen nennen, solltest du einfach nicht hinhören. Wenn du weißt, wer du bist, mußt du dich auch nicht selbst beweisen. Je älter er wird, um so mehr glaubt er mir. Momentan redet er oft mit anderen selbstsicheren Männern, wie es ihnen geht, und das hilft ihm. Mein Vater war ein sehr strenger Mann, der im Zweiten Weltkrieg und im Korea-Krieg war. Deshalb kennt er sich mit Mut und Leben und Sterben aus. Er mußte niemand anderen verprügeln, um sich selbst zu beweisen, wer er war. Er ließ seine Taten für sich sprechen. Er hat sich nicht mit jemandem verabredet, um ihn dann zu verprügeln. Er hat immer gesagt, daß sie, wenn sie dich verletzen wollen, dich dann auch sofort an Ort und Stelle verprügeln sollten – denn wenn man vorgewarnt ist, bewaffnet man sich auch. Es ist viel mutiger, einfach wegzugehen.«

Wenn wir unsere Söhne dazu erziehen, sich körperlich selbst zu verteidigen anstatt einfach wegzugehen, werden wir eine Welt voller Rache und Vergeltung schaffen, eine Welt voller Gewalt. Wenn wir darauf bestehen, zurückzuschlagen, ermutigen wir sie nicht nur, die Faust zu gebrauchen, sondern auch Waffen zu benutzen – weil Waffen Erfolg garantieren.

Der Kampf mit Kinderwaffen

»Ich habe mich geweigert, meinem Sohn Spielzeuggewehre zu kaufen«, erzählte mir eine Mutter, »aber von dem Augenblick an, als er Stöcke fand, fing er an, damit zu schießen.« Natürlich spielen kleine Jungen gern Räuber und Gendarm, ihre Version von Versteckspielen. Dann erfinden sie auch ihre eigenen Waffen. Geben Eltern ihrem Sohn jedoch ein Gewehr, zeigen sie ihm damit, daß sie das Spiel mit Waffen auch gutheißen.

Selbst Wasserpistolen, die man einst als harmlos ansah, sind gefährliche Waffen geworden. An vielen Schulen wurden sie inzwischen verboten, weil viele Schüler damit ernsthaft verletzt wurden. Außer den Gewehren ist viel anderes Kinderspielzeug für Jungen auf dem Markt, das Kampfgeist und Intoleranz fördert. Myriam Miedzian beschreibt in ihrem Buch *Boys Will Be Boys* die Geschichte von einigen Kriegsspielzeugen.[4] Ein Spielzeugroboter, genannt »Rampage« (Wüterich), sagt seinen Benutzern, daß »diejenigen, die andere besiegen, handeln, und die, die besiegt werden, denken.« Mit anderen Worten: Die Denker verlieren. Miedzian zitiert auch den Werbetext zu diesem »Wüterich«: »Er marschiert durch das Leben mit unkontrollierter Wut. Er hat Schwierigkeiten, länger als einige Sekunden zusammenhängend zu sprechen, bevor er wieder gewaltsam ausholt und alles in seiner Nähe, *Freund* oder Feind, zusammenschlägt.« [Hervorhebung der Autorin]

Obwohl ein einzelner »Wüterich« bei einem Jungen wahrscheinlich keinen Schaden anrichten kann, beeinflußten ihn doch eine Reihe von gewalttätigen Bildern. Eine Flut von barbarischem Spielzeug, Ansichtskarten mit Bildern von Massenmördern und Videospiele, bei denen der Gegner ausgeschaltet wird, können den Jungen überzeugen, daß nur böse Jungen wirklich Beachtung verdienen.

Mütter sollten in den Schultaschen ihrer Söhne nach Waffen und entsprechenden Spielen suchen und von sich aus nach Unterhaltungsspielen Ausschau halten, die die Kooperation, den Spaß und ein gesundes Wettbewerbsdenken fördern – Spiele, bei denen Gewinnen nicht heißt, einen anderen auszuschalten.

»Ich verwandle meine Angst in Zorn«

»Was ödet dich an?« fragte ich einen freundlich wirkenden, gutaussehenden Schüler der Abschlußklasse, der trotzdem für sein gewalttätiges Temperament bekannt war. »Die Schule«, antwortete er. »Wenn du die Noten nicht schaffst, die du haben mußt, dann kümmern sie sich nicht mehr um dich. Das ist eine grundsätzliche Sache. Ich selbst zähle nicht. Ich bin nur einer von vielen in der Klasse.«

Das war zwar nicht die Antwort, die ich erwartet hatte, aber der Ton der Stimme und die Angst davor, daß sich niemand um ihn kümmert, waren mir nicht fremd. Er hatte die traurige Scheidung seiner Eltern erlebt und wollte sie nicht für seinen Zorn verantwortlich machen. »Die Scheidung hat mich anfangs wirklich verrückt gemacht, aber jetzt habe ich gelernt, damit umzugehen. Ich werde nicht mehr zornig.« Aber er *war* zornig, und er zeigte das auch seinen Lehrern und im Sport, aber nicht seiner Mutter oder seinen Schwestern, mit denen er zusammenlebte. »Wenn du zu Hause nicht den Coolen spielst«, erzählte er mir, »dann verlieren sie den Respekt vor dir, deshalb zeige ich zu Hause auch nicht, daß ich wütend bin.«

Wie baut dieser Junge seinen Streß ab? Durch Football. »Beim Football regen mich viele Dinge auf, und das treibt mich beim Spielen an. Um so zorniger ich bin, um so besser spiele ich. Wenn ich nicht zornig bin, kann ich keinen Sport treiben. *Ich verwandle meine Angst in Zorn.*«

Ihre »Angst in Zorn« zu verwandeln, treibt viele Jungen an, egal, wo sie leben. Ihre Furcht kann verschiedene Formen annehmen – die Furcht vor Fehlschlägen, die Furcht davor, angegriffen zu werden, die Furcht, durch Scheidung den Vater zu verlieren oder einen Freund durch Tod und die Furcht davor, erwachsen zu werden – oder auch alles zusammen. Statt über ihre Ängste zu reden, glauben diese Jungen, daß richtige Männer zornig werden oder teilnahmslos reagieren müssen.

»Dieser Ort [die Schule] macht mich manchmal wahnsinnig, weil hier soviel Streß herrscht«, meinte dieser ältere Schüler. »Früher bin ich immer ausgerastet, aber jetzt lasse ich einfach Dampf ab, und das macht die Lehrer fast verrückt.«

Wenn er kein Ventil hat, seinen Streß abzubauen, muß ein heranwachsender Junge bei seinen Eltern und seinen Lehrern »Dampf ablassen«. Er will nicht als Schwächling gelten und um Hilfe bitten, und deshalb verdeckt oft eine Maske der Gleichgültigkeit seine inneren Kämpfe.

Die Angst eines Jungen kann noch verstärkt werden, wenn er an eine neue Schule kommt und sich wieder »selbst beweisen« muß. »Als wir in eine andere Gegend zogen«, erzählte mir eine Mutter, »kämpfte mein Sohn einen Monat lang jeden Tag, um sich seine Männlichkeit zu beweisen. Täglich kämpfte er mit dem schlimmsten Kerl im ganzen Viertel, und sie prügelten sich so lange, bis beide müde waren und ein blaues Auge hatten. Sie saßen erschöpft vor dem Haus, mein Mann ging hinunter und redete mit ihnen, und jetzt sind sie die besten Freunde.«

In einem anderen Stadtteil erzählte mir eine Mutter: »Mein Sohn hat Angst, wenn er teure Turnschuhe trägt, weil er sich fürchtet, dann zusammengeschlagen zu werden. Das ist in vielen von seinen Lebensbereichen das Wichtigste – Angst zu haben, geschlagen zu werden. Als er anfangs auf die Junior-High-School ging, kaute er fünf Monate lang Nägel, bevor er wirklich zur Schule ging. Er hat mir gar nicht erzählt, warum. Jemand beschuldigte ihn, irgend etwas getan zu haben, und irgendeine Jugendbande wollte ihn erwischen. Er fand ein paar Leute, die ihn beschützten. Das ist immer noch so, und jetzt ist er schon in der zehnten Klasse. Man könnte durchaus sagen, daß es eine kriminelle Jugendbande ist, aber so würden sie selbst sich natürlich nicht nennen – aber er hat Angst. Das weiß ich.«

Ein anderer Junge hat eine ganz eigene Art, seinen Streß abzubauen. Als ich ihn fragte, wie er seine Angst und seinen Zorn los wird, war ich von seiner Antwort sehr überrascht: »Ich gehe nach Hause, nehme einen Baseballschläger und schlage auf einen Baum ein. Ich haue auf diesen Baum ein, so fest ich kann. Ich habe keine Lust, über meine Probleme in der Schule nachzudenken. Die Leute dort machen mich einfach verrückt.«

Erst hatte mir dieser Junge erzählt, daß er zu Hause keine Probleme hätte, aber später sagte er mir, daß seine Mutter krank sei, seit er 13 ist, und oft im Krankenhaus war. Weil sie krank ist, können weder seine Mutter noch sein Vater an den Schulveranstaltungen teilnehmen. Die Familienmitglieder mögen sich aber alle sehr gern. Er berichtete: »Mit meinen Eltern habe ich keine Probleme. Wir streiten nicht, sondern wir reden miteinander. Sie ermuntern mich: ›Wenn du Probleme hast, dann komm und rede mit uns.‹« Weil er seine Familie liebt, will er sie nicht mit seinen Problemen belasten. Die Krankheit seiner Mutter ist für die Familie schon schlimm genug, und weil er mit keinem reden will, der ihm Ratschläge geben könnte, läßt er seine Wut an diesem Baum aus.

Als ich einen anderen Jungen fragte, den man mir als »unkontrolliert« beschrieben hatte, wie er mit seinem Streß fertig werden würde, hatte er damit zu kämpfen, seine neue Haltung zu definieren. Er wäre darüber hinaus, seinem Zorn freien Lauf zu lassen, erzählte er mir. »Ich arbeite draußen, ich laufe, ich turne, und ich höre Musik. Wenn mich etwas wütend macht, versuche ich darüber positiv zu denken, nicht negativ. Wenn die anderen etwas Negatives über mich erzählen, sind sie es, die Probleme haben. Mit mir ist alles in Ordnung. Ich muß mir keine Sorgen machen. Es ist sehr, sehr schwer, aber es ist besser, wegzugehen, anstatt in Schwierigkeiten zu geraten.«

Er rechnet es seiner Mutter hoch an, daß sie ihn davon überzeugt hat, daß es ihm »mit sich selbst bessergeht«, wenn er Konfrontationen aus dem Weg geht. »Ich fühle mich nicht als Schwächling, weil ich weiß, daß ich etwas machen könnte. Aber«, betonte er noch einmal, »das ist wirklich sehr hart.« Dieser Junge hat gelernt, daß Rache zu nehmen aus ihm keinen wirklichen Mann macht und daß er kein Schwächling ist, wenn er sich zurückzieht und weggeht.

Der ökonomische Faktor

Mehrere Studien haben den Zusammenhang zwischen ökonomischen Bedingungen und dem Familienleben untersucht und dabei festgestellt, daß finanzielle Probleme das Verhältnis zwischen Vater und Mutter maßgeblich beeinflussen. Die daraus resultierenden Spannungen zwischen den Eltern verändern auch ihren Umgang mit den Kindern und erhöhen die Wahrscheinlichkeit von Verhaltensauffälligkeiten bei Jungen.[5] Einem Heranwachsenden machen dabei die Konflikte zwischen seinen Eltern, die von finanziellen Problemen herrühren, mehr zu schaffen als die Tatsache selbst, wenig Geld zu haben. Sein Vater wird vielleicht zunehmend verärgert, seine Mutter depressiv, und er selbst hat auch mehr Schwierigkeiten und mehr Streitereien auszutragen.[6]

In Haushalten von alleinerziehenden Müttern, in denen das Einkommen ohnehin meist geringer ist als in Haushalten mit zwei Elternteilen, können die wirtschaftlichen Schwierigkeiten noch viel stärker ausgeprägt sein. Eine Mutter, die in einer solchen Situation selbst überfordert ist, ist vielleicht zu erschöpft, ihrem heranwachsenden Sohn genügend Aufmerksamkeit zu schenken, und bemerkt seine Ängste über ihre Finanzen gar nicht. Der Sohn reagiert seine Sorgen dann möglicherweise anderweitig ab.

In einer geschiedenen Familie können die Differenzen zwischen den Erwachsenen, die wegen der Kinder entstehen, gerade während der Pubertät förmlich eskalieren. Ein Jugendlicher, der mehr Geld braucht, wird wahrscheinlich arbeiten müssen, anstatt lernen zu können, und deshalb schlechtere Ergebnisse in der Schule erzielen. Judith Wallerstein hat in ihrer Forschungsarbeit über geschiedene Familien herausgefunden, daß es sich viele Heranwachsende nicht leisten konnten, auf ein College zu gehen, obwohl ihre Väter sehr wohl in der Lage gewesen wären, das Schulgeld zu bezahlen.[7]

Väter haben in der Regel ein vergleichsweise gutes Einkommen, wenn ihre Söhne (oder Töchter) 18 Jahre alt sind.

Obwohl Armut sicherlich Bedingungen begünstigen kann, die zu Gewalt führen können, existieren in vielen armen Familien – ob sie einen oder zwei Elternteile haben – trotzdem gute Beziehungen zu den Söhnen. Diese Familien diskutieren ihre Probleme als Familie und versuchen ihr gesamtes Einkommen gerecht zu verteilen. Das Zusammengehörigkeitsgefühl und die gegenseitige Liebe können einem Sohn das Gefühl geben, daß man die finanziellen Probleme in den Griff bekommen wird. Es mag schwierig werden, aber gemeinsam kann man es schaffen.

Einige Söhne reagieren jedoch – unabhängig von den Beziehungen der Eltern zueinander – sehr heftig, wenn nicht genug Geld zur Verfügung steht. Ein Junge erzählte mir, daß sein Vater sein Geschäft aufgeben mußte und seine Eltern »ihn kurzhalten« mußten. »Ich bin richtig ausgeflippt. Meine Eltern wollten mir überhaupt nichts mehr kaufen, und deshalb war ich die ganze Zeit sauer. Ich habe ihnen ständig Schwierigkeiten gemacht und die Schule geschwänzt.« Er gestand, daß er früher verwöhnt worden war und sich alles kaufen konnte, was er wollte. Viele Jungen bekommen, ob in Haushalten mit durchschnittlichem Einkommen, mit wohlhabenden oder armen Eltern, alles, was sie wollen.

In einem Vorort mit Durchschnittsverdienern erzählte mir ein 13jähriger von seinem Streß, ständig »gut aussehen« zu müssen. »Wenn man eine Hose trägt, die man vom größeren Bruder geerbt hat, sehen sie dich wie ein Stück Dreck an.« Dieser Sohn einer alleinerziehenden Mutter wechselte dann an eine andere Schule, auf der es Schuluniformen gab, die den Makel von Secondhandkleidung aufhoben.

Weil die Eltern mit ihren Kindern häufig nicht über ihre finanziellen Probleme sprechen, spürt ein Sohn vielleicht nur die daraus sich ergebenden Spannungen oder Depressionen. Heranwachsende haben einen sicheren Instinkt dafür, unterschwellige Spannungen im Elternhaus zu spüren. Wenn eine Familie in Not gerät, sollten Eltern deshalb ihren Sohn in die Diskussion mit einbeziehen, was die ganze Familie dagegen tun könnte. Das

Versteckspiel, so zu tun, als ob zu Hause alles in Ordnung sei, und das Arbeitslosigkeit, Scheidung, Krankheit oder Alkoholmißbrauch kaschiert, verwirrt einen Jugendlichen nur. Vielleicht reagiert er sich nur damit ab, auf einen Baum einzuschlagen, aber es kann auch zu weitaus aggressiverem Verhalten kommen, daß ihm selbst oder anderen Schaden zufügt.

Weil Jungen immer noch beigebracht wird, daß »Jungen nicht weinen«, fehlt eine natürliche Streßbewältigung. Eine Mutter erzählte mir, daß ihre heranwachsenden Söhne, als sie ihnen sagte, daß es ganz in Ordnung sei, wenn sie weinen würden, sie ganz entsetzt anstarrten, als ob sie ihren Verstand verloren hätte. »Aber ich habe ihnen gesagt«, fügte sie hinzu, »daß das gesund sei. Daß das ganz in Ordnung sei. Wenn man das zurückhält, dann richtet es im Inneren Schaden an. Ich sagte ihnen, daß das wie Wasserdampf sei, den man ablassen muß. Das ist eine ganz natürliche Sache. Daß man so natürliche Dinge, die ganz normal sind, gar nicht vermeiden kann.« Heranwachsende Jungen verstehen solche Vergleiche.

Die Medien

In allen Familien verherrlichen Fernsehen und Filme Gewalt und üben damit einen gewaltigen Einfluß aus. Eltern haben es meist schwer, gegen die Botschaften der Medien anzukämpfen, in denen die starken Männer durch Kampfbereitschaft und Aggression immer siegen. Als meine Söhne noch jung waren, schränkte ich ihren Fernsehkonsum am Samstagmorgen deutlich ein, weil ich die zu diesem Zeitpunkt gesendeten Zeichentrickfilme für zu gewalttätig hielt. Im Vergleich zu heute scheinen diese Programme noch harmlos gewesen zu sein, wenn man sie damit vergleicht, was den jungen Zuschauern jetzt täglich angeboten wird.

Erst kürzlich haben Wissenschaftler Zusammenhänge zwischen dem Anstieg der Gewalt unter Kindern und Jugendlichen und deren Fernsehkonsum bestätigt. Eine Forschungsarbeit von 1992 stellt fest, daß schon 14 Monate alte Kinder versuchen, das, was sie im Fernsehen gesehen haben, nachzumachen. Bei jungen männlichen Inhaftierten hatten 22 bis 34 Prozent von ihnen ganz bewußt kriminelle Taten verübt, die sie vorher im Fernsehen gesehen hatten.[8]

»Gewalt wird im Fernsehen glorifiziert«, meinte eine Mutter, die zudem in einer gewalttätigen Umgebung lebt. »Auf der Straße sieht er Dinge, die er schon im Fernsehen gesehen hat, und er denkt sich: ›Das kann gar nicht so schlimm sein. Das habe ich im Fernsehen gesehen.‹ Wenn sie Filme ansehen, sehen sie, wie die Leute heldenhaft sterben, und jeder sagt sich: ›Das ist ein Held!‹ Ich habe vor dieser Haltung Angst, weil es auf der Straße überhaupt nicht heldenhaft zugeht. Auf der Straße ist es furchtbar.«

Eine Studie beobachtete 875 Jungen und Mädchen zwölf Jahre lang und stellte dabei eindeutige Zusammenhänge zwischen Gewalt im Fernsehen und aggressivem Verhalten fest. Diese Zusammenhänge kann man auf zwei Ebenen ausmachen: »Aggressive Kinder sehen mehr gewalttätige Fernsehfilme, und die Gewalt im Fernsehen macht sie immer aggressiver.«[9] Im Alter von 30 Jahren hatten junge Männer, die am öftesten Fernsehen geschaut hatten, durchschnittlich häufiger schwere Verbrechen begangen und zeigten stärkeres aggressives Verhalten, wenn sie getrunken hatten. Sie schlugen ihre eigenen Kinder auch häufiger als diejenigen, die in ihrer Jugend nicht so oft vor dem Fernseher gesessen waren.

»Das heute übliche Niveau an zwischenmenschlicher Gewalt stammt sicherlich nicht zuletzt von den Langzeitfolgen bei vielen Menschen, die in ihrer Kindheit ständig der Gewalt im Fernsehen ausgesetzt waren«, berichtete Dr. Leonard Eron dem Senate Committee on Government Affairs.[10] Gewalttätige Fernsehsendungen, die als Babysitterersatz bei Kindern eingesetzt werden, beeinträchtigen deren geistige Gesundheit. Gewalttätige Fernsehshows, die von Jugendlichen gesehen werden, fördern die rohe Gewalt, die uns zunehmend zu Hause und auf den Straßen begegnet.

Mütter können den Fernsehkonsum kontrollieren, weil der Fernsehapparat meist im Wohnzimmer steht und einen Ein- und Aus-Schalter hat. Für falsch halte ich es dagegen, wenn Jungen ein eigener Fernseher für ihr Zimmer erlaubt wird. Diskussionen über das Fernsehprogramm werden dann nie stattfinden, weil der Sohn dann in seinem Zimmer seine eigenen Sendungen auswählen und ansehen kann. Es gibt genügend gute Sendungen im Fernsehen, die Jugendliche sehen können, und wenn es Fragen bezüglich einer bestimmten Sendung gibt, sollten sie die Eltern mit den Kindern gemeinsam ansehen.

In den Familien sollte es Regeln geben, wieviel und welche Art von Fernsehsendungen angeschaut werden dürfen. Einige Familien setzen sich am Sonntagabend zusammen und beschließen, welche Sendungen sie in der kommenden Woche ansehen wollen. Das garantiert natürlich nicht, daß ein Sohn sich nicht auch Gruselfilme ansieht, wenn die Eltern nicht da sind. Aber die Botschaft, die er von seinen Eltern erhält, ist eindeutig: daß gewalttätige Filme nicht toleriert werden.

Eine unmenschliche Behandlung von anderen Personen ist nicht das Ideal, das man sich ansehen sollte, über das man sich lustig machen sollte oder das man nachahmen sollte. Ein ständiger Konsum von gewalttätigen Filmen kann einen Jungen unsensibel für das Leid werden lassen, das unreflektiert gezeigt wird. Doch das Fernsehen ist hier nicht das einzige zu verteufelnde Medium. Brutale Kinofilme lassen das Töten wie eine Alltäglichkeit erscheinen, nicht als etwas Ungewöhnliches. Kinogänger schockiert so etwas längst nicht mehr.

Nachdem er sechs Frauen getötet hatte, erzählte Nathaniel White den Reportern, daß er seinen ersten Mord beging, nachdem er den Film *Robocop* gesehen hatte. »Ich habe genau das gemacht, was ich im Film gesehen hatte«, meinte er.[11] Als der Polizeichef einer großen Stadt einen 15jährigen fragte, warum er einen Mord begangen hatte, antwortete dieser: »Er hat es einfach verdient.«[12] Diese Bemerkung könnte auch aus einem Rambo-Film stammen.

Oft sagen Heranwachsende, daß sie in einen bestimmten Film gehen wollen und sehen sich aber schließlich doch einen anderen an. Das sollte nicht bedeuten, daß Eltern den Kindern Filme verbieten sollen, in denen brutale Machos vorkommen und aggressive Gewalttätigkeiten gezeigt werden. Eltern sollten ihren

Söhnen vielmehr beibringen, ein solches Verhalten kritisch zu bewerten und dafür plädieren, Filme anzusehen, in denen Männer gewaltlos nach Lösungen für Probleme suchen.

Gewalt gegen sich selbst: Selbstmord

Wenn ein Sohn glaubt, daß sich niemand dafür interessiert, ihm zuzuhören, wenn er in extremer Weise unter Angst und Streß leidet und relativ leicht an Gewehre oder Drogen herankommt, kann er unter Umständen das Opfer seiner eigenen Gewalttätigkeit werden. Die Selbstmordrate unter Jugendlichen und jüngeren Kindern hat sich in den letzten drei Jahrzehnten verdreifacht. Obwohl die allgemeine Selbstmordrate in den USA zurückging, stieg sie gerade bei jungen Leuten zwischen 15 und 24 stark an. Jedes Jahr begehen in den Vereinigten Staaten mehr als eine halbe Million Jugendliche Selbstmord. Der dramatische Anstieg beim Selbstmord von jungen Leuten entspricht auch dem »auffallenden« Anstieg beim illegalen Drogenkonsum.[13]

Drogen sind natürlich nicht der einzige Grund für den Selbstmord von Jugendlichen. Eine Mutter, deren Sohn Selbstmord begangen hatte, erzählte einem Reporter: »Es gibt so viele Gründe für einen Selbstmord wie es Kinder gibt, die Selbstmord begehen.«[14] Depressionen und Angst vor der eigenen Sexualität sind dabei häufige Auslösefaktoren.

Wenn ein Sohn zwischen Depression und Hyperaktivität schwankt, wenn er »Schwierigkeiten hat, sich zu konzentrieren, rasende Gedanken hat und verstört und impulsiv ist«, kann er selbstmordgefährdet sein, wie eine Forschungsarbeit der University of Pittsburgh über die Lebensgeschichten von jungen Selbstmördern gezeigt hat. Gewichtsverlust kann zusätzlich das Risiko erhöhen, daß ein Heranwachsender depressiv wird und die Hemmung zur Selbstzerstörung nachläßt. Die Wissenschaftler haben auch herausgefunden, daß Verhaltensstörungen, wie etwa regelmäßig in Schlägereien zu geraten, auch auf eine Selbstmordgefährdung hinweisen können. Eine Kombination aus Depression, Drogenmißbrauch und ausfallendem Verhalten kann einen Jungen aus dem Gleichgewicht bringen und ihn in den Selbstmord treiben.[15]

Die Verfügbarkeit eines geladenen Gewehrs verstärkt noch die Möglichkeit, einen Selbstmord zu begehen. Ein Bericht über die Ursachen von 70 Selbstmorden bei Jugendlichen kam zu dem Ergebnis, daß 60 Prozent der Toten sich selbst zugeführte Schußwunden von Handgewehren aufwiesen. Kinder von Gesetzeshütern zählten dabei »unverhältnismäßig« oft zu den Opfern dieser tragischen Selbstmorde, weil sie zu Hause relativ leichten Zugang zu Gewehren hatten.[16]

Obwohl es genug Theorien über den derzeitigen Anstieg der Selbstmordrate bei Heranwachsenden gibt, will ich hier auf ein eher selten erwähntes Thema zu sprechen kommen: das Gefühl, von den Eltern nicht geliebt zu werden.

Eine Forschungsarbeit der Boston University verglich drei verschiedene Studentengruppen: Studenten, die schon früher an Selbstmord gedacht oder auch Selbstmordversuche unternommen hatten, depressive Studenten und Studenten, die bislang keinerlei Depressionen oder Selbstmordabsichten gehabt hatten. Die Studenten der ersten Gruppe hatten oft das Gefühl, daß ihre Eltern ihnen gegenüber nicht genug Gefühle zeigten. Sie hatten »eindeutig weniger Vertrauen darin, daß ihre Eltern emotional für sie da waren, ihnen zuhörten und sich für ihre emotionalen Bedürfnisse verantwortlich fühlten«.[17]

Wenn ein Sohn nicht davon überzeugt ist, daß ihn seine Eltern wirklich lieben oder ihm grundsätzlich vertrauen, kann es leicht zur Katastrophe kommen. In vielen Familien mit jugendlichen Selbstmördern wurden Konflikte unter den Tisch gekehrt, und es wurde nie offen über Gefühle geredet. Diese Vermeidungsstrategien können bei einem Jungen dazu führen, seine Probleme zu verbergen, sich in sich selbst zurückzuziehen und sich immer hoffnungsloser und depressiver zu fühlen.

Eine Mutter hat oft Gelegenheit dazu, die Einstellung ihres Sohnes zu sich selbst zur Sprache zu bringen. Er verliert vielleicht sein Selbstvertrauen, schaut ihr nicht mehr so gern in die Augen oder spricht nur widerwillig darüber, weshalb er sich gerade ärgert. Selbst seine Art zu gehen kann seine Grundstimmung »Mir geht es nicht gut« verraten. Wenn eine Mutter diese Stimmung bemerkt, sollte sie ihm sofort mitteilen, daß sie gern wüßte, worüber er sich Sorgen macht, und sie sollte ihm ganz unparteiisch zuhören. Wenn sie ihm nur sagt, daß er toll sei und alle anderen »Idioten«, wird sich seine Einstellung sich selbst gegenüber kaum verändern. Seine Unzufriedenheit mit sich selbst oder mit bestimmten Ereignissen in seinem Leben muß sie aus seiner eigenen Perspektive kennenlernen und als seine eigene Erfahrung respektieren.

Manchmal berichten Eltern von Selbstmördern, daß sie in keinster Weise gewußt haben, was ihren Sohn so bedrückt hat. Oft weiß ein Junge nicht, wie seine Fehlschläge oder seine Gefühle der Unzulänglichkeit aufgenommen werden, deshalb spricht er nicht über seine Enttäuschungen. Wenn dann ein Ereignis eintritt, das ihn total durcheinanderbringt – der Verlust einer geliebten Person durch Tod, eine Scheidung oder das Ende einer Liebesbeziehung, eine schwere Enttäuschung oder eine Demütigung, die Scham nach einer Entdeckung –, dann kann ein verletzlicher Jugendlicher leicht versuchen, sich das Leben zu nehmen.

Einige Jungen lassen Bemerkungen fallen wie »Du mußt dich nicht mehr um mich kümmern«. Immer dann, wenn ein Heranwachsender darüber spricht, daß es jedem besserginge, wenn er nicht mehr da wäre, sollten Eltern aufmerksam werden. Wenn er Selbstmordgedanken hat oder wenn er nur darauf anspielt, sollte er sofort professionelle Hilfe bei jemandem suchen, der auf die Probleme von Jugendlichen spezialisiert ist.

Streßbewältigung

Eine Mutter, die ihren Sohn ermuntert, andere zu akzeptieren, nicht immer den starken Mann zu spielen, sich selbst zu mögen und auf seine Instinkte zu vertrauen, wird ihm dabei helfen, das Leben gut zu meistern. Wenn ein Vater seinem Sohn gegenüber keine Macht ausübt, gewalttätiges Verhalten nicht stillschweigend hinnimmt, kooperativ ist und seinem Sohn seine Zuneigung zeigen kann, wird er auf ihn auch starken Einfluß ausüben, indem er ihm beibringt, wie man ein Mann sein kann, ohne Gewalt auszuüben.

»Ein Mann, der glaubt, daß Kindererziehung ›Frauensache‹ sei, wird seinen Sohn zwangsläufig zu gewalttätigem Verhalten animieren«, schrieb Thomas Blackburn in *The National Catholic Reporter*.[18] Die Vorstellung, daß nur Frauen Kinder erziehen und nur Männer durch Konfrontationen Probleme lösen könnten, bewirkt nur einen unguten Burgfrieden in den Familien. Jungen sollte vorgelebt werden, wie Vater und Mutter gemeinsam Probleme lösen. Auseinandersetzungen über die Aufsichtspflicht oder die Erziehung allgemein können einem Sohn sehr weh tun, genauso wie ständiges feindseliges Diskutieren innerhalb der Familie. Selbst wenn ein Vater von seiner Familie getrennt lebt, kann er auf das Leben seines Sohnes positiven Einfluß ausüben.

Wenn Jungen Angst haben, ist das ganz natürlich. »Ich kenne viele Eltern, die ihren Kindern beibringen, daß es nicht gut ist, wenn man Angst hat«, sagte eine Mutter. »Diese Jungen verhalten sich wie Machos, das ist ganz verrückt. So kann man aber doch nicht leben. Man muß doch Angst empfinden können.«

Viele Jungen erkennen nicht, daß sie sich durch ihre Macho-Haltung nur zusätzlichem Streß aussetzen. Eine Mutter erzählte mir, daß sie einen Spiegel nahm und ihren Sohn bat, sich darin anzusehen und das Gesicht zu machen, daß er in seiner Klasse aufsetzen würde. Er erkannte schnell, warum viele Lehrer negativ auf ihn reagierten. Sein Gesicht drückte aus: »Du kannst mir überhaupt nichts beibringen – versuch' das mal!«

Derselbe abweisende Blick kann auch Kämpfe provozieren. Ein Junge, der früher immer gekämpft hatte, sagte mir, daß er die Rolle des »starken Jungen« jetzt aufgegeben hätte. »Heute«, meinte er, »sage ich, daß es mir leid tut, wenn ich jemanden anremple, und wenn mich jemand anstößt, sage ich ›Nichts passiert.‹ Heute behandeln mich die Leute mit viel mehr Respekt. Ich grüße jeden, selbst wenn ich ihn nicht kenne. Ich hielt das immer für einen Witz, als uns die Lehrer in der Mittelstufe erzählt haben, daß wir voreinander Respekt haben sollten. Ich war davon überzeugt, daß mich selbst auch niemand respektieren würde, wenn ich nicht kämpfen würde. Ich wollte so aber nicht mehr weiterleben. Ich fühlte mich gar nicht als Mensch, als ich diese dämliche Rolle spielte. Ich fühlte mich wie ein Idiot.«

Dieser Junge hat gelernt, mit anderen auszukommen, er hat ihren Respekt verdient und erkannt, daß er sich nicht ständig verteidigen muß, um sich als Mann zu fühlen. Er war richtig überrascht, weil ihn die anderen jetzt respektieren, und er ist richtig stolz darauf, daß er das geschafft hat.

Andere Söhne berichteten von anderen Möglichkeiten, wie sie ihren Streß bewältigten. Ein Junge erzählte mir, daß er seinen halbstündigen Weg zur und von der Schule dazu nutzen würde, Musik aus dem Walkman zu hören, um sich dabei zu entspannen. Er glaubte, daß er nach den anstrengenden Stunden in der Schule und vor den Hausaufgaben eine »längere Pause« verdient hätte. Diese 30minütige Pause tat ihm sehr gut. Obwohl er kein Alkoholiker war, erzählte er, daß er eine Methode der Anonymen Alkoholiker praktizieren würde: »Ich denke immer nur an den einen Tag, den ich gerade lebe.«

Ein anderer Junge erzählte, daß er so lange herumlaufen würde, bis sein Zorn verflogen sei. Manchmal, meinte er, gehe er nach Hause und repariere »Dinge, wie es ein Redner macht. Wir haben so viele Sachen, die wir nicht brauchen, und ich versuche sie zu reparieren.« Er hat gehört, daß es für einen Redner gut ist, wenn er Dinge repariert, weil das sein Energiepotential erhöht und ihn von seinem Zorn ablenkt.

Viele Jungen treiben Sport, dem traditionellen Medium, um angestaute männliche Energie wieder abzubauen. »Das ist ein sicherer Weg, seine Aggressionen zu kanalisieren«, meinte ein Junge, den ich interviewte. »Wenn man in der Schule einen harten Tag gehabt hat, könnte man jeden umbringen.« Er sagte darauf noch, daß Footballspieler »harte Jungs« und gute Freunde untereinander seien und daß sie diese Härte auch voneinander erwarten würden.

Die beste Möglichkeit, seinen Streß abzubauen, ist es aber

sicherlich, mit einem Elternteil zu reden oder mit einem Freund. Für einen Jungen ist es jedoch oft nicht einfach, offen darüber zu sprechen. Als ich Jungen fragte, mit wem sie in ihren Familien am liebsten und leichtesten reden könnten, antworteten die meisten von ihnen sofort:»Mit meiner Mutter.« Als ich sie jedoch fragte, zu wem sie gehen würden, wenn sie ernste Probleme hätten, folgte auf diese Frage meist eine längere Pause. Offensichtlich denken viele Jungen überhaupt nicht daran, über ihre Probleme mit anderen zu reden. Sie haben gelernt, daß sie »hart sein« müssen, ihre Probleme ignorieren oder ihre Frustrationen auf andere Weise abbauen sollen.

Problemlösung

Ein Sohn wird am besten lernen, mit Streß umzugehen, wenn er eine Mutter hat, die bereit ist, sich mit ihren Sorgen auseinanderzusetzen, die ihm gerne zuhört, in deren Haushalt es nicht ständig zu Spannungen kommt und die selbst über den Abbau von Frustrationen sprechen kann. Er wird davon profitieren und einige Problemlösungstechniken lernen. Bettie Youngs beschreibt in ihrem Buch *Helping Your Teenager Deal with Stress* ein Problemlösungsprogramm in vier Schritten, das sehr effektiv sein kann.[19]

Zuerst soll man den Sohn bitten, sein Problem so detailliert wie möglich zu beschreiben (ein »harter Junge« macht ihm das Leben in der Schule schwer). Dann sollte man *ihn* bitten, über verschiedene Möglichkeiten nachzudenken, wie das Problem bewältigt werden könnte (er schlägt ihn, seine Freunde schlagen ihn, ihm aus dem Weg gehen, mit ihm an einem sicheren Ort reden, mit dem Schulpsychologen sprechen, sich in eine andere Klasse versetzen lassen, die Schule wechseln). Dann sollte man sich überlegen, was passieren würde, wenn er diese Möglichkeiten ausprobiert. Je mehr Alternativen in Betracht gezogen werden, um so besser. Wenn eine Lösungsmöglichkeit unrealistisch erscheint, schlägt Youngs vor, den Sohn wieder auf den »Boden der Tatsachen« zurückzuholen und ihn erneut darum bitten, sich mit dem Problem auseinanderzusetzen. Als dritten Schritt sollte man nach der Diskussion aller Problemlösungsmöglichkeiten und ihrer möglichen Konsequenzen ihn selbst entscheiden lassen, was er jetzt tun will. Und im vierten Schritt sollte man am Ende darüber reden, wie effektiv seine Lösung war.

Dieses Programm in vier Schritten kann man bei jedem Problem anwenden: Seine Freundin will unbedingt von ihm Sex; am Wochenende betrinken sich alle seine Freunde; sein bester Freund denkt an Selbstmord; seine Noten sind schlechter geworden; ein Lehrer behandelt ihn ungerecht; er ist drogengefährdet; seine Freundin ist schwanger.

Als ich eine große Realschule in einer Innenstadt besuchte, hörte ich zufällig, wie ein Junge zu einem anderen sagte: »Darum zu kämpfen lohnt sich nicht.« Als ich diese Bemerkung dem Direktor weitererzählte, sagte er mir, daß ihr Konfliktlösungsprogramm, das sie ausgearbeitet hatten, so gut angekommen sei, daß die Schüler ihre neuen Techniken, miteinander umzugehen, nur noch ganz selten bewußt anwenden müßten. Er meinte, daß sich die Schulpsychologen mittlerweile überflüssig vorkämen. Als sie den Schülern beibringen wollten, wie sie mit den Konfrontationen untereinander umgehen sollten, haben die Lehrer den Schülern beigebracht, wie sie Konflikte allgemein vermeiden können. Das funktionierte. Die Verwaltungsangestellten und Lehrer sorgten in einer Umgebung voller heruntergekommener Wohnungen und Slums dafür, daß die Schüler in einer Atmosphäre von körperlicher und emotionaler Sicherheit aufwachsen konnten. Der Erfolg zeigte sich in jeder Klasse, die ich besuchte, dadurch, daß die Schüler produktiv und eifrig lernten.

Die meisten Mütter geben ihren Kindern diese Sicherheit und Stabilität jedoch zu Hause, und ihre Söhne wissen das zu schätzen. Ein Junge erklärte das so: »Sie versteht fast alles und kümmert sich sehr um meinen Bruder und mich. Sie ist immer für uns da – das ist fast unheimlich, weil man das von einer Mutter kaum erwarten würde.«

Wenn Söhne lernen, daß sie ihre Probleme besser und effektiver mit ihrem Kopf und ihrem Herzen lösen, »beweisen« sie dadurch ihre Männlichkeit und bereiten sich selbst auf das 21. Jahrhundert vor. Mütter können sie dabei sehr gut unterstützen.

☞ Tips für Mütter

1. Schätzen Sie die natürliche Körperlichkeit Ihres Sohnes.
2. Bringen Sie ihm bei, daß Kämpfen kein guter Weg ist, sich selbst zu verteidigen.
3. Geben Sie ihm Spiele und Videos, die ihn zu Kooperation und Problemlösung ermuntern und nicht zu Gewalt und Gewinnenmüssen um jeden Preis.
4. Sprechen Sie mit ihm ganz offen über familiäre und auch finanzielle Probleme.
5. Beziehen Sie ihn in Gespräche über familiäre Probleme mit ein, in denen bestimmte Entscheidungen zu fällen sind.
6. Erkennen Sie seine eventuell begründete Angst vor Gewalt auf der Straße und in der Schule.
7. Reagieren Sie den Streß zwischen Ihnen und Ihrem Partner nicht bei Ihrem Sohn ab. Geben Sie ihm die emotionale Sicherheit, die er braucht, und sagen Sie ihm, daß es völlig in Ordnung ist, wenn er weint.
8. Überwachen Sie seinen Fernseh-, Video- und Kinokonsum. Sagen Sie ihm, daß Sie selbst Gewalt gegen andere verurteilen.
9. Seien Sie aufmerksam bei allen Anzeichen von Gewalt, die gegen ihn selbst gerichtet ist. Werden Sie auch hellhörig, wenn er über Selbstmord spricht oder offensichtliche Anzeichen von Depressionen zeigt.
10. Entfernen Sie – soweit vorhanden – alle Gewehre aus Ihrem Haus.
11. Zeigen Sie ihm, wie man Konflikte ohne Gewalt lösen kann. Wenden Sie dabei das Problemlösungsprogramm in vier Schritten an.
12. Zeigen Sie ihm immer, daß Sie ihn liebhaben und daß Sie jederzeit gesprächsbereit sind.

8
Die eigenen Fähigkeiten entdecken und fördern

Die Heranwachsenden und die Schule

»Eines der bestgehütetsten Geheimnisse von Washington ist, daß die Familien die stärksten Verbündeten der Lehrer sind«, verkündete die Wissenschaftlerin Theodora Ooms in ihrer Rede bei einer Kongreßdebatte.[1] Die Erkenntnis, daß Familien und Schulen zusammenarbeiten sollten, ist sehr begrüßenswert und Müttern nur willkommen, die jeden Tag mit der Herausforderung leben müssen, ihren heranwachsenden Sohn für die Schule zu motivieren.

Viel zu viele Jungen erreichen nicht das, was sie erreichen könnten, und entfalten ihre natürlichen Talente nur unzureichend. Mütter, Väter und Lehrer, die in einen Sohn ihr Vertrauen setzen, können diese Differenz bei erfolgreichen, nur schwer lernfähigen und erfolglosen Schülern zumindest teilweise ausgleichen. Jugendliche möchten die Erwartungen ihrer Eltern sehr wohl erfüllen, und wenn die Erwachsenen annehmen, daß sich ein pubertierender Sohn nicht mehr für die Schule interessiert, nur weil er in die Pubertät gekommen ist, unterstützen sie seine eventuell negative Entwicklung auch noch.

Manchmal machen die Eltern die Schule für die Apathie des Sohnes beim Lernen verantwortlich. Lehrer und Verwaltungsbehörden beklagen sich andererseits häufig darüber, daß Eltern an ihre Kinder zu wenig Ansprüche stellen würden, den Fernsehapparat nicht oft genug ausschalten, die Hausaufgaben nicht überwachen oder den Kindern kein sicheres und beschützendes Zuhause bieten können. Jungen fallen oft aus der Rolle, und jeder macht sie dafür selbst verantwortlich, ohne die Verantwortung bei den Erwachsenen zu sehen, die sie anleiten sollten, gut durch die Mittelstufe und die High-School zu kommen.

Heranwachsende Jungen werden von vielen unterschiedlichen Energien angetrieben. Manchmal sind sie voller Vitalität und in der nächsten Minute wieder völlig erschöpft. In jedem Klassenzimmer kann ein Lehrer Jungen antreffen, die vor Energie geradezu sprühen, und andere, die ganz apathisch herumsitzen, Jungen, die aussehen, als ob sie erst zehn oder schon 18 Jahre alt sind, Jungen, die etwas lernen wollen und Jungen, die die Schule regelrecht hassen – das ist für einen Lehrer keine leichte Situation.

»In der siebten Klasse bin ich 17 cm gewachsen. Das hat mir viele Schwierigkeiten bereitet«, erzählte mir ein Junge. »Ich war ein wilder und frecher Kerl. Ich bekam Hausarrest, weil ich einen Stein durch ein Fenster geworfen hatte. Vier Jahre lang habe ich immer ein Vierteljahr gefehlt. Das war verschwendete Zeit.« Als ich ihn fragte, wie er sich von der siebten Klasse erholte, erwiderte er ganz einfach: »In der achten Klasse war ich 1,70 m groß und hörte auf, mich wie ein Idiot zu benehmen.« Er erwähnte auch, daß er meinte, seine Eltern hätten mit ihm strenger sein sollen – eine überraschende Erkenntnis eines 17jährigen.

Vor allem in den ersten Jahren der Pubertät unterscheiden sich die Jungen voneinander nicht nur in der Größe und in ihrer Energie, sondern auch in ihren geistigen Fähigkeiten. Einige denken ganz konkret und brauchen anschauliche Experimente, um den Lernstoff zu verstehen. Sie profitieren vom Theaterspielen in der Englischstunde, von konkret nachvollziehbaren Aufgaben in Mathematik und von verkleinerten Nachbildungen der Vereinten Nationen in den sozialwissenschaftlichen Fächern. Andere, die selbst in der achten Klasse noch in der Minderheit sind, denken bereits viel abstrakter und können theoretischere Gedankengänge nachvollziehen. Die meisten Schüler werden jedoch ganz zappelig, wenn der Lehrer vorn unterrichtet und sie still sitzen und zuhören müssen. Wenn die Jungen in die zehnte oder elfte Klasse kommen, können sie abstrakte Gedankengänge und theoretische mathematische Aufgaben schon viel besser verstehen. Dann kann es aber vielleicht schon zu spät sein, wenn sie vorher schon vollkommen abgeschaltet haben oder schon zu oft durchgefallen sind.

Zu der Zeit, wenn heranwachsende Jungen viel Aufmerksamkeit für ihre Entwicklung bräuchten, werden sie häufig von Fachlehrern unterrichtet, die sie nur 45 bis 50 Minuten am Tag sehen und denen 150 verschiedene Schüler pro Tag gegenübersitzen. Schulpsychologen müssen sich manchmal gleichzeitig um 300 Schüler kümmern. Genau dann, wenn die Heranwachsenden in Entscheidungen mit einbezogen werden sollten, die sie betreffen, werden von den Schulen striktere Kontrollmuster eingeführt, um ihre jugendlichen »Probleme« besser in den Griff zu bekommen. In einer Lebensphase, in der die intellektuelle Neugierde gefördert werden sollte und die Jungen gern Löcher in den Bauch fragen, Herausforderungen suchen, ihre eigenen Theorien aufstellen und traditionelle Werte in Frage stellen, werden sie in »Neigungsgruppen« gesteckt, in denen man ihnen sagt, daß sie ruhig sein sollten. Alle Schüler sollten dagegen einen anregenden und anschaulichen Unterricht von hervorragenden Lehrern genießen, in Spezialkursen für die talentiertesten Schüler anregende Diskussionen führen und an Exkursionen teilnehmen können.

Als ein verzweifelter Junge in einer Schule in Massachusetts vor der versammelten Klasse ein Gewehr herauszog, seine Klassenkameraden bedrohte und sich dann selbst umbrachte, konnte man keinen Lehrer finden, der ihn so gut gekannt hätte, daß er ihn hätte aufhalten können. Keiner in der Schule hatte bemerkt, daß er verstört war. Die große Anzahl der Schüler macht die wichtige Arbeit der Schulpsychologen manchmal fast unmöglich.

An vielen Schulen versucht man diesem Problem der Unpersönlichkeit und der großen Anzahl von Schülern möglichst adäquat zu begegnen. In einer High-School, die ich im Stadtteil East Harlem in New York City besuchte, verlangte man von jedem Lehrer und jedem Mitglied des Personals und der Verwaltung, daß sie zehn Schüler betreuten. Die Betreuer trafen ihre Schützlinge im Schnitt drei bis fünf Stunden pro Woche, sie aßen oft zusammen zu Mittag und vermittelten so selbst an einer großen Schule persönliche Nähe. Die Betreuer sind dafür verantwortlich, daß sie

zu ihren Schülern eine so enge Beziehung aufbauen können, daß
»sie ihren Kopf selbständig einsetzen«. Wenn ein Junge die Schule
schwänzt, ruft der Betreuer seine Mutter an und kennt sie schon
mit ihrem Namen. An einer solchen Schule ist es sehr unwahrscheinlich, daß ein Junge ein Gewehr braucht, um auf sich aufmerksam zu machen.

Der angesehene Carnegie-Bericht über die Erziehung von
jungen Heranwachsenden forderte kleinere Schulen, einen fle-
xiblen Stundenplan, das Abschaffen von Sonderkursen und eine
geringere Anzahl von Schülern pro Lehrer.[2] Zwischen der sechsten
und neunten Klasse erleben die Jungen und Mädchen eine der
schwierigsten Phasen ihrer gesamten Schulausbildung (nach dem
Lesenlernen), und eine erfolgreich verbrachte Zeit in der Mittelstufe macht auch die High-School beziehungsweise Oberstufe
einfacher. Obwohl mittlerweile im ganzen Land interessante Lernprogramme entstehen, bleiben die jungen Heranwachsenden immer
noch die Stiefkinder der amerikanischen Schulen.

Eltern können jedoch oft schlechte Erfahrungen ihrer Kinder
in der Schule kompensieren, und Lehrer können viele Aspekte
eines gestörten Familienlebens ausgleichen. Die Erwartungen eines
Lehrers oder das Vertrauen der Eltern können zu einer ganz
anderen Einstellung eines Sohnes zur Schule führen. Wenn ein
Junge jedoch bemerkt, daß seine Pubertät zu Hause Schwierigkeiten bereitet und daß sein Lernverhalten nicht zu den Lehrmethoden der Schule paßt, verringern sich seine Chancen, in der
Schule Erfolg zu haben.

Der Glaube der Mutter

Schulen können nicht alles allein schaffen. Lehrer in überfüllten
Klassen und heruntergekommenen Schulgebäuden mit einer not-
dürftigen Ausstattung und wenig Personal können alle Hilfe, die
sie von den Eltern erhalten können, gut gebrauchen. Einige Mütter,
die glauben, daß ihre heranwachsenden Söhne von Natur aus
ungern lernen, mischen sich deshalb manchmal leider zu wenig

in die schulischen Angelegenheiten und die akademische Laufbahn ihres Sohnes ein. Wenn Mütter die Wünsche ihres Sohnes, ein guter Basketballspieler oder Gitarrenspieler zu werden oder viele Freunde zu haben, auch schätzen mögen, können sie doch diese Talente oder diesen Ehrgeiz nicht mit akademischen Zielen in Einklang bringen.

Das Vertrauen der Mutter in die Fähigkeiten ihres Sohnes und ihre Bereitschaft, ihm bei den Hausaufgaben zu helfen und bei Schulveranstaltungen zu erscheinen, können für den Sohn darüber entscheiden, ob er gerne zur Schule geht oder ob er »aussteigt«. Ein Schüler aus der Mittelstufe meint vielleicht manchmal, daß er nicht viel arbeiten muß, um das Klassenziel zu erreichen, aber auch er wird vom Interesse seiner Mutter an seinen schulischen Leistungen und ihrem überzeugten Glauben an die Möglichkeiten seines »akademischen Erwachens« profitieren.

Eine Mutter sollte jederzeit in die Fähigkeiten ihres Sohnes, mit der Schule zurechtzukommen, Vertrauen haben, ihm das auch sagen und gegebenenfalls Hilfe suchen, aber sie sollte ihren Sohn auch als ein einzigartiges und wertvolles Individuum achten – das ist die Basis für den Erfolg in der Schule. Meine eigenen Kinder waren auf einer Montessorischule (mit einem ganz natürlichen Erziehungsstil, der zuerst bei Stadtkindern erprobt wurde), was mich tief beeindruckt hat. Ich konnte beobachten, daß die Lehrer vor den Kindern großen Respekt hatten, unabhängig davon, ob sie nun drei oder 15 Jahre alt waren. Dieser Respekt zeigte sich nicht in Grundeinstellungen wie »Setz dich hin und laß die Kinder tun, was sie wollen«, sondern in der Anerkennung des Wertes, den jedes Kind hat, seines eigenen Entwicklungsschemas, seines eigenen Lernstils und des Wertes seiner eigenen Meinung. Heranwachsende Söhne – und alle Kinder – brauchen diese Art von Respekt.

Eine Forschungsarbeit der University of Georgia bestätigte, wie wichtig der Respekt der Eltern vor ihren Kindern ist: Farbige Mütter aus ländlichen Gebieten, die davon überzeugt waren, daß es für ihre Kinder ein wichtiges Lebensziel sei, vor sich selbst Respekt zu haben, interessierten sich auch sehr stark für alles, was mit der Schule zusammenhing, und hatten Kinder, die durchschnittlich sehr gute Noten erzielten.[3] Es leuchtet ein, daß Mütter, die ihre Söhne und Töchter schätzen und respektieren, Kinder haben, die diesen Respekt verinnerlichen und viel Selbstvertrauen besitzen.

Respekt zu haben fördert auch die Bereitschaft, in der Schule Mut und Zuversicht zu haben und damit die Haltung »Das kann ich schon«. Ein Sohn strengt sich mehr an, wenn er weiß, daß sich seine Eltern nicht über ihn lustig machen, wenn er Fehlschläge hat. Er erkennt, daß seine Mutter, selbst wenn er Mißerfolge erlebt, stolz auf seine Bemühungen ist. Vielleicht wird er durch zusätzliche Hilfe seine Aufgaben besser verstehen oder bei Schularbeiten besser abschneiden oder interessante Pläne entwickeln. Wissen zu erwerben geht nie ohne Anstrengungen, und meist gehen dem viele Fehlschläge voraus. Das Wissen selbst erhöht das Selbstwertgefühl eines Jungen und fördert auch seinen Respekt vor anderen Leuten – ein Lebensziel für alle Menschen.

Von der Montessorischule, die meine Kinder besucht haben, habe ich noch etwas anderes gelernt. Die Lehrer waren vollkommen davon überzeugt, daß die Schüler – auch die Jungen – einen angeborenen Lerneifer besitzen. Wir Erwachsenen legen diesem Ehrgeiz oft große Steine in den Weg, weil wir das Lernen langweilig und mit vielen Wiederholungen gestalten. Trotzdem überwinden die meisten Kinder diese Langeweile, weil ihr Streben nach Wissen so intensiv ist. Die Annahme, daß Söhne grundsätzlich etwas lernen wollen, kann eine Mutter dazu veranlassen, die Gründe, warum ihr Sohn vielleicht einmal nicht lernen will, näher zu untersuchen. Ist der Stoff zu schwer für ihn? Hat er eine wichtige Erklärung nicht verstanden? Gibt es in der Klasse einen Störenfried? Hat er einen neuen Lehrer? Eine Mutter sollte sich bei ihrem Sohn nicht einfach nur darüber beklagen, daß er schlechte Noten hat, sondern versuchen, die Ursachen dafür zu ergründen.

Wenn ein Junge in die Pubertät kommt, können seine Freunde versuchen, ihn von seinen schulischen Zielen abzuhalten. Manchmal scheint es so zu sein, als hätten diese Freunde mehr Einfluß auf ihn als seine Mutter, aber eine starke Mutter weiß, daß sie eingreifen kann und muß. Sie erzeugt bei ihrem Sohn eine Erwartungshaltung, die ihn wissen läßt, daß sie möchte, daß er regelmäßig zur Schule geht. »Mein Sohn wollte einfach nicht mehr zur Schule gehen«, erzählte eine Mutter aus der Innenstadt. »Ich habe ihm gesagt, daß es Dinge gibt, über die wir reden können, und andere Dinge, über die wir nicht zu diskutieren brauchen. Zur Schule zu gehen gehört zu den Dingen, über die wir nicht verhandeln brauchen.« Ihr Sohn ging weiterhin regelmäßig zur Schule und bestand seine Abschlußprüfung.

Wie die Eltern über die Pubertät denken, hat meist großen Einfluß darauf, wie sie mit ihren Söhnen umgehen. Geht eine Mutter davon aus, daß die Gehirntätigkeit ihres Sohnes zwischen 12 und 17 auszusetzen scheint, bemerkt sie wahrscheinlich auch nicht, daß er seine Hausaufgaben vernachlässigt, daß er bei vielen Veranstaltungen der Klasse nicht mit dabei ist oder seine fadenscheinigen Ausreden für das unentschuldigte Fehlen in der Schule. Die Mutter erwartet das Schlimmste. Denn Jungen sind nun mal Jungen.

Verhält sich eine Mutter jedoch ganz neutral, wird sie den Intellekt ihres Sohnes ganz geduldig fördern. Sie wird jede Gelegenheit wahrnehmen, sein Selbstvertrauen in seine eigenen Fähigkeiten, seine Geschicklichkeit und seine Intelligenz zu stärken. Mütter, die von Anfang an glauben, daß ihre Söhne ihre Schulzeit erfolgreich meistern, scheinen auch Söhne zu haben, die diese Erwartungen erfüllen. Der Glaube daran muß jedoch auch durch dementsprechende Handlungen unterstützt werden.

Wie aus ihm ein Schüler wird

»Das passiert jedes Jahr«, beklagte sich eine Mutter. »Ich glaube immer, daß es ganz gut läuft, und dann bringt er die ersten Noten mit nach Hause. Ich werde dann so zornig auf ihn und lasse meine Wut an ihm aus.« Viele Mütter erkennen sich hier gut wieder. Den Sohn anzuschreien ist jedoch keine besonders wirksame

Methode, seine Arbeitsmoral zu stärken oder ihn zu motivieren, bessere Arbeit zu leisten.

Eine Mutter, die mit ihrer Weisheit am Ende war, erzählte ihrem 15jährigen Sohn, daß sie seine Hausaufgaben nicht mehr beaufsichtigen würde. Seit der zweiten Klasse hatte sie ihn immer wieder ermahnt, seine Hausaufgaben zu machen, und das hatte sich acht Jahre lang nicht geändert. Deshalb sagte sie ihm auch, daß sie es leid sei, ihn immer wieder in Schutz zu nehmen, und ging zu seinem Vertrauenslehrer. »Ich brauche die Erlaubnis, mich nicht mehr um dieses Kind kümmern zu müssen, weil ich das jetzt einfach nicht mehr kann. Wenn ich noch vier weitere Jahre lang schützend hinter ihm stehen muß, was soll er dann auf dem College machen? Ich habe dem Vertrauenslehrer gesagt, daß er ihm alle Strafen aufbürden soll, die er verdient hat, und daß ich selbst die Schule in allem unterstützen würde, aber ansonsten meine Ruhe haben möchte.«

Das Dilemma einer Mutter – was ist für einen Sohn zuviel oder zuwenig Überwachung? Wenn es um Schularbeiten geht, wird diese Zwickmühle noch größer, weil eine Mutter genau weiß, daß seine Durchschnittsnote darüber entscheiden kann, ob er studieren kann oder nicht. Soll sie ihn einfach machen lassen, bis er ganz unsanft aufwachen wird? Soll sie sich bei der Schule dafür einsetzen, damit sie mithilft, die Einstellung ihres Sohnes zu ändern, so wie es die ebengenannte Mutter gemacht hat? Oder soll sie ihn weiterhin hartnäckig jeden Abend fragen, ob er seine Hausaufgaben gemacht hat, ob er am nächsten Tag irgendwelche Tests schreibt und wann seine Abschlußprüfungen stattfinden? Oder gibt es bessere Möglichkeiten, seine Motivation zu erhöhen?

Die Verhaltensforschung bei Heranwachsenden stellt grundsätzlich den positiven Einfluß der elterlichen Sorge um die schulischen Erfolge bei Jugendlichen heraus, und Mütter sollten nie aufhören, ihre Söhne hier zu fordern.[4] Ein Junge möchte jedoch nur selten, daß sich seine Mutter immer über ihn beugt. Wenn ihre Hausaufgabenüberwachung seine Grundeinstellung zur Schule nicht ändern kann, muß sie ihre Strategien neu überdenken. Gibt es einen anderen Weg?

Einige Jungen geben freimütig zu, daß sie die allabendlichen Ermahnungen ihrer Mutter brauchen, ob sie ihre Hausaufgaben gemacht hätten. Ein Junge, der auf eine sehr gute technische High-School gehen wollte, schätzte es sehr, daß ihn seine Mutter kontrollierte: »Meine Mutter fragt mich jeden Abend, ob ich meine Hausaufgaben gemacht hätte. Sie findet es auch heraus, wenn ich sie nicht gemacht habe. Sie fragte mich, wann wir Hausaufgaben aufbekommen, und ich habe ihr gesagt, daß das immer von Montag bis Donnerstag ist, und deshalb fragt sie mich immer an diesen Abenden. Manchmal geht sie zur Schule und fragt nach, ob sie tatsächlich Hausaufgaben aufgegeben haben (und ich sie nicht gemacht habe), und dann ist sie mir böse.« Ich fragte ihn, ob er das gern sehen würde, und er meinte: »Nein, eigentlich nicht, aber wenn sie das nicht machen würde, würde das wohl bedeuten, daß sie sich nicht um mich kümmert. Es ist ganz gut so, wie sie das macht.«

Andere Jungen protestieren dagegen und erzählten mir, daß sie, wenn sie es »leid seien«, Hausaufgaben zu machen, einfach nur in ihr Zimmer gehen und Löcher in die Luft starren würden. Andere fühlen sich von ihrer Mutter stark unter Druck gesetzt, immer noch mehr lernen zu müssen, auch wenn sie gut in der Schule sind und ihre Hausaufgaben regelmäßig und vollständig machen.

»Selbst wenn ich eine Eins habe, meint meine Mutter noch, daß ich eine bessere Note hätte haben können, wenn ich Fleißaufgaben machen würde und dann eine Eins mit Stern haben könnte«, meinte ein Junge, der sich von seiner Mutter allzusehr gefordert fühlte. »Das ist endlos. Das macht mich ganz verrückt. Auch wenn ich viel arbeite und gute Noten erziele, sagt sie immer noch dasselbe. Was macht da noch einen Unterschied aus? Wenn ich nichts gelernt habe und nur eine Drei bekommen habe, behandelt sie mich ganz genauso.«

Wenn ein Sohn ein guter Schüler ist und seine Fähigkeiten voll ausnutzt, sollte eine Mutter ihrem Sohn insoweit vertrauen, daß er weiß, was er tut. Gute Schüler sitzen in der Regel länger über ihren Hausaufgaben als schlechte, und ihre Noten werden auch bestätigen, daß sie eifrig lernen. Aber selbst ein guter Schüler braucht manchmal zusätzliche Unterstützung, und deshalb sollte eine Mutter ihren Sohn wissen lassen, daß er sie immer fragen kann und sie ihm helfen wird. Ist sein Zeugnis gut, ist es nicht notwendig, ihn täglich auszufragen. Er hat bewiesen, daß er vertrauenswürdig und verantwortungsvoll ist, und er wird sie wahrscheinlich von selbst um Hilfe bitten, wenn er sie braucht.

Ich habe oft die Schulaufsätze oder die Hausaufgaben meiner Söhne durchgesehen, wenn sie mich darum baten, oder ich fragte nach, um zu überprüfen, ob sie alles verstanden hatten, und korrigierte ihre Zeichensetzung, ihre Grammatik oder ihre Aussprache. Sie schätzten es sehr, wenn ich mich darum kümmerte, aber die Hausaufgaben selbst haben sie ganz allein gemacht, und sie wußten auch ganz genau, daß meine mathematischen und naturwissenschaftlichen Kenntnisse nur begrenzt waren.

Gute Schüler reden mit ihren Eltern über ihre Aufgaben, und Eltern, die sich um ihre Kinder kümmern, unterhalten sich mit ihren Söhnen auch gern darüber. Welche Reihenfolge sollte dabei eingehalten werden? Ich glaube, daß die Richtlinien dafür die Eltern setzen sollten. Eine Mutter, die sich mit ihrem Sohn über die allgemeine Weltlage, über lokale Ereignisse, Umweltfragen, Streitigkeiten in der Familie und Fernseh- und Radiosendungen unterhalten kann, weiß relativ gut darüber Bescheid, was ihn gerade beschäftigt. Ein Sohn erkennt dann, daß sich seine Mutter für alles auf der Welt interessiert, und er kann stolz darauf sein, etwas zu ihrem Wissen beitragen zu können. Eine Mutter sollte ihren Sohn nicht bedrängen, um etwas über seine Schularbeiten herauszufinden. Die Arbeit in der Schule und die zu lesende Literatur der 90er Jahre sehen meist ganz anders aus als die schulischen Anforderungen der 60er und 70er Jahre. Eltern können sich dabei durchaus amüsieren, wenn sie beides miteinander vergleichen und gegeneinander abwägen. In solchen Momenten haben Söhne die Gelegenheit zu erklären, was sie eigentlich beschäftigt, ohne dabei von bohrenden Nachfragen belästigt zu werden.

Lerntechniken

Manchmal weiß ein Junge einfach nicht, wie er mit einer Hausaufgabe umgehen soll. Er denkt vielleicht noch in ganz konkreten Begriffen und weiß nichts damit anzufangen, wenn er sich in einem Aufsatz Gedanken über »den Gebrauch der Metaphern des Autors« machen oder »Die Rolle Großbritanniens in der europäischen Wirtschaft« erklären soll. Er muß sich seine Aufgabe dann in kleine Lernschritte einteilen und nicht in große abstrakte Teile. Die meisten Lehrer stellen keine Aufgaben, die die geistigen Fähigkeiten ihrer Schüler überfordern. Ist das dennoch der Fall, sollte man den Sohn ermutigen, Fragen zu stellen. Die Lehrer freuen sich meistens, wenn ein Schüler Interesse zeigt und sind gern bereit, ihm mehr Erklärungen zu den Hausaufgaben zu geben.

Steht der Lehrer nicht zur Verfügung oder will er für den Sohn keine zusätzliche Zeit investieren, kann eine Mutter ihrem Sohn vorschlagen, zu zweit über die Hausaufgabe nachzudenken. Zum Beispiel: »Laß uns doch erst einmal über Metaphern nachdenken. Kannst du dich daran erinnern, daß du gesagt hast, daß Großvater unser Rettungsanker ist? Ein Rettungsanker ist eine echte Metapher dafür, die Stabilität auszudrücken, die der Großvater für die Familie darstellt. Laß uns jetzt dieses Aufsatzthema ansehen, und laß uns überlegen, ob der Autor seine Geschichte lebendiger macht, wenn er Metaphern benutzt, wie du sie auch benutzt hast.« Ein Mutter kann auch fragen: »Wenn Großvater [oder jemand anderer, den der Sohn kennt] ein Auto wäre, welche Automarke wäre er dann? Warum glaubst du das?« Diese Art der Diskussion kann ganz lustig sein und einem Sohn helfen, über seine eigenen Metaphern nachzudenken. Hier überwacht eine Mutter nicht nur die Hausaufgaben ihres Sohnes, sondern lernt auch etwas über sich selbst – und über ihren Sohn.

Einige Jungen wissen nicht, wie man sich Notizen macht oder wie man Bibliotheken benutzt – das ist ein großes Hindernis, wenn sie etwas recherchieren sollen. Wenn ihnen niemand erklärt hat, wie man sich sinnvoll Notizen macht, wissen sie nicht, wo

sie anfangen sollen, oder wissen nicht einmal, daß sie organi-
satorisches Arbeiten lernen müssen. In Büchereien gibt es auch
Fachliteratur, wie man richtig lesen lernt – wie man die wichtigsten
Themen herauszieht usw. Mütter und Söhne müssen vielleicht
erst suchen, bis sie diese Quellen entdecken und miteinander
Arbeitstechniken lernen. Mütter sollten diese Lernschwierigkeiten
auch bei den Lehrern zur Sprache bringen. Diese Fähigkeiten
müssen den Kindern beigebracht werden, sie sind ihnen nicht
angeboren.

Man sollte versuchen, das Zimmer eines Jungen für das Lernen
genauso angenehm einzurichten, wie es für das Schlafen, zum
Musik hören und für Unternehmungen mit Freunden ausgestattet
ist. Ich habe festgestellt, daß es manche Jungen bevorzugen, ihre
Aufgaben zu visualisieren, und dementsprechend gestalten sie
auch ihre eigenen Zimmer. Sie kaufen sich Schulhefte für die
jeweiligen Fächer in unterschiedlichen Farben. Sie ordnen ihre
Hefte und Bücher in offenen Regalen so ein, daß sie nach
Unterrichtsfächern farblich leicht zu identifizieren sind – ohne ein
Durcheinander auf dem Schreibtisch zu haben. Bleistifte, Füller,
Spitzer und Schmierpapier liegen immer griffbereit. Diese Jungen
verwenden auch verschiedenfarbige Stifte, um ihre Aufsatzglie-
derungen zu schreiben (zum Beispiel Rot für die Hauptthemen,
Blau für die Unterpunkte und Grün für die einzelnen Absatzthe-
men). Sie hängen Landkarten auf, wenn sie etwas über andere
Länder lernen müssen. Jeder Junge sollte herausfinden, wie er
selbst am besten lernen kann, und jeder möchte, daß seine Mutter
seine Art zu lernen auch akzeptiert.

Ich selbst bevorzuge es beispielsweise, mir einen allgemeinen
Plan von einem Arbeitsprojekt auf sehr großes Papier zu skizzieren,
damit ich das ganze Projekt (oder ein Kapitel) auf einmal übersehen
kann. Diese Technik (»mind mapping«) habe ich erlernt, als ich
fürs Examen lernen mußte und ein Wochenende lang ein Seminar
mit dem Thema besucht habe: »Mit der rechten Gehirnhälfte
lernen«. Obwohl ich an diesem Wochenende eigentlich für das
Examen hätte lernen sollen, habe ich lieber gelernt, wie man
effektiver studieren kann. Ohne die Erkenntnisse aus diesem Kurs

wäre ich vielleicht immer noch dabei, die Zettel für mein Examen zu sortieren.

Wenn man die richtige Arbeitsatmosphäre schafft, hilft das einem Sohn auch, sich besser auf die Schularbeiten zu konzentrieren. Wenn ein Sohn sein Zimmer nicht mit Geschwistern teilen muß, sollte man ihm in den höheren Klassen freie Hand lassen, wie er sein Schlaf-, Unterhaltungs- und Studienzimmer gestalten möchte. Mütter können jedoch darauf bestehen, daß trotzdem einige Regeln eingehalten werden und ihm zum Beispiel verbieten, einen eigenen Fernsehapparat im Zimmer zu haben. Sie sollten dafür sorgen, daß er einen eigenen Schreibtisch hat, an dem er arbeiten kann. Dann kann er sich seine eigene Arbeitsatmosphäre schaffen. Die Schule ist während der ganzen Pubertät das zentrale Arbeitsgebiet. Wenn er kein eigenes Zimmer hat oder lieber in den gemeinsam von der Familie genutzten Räumen der Wohnung arbeitet, sollten Mutter und Sohn gemeinsam eine Ecke im Eßzimmer, im Wohnzimmer oder in der Küche zum Arbeiten reservieren – einen Ort, an dem ständig seine Schulbücher griffbereit sind und an dem er schreiben und lernen kann. Vielleicht muß er diesen Ort jeden Abend wieder aufräumen und verlassen, aber alle in der Familie wissen, daß er hier seine Schulaufgaben machen kann.

Wenn ein Junge sich in seiner Schul- oder Stadtbücherei auskennt, hat er viele Vorteile. Viele Bibliotheken haben eigene Kinder- und Jugendabteilungen und helfen den Schülern gerne weiter, wenn sie etwas recherchieren müssen. Kommt ein Junge aus einer großen Familie, findet er in einer Stadtbücherei auch meist einen ruhigen Ort, an dem er arbeiten kann.

Manche Jungen können ihre Hausaufgaben machen und gleichzeitig Musik hören. Ich könnte so nicht arbeiten. Hat ein Sohn jedoch gute Noten und will er unbedingt Musik beim Hausaufgabenmachen hören, gibt es keinen Grund, ihm das zu verbieten. Jeder hat seinen eigenen Lernstil. Wenn ich selbst ganz konzentriert lese oder schreibe, muß ich alle unnötigen Ablenkungen ausschalten können. Meine Söhne müssen das zum Beispiel nicht.

Innerhalb gewisser Grenzen sollte ein heranwachsender Junge seine Zeit für die Hausaufgaben selbst einteilen können, vor allem dann, wenn er auf der High-School ist. Das Vertrauen und der Glaube einer Mutter an seine Fähigkeiten und ihre Bereitschaft, ihm zu helfen, bestärken ihn in seinem Lerneifer und werden ihm auch die nötige Motivation geben, soviel Energie auf die Hausaufgaben zu verwenden, wie er sie auch für seine sportlichen Aktivitäten, für seine Freunde oder für das Fernsehen aufbringt.

Der Carnegie Council berichtete, daß Schüler der siebten Klasse an einem normalen Schultag durchschnittlich 135 Minuten fernsehen, Neuntkläßler 173 Minuten und Elftkläßler sehen 150 Minuten. Im selben Bericht war zu lesen, daß die Schüler der siebten Klassen für ihre Hausaufgaben im Schnitt 57 Minuten pro Tag aufwenden, die der neunten Klassen 63 Minuten und die der elften Klassen 69 Minuten.[5] Der Fernsehkonsum steigt ständig weiter, und Mütter sollten sich deshalb verstärkt darum kümmern, daß die schulischen Interessen ihres Sohnes trotzdem immer im Vordergrund stehen.

Der Einfluß der Schule und der Lehrer

Als ich ein Jahr lang Schüler der siebten und achten Klasse an einer Schule in der Innenstadt unterrichtete, lernte ich die Arbeit der Lehrer in diesen Klassen erst richtig schätzen. Seit damals habe ich viele Klassen der Mittelstufe und an den High-Schools in armen wie auch in reichen Schulbezirken besucht und bin immer wieder beeindruckt, wie gut die Lehrer mit Schülern dieser Altersstufen arbeiten können.

Lehrer, die ihre Schüler mögen und die die Auswirkungen der Pubertät auf Körper und Geist der Jugendlichen verstehen, sind meist am erfolgreichsten und kompetentesten. Sie fordern ihre Schüler, weil sie wissen, daß sich ihre Schüler schnell langweilen, und sie schrauben diese Anforderungen auch nie zurück. Sie wissen, daß alle Kinder immer etwas erleben wollen, und geben den Heranwachsenden alle Möglichkeiten, Erfolgserlebnisse und Kompetenzen zu sammeln. Diesen Lehrern gelingt das meist auch mit einem Lächeln und Sinn für Humor.

Weil 15 bis 30 Prozent der amerikanischen Schüler bereits vor dem Schulabschluß an der High-School die Schulen verlassen, wurde an Junior-High-Schools nach den Ursachen gesucht, welche Faktoren zum schulischen Erfolg oder Mißerfolg beitragen. Die meisten schulischen Probleme treten in der Junior-High-School auf, wenn sich ein Junge in einer vergleichsweise unpersönlichen Umgebung befindet und von den Lehrplänen mit vielen unterschiedlichen Lehrern mit jeweils verschiedenen Lehrmethoden ganz verwirrt ist. Erziehungswissenschaftler haben erkannt, daß diese Probleme vor allem in der Mittelstufe zutage treten. Einige Schulen haben immer noch nicht erkannt, daß junge Pubertierende ganz anders unterrichtet werden müssen als noch jüngere Schüler, und einige Lehrer sind ohnehin davon überzeugt, daß manche Schüler, die aus der Grundschule kommen, sowieso nicht mehr lernfähig und nur noch hoffnungslose Fälle seien.

Eine Untersuchung der University of Michigan bestätigt auch, daß Lehrer teilweise schon resigniert haben. In diesem speziellen Fall hatten Mathematiklehrer einen grundsätzlich positiven oder negativen Einfluß auf die Motivation ihrer Schüler.[6] Wenn die Schüler von hochmotivierenden Grundschullehrern zu kaum fordernden Lehrern (Lehrer, die glaubten, sie könnten nicht viel dazu beitragen, daß ihre Schüler Erfolg haben könnten) an die Junior-High-School wechselten, hatten die Heranwachsenden bereits nach dem ersten Jahr auf der Junior-High-School viel niedrigere Erwartungen an sich selbst in bezug auf ihre Mathematikkenntnisse und waren selbst davon überzeugt, daß Mathematik schwierig sei. Am schlimmsten betroffen waren davon die schlechteren Schüler – für sie war der Mißerfolg in der Schule quasi schon vorprogrammiert.

Wenn junge Schüler jedoch von motivierenden und fähigen Grundschullehrern zu ebenso fähigen Lehrern der Junior-High-School kamen, die daran glaubten, daß die Schüler lernfähig sein können, blieb auch die Motivation, sich für Mathematik zu engagieren, ungebrochen hoch. Es war nicht die Pubertät an sich, sondern es waren die Mathematiklehrer, die die Motivation beeinflußten. Eine sogar zunehmende Motivation zum Lernen konnte man bei den Schülern beobachten, die keine besonders guten Mathematiklehrer in der Grundschule gehabt hatten, sie aber auf der Junior-High-School bekamen. Weitere Forschungen haben bestätigt, daß die Kompetenz und das Engagement der Lehrer direkt mit der Wertschätzung der Schüler für ihre Arbeit an der Schule zusammenhängen.[7] Je mehr Unterstützung ein Schüler von seinem Lehrer erhält, um so eifriger lernt er auch.

Schwierigkeiten in der Schule sind (nicht nur) für männliche Schüler große Streßfaktoren. Schulischer Streß macht den schulischen Erfolg eines Jungen nur noch unwahrscheinlicher: Schwierigkeiten in der Schule verursachen immer mehr Streß, und mehr Streß verursacht immer mehr Schwierigkeiten. Dann ist es kein Wunder, wenn ein Schüler versagt.

James Garvin, ein Experte für Schüler der Mittelstufe, berichtete, wie er die Arkaden von Einkaufsstraßen entlangschlenderte und beobachtete, wie sich junge Heranwachsende voller Konzentration und voller Begeisterung auf die Videospielgeräte stürzten.[8] In einer Straße befragte er die zehn »Topgewinner« (deren Namen auf den Geräten erschienen) und stellte fest, daß neun von zehn Jugendlichen Jungen waren und davon wiederum acht sehr schlechte schulische Leistungen hatten. Diese Jungen konnten »Richtungsangaben lesen, schnell reagieren, in Sekundenbruchteilen Entscheidungen treffen und zukünftige Entwicklungen voraussehen«, aber sie konnten oder wollten diese Fähigkeiten nicht im Klassenzimmer umsetzen. Welche Verschwendung – ein offensichtliches Mißverhältnis bei einem passiven Verhalten im Klassenzimmer.

Heranwachsende Jungen kümmern sich um ihre Hausaufgaben, aber sie brauchen auch die Gelegenheit, sich mit anderen interessanten Dingen zu beschäftigen, daß man ihnen zuhört und daß sie Unterstützung bekommen. Die richtige Erziehungsphilosophie und Lehrer, die Motivationstechniken beherrschen und die Probleme der Jugendlichen kennen, können hier schlechten Einflüssen und einem Motivationsverlust entgegenwirken. Die Schulleitung muß hier die entsprechenden Vorgaben setzen und sollte die Vorschläge des Carnegie Council berücksichtigen: weniger Schüler pro Lehrer, Klassenräume, die zu Diskussionen anregen, Gruppenarbeit ermöglichen und den Schülern helfen, ihre Probleme zu lösen, sowie Voraussetzungen schaffen, daß alle Schüler Erfolg haben können.

Ein außergewöhnlicher und innovativer Lehrer in einer Innenstadt beschrieb mir einen allseits beliebten Kollegen folgendermaßen: »Jeder kennt ihn, weil man ihn immer anrufen konnte und mit ihm reden konnte, wenn man mit einem Kind Probleme hatte. Dann sagte er einfach: ›Schicken Sie es einfach zu mir.‹ Das Lehrerkollegium wollte, daß ihre Schule die beste wissenschaftliche High-School der ganzen Bronx sein sollte. Die anderen Lehrer waren deshalb gar nicht so begeistert, problematische Schüler zu haben. Aber wir sagten ihnen: ›Was wollt ihr denn? Behandelt diese Kinder, als ob sie tatsächlich in der besten wissenschaftlichen High-School der Bronx *wären,* und sie werden diese Erwartungen auch erfüllen.‹ Und genau das ist dann auch passiert, weil wir immer daran geglaubt haben, daß *sich die Leute so verhalten werden, wie man sie behandelt – und daß sie sich anders verhalten, wenn man sie anders behandelt.* Das ist ein sehr humanistischer Ansatz, Kinder zu erziehen.«

»Als ich auf einer großen Schule war, habe ich die Lehrer gehaßt«, erzählte mir ein Junge in einer alternativen Schule. »Hier habe ich zu meinen Lehrern wirklich einen sehr guten Kontakt. Hier kennen mich alle sehr gut.« Seine grundsätzliche Einstellung und seine Noten entsprachen auch seinen Gefühlen. Ein so gutes Verhältnis zwischen Lehrern und Schülern ist mit entsprechend kreativen Ideen und viel Arbeit auch an größeren Schulen möglich.

Die Zusammenarbeit zwischen Schule und Elternhaus

Eine gute Partnerschaft zwischen Schule und Elternhaus basiert auf einer beidseitigen Kommunikation. Eine Mutter schrieb in einer Elternzeitschrift, daß sie immer gedacht hätte, die Lehrer wüßten alles am besten, und daß sie ganz überrascht war, als sie der Lehrer ihres Sohnes anrief und sie bat, bei einer sogenannten Elternbeurteilung mitzumachen. Bei einer solchen Beurteilung zeichnen die Mutter oder der Vater ein Bild vom ganzen Jungen, indem sie dem Lehrer alles über seine Hobbys, seine musikalischen Vorlieben, seine Lerngewohnheiten und seine familiäre Situation verraten. Dann diskutieren sie gemeinsam darüber, wie sie den Lerneifer des Sohnes verbessern könnten – noch bevor er Schwierigkeiten bekommt und seine Mutter zum Lehrer gerufen wird.

Autoritative Eltern (Eltern, die viel fordern und sehr verantwortungsvoll sind) kümmern sich intensiv um alles, was in der Schule ihres Kindes passiert. In neun High-Schools in Wisconsin und in Kalifornien erzielten Kinder von autoritativen Eltern viel bessere schulische Leistungen als Kinder von nicht-autoritativen Eltern.[9] Das ist kein überraschendes Ergebnis (siehe auch Kapitel 5), aber dieselbe Forschungsarbeit bewies auch, wie wichtig es ist, daß sich die Eltern in der Schule und selbst noch in der High-School engagieren. Eltern, die dies praktizierten, wußten immer, was in den Schulen ihrer Söhne passierte, sie hatten bestimmte Aufgaben übernommen, sie berieten ihre Söhne bei der Wahl bestimmter Fächer und halfen ihnen, wenn notwendig, auch bei den Hausaufgaben.

Viele Mütter haben Hemmungen, bestimmte Aufgaben zu übernehmen, während ihre Söhne die Mittelstufe oder die High-School besuchen, weil sie glauben, daß es ihren Söhnen peinlich sein könnte, wenn sie an der Schule erscheinen. Bei jüngeren Söhnen mag das vielleicht tatsächlich zutreffen, aber Mütter sollten die Verärgerung ihres Sohnes einfach nicht beachten und trotzdem hingehen. Ein älterer Sohn wird das Engagement seiner Mutter in der Regel jedoch zu schätzen wissen. Seit die Wissenschaft einen eindeutigen Zusammenhang zwischen dem Interesse der Mutter an der Schule und den Schulnoten des Sohnes nachgewiesen hat, sollten die Mütter jede Gelegenheit wahrnehmen, sich an den Schulen zu engagieren.

Einige Mütter erwarten zuviel von den Schulen. Eine Mutter erzählte mir, daß sie an einer großen High-School den Vertrauenslehrer ihres Sohnes gebeten hatte, sie anzurufen, wenn sich bei ihm eine Verschlechterung der Noten abzeichnen würde, und sie war ganz entsetzt, als sie schließlich sein Zeugnis sah. Er hatte in einem Fach eine Vier bekommen. Ein Vertrauenslehrer an einer großen Schule hat jedoch schon genug Mühe, sich um alle schlechteren Schüler zu kümmern und kann nicht sofort auf vergleichsweise geringfügige Verschlechterungen der Noten reagieren. Eine Mutter sollte die Entwicklung bei ihrem Sohn selbst sehr genau verfolgen, wenn sie sich um seine Noten Sorgen macht. Sie sollte genau wissen, wieviel Zeit er für die Hausaufgaben verwendet und ihn nach den Noten in den Schulaufgaben fragen. Wenn man von einem Vertrauenslehrer erwartet, daß er immer weiß, was mit seinen 100 oder 200 (oder noch mehr) Schülern los ist, ist das eindeutig zuviel verlangt. Fragt man den Lehrer in einem problematischen Fach des Sohnes direkt, hat man wohl mehr Erfolg. Wenn an einer Schule das Beratungssystem eingeführt ist, daß ich weiter oben beschrieben habe, würde eine Mutter wohl erkennen, wenn ihr Sohn nicht mehr genügend arbeitet. Aber bis dahin sind sie und ihr Sohn – und nicht der Vertrauenslehrer – für seine Erfolge in der Schule verantwortlich.

Lernstörungen

»Nennt sie nicht Lernstörungen«, sagte ein Sprecher der Lernbehinderten zu mir, »sondern Lernunterschiede.« Obwohl Heranwachsende alle Beeinträchtigungen übertreiben und nicht als »Behinderte« abgestempelt sein wollen, sind einige dieser Unterschiede nur schöne Umschreibungen für Behinderungen und sollten frühzeitig erkannt werden. Je früher ein Sohn solche Beeinträchtigungen erkennt, um so schneller kann er lernen, sie zu kompensieren und dadurch wirklich ernsthafte Probleme vermeiden. Schüler mit Lernstörungen bekommen meist noch größere Schwierigkeiten, wenn sie in die Pubertät und in höhere Klassen kommen, in denen sie in der Schule und bei den Hausaufgaben noch mehr gefordert werden.

»Mein Sohn mußte von der Schule abgehen«, gestand eine Mutter. »Er sollte in eine Spezialklasse versetzt werden, weil er sich so betont machohaft aufführte, und das wollte er nicht.« Er rebellierte bei dem Gedanken, in eine Spezialklasse gehen zu müssen, die ihn von seinen Freunden trennen und die seine Unzulänglichkeit herausstellen würde. Sein machomäßiges Verhalten behielt er auf der Straße bei.

Das National Center for Learning Disabilities schätzt, daß bei 10 bis 15 Prozent der Bevölkerung Lernbehinderungen (die man im Amerikanischen immer LD = learning disabilities abkürzt) bestehen.[10] Selbst wenn Personen mit leichten Lernstörungen (beispielsweise Sprachfehlern) vielleicht nie besondere Förderung brauchen, tauchen ernsthaftere Probleme meist erst in den mittleren Klassen oder am Ende der Grundschulzeit auf. Kommt ein Junge in die Mittelstufe, wurden seine Lernstörungen meist schon erkannt. Falls er sich jedoch unauffällig durch die ersten Klassen gemogelt hat, wird er spätestens in der relativ unpersönlichen und kühlen Atmosphäre der Mittelstufe auf die Nase fallen.

Die Forschungen zeigen allgemein, daß die meisten Kinder mit Lernstörungen Jungen sind und daß im Schnitt Jungen viermal so häufig als Mädchen davon betroffen sind. Neuere Studien haben dagegen ergeben, daß dieses Problem auch bei Mädchen viel verbreiteter zu sein scheint, als bisher angenommen wurde.[11] Weil sich Mädchen meist schnell daran gewöhnen, daß man in der Schule »still sein und ruhig dasitzen muß«, beachtet man sie deshalb normalerweise nicht so sehr, und ihre Lernstörungen werden nicht so leicht erkannt. Bei Jungen wird man dagegen sofort aufmerksam, wenn sie ihre Frustrationen in der Klasse abreagieren.

Eine Schule, die ihren lernbehinderten Schülern helfen will, erlaubt ihren Lehrern, die Intelligenz auch mit unkonventionellen Methoden zu testen. Je nach dem Grad der Lernbehinderung kann ein Lehrer dann zeitlich unbegrenzte Tests durchführen und die Gespräche auf Band aufnehmen. Viele lernbehinderte Schüler hören sich auf Kassette aufgenommene Bücher an – eine absolut sichere Methode, eine Leseaufgabe zu verstehen. Meist haben diese Schüler Schwierigkeiten mit dem organisatorischen Arbeiten und brauchen ständig Bestätigung von Tutoren und spezielle Studienräume, um Erfolg zu haben. Diese Lernunterschiede haben jedoch nichts mit den intellektuellen Fähigkeiten zu tun. Jungen sind immer froh, wenn sie erfahren, daß Albert Einstein auch lernbehindert war, genauso wie Nelson Rockefeller und auch Tom Cruise.

Wenn eine Mutter den Verdacht hat, daß sich das Verhalten ihres Sohnes in der Schule durch Lernstörungen erklären könnte, sollte sie mit dem Vertrauenslehrer darüber sprechen und den Sohn eventuell diesbezüglich untersuchen lassen. Zu den Lernstörungen gehören viele Beeinträchtigungen, und das spezielle Problem eines Sohnes kann oft mit gezielter Nachhilfe behoben werden.

Einige Lehrer raten den Eltern, mit ihren Kindern Brettspiele zu spielen, die Ordnungskriterien verlangen und dadurch die organisatorischen Fähigkeiten verbessern. Wenn zu Hause kein Computer zur Verfügung steht, sollte ein Sohn am Schulcomputer ganz spezielle Wortfeldübungen und Ausspracheprogramme üben können. Viele Lernprogramme für den Computer erklären komplexe Sachverhalte oft mit graphischen Symbolen anstatt mit Worten. Ein Sohn sollte alle möglichen, also auch diese Quellen ausschöpfen, um sein Selbstvertrauen zu stärken und seine Fähigkeiten zu verbessern.

Auch ein lernbehinderter Heranwachsender kann gute Erfahrungen in der Schule machen, wenn seine Lehrer und seine Eltern immer aktiv engagiert bleiben und seine Erziehung seinen Fähigkeiten und seinen Talenten gemäß gestalten.

Aufmerksamkeitsstörungen

Eine weitere Lernstörung, die mit den normalen Lernstörungen zwar verwandt, aber dennoch ganz individuell charakterisiert ist, ist die Aufmerksamkeitsdefizitstörung (ADD). Weil die Symptome dieser Krankheit den allgemeinen Problemen der »normalen« Heranwachsenden gleichen, ist es sehr schwer, sie zu diagnostizieren. Die Kriterien von Hyperaktivität, Ablenkbarkeit und/oder Impulsivität müssen außerdem mindestens acht der folgenden »Störungen« aufweisen und mindestens sechs Monate lang aufgetreten sein: nervöse Unruhe, auf dem Stuhl hin- und herrutschen, leichte Ablenkbarkeit, Antworten auf Fragen zu geben, bevor diese komplett ausgesprochen wurden, exzessives Reden, andere unterbrechen, anscheinend nicht zuhören können, Dinge verlieren, körperlich gefährliche Aktivitäten eingehen, ohne die möglichen Konsequenzen zu bedenken und Schwierigkeiten, still sitzen zu können, abzuwarten, Anweisungen zu befolgen, die Aufmerksamkeit für zu erledigende Aufgaben über eine längere Zeit aufrechtzuerhalten, von einer relativ leichten Aufgabe zur nächsten zu wechseln oder ruhig zu spielen.[12]

Diese Verhaltensweisen, definiert von der American Psychiatric Association, müssen unabhängig vom Alter des Jungen auftreten und das Alltagsleben beeinträchtigen, um als Aufmerksamkeitsdefizitstörung diagnostiziert zu werden. Weil viele dieser »Störungen« in einer leichten Form in der frühen Pubertät ganz normal sind, weil in dieser Zeit die wachsenden Gehirnstrukturen und die Körperfunktionen miteinander koordiniert werden müssen, können Mütter leicht verwirrt sein. Die Symptome können bei einigen Jugendlichen aber auch auf Drogenmißbrauch hindeuten – deshalb ist eine genaue Diagnose meist nicht einfach.

Wesentlich ist, seinen Sohn und seine Verhaltensweisen sehr gut zu kennen. Wenn ein obengenannter Verhaltenszug schon seit der Kindheit besteht, kann er sehr leicht eine Aufmerksamkeitsstörung sein. Tritt er erst während der Pubertät auf, kann dieses Verhalten eine normale vorübergehende Erscheinung sein oder aber auch auf Drogenmißbrauch hindeuten. Man sollte jedenfalls immer das ganze Temperament und die normale Verfassung eines Jungen mit berücksichtigen. Wenn eine Mutter eine Aufmerksamkeitsdefizitstörung vermutet, sollte sie unbedingt professionelle Hilfe zu Rate ziehen. Aber sie sollte sich auch darüber im klaren sein, daß es keine allgemeingültigen Kriterien für die Diagnose oder die Behandlung von Aufmerksamkeitsdefizitstörungen gibt. Man hat auch schon angeführt, daß eine medikamentöse Behandlung, die häufig bei Kindern mit Aufmerksamkeitsdefizitstörungen angewandt wird, hilfreich sein kann. Nebenwirkungen können jedoch auftreten, und Eltern sollten sich davor hüten, Kinder leichtfertig einer langfristigen Therapie mit Medikamenten auszusetzen.

☞ Tips für Mütter

1. Seien Sie sich darüber klar, daß viele Schulen das Energiepotential und die Fähigkeiten von Jugendlichen nicht optimal nutzen. Verstehen Sie, wenn Ihr Sohn von der Schule erst einmal frustriert ist.

2. Glauben Sie daran, daß Ihr Sohn in der Schule Erfolg haben kann.

3. Respektieren Sie seine individuellen Fähigkeiten, seine eigenständige Entwicklung und seinen Lernstil. Er ist vielleicht kein Genie, aber er kann Talente haben, die sich bei vertrauensvollen Eltern und Lehrern voll entfalten können.

4. Seien Sie sich bewußt, daß Heranwachsende einen großen Lerneifer haben, selbst wenn sie ihn vielleicht hinter einer Maske der Gleichgültigkeit verbergen, weil sie Angst vor Mißerfolgen haben.

5. Bestehen Sie darauf – ohne das lange zu diskutieren –, daß er regelmäßig zur Schule geht. Das ist seine Aufgabe, solange er ein Jugendlicher ist.

6. Reden Sie mit ihm über alles, was passiert. Zeigen Sie ihm, daß Sie sehr daran interessiert sind, Ihr eigenes Wissen zu erweitern. Ihr Sohn wird dann bereitwilliger mit Ihnen über

seine gesellschaftswissenschaftlichen Fächer, über die Englisch- und Mathematikstunden oder über seine naturwissenschaftlichen Fächer reden.

7. Ermutigen Sie ihn, mit seinem Lehrer zu reden, wenn er seine Hausaufgaben nicht verstanden hat, sie ihm zu schwer sind oder wenn er allgemein Fragen zum Stoff hat.

8. Helfen Sie ihm, wenn er Schwierigkeiten hat, seine Arbeit zu organisieren. Oft wissen Heranwachsende nicht genau, wie sie eine Arbeit beginnen oder beenden sollen.

9. Lassen Sie ihn sein eigenes Zimmer oder einen bestimmten Platz in der Wohnung so gestalten, daß er einen eigenen Arbeitsplatz hat – mit einem großen Schreibtisch und keinem Fernsehapparat.

10. Begleiten Sie ihn in die Stadtbibliothek, damit er sich dort so gut auskennt, daß er sie benutzen kann.

11. Wenn Sie die Schule auswählen können, suchen Sie sich für Ihren Sohn die bestmögliche aus.

12. Gehen Sie zu Schulveranstaltungen, vor allem zu denen, an denen Ihr Sohn direkt beteiligt ist. Sprechen Sie mit seinen Lehrern, damit sie wissen, daß Sie sich um Ihren Sohn kümmern und seine schulischen Arbeiten überwachen.

13. Wenn Ihr Sohn ständig schlechtere Leistungen erbringt, als sie seinen Fähigkeiten entsprechen, veranlassen Sie, daß er untersucht wird. Vielleicht hängen seine Lernschwierigkeiten mit Lernstörungen zusammen.

14. Engagieren Sie sich in Erziehungsangelegenheiten auf lokaler und nationaler Ebene. Helfen Sie mit, daß alle Schulen in Ihrer Umgebung so gut wie die besten im ganzen Land werden.

9
»Sie sollten irgend etwas machen!«
Aktivitäten nach der Schule

Als ich einen 16jährigen fragte, wie Mütter ihren heranwachsenden Söhnen helfen könnten, erwiderte er sofort: »Sie sollten sie dazu bringen, irgend etwas Körperliches oder Geistiges zu machen. Irgend etwas, worüber sie nachdenken können. Wenn sie sich langweilen, geraten sie in Schwierigkeiten.«

Diese Bemerkung kam aus tiefster Seele. Er wußte aus Erfahrung, daß Jungen im Teenageralter von »physischen oder geistigen« Aktivitäten profitieren – sie brauchen Herausforderungen und Anreize. Ich glaube, daß dieser Junge ganz deutlich ausgedrückt hat, wie wichtig und wünschenswert es ist, sich nach der Schule sinnvoll beschäftigen zu können. Einige Jungen, die ich interviewte, hatten jeden Nachmittag ein ausgefülltes Programm voller Aktivitäten, während andere einfach nur herumhingen – und darauf warteten, daß etwas passierte.

Mütter haben schon immer gewußt, wie wichtig Sport und andere Hobbys für ihre Jungen sind. Am Nachmittag nach der Schule treffen ihre Söhne andere Jungen, die die gleichen Interessen haben und entwickeln so ein Gemeinschaftsgefühl. Dabei lernen sie mehr über sich selbst und wer sie sind und erfahren das befriedigende Gefühl, etwas Neues zu lernen. Aus den Freizeitaktivitäten von Jugendlichen können leicht lebenslang andauernde Interessen werden. Viele Erwachsene üben nach wie vor Hobbys aus, die sie an der Junior-High-School oder an der High-School für sich entdeckt haben. Mütter, die das zu schätzen wissen, beschäftigen ihre Söhne manchmal die ganze Zeit, damit ihre pubertäre Energie sie nicht anderweitig in Schwierigkeiten bringen kann. Hausaufgaben machen und Schlafen sind noch das einzige, was er machen kann, wenn er jeden Abend ganz erschöpft nach Hause kommt.

Eine fröhliche und weise Mutter aus einem Stadtzentrum erzählte mir, daß ihr 13jähriger Sohn zu einem Leichtathletikteam gehört und jeden Abend ganz erschöpft heimkommt, »zu müde, um noch nachzudenken«. Dann macht er seine Hausaufgaben und geht ins Bett. Sie läßt nicht zu, daß er in der Nachbarschaft herumhängt, weil dort Drogendealer die Kinder »schon mit zehn Jahren dazu bringen, für sie zu arbeiten«. Sie hat mit ihren Sohn jedes Gemeindezentrum und jede Schule in der Umgebung besichtigt, bis sie eine gefunden haben, die auch Beschäftigungsmöglichkeiten für den Nachmittag anbot, die beiden zusagten.

Vielen Familien bereiten diese Stunden am Nachmittag Kopfzerbrechen. Heranwachsende treffen sich häufig in leerstehenden Häusern oder in abgelegenen Straßen, und die Eltern machen sich zurecht Sorgen, was sie in dieser Zeit eigentlich alles anstellen. Die Zahl der unbeaufsichtigten Jugendlichen steigt ständig, genauso wie die Statistik über frühe sexuelle Kontakte und frühen Drogen- und Alkoholmißbrauch.[1] An den meisten Schulen endet der Unterricht am frühen Nachmittag, und das Energiepotential der Jungen (das während der letzten Schulstunden brachzuliegen schien) steigt plötzlich sprunghaft wieder an, und die Jungen wollen nur noch ihren Spaß haben. Wo ist jetzt was los?

Mütter wollen natürlich, daß ihre Söhne die Zeit der Pubertät beschützt und gesund überstehen, aber sie können sie nicht in jeder schulfreien Stunde beaufsichtigen. Sie wünschen sich, daß ihre Söhne eigene Interessen entwickeln, ihre Talente fördern und in der Freizeit Dinge tun, an denen sie ein Leben lang Freude haben werden. Während der Sohn voller Tatendrang ist, sorgt sich seine Mutter um seine Sicherheit. Es bleibt zu hoffen, daß Mutter und Sohn ihre Interessen immer in Einklang bringen und sich auf Aktivitäten einigen können, die für den Sohn aufregend genug sind, aber gleichzeitig beide zufriedenstellen.

Warum er bei organisierten Veranstaltungen nicht mehr mitmacht

Kleine Jungen sind oft ganz aufgeregt, wenn sie an organisierten Freizeitaktivitäten teilnehmen. Ihre Mütter melden sie beim Sport, für Zeltlager, für Kunst- oder Bastelkurse an, und die Söhne nehmen daran auch gerne teil. Am Anfang der Pubertät steigen viele jedoch aus und wollen nicht mehr auf die Vorschläge ihrer Mütter eingehen.

Befragte Jungen nannten in einer Forschungsarbeit aus Arizona verschiedene Gründe, weswegen sie erst gar nicht an bestimmten Nachmittagsaktivitäten teilnehmen oder nicht mehr hingehen wollten: Ihre Eltern erlaubten ihnen nicht hinzugehen, sie hatten keine Möglichkeit, dort hinzukommen, sie hatten schon genügend andere Freizeitaktivitäten (Sportarten), oder sie konnten den Leiter dieser Aktivitäten nicht leiden.[2]

Wenn sich ein Sohn weigert, sich für solche Aktivitäten anzumelden, sollte eine Mutter versuchen, die Gründe dafür herauszufinden. Kann er den Leiter nicht leiden, sollte man den Sohn ermutigen, mit diesem über die Meinungsverschiedenheiten zu reden, oder man sollte andere Vereine suchen, die Leiter haben, die besser auf die Bedürfnisse der Jungen eingehen können. Wenn er Angst hat, bestimmte Dinge nicht zu können, sollte die Mutter den Sohn überreden, mit dem Leiter zu sprechen, ob er nicht in eine andere Gruppe gehen könnte. Eine Mutter kann aber auch eine geeignetere Gruppe mit einem Leiter suchen, der bereit ist, dem Sohn die geforderten Fähigkeiten beizubringen, damit er sich in der Gruppe wohl fühlt.

Selbst wenn eine Mutter sicherlich gute Gründe dafür anführen kann, warum sie nicht möchte, daß ihr Sohn an zusätzlichen außerschulischen Veranstaltungen teilnimmt, sollte sie sich doch die positiven Seiten eines solchen Engagements vor Augen führen, auch wenn es für sie beispielsweise unbequem ist, ihn dorthin bringen zu müssen (vielleicht gibt es aber auch Mitfahrgelegenheiten oder öffentliche Verkehrsmittel). Ein junger Mensch, der nach der Schule beschäftigt ist, interessiert sich oft auch mehr für seine Hausaufgaben. Wenn sich ein Junge wohl fühlt und auf einem Gebiet Selbstbestätigung erfährt, ist er meist auch gern dazu bereit, sich anderweitig zu engagieren.

Es gibt somit kaum oder vielleicht sogar gar keine negativen Einwände gegen Nachmittagsbeschäftigungen. Ein Sohn kann sich möglicherweise so intensiv damit beschäftigen, daß seine schulischen Leistungen schlechter werden, das ist aber nur selten der Fall. Normalerweise erhöhen solche Aktivitäten sein Energiepotential, und der neue Eifer kommt auch dem Lernen zugute. Die Vorteile überwiegen also die Nachteile bei weitem. Wenn der Sohn unter Aufsicht von fürsorglichen Erwachsenen an bestimmten Unternehmungen teilnimmt, kann er daraus nur Vorteile ziehen.

Es gibt viele Clubs, Organisationen und Gruppen, die freiwillige Helfer suchen, zu denen die Kinder nach der Schule gehen können. Davon will ich hier einige herausstellen, die die meisten Jugendlichen ganz besonders anziehen.

Sport

Weil meine Söhne schon seit frühester Kindheit an sehr gern Sport trieben, lernte ich die positiven Auswirkungen der körperlichen Betätigung auf ihren Körper und ihren Geist schon frühzeitig kennen. Einer meiner Söhne riet mir, daß ich über Sport ein ganzes Kapitel schreiben sollte, weil Sport für ihn an der Junior-High-School und an der High-School so wichtig gewesen wäre. Sport dominierte eindeutig die Nachmittage nach der Schule, und meine Söhne schlossen hier sehr intensive Freundschaften und lernten, was es heißt, einer Gruppe anzugehören, miteinander zusammenzuarbeiten, ihre Spielpläne miteinander abzusprechen und im Team zu arbeiten. Sie spielten unter anderem Fußball, Baseball, Basketball, Lacrosse, Football, Rugby und Tennis. Außerdem gingen sie zum Skilaufen, Schwimmen und Bergsteigen. Ich bin überzeugt davon, daß ihnen diese körperlichen Betätigungen dabei halfen, sich besser auf ihren Lernstoff zu konzentrieren. Mein Mann und ich brachten ihnen einige dieser Sportarten nahe, und ihre Freunde nahmen sie zu weiteren Aktivitäten mit. Ihre Lehrer an der Grundschule ermutigten sie, alles zu versuchen. Und das taten sie auch ausgiebig.

»Wenn ich keinen Sport treiben würde, wäre ich wahrscheinlich nicht so gut in der Schule«, sagte ein High-School-Schüler zu mir. »Dann wäre ich viel fauler. Ich glaube, wenn ich einfach nur aus der Schule nach Hause kommen würde, würde ich nur fernsehen und meine Hausaufgaben immer weiter hinausschieben. Jetzt komme ich um halb sechs abends vom Fußballspielen und gehe um zehn Uhr ins Bett.«

Sport hat diesem Jungen geholfen, seinen Tag zu organisieren, und die physische Verausgabung macht sich auch in den schulischen Leistungen bemerkbar. In vielen Ländern wird dieser Zusammenhang von Körper und Geist bewußt gefördert, und die Jugend wird bewußt körperlich und geistig erzogen. Wir machen uns vielleicht über Bilder von großen Gruppen chinesischer Schüler lustig, die jeden Morgen synchronisierten Sport betreiben, aber in den asiatischen Ländern ist Bewegung ein integraler Bestandteil der Erziehung.

Viele Jugendliche in der Mittelstufe oder auf einer typischen amerikanischen High-School empfinden den Sportunterricht oft aber als unangenehm, weil sie in diesen Stunden manchmal eher entmutigt als angespornt werden. In Klassen, in denen durch schwierige Tests und Wettbewerbsspiele Jungen sich miteinander messen müssen oder in denen Spätentwickler dazu gezwungen werden, sich in öffentlichen Umkleideräumen umzuziehen, wird ein Kind eher davon abgehalten, Sport treiben zu wollen. Ein normaler Jugendlicher bewegt sich gern sehr ausgelassen, kann aber Angst bekommen, wenn er ständig mit anderen gemessen, getestet und benotet wird. Jungen, die sich dabei nicht wohl fühlen, werden schon bald keine Lust mehr verspüren, überhaupt irgendeinen Sport zu treiben. Jungen können oft traurige Geschichten erzählen: daß man sich über sie lustig gemacht hat, sie nicht in ein Team gewählt wurden, sie nicht gerecht bewertet wurden oder daß sie sich geschämt haben. So ist es kein Wunder, daß viele

Jungen keinen Sport mehr treiben wollen, wenn sie in die Pubertät kommen. Dann haben sie oft das Gefühl, daß sie nirgends mehr dazugehören.

Eltern können hier leicht dieselben Fehler wie die Sportlehrer begehen. Wenn Eltern einen Sohn dazu zwingen, Sport zu treiben, bevor er selbst dazu bereit ist, ist sein Mißerfolg schon vorprogrammiert. Ein Junge muß erst ein gewisses Koordinationsvermögen besitzen, bevor er einen Ball schießen, fangen oder werfen kann, mit Schlittschuhen fahren kann oder auf einem Fahrrad das Gleichgewicht halten kann. Auch das Wetter spielt hierbei eine Rolle. Wenn Eltern ihre Kinder beispielsweise dazu anhalten, bei Temperaturen um 20° Celsius unter Null Schlittschuh zu laufen, werden sie bald bemerken, daß ihre Söhne diesen Sport viel lieber ausüben, wenn das Thermometer mildere Temperaturen anzeigt.

Weil sich jedes Kind ganz eigenständig entwickelt, sollten Mütter und Väter geduldig sein und Kinder erst dann an Mannschaftssportarten heranführen, wenn sie dabei auch Erfolg haben können. Wenn ein Sohn in einer bestimmten Sportart keinen Erfolg hat und er und seine Eltern deshalb enttäuscht sind, wird er diesen Sport vielleicht nicht noch ein zweites Mal versuchen wollen. Erfolg, selbst in kleinen Bereichen, ist immer die beste Voraussetzung für die nächsten erforderlichen Lernschritte.

In vielen Lehrplänen der Mittelstufe sind verschiedene Sportarten aufgelistet, die genau auf die Bedürfnisse der Heranwachsenden zugeschnitten sind. Zeitgemäße Sportlehrer spielen mit den Kindern viel kooperativere, aber trotzdem noch wettbewerbsorientierte Spiele, üben mit den Kindern individuelle athletische Fähigkeiten, aber auch Mannschaftssportarten, sie bringen ihnen die Vorteile von physischer Gesundheit und geistiger Stärke nahe und betonen die weniger wettbewerbsorientierten Vorteile solcher Übungen.

Die Schüler an der San Rafael High-School in Kalifornien sind in der glücklichen Lage, unter 42 verschiedenen Sportarten auswählen zu können, zu denen auch viele seltene Sportarten gehören. Zu den körperbetonten Sportarten gehören Tai Chi, Muskelaufbautraining, Yoga, Sporttauchen und Bergsteigen. Viele Jungen, die früher behaupteten, nicht gerne Sport zu treiben, lieben solche alternativen Sportarten. In allen Sportstunden werden Jungen und Mädchen gemeinsam unterrichtet, damit sie sich nicht für »typisch männliche« oder »typisch weibliche« Sportarten entscheiden müssen. Diese neuen Sportarten fordern und fördern Konzentration, Risikobereitschaft und Streßbewältigung (wie Bergsteigen), wodurch die Schüler gleichzeitig praktische Fähigkeiten und athletische Körperbeherrschung einüben.

Das euphorische Gefühl, das durch die Bewältigung einer körperlichen Herausforderung entsteht, oder das Gefühl, Körper und Geist beim Sport im Einklang zu erleben, werden im Buch *The Ultimate Athlete* von George Leonard hervorragend beschrieben.[3] »Der Athlet, der in jedem von uns schlummert, ist mehr als nur ein abstraktes Ideal«, schreibt Leonard. »Dieses Gefühl kann unser ganzes Lebensgefühl verändern ... Wir lernen, unseren Körper als Teil seiner Umgebung, der Welt, ja des ganzen Universums und als Hilfsmittel für die höchsten philosophischen Spekulationen zu erleben. Athleten können so auf ihren ehrenwerten Platz in der Kunst und in den humanistischen Wissenschaften zurückkehren.« Leonard war in seiner Jugend ein begeisterter Sportler in den traditionellen Sportarten. Als Erwachsener lernte er die japanische Selbstverteidigungssportart Aikido und entdeckte bei der Ausübung dieser Kunst eine fast spirituelle Erfahrung. Der beste Athlet, meint Leonard, erfährt durch seine totale Hingabe an die Beherrschung einer physischen Sportart mentale und spirituelle Befriedigung.

Auch Sportler, die traditionelle Sportarten betreiben, können diese Einheit von Geist und Körper spüren, wenn sie die letzten Meter ins Ziel sprinten, einen tollen Paß schlagen, einen gut geworfenen Ball fangen, einen Basketball ins Netz plazieren können, das Letzte geben, um mit den Schlittschuhen ins Ziel zu laufen, die Arme ausstrecken, um den letzten Wurf zu erreichen, oder den schönen Einklang vom Körperrhythmus, Skiern und Schnee spüren.

In vielen Mannschaftssportarten wird einem Jugendlichen eine gute und umfassende allgemeine Ausbildung geboten, die die physische Betätigung, aber auch den Kameradschaftsgeist fördert. Viele Eltern meinen, daß Fußball für junge Athleten der beste Sport sei, und deshalb wird er auch in den Vereinigten Staaten immer beliebter. Fußball verlangt Schnelligkeit, Körperbeherrschung und Koordinationsfähigkeit.»Ich genieße den Wettkampf«, meinte ein Fußballspieler,»das Körperbetonte, die Ausdauer, die man bringen muß, und die Erfahrungen, die man dabei sammelt.«

Die Mannschaftssportarten auf der High-School wie Basketball, Baseball, Tennis, Schwimmen, Lacrosse, Rugby, Volleyball, Gymnastik und Leichtathletik fördern alle notwendigen Formen von Kameradschaftsgeist, körperlichen Fähigkeiten und Hingabe und sind auch nicht so gefährlich wie American Football und Eishokkey, zwei Sportarten, die mehr die Aggressionen fördern, als wirkliches Können zu verlangen scheinen. Weil alle Schulsportarten nur einen begrenzten Raum zur Verfügung haben, sollten von den Schulen und den Eltern gerade Sportarten gefördert werden, die innerhalb des Schulgeländes ausgeübt werden können. Dann können die Jungen in einer Schul- oder einer Klassenmannschaft spielen und den Kameradschaftsgeist und den Wettbewerb bestens kennenlernen.

Viele Jungen haben das sportliche Fahrradfahren liebengelernt, eine Sportart, die überall ausgeübt werden kann. Seit es Sturzhelme gibt (die jeder Fahrradfahrer aufsetzen sollte) und bessere Fahrräder gebaut werden, ist Fahrradfahren ein relativ sicherer Sport geworden. Ein Junge, der Radrennen fährt, hat mir erzählt, daß ihn sein tägliches Training letztlich davon abgehalten habe, »zu trinken und Drogen zu nehmen«. Jede Mutter wird sicherlich zustimmen, daß der Tausch von Drogen und Alkohol gegen Fahrradfahren ein sehr gutes Geschäft ist.

Auch das Laufen unterstützt die körperliche und geistige Gesundheit. Alles, was ein Junge dazu braucht, ist ein gutes Paar Schuhe (und eine reflektierende Weste, wenn er abends läuft), und er kann diesen Sport überall ausüben. Leichtathletikmannschaften brauchen immer gute Langstreckenläufer, aber ein Junge kann auch ganz allein ohne Team laufen und den Sport trotzdem genießen.

Man sollte die Jungen auch ermutigen, an spontanen Mannschafts-spielen teilzunehmen oder solche zu organisieren. »Wenn ich mich langweile«, meinte ein Junge, »rufe ich einfach ein paar andere Jungen an, und wir treffen uns irgendwo und machen Sport.« Auf vielen freien Flächen in der Stadt kann man leidenschaftliche Basketball- oder Handballspieler beobachten. In manchen Orten bleiben die Turnhallen nach der Schule geöffnet, damit die Jungen aus der Nachbarschaft dort Basketball spielen können. Manchmal gibt es sogar Schulen, in denen man im Sommer noch um Mitternacht Basketball spielen kann, damit die Jugendlichen von der Straße wegbleiben und von zehn Uhr abends bis zwei Uhr morgens in der Turnhalle Sport treiben.

Mein persönliches Mißtrauen gegenüber Football als Sport für Jugendliche wurde durch Andrew Malcolm, einem Journalisten der *New York Times* etwas besänftigt, indem er mir Einsichten über seine eigene Liebe zu Football vermittelte und ganz begeistert über seine Footballkarriere an der High-School schrieb:

»Am Ende der ersten Saison mußten wir unsere Ausrüstung abgeben, und damit war auch meine Begeisterung für alles andere dahin ... Ohne Football gab es für mich keine Freude, kein Licht. Alles war nur noch grau. Ohne Football hatte ich kein Zusam-mengehörigkeitsgefühl mit den anderen Jungen und auch keine schönen, strapaziösen, täglichen Möglichkeiten zum Training, keine intensiven Erlebnisse von solchen legalen Kämpfen und keine emotionalen Höhenflüge während der Spiele. Diese Gefühle, selbst die noch so geringsten, hatten mich süchtig gemacht. Ge-nauso ging es mir mit den stillen Versprechungen, in der nächsten Woche noch besser zu spielen. Die Gelegenheit, sich alle paar Tage neuen Herausforderungen zu stellen und jedesmal etwas besser werden zu können, oder vielleicht auch nur ein kleines bißchen besser zu spielen, oder vielleicht auch schlechter zu sein und wieder kämpfen zu müssen und dieses gute Gefühl, das dann auch erreicht zu haben ... Für mich war Football mein ganzer Lebensinhalt. Wie konnte es etwas noch Schöneres geben? Es gab wirklich nichts, was so viele Bereiche meines Lebens beeinflußt hätte.«[4]

Trotz Malcolms Loblied auf Football (den er spielte, obwohl er selbst relativ klein war), zweifle ich persönlich daran, ob die Freuden dieses an Körperkontakt so intensiven Sports die Risiken, die er birgt, wirklich wert sind. Die schlimmsten Befürchtungen einer Mutter, daß sich ihr Sohn verletzen könnte, können auf einem Footballfeld eintreten. Meine Söhne spielten auf der Grundschule und noch in der Mittelstufe Football, und einer spielte auch noch während seiner High-School-Zeit, aber mir graut es heute noch, wenn ich mit ansehe, wie Jungen miteinander Football spielen. Der Körper eines Jungen kann beim ständigen Footballspielen auf der High-School oder dem College zerstört anstatt aufgebaut werden.

Wenn ein Sohn (oder auch eine Mutter oder ein Vater) darauf besteht, Football zu spielen, sollte er wenigstens die beste Ausrüstung haben, die es gibt, um seinen Kopf, seine Nieren und seinen Rücken zu schützen. Die Eltern sollten vom Trainer verlangen, daß er ständig auf Sicherheit bedacht ist und daß in der Liga sauberer Football gespielt wird, Aufwärmphasen eingehalten werden, viel Wasser getrunken wird und daß ein Trainer immer in Reichweite ist. Die Jungen müssen ein optimales Konditionstraining absolvieren, damit ihre Gelenke, ihre Beine und ihre Knie vor ernsthaften Verletzungen geschützt sind.

Beim Football- und Eishockeyspielen wird die meiste sportliche Aggression freigesetzt, weil beide sehr körperbetonte Sportarten sind und von einer ständigen Verletzung der Regeln leben. Eishockey wurde früher wegen der nötigen Geschicklichkeit und der Koordinationsfähigkeit geschätzt, aber heute fangen die Kameras häufig nur noch Schlägereien zwischen rivalisierenden Mannschaften ein, worauf die Fans mit Begeisterung reagieren. Die Ästhetik des Schlittschuhlaufens mit ungeheurer Geschwindigkeit und die geschickte Beherrschung eines Pucks werden leider häufig von Schlägereien und Regelverletzungen überschattet. Diese Gewalt herrscht zum Teil auch schon in den Eishockeymannschaften der High-Schools.

Ein Junge, der Eishockey spielt, verteidigte seinen Lieblingssport vehement: »Ich glaube, daß ich eine großartige Sportart ausübe. Eishockey ist der schnellste Sport, den es gibt. Die Leute mögen kontrollierte Gewaltanwendung, wie sie beim Eishockey vorherrscht. Wissen Sie, die Zuschauer sehen sich das sehr gern an.« Er selbst sorgte dafür, daß sein Publikum auf seine Kosten kam. »Ja«, stimmte ein anderer Junge zu, »wenn man frustriert ist, kann man seinen ganzen Ärger beim Eishockeyspielen abbauen.« Ein weiterer Junge sah diese Sportart jedoch etwas anders. »Ich sehe das Eishockeyspielen als eine Begabung«, meinte er, »und ich spiele immer sehr sportlich. Ich lasse auf dem Eis aber nicht meinen Frust an jemand anderem aus. Ich glaube, daß das nicht richtig ist.« Seine Ernsthaftigkeit und seine Begeisterung beeindruckten mich, und ich hoffe, daß sich diese Einstellung auch auf die anderen Spieler in seinem Team auswirkt.

Jungen können sich über ihre Sportarten sehr lebhaft unterhalten. Ein Junge beschrieb Rugby, ein Spiel, daß im Nordosten Amerikas an allen High-Schools sehr beliebt ist: »Ich liebe diesen Sport. Ich habe auch schon andere Sportarten probiert, aber sie machen mir nicht soviel Spaß. Ich liebe Rugby. Ich spiele dieses Spiel sehr gern. Ich genieße es richtig. Nicht nur wegen der körperlichen Betätigung, sondern weil Rugby auch die Qualitäten eines Gentleman erfordert. Es ist ein großartiges Spiel. Am Ende des Spiels schütteln sich alle die Hand, und die Spieler reden nicht mehr darüber, nicht wie bei anderen Sportarten, bei denen jemand darüber spricht, daß er sich jemanden vornimmt oder ihn verletzen will. Beim Rugby denkt man nie daran, daß man einen anderen Spieler verletzen will. Man kann zwar auch verletzt werden, aber das ist dann nicht beabsichtigt.« Welch großartige Begeisterung eines 16jährigen, der das Wort *Liebe* so oft und mit einer solchen Inbrunst ausspricht!

Ich selbst habe beim Rugby zum erstenmal zugesehen, als mein jüngster Sohn diesen Sport für sich entdeckt hatte. Er kam ganz begeistert vom Spielfeld zurück und strahlte dabei, während ihm das Blut über das ganze Gesicht rann. Er war genauso begeistert wie der Junge, den ich interviewt hatte. Ich dachte, daß dieses Spiel sehr gefährlich sein müßte, aber als er und seine Mitspieler das Spiel besser beherrschten, habe auch ich die Harmonie einer Reihe von jungen Männern, die sich miteinander im Feld bewegen und die »Gentlemanqualitäten« dieses Sports schätzengelernt. Ich gebe zu, daß ihr Wettbewerbseifer nicht der erste Eindruck war, den ich bei diesem Spiel gewonnen hatte, sondern daß ich zunächst wie die Mutter eines anderen Jungen reagierte, die »Angst hatte, daß er sich selbst umbringen würde«.

Jeder Junge kann den Athleten in sich entdecken. Er kann eine natürliche Hochstimmung ebenso wie eine physische Erschöpfung erleben, wenn er gut spielt oder täglich trainiert. Er muß nicht unbedingt in einer Mannschaft spielen, um dieses Hochgefühl zu erleben, aber wenn er in einer Mannschaft spielt, kann ein guter Trainer einen großen Einfluß auf sein weiteres Leben haben.

Trainer

Gute Trainer sind das Wichtigste bei organisierten Sportarten mit Jugendlichen. Sie wissen, wie sie Jungen motivieren und ihnen Teamarbeit und Teamgeist vermitteln können. »Ich wußte, daß sich diese Männer wirklich um die Kinder kümmerten«, schreibt Andrew Malcolm über die Trainer in seiner High-School-Zeit, »daß sie bei mir Dinge entdeckten, die ich selbst nicht kannte, und daß sie auch wußten, wie sie die ganze Freude am Football (oder an jeder anderen Sportart) in mir entfachen konnten. Ich hätte nur ein bißchen mehr trainieren sollen.«[5]

Leider vertreten einige Trainer immer noch die Mentalität, »den Gegner auszuschalten«, und halten Rache für einen guten Teamgeist. Ich werde den Footballtrainer in unserem Ort nie vergessen, der meinem zwölfjährigen Sohn und seinen Mannschaftskameraden ein Stück Stoff des gegnerischen Trikots zu kauen gab und dabei den Namen der gegnerischen Mannschaft schreien ließ. Dieser Trainer lehrte sie Aggression und nicht, die Sportart zu beherrschen. Ich will damit nicht sagen, daß es schlecht ist, zu gewinnen, aber ich glaube, daß die Trainer gerade von jungen Leuten die Sportart selbst und die Körperbeherrschung im

Auge behalten sollten. Wenn ein Spiel von Jungen, die ihren Trainer gern mögen, gut gespielt wird, wenn die Jungen hart an sich arbeiten und von ihm respektiert werden, werden sie meist auch gewinnen. Wenn sie nicht gewinnen, wissen sie trotzdem, daß sie so gut wie möglich gespielt haben und daß der Trainer trotzdem auf sie stolz sein wird. Eine brutale Mentalität sollte auf keinen Fall zum Bestandteil eines Spiels werden.

Viele Väter opfern ihre Wochenenden, um die Mannschaften ihrer Söhne zu trainieren. »Ich habe zehn verschiedene Sportarten ausgeübt, und mein Vater war immer der Trainer«, berichtete ein Junge. Dieser Junge war davon überzeugt, daß jeder Junge Sport treiben sollte. Als ich ihn fragte, was denn sei, wenn ein Junge keinen Sport betreiben würde, meinte er: »Ich würde ihn dazu zwingen, aber ich würde schon damit anfangen, wenn er noch jünger ist. Ich glaube, daß ich ihn zwingen würde, bis zur Mittelstufe sportlich aktiv zu sein. Danach könnte er selbst entscheiden, was er dann tun wollte.«

Eine Untersuchung der University of Washington stellte fest, daß Jungen in einem Little League Baseball-Programm (in dem die Spieler durchschnittlich elf Jahre alt waren) sehr positiv auf Trainer ansprachen, die sie bestärkten und ermutigten und ihnen am meisten beibringen konnten. Die Jungen reagierten dagegen negativ auf solche Trainer, die sie nicht ermunterten und bei denen sie nichts lernten.[6] Diese Erkenntnisse haben sich vor allem bei Kindern mit einem geringen Selbstwertgefühl bestätigt. Ein Trainer, der seine Schützlinge lobt, ihnen auf die Schulter klopft, sie nach Fehlern wieder aufbaut und sie ständig anleitet, wird überall sehr hoch eingeschätzt.

Mit Entsetzen habe ich einmal einen Trainer beobachtet, der an der Seitenlinie entlangrannte und seine Spieler anschrie, obwohl sie so gut wie möglich zu spielen versuchten. Mitten im Spiel erlitt dieser Trainer einen Herzanfall und starb später im Krankenhaus – ein tragisches Ende für den Nachmittag dieser Kinder. Ich wäre überrascht, wenn er nur einem der Spieler beigebracht hätte, Baseball zu *lieben*.

Auch Eltern können Anleitungen gebrauchen, wenn ihre Söhne

oder Töchter Sport treiben. Einige zwingen ihre Kinder eher dazu, anstatt sie zu ermutigen, überwachen sie mit Stoppuhren, schreien sie an, wenn sie einen Ball werfen sollen, oder werden ungeduldig, wenn sie versuchen, ihnen etwas beizubringen. Andere Mütter und Väter werden von einem Spiel so ergriffen, daß sie es mit ganzem Herzen verfolgen. Mein ältester Sohn erzählte mir einmal, daß ich ihm regelrecht Angst eingejagt hätte, weil ich beim Basketballspiel seiner High-School-Mannschaft so laut geschrien hatte. Von da an ließ ich bei allen meinen Kindern meinem Eifer nicht mehr so freien Lauf.

Mütter und Söhne können durch den Sport gemeinsame Verbindungen schaffen. Söhne können zeigen, wie man im Team arbeiten und spielen kann, und Mütter können die Begeisterung für den Sport fördern. Leider haben sich einige Sportarten aber davon entfernt, junge Männer auf ein produktives Erwachsenenleben vorzubereiten und sind nur noch reine Aggressionsventile.

Die Schattenseiten des Sports

»Ich finde es toll, rauszugehen und meine Aggressionen nicht mehr zurückhalten zu müssen. Ich gehe einfach hin, trete jemanden, und ich genieße es, zu sehen, daß er verletzt ist. Ich weiß nicht warum, aber mir macht das irgendwie Spaß.« Diese Bemerkung eines Eishockeyspielers, der die Abschlußklasse der High-School besuchte, kann jeder Mutter nur Angst einjagen. Feindselige Aggressionen sind die Schattenseiten des Sports.

Ein Junge, der seine Frustrationen abreagiert, indem er auf einem Spielfeld oder auf dem Eisplatz jemanden verletzt, reagiert seine Wut nicht auf eine gesunde Art und Weise ab. Wenn ihm danach sein Trainer noch gratuliert, weil er einen Mitspieler »ausgeschaltet« hat, lernt dieser Junge auch noch, daß Aggressionen und ausgelebter Zorn belohnt werden. Wenn man ein netter Junge ist, wird man von solch einem Trainer nicht gelobt. »Nette Jungs sind immer die letzten«, sagte Leo Durocher, der frühere

Trainer der Dodgers. Solche Botschaften hören heute noch viele Jungen von ihren Trainern.

Der Alptraum vieler Mütter ist es, daß die Aggressionen bis ins Erwachsenenalter hinein anhalten und auf das Familienleben des Sohnes übergreifen. Trainer und Mannschaften sollten dieser gewünschten Gewalt ein Ende setzen und Regeln einführen, die die Sicherheit von allen Spielern garantieren. Die Beherrschung des Spiels und die eingebrachte Energie sollten maßgebend für die Sportarten sein, nicht die Aggression.

Myriam Miedzian nennt in ihrem schon an früherer Stelle genannten Buch *Boys Will Be Boys* Vorschläge, wie man die Jugendlichen beim Sport von der »gängigen gewaltorientierten Richtung« abbringen kann. Alle Trainer sollten auch in kindlicher Entwicklung und in Physiologie ausgebildet sein, meint Miedzian. Es sollten stets geprüfte Trainer anwesend sein, die keinem verletzten Spieler erlauben, mitzuspielen. Wenn ein Junge ganz offensichtlich versucht, einen anderen Spieler »kaltzustellen«, sollte er vom Platz verwiesen werden, und sein Trainer sollte seinen Job verlieren, wenn er dieses Verhalten auch noch unterstützt. Auch aggressive Redensarten sollten verboten werden, statt dessen sollte man die Jungen ermuntern, sich gegenseitig die Hand zu geben. Die Jungen oder ihre Eltern sollten auch keine Geldgeschenke bei Erfolgen erhalten. Myriam Miedzian rät, daß die Eltern an Versammlungen teilnehmen sollten, bei denen mögliche Verletzungsgefahren und Risiken für ihre Söhne zur Sprache kommen. Diese und ähnliche Empfehlungen verringern die Gefahren beim Sport von heranwachsenden Jugendlichen.

Eine weitere, immer ausgeprägtere Sorge von Müttern ist der Drogenmißbrauch bei ausgezeichneten Sportlern. Die Jungen, die ich interviewte, redeten ganz offen über Drogen und Alkohol beim Sport – Gewohnheiten, die früher von Trainern nie erlaubt worden wären. Man sollte jeden Trainer weiterempfehlen, der einen Jungen aus einer Mannschaft wirft, wenn er betrunken ist oder Drogen nimmt. Wenn ein Trainer das einmal macht, hat das sicherlich Signalwirkung für die anderen Mannschaftsmitglieder. Jeder Junge sollte wissen, daß ein gut durchtrainierter Körper keine Drogen braucht, um seine Leistungsfähigkeit zu verbessern. Steht ein Sportler unter Drogen, kann er vielleicht einmal zu hoher Form auflaufen, aber er wird wahrscheinlich auch einmal zusammenbrechen.

Aber Drogen sind nicht die einzige Versuchung für junge Sportler. Auch Sexualität kann zum Problem werden, wenn Jungen glauben, daß ihnen ihr Status als herausragende Athleten eine Sonderstellung einräume. Einige Athleten waren erst vor kurzem in eine Reihe von Fällen von sexuellem Mißbrauch verwickelt, was ich detaillierter noch in Kapitel 10 erörtern will.[7] Sowohl Eltern als auch Trainer müssen den Spielern immer wieder erklären, daß sie Mädchen respektieren müssen, selbst wenn ihnen die Mädchen nachlaufen sollten. Allen Gerüchten sollte man sofort nachgehen, und Jungen sollten sofort aus der Mannschaft geworfen werden, wenn sie sexuelle Gewalt ausgeübt haben.

Sport sollte wieder den richtigen Stellenwert in der Entwicklung junger Männer einnehmen und ihren Geist und ihren Körper stärken. So, wie es ein Junge sagte: »Sport ist genauso wichtig wie die Schule selbst. Ich muß einfach spielen.«

Außerschulische Aktivitäten

In einer Forschungsarbeit über erwachsene Männer und Frauen fand man heraus, daß »diejenigen, die aktiv an außerschulischen Veranstaltungen teilgenommen hatten, ihre Rollen als Erwachsene erfolgreich erfüllten und ganz allgemein reif waren.«[8] Allein schon diese Beobachtung sollte für Mütter Grund genug sein, ihre Söhne zu ermutigen, nach der Schule weitere Interessen zu pflegen.

Jugendliche haben den Drang, die Welt zu verändern, und schulische Neigungsgruppen können diesen missionarischen Eifer kanalisieren. Wenn man ihren Idealismus richtig unterstützt, können Eltern viel davon profitieren und große Überraschungen erleben. Ein Sohn, der sich aktiv für den Umweltschutz einsetzt, kommt vielleicht zu dem Ergebnis, daß seine Mutter bekehrt werden muß, daß sie ihren Müll trennen und beim Putzen keine giftigen Chemikalien verwenden soll, daß er ihre Einkaufsgewohnheiten überprüft und sich ganz seiner Aufgabe hingibt. An unserem Auto klebten regelmäßig Aufkleber, die die Philosophie unserer Kinder transportierten. Mit diesen Botschaften waren wir meist einverstanden (ganz besonders mochte ich den Aufkleber LIEBE DEINE MUTTER, obwohl gar nicht ich, sondern »Mutter Erde« gemeint war), und wenn das einmal nicht der Fall war, hielten sie uns lange Predigten über die Wichtigkeit ihres Kreuzzugs.

Viele Schulgruppen unterstützen wichtige Projekte und bereiten die jungen Leute so darauf vor, sich als Erwachsene zu engagieren. Schüler haben meist ihre eigenen Pläne, sammeln dafür Geld und lernen so die Bedürfnisse ihrer Gruppe zu artikulieren. Einige Gruppen kümmern sich um spezifischere Interessen wie etwa das Schachspielen, andere um wichtige Anliegen wie etwa den Hunger in der Dritten Welt. An einigen Schulen werden die Schüler dazu ermuntert, ihre eigenen Gruppen zu gründen. Ein Schüler muß dazu erst Mitschüler mit denselben Interessen finden und dann einen Lehrer überreden, seine Gruppe zu unterstützen. Wenn dadurch ein gutes Verhältnis zwischen Lehrern und Schülern entsteht, profitieren beide Seiten davon.

Ein gutes Beispiel für eine lebendige Beziehung zwischen Lehrern und Schülern entstand in der New Yorker Innenstadt, als ein Lehrer einen hervorragenden Schachclub unterstützte und trainierte und die Schüler schließlich sogar eingeladen wurden, in Rußland zu spielen. Anfangs waren die russischen Schachspieler von den unorthodoxen »Straßenzügen« der amerikanischen Spieler etwas befremdet, aber im Verlauf der Spiele lernte jede Seite die strategische Spielweise der anderen schätzen. Dem Lehrer war es gelungen, seine Schüler zu motivieren und für die Reise Geld zu sammeln – eine Erfahrung, die beide Seiten wohl nie vergessen werden.

Musik- und Theatergruppen bieten nach den Sportprogrammen wahrscheinlich die meisten Aktivitäten für die Nachmittage an. Ich bin mir sicher, daß die meisten Dirigenten das Bild vom

Saxophon spielenden Präsidenten Clinton sehr gern sehen, weil hier eine gute Kombination von Führungsqualitäten und Musik gezeigt wird. Wenn sich ein Sohn für ein Musikinstrument interessiert, freuen sich die Mütter meist sehr darüber – selbst wenn sie die Musik, die man damit machen kann, nicht verstehen. Auf den Kameradschaftsgeist in einem Orchester, einer Band, einem Streichquartett oder in einer Rockband können Nichtspieler nur neidisch sein. Außerdem bewundern es die Jugendlichen und die Erwachsenen immer, wenn sich ein Freund an ein Klavier setzen oder die Gitarre oder das Saxophon nehmen kann und an einem geselligen Abend einen musikalischen Beitrag liefert.

Eine Gruppe von Müttern, die ich befragte, beschwerte sich über die Hingabe ihrer 15jährigen Söhne an ihre ebengegründete Rockband, die sich aus einer Band an der Schule heraus entwickelt hatte. Die Mütter mußten sie reihum zu den Proben in den verschiedenen Elternhäusern fahren. Der Lärmpegel war unglaublich groß, und sie machten sich schon Sorgen, ob die Musik sie nicht von den Hausaufgaben abhalten würde. Als ich sie jedoch fragte, welche anderen Beschäftigungen sie sich für ihre Söhne wünschen würden, gaben sie zu, daß sie ganz froh darüber waren, daß die Jungen nach der Schule wenigstens sinnvoll beschäftigt waren.

Gleichzeitig hatte ich jedoch das Gefühl, daß die Mütter Angst davor hatten, ihre Söhne würden für die Musik alles andere aufgeben. Die meisten Jungen wollen jedoch nur für relativ kurze Zeit mit ihren Freunden Musik machen – meist während der Jahre auf der High-School –, und deshalb sollten sich die Mütter nicht allzugroße Sorgen machen. Wenn der Sohn glaubt, daß er genug Talent hat, um nach dem Schulabschluß oder auf dem College Berufsmusiker zu werden, sollte er den Rat von Berufsmusikern einholen, die sein gewünschtes Instrument mit Erfolg spielen. Deren ehrliche Beurteilung wird sein Talent vielleicht bestätigen und ihm helfen, den angestrebten Weg erfolgreich zu gehen – oder aber ihn dazu führen, sich lieber auf sein Studium zu konzentrieren und Musik als Hobby nebenbei zu betreiben.

Auch beim Theaterspielen kann ein heranwachsender Sohn sein kreatives Potential ausleben. Jungen, die an Schulaufführungen teilnehmen, genießen das meist sehr und schließen mit ihren Mitspielern von der Bühne oft dicke Freundschaften. Ein eher schüchterner Junge wird im Rampenlicht vielleicht selbstbewußt und quicklebendig. Auch wenn er selbst nicht mitspielen will, kann er bei der Organisation helfen, bei der Lichtregie, bei der Bühnendekoration, bei der Werbung, beim Kartenverkauf, er kann den Platzanweiser spielen oder viele andere Funktionen übernehmen, die bei einer Theateraufführung anfallen. Die Arbeit hinter der Bühne kann genausoviel Spaß machen wie das Theaterspielen selbst.

Nach der Schule

Die Aktivitäten nach der Schule müssen sich nicht auf das beschränken, was von den Schulen unterstützt wird. Ein Junge, der zum Beispiel im Jugendzentrum einer Gemeinde eine Jugendgruppe leitete, erzählte mir, daß er dadurch viel gelernt hätte – daß es nicht einfach ist, andere zu führen. »Man weiß erst, welche Anstrengungen das kostet, wenn man es selbst gemacht hat.« Er erzählte, daß er die Leute, die er dabei kennengelernt hatte, gerne mochte und durch diese Arbeit erst wirklich einschätzen konnte, was es bedeutet, etwas gut organisieren zu können.

Auch die Pfadfinder bieten den Jungen an, bei ihnen Gruppenleiter zu werden. Eine Organisation mit dem Namen »ScoutReach« bietet beispielsweise ein »traditionelles Pfadfinderprogramm für nicht-traditionelle Pfadfinder« an. Jungen, die in einer Umgebung aufwachsen, in der es keine Pfadfinder gibt, treffen hier auf speziell ausgebildete Führer, die ihnen zeigen, wie man sich sinnvoll beschäftigen kann, anstatt einfach auf der Straße herumzuhängen. Die Kunst, einen Knoten zu binden oder ein Zelt aufzustellen, kann für einen Jungen aus der Stadt eine ganz neue Herausforderung darstellen, und das Leben in der freien Natur in der Nähe seines Wohnorts hilft ihm, Selbstvertrauen zu entwickeln und neue Fertigkeiten zu erlernen.[9]

Camping, Wandern und Kanufahrten, die von Jugendgruppen veranstaltet werden, lehren den Schülern Fähigkeiten, die sie vielleicht auch später noch genießen werden. Diese Unternehmungen in der freien Natur müssen jedoch nicht immer von Organisationen durchgeführt werden. Eltern, die sich dabei vielleicht auch den Knöchel verstauchen können oder auf dem harten Boden schlafen müssen, können so zu guten Kameraden für ihre Söhne werden. Väter und Mütter, die mit ihren Söhnen (oder Töchtern) Kanu fahren oder wandern, können dazu beitragen, die Beziehung zu ihren Kindern zu vertiefen, wenn sie zum Beispiel gemeinsam die Schönheit eines Sonnenuntergangs genießen oder einen steilen Weg meistern. Meine Söhne und Töchter haben es immer geliebt, solche Dinge mit ihrem Vater zu erleben, und ich habe es respektiert, daß sie diese Zeit allein mit ihm verbracht haben.

Ein Junge erzählte mir, daß er es als Pfadfinder zum Eagle Scout gebracht hatte, der höchsten Auszeichnung der Boy Scouts. Auch sein Großvater war schon Eagle Scout gewesen, nur sein Vater hätte, wie er sagte, »sich nichts daraus gemacht, aber er sah es gern, daß ich Eagle Scout wurde. Er hat einmal mit mir gezeltet, aber es hat ihm nicht gefallen.« Wie viele aktive Jungen genoß es auch dieser Jugendliche, vieles zu unternehmen, aber am liebsten fuhr er mit seinem Vater mit dem Fahrrad querfeldein – das war immer sein schönster Zeitvertreib.

Eltern können auch bei den Kirchen nachfragen, welche speziellen Möglichkeiten es dort für Jugendliche gibt. Einige dieser Gruppen unterhalten Suppenküchen, organisieren Hilfsmaßnahmen für arme Familien oder verteilen Nahrungsmittel und Kleidung an Bedürftige. Eine Gruppe von High-School-Schülern aus einem Vorort fährt beispielsweise regelmäßig in den Central Park in New York, um dort Decken und Kleidung an Obdachlose zu verteilen.

Eine Mutter und ihr Sohn müssen vielleicht ein wenig suchen, bis sie etwas gefunden haben, was der Sohn nach der Schule gern macht, aber das Ergebnis wird die Mühe sicherlich wert sein.

Arbeiten während des Schuljahres

Das Thema, daß ein Sohn während des Schuljahres noch arbeitet, ist so komplex, daß sich mittlerweile seriöse Wissenschaftler damit auseinandergesetzt haben. Während Jungen und Mädchen früher hauptsächlich arbeiten mußten, um zum Familieneinkommen beizutragen, geben sie ihr verdientes Geld heute für Konsumartikel für sich selbst aus.[10] Die Jobs, die sie machen, sind meist nicht besonders gut bezahlt und bieten auch keine Karrierechancen für später. Viele Jungen, mit denen ich mich unterhalten habe, arbeiteten und sparten für ein Auto – was wirklich kein kleines Ziel ist. Sie mochten es, Geld in der Tasche zu haben und fühlten sich dadurch unabhängig. Hilft ihnen das Arbeiten nach der Schule aber, selbst reifer zu werden oder bessere Noten zu bekommen?

Die Antwort scheint »Nicht unbedingt« zu lauten und wird von der Anzahl der Arbeitsstunden, der Art der Arbeit und den familiären Verhältnissen bedingt. Eine Studie, die bei 4.000 Jugendlichen das Verhältnis zwischen der Entwicklung der Heranwachsenden und ihrer Teilzeitarbeit untersuchte, stellte keine positiven Seiten der Arbeit nach der Schule heraus. »Verglichen mit ihren Klassenkameraden, die nicht arbeiten oder die nur einige wenige Stunden pro Woche arbeiten, berichteten die Schüler, die öfter und länger arbeiten, daß sie sich nicht mehr so stark in der Schule engagierten, daß sie öfter in der Schule fehlten und daß sie an stärkeren psychischen und somatischen Beschwerden litten, mehr Drogen und Alkohol konsumierten, öfter kriminell wurden oder sich von den Eltern nicht mehr so stark kontrollieren ließen. Die negativen Folgen der Arbeit waren um so ausgeprägter, je mehr Stunden die Schüler pro Woche arbeiteten.«[11]

Sicherlich möchte keine Mutter diese Auswirkungen bei ihrem Sohn oder ihrer Tochter erleben, aber viele Heranwachsende betteln geradezu bei ihren Müttern um Erlaubnis, arbeiten zu dürfen. Wenn ein Sohn darauf besteht, daß er arbeiten will, sollten Mütter trotzdem einige grundsätzliche Bedingungen stellen. Erstens sollte er maximal nur 10 bis 15 Stunden pro Woche arbeiten. Diese Stundenzahl kann sich durchaus positiv bemerkbar machen, wie es Forschungen bewiesen haben, vor allem dann, wenn der Sohn geistig gefordert wird oder ihm Kenntnisse vermittelt werden, die er auch nach dem Schulabschluß gut gebrauchen kann. Zweitens sollten sich Mutter und Sohn darüber einig sein, daß er seinen Job sofort wieder aufgeben muß, wenn seine Schulnoten schlechter werden und er seine Schularbeiten nicht mehr zufriedenstellend erledigen kann.

Einige Lehrer und Schulpsychologen sind der Ansicht, daß sich die schulischen Leistungen verbessern können, wenn die Schüler einen Job haben, der sie auf die zukünftige Arbeit vorbereitet. Ein Junge, der stundenweise bei einem Elektriker aushilft, oder ein Junge, der Computer liebt und sie stundenweise repariert, kann solche Tätigkeiten vielleicht später auch als Beruf ausüben. Sich auf den Beruf vorzubereiten, ist sowohl für die Schule als auch für die Schüler ein erstrebenswertes Ziel. Wenn eine Schule ein Arbeits- und Studienprogramm anbietet und aktiv nach Firmen sucht, die die Schüler später als Lehrlinge übernehmen wollen, können die Schüler davon nur profitieren. Die meisten Jobs gibt es jedoch in Fast-food-Restaurants oder im Einzelhandel, und die meisten Jugendlichen arbeiten, um ihr Taschengeld aufzubessern und nicht, um die Weichen für eine spätere Karriere zu stellen.

Selbst wenn ein Sohn weniger als 15 Stunden pro Woche arbeitet (zehn Stunden scheinen für mich die kritische Grenze zu sein) und auch sein Notendurchschnitt dadurch nicht beeinträchtigt wird, sollte man trotzdem noch andere Probleme bedenken. Die Umgebung des Arbeitsplatzes und der Einfluß der anderen Arbeiter können Auswirkungen auf das Gesamtbefinden des Sohnes haben. Wenn der Chef starken Druck auf ihn ausübt, wenn er unter schweren Arbeitsbedingungen arbeitet oder wenn sich seine Arbeitskollegen über ihn lustig machen oder alle Ambitionen, die er vielleicht hat, ins Lächerliche ziehen, machen ihn diese Erfahrungen vielleicht eher generell arbeitsscheu.

Ein Junge kann dabei auch zum Ergebnis kommen, daß er einen bestimmten Job nie wieder machen will, wenn er es vermeiden kann. Mein Sohn hat ein Semester lang als Busschaffner gearbeitet, weil er den von ihm verursachten Schaden an unserem Auto abzahlen mußte. Sobald er das Geld zusammenhatte, gab er diesen Job auf und beschloß, im nächsten Sommer nicht noch einmal dieselbe Arbeit auszuüben.

Alle diese Probleme sollten mit dem Sohn zusammen besprochen und die Vor- und Nachteile eines Jobs gründlich erörtert werden. In vielen Orten gibt es für Teenager vielfältige Möglichkeiten, Jobs zu finden. Werden die Nachteile jedoch immer die Vorteile aufwiegen? Jede Familie muß hier ihre eigenen Entscheidungen treffen können, nachdem sie sich eventuell auch mit den Lehrern ihres Sohnes beraten hat, und dabei sollte sie – um es zu wiederholen – im Auge behalten, daß der Sohn höchstens 10 bis 15 Stunden pro Woche arbeiten sollte.

Ferienjobs

Wenn ein Sohn in den Sommerferien arbeitet, wird das seine schulischen Leistungen kaum beeinflussen, er wird von der Arbeit an den langen Sommertagen vielmehr meist profitieren. Während dieser Zeit sollte er idealerweise neue Fertigkeiten lernen, aber solche Jobs gibt es natürlich nicht allzu viele. Allein schon die Art und Weise, wie er sich um eine Tätigkeit bewerben muß, Anträge stellen muß und auch die Möglichkeit mit einkalkulieren muß, abgelehnt zu werden, sind gute Lernerfahrungen. Es gibt viele Möglichkeiten, während der Sommerferien zu arbeiten, aber man sollte sie sich vorher sehr genau ansehen. Man sollte lieber länger suchen, mit anderen Schülern reden und sich mit Freunden beraten, bevor man eine Tätigkeit fest vereinbart.

Jungen suchen sich im Sommer auch gerne selbst Arbeit: Sie streichen Wände, halten den Rasen in Ordnung, geben Nachhilfestunden, fahren Kinder spazieren oder betreuen Kinder von arbeitenden Müttern. Wenn eine Familie kein zusätzliches Einkommen braucht, kann der Sohn auch als freiwilliger Helfer in gemeinnützigen Vereinen arbeiten, um anderen Leuten zu helfen.

Söhne sollten sich nicht den ganzen Sommer lang einfach nur ausruhen. Heranwachsende Jungen brauchen Aktivitäten.

»Sie sollten irgend etwas machen« hatte ein Junge, den ich interviewt habe, gesagt, und das war ein sehr guter Rat. Mütter können ihre Söhne ermutigen, auf diese Weise vielfältige Interessen und Talente zu entdecken, aber alle damit verbundenen Fragen sollten grundsätzlich gemeinsam besprochen werden, wobei die Hoffnungen und Vorstellungen diskutiert und mit den Anforderungen der Schule und des Ortes in Einklang gebracht werden müssen. Diese Anstrengungen werden sich für die Mütter und für die Söhne auszahlen, zumal der Sohn durch diese Aktivitäten gut durch die Jugendzeit begleitet wird.

☞ Tips für Mütter

1. Machen Sie sich die erzieherischen, psychischen und physischen Vorteile von Beschäftigungen nach der Schule bewußt.
2. Helfen Sie Ihrem Sohn, eine Beschäftigung zu finden, die er gern macht, und helfen Sie ihm gegebenenfalls, dort hinzukommen.
3. Reden Sie mit ihm, damit er seine negative Einstellung zu organisierten Aktivitäten verliert. Sprechen Sie mit ihm auch über die Gründe, die dahinterstecken.
4. Ermuntern Sie ihn, sich körperlich zu betätigen oder Sport zu treiben, weil er dadurch neue Herausforderungen erlebt und neue Fertigkeiten erlernt. Von solchen körperlichen Anstrengungen kann er nur profitieren.
5. Tragen Sie dazu bei, daß Ihr Sohn sich als Sportler entdeckt, und suchen Sie gemeinsam mit ihm eine körperliche Betätigung, die er gern ausübt. Auch außerhalb des Schulsportplatzes gibt es genügend Möglichkeiten, Sport zu treiben.
6. Bestehen Sie darauf, daß alle Sicherheitsmaßnahmen eingehalten werden, wenn Ihr Sohn eine gefährliche Sportart wie Football oder Eishockey ausübt.

7. Nehmen Sie zur Kenntnis, daß an den Schulen manchmal Drogen kursieren und Alkohol getrunken wird.

8. Erinnern Sie Ihren Sohn immer wieder daran, daß alle Männer Mädchen und Frauen zu respektieren haben und daß die Tatsache, daß er vielleicht ein herausragender Sportler ist, ihn davon nicht befreit.

9. Suchen Sie nach Organisationen, die außerhalb der Schule existieren und in denen Ihr Sohn mitwirken kann, aus denen er die auswählen kann, die ihm am meisten zusagen.

10. Finden Sie heraus, was die freiwilligen Hilfsorganisationen für heranwachsende Jungen in Ihrem Ort anbieten.

11. Helfen Sie ihm bei seinen Aktivitäten am Nachmittag, falls erforderlich.

12. Lassen Sie nicht zu, daß er während der Schulzeit mehr als 10 bis 15 Stunden pro Woche arbeitet.

13. Ermuntern Sie Ihren Sohn, daß er sich für die Sommerferien einen Job sucht oder als freiwilliger Helfer arbeitet.

10
»Ich schlafe nur mit Jungfrauen!«

Jugendliche und Sexualität

»Sei vorsichtig«, war alles, was ein Vater seinem 17jährigen Sohn sagen konnte, als er mit ihm endlich über die Gefahren von AIDS (erworbenes Immundefekt-Syndrom) redete. »Mach dir keine Sorgen, Dad«, erwiderte sein Sohn. »Ich schlafe nur mit Jungfrauen!« Sein Vater lachte herzlich, als er mir von der »klugen« Strategie seines Sohnes erzählte. Ich selbst fand diese Idee nicht so witzig wie er.

Sein Sohn war in der letzten Klasse einer hervorragenden Schule und redete so ähnlich wie ein anderer Junge aus der Innenstadt, den ich interviewt hatte. Dieser sagte zu mir: »Ich war mit einem Mädchen zusammen. Sie war noch Jungfrau, und deshalb habe ich auch kein Kondom benutzt.« Wenn diese zwei Jungen für heranwachsende Amerikaner typisch sein sollten – und vermutlich sind sie das leider –, sollten die Eltern mit ihren Söhnen ganz dringend über allgemeine Vorstellungen, sexuelle Verantwortung und die Tugenden von Hingabe und Abstinenz reden. Und das wird nicht besonders leicht sein.

An Jungen und Mädchen wurden über Jahre immer unterschiedliche Erwartungen gerichtet, indem die Mütter und Väter die sexuellen Aktivitäten ihrer Söhne viel eher tolerierten als die der Töchter. Eine Frau grinste, als sie mir erzählte: »Mein Sohn hat sich für jedes Mädchen, das er gehabt hat, eine Einkerbung am Revers gemacht.« Sie hätte über ein ähnliches Verhalten ihrer Tochter sicherlich nicht gelacht. Ihr wäre dabei eher das Herz gebrochen, sie hätte sich um die körperliche und geistige Gesundheit ihrer Tochter Sorgen gemacht und sich entsprechend Hilfe gesucht.

Trotzdem überdenken jetzt zum Glück immer mehr Eltern ihre freizügigeren Einstellungen zu den sexuellen Aktivitäten ihres Sohnes, weil AIDS und die durch den Geschlechtsverkehr übertragenen Krankheiten immer mehr ins Bewußtsein rücken, immer mehr Minderjährige vergewaltigt werden und auch die Jungen bei ungewollten Schwangerschaften zunehmend zur Verantwortung gezogen werden. Teenager hatten es noch nie besonders gern, mit ihren Eltern über Sexualität zu reden, und viele Eltern scheuen sich nach wie vor, das Wort Sexualität vor ihren Kindern in den Mund zu nehmen. Ich selbst erinnere mich, daß ich mir ganz unterschiedliche Strategien zurechtgelegt hatte, wie ich mit meinen Söhnen darüber reden wollte, aber es gelang mir nur selten, das so, wie ich es mir vorgenommen hatte, tatsächlich zur Sprache zu bringen. Meine Söhne merkten immer sehr schnell, was ich vorhatte und lenkten mich schnell ab, oder sie erzählten mir, daß sie ohnehin schon alles wissen würden (was natürlich nicht stimmte).

Auch heute können die meisten Eltern noch nicht zwanglos mit ihren Söhnen über Sexualität sprechen, obwohl die Teenager von heute viel früher und öfter Geschlechtsverkehr haben. »Mein Mann meint, daß er diese Erfahrungen selbst machen muß und ich mich nicht darum kümmern sollte«, meinte eine Mutter. Eine einzige von zehn Frauen, die zu einer Gesprächsrunde über männliche Jugendliche zusammengekommen waren, hatte mit ihrem Sohn bereits ausführlich über Sex gesprochen. Einige hatten es zwar versucht, sofort aber wieder damit aufgehört, als ihre Söhne kein offenkundiges Interesse zeigten. »Ich fing damit an, aber er sagte, daß er darüber nicht reden wolle«, behauptete eine Mutter. »Das lernen sie in der Schule«, sagte eine andere Mutter mit einer Spur von Erleichterung. »Es ist mir nie in den Sinn gekommen, mit ihm darüber zu reden«, meinte eine dritte Mutter. »Ich denke mir, daß er ein Junge ist und daß mein Mann als Mann mit ihm darüber reden sollte, aber das funktioniert nicht, weil sich mein Mann nicht wohl dabei fühlt.« Dann lachte sie. »Wenn es um Football ginge, ja, aber wenn es um Sexualität geht?«

Einige Frauen, die ich interviewt habe, waren ganz erstaunt, als ich ihnen vorschlug, daß sie und auch ihre Ehemänner mit ihren Söhnen über Sexualität reden und sie auch in diesem Bereich erziehen sollten. Sie sollten mit ihren Söhnen nicht nur zu bestimmten Zeiten, sondern immer wieder über Werte diskutieren und ihnen erklären, wie wichtig es ist, alle Mädchen und Frauen zu respektieren. In vielen Haushalten sind die Väter jedoch kaum anwesend oder scheuen sich, über sexuelle Themen zu reden, und man muß sie erst davon überzeugen, wie wichtig auch ihr Beitrag ist. Wenn sich ein Vater dennoch weigert, ist eine Mutter um so mehr gefordert, wenn ihr Sohn nicht auf die Informationen durch Freunde, das Fernsehen oder die Straße angewiesen sein soll. Wenn man darauf wartet, bis der Vater etwas unternimmt, dauert es vielleicht zu lang und kostet es zuviel Mühe.

Sexualität in den 90er Jahren

Viele Eltern denken fälschlicherweise, daß die Berichterstattung in den Medien über sexuell übertragbare Krankheiten (wie auch die schnelle Verbreitung von AIDS) das Sexualverhalten ihres Sohnes verändern würde. Jungen werden auch immer früher sexuell aktiv. Die Statistiken unterscheiden sich zwar bei den genauen Prozentwerten, aber sie stellen alle einhellig fest, daß die Zunahme von frühen sexuellen Kontakten auch weiterhin bestehenbleiben wird. Eine Untersuchung, die in den ganzen Vereinigten Staaten durchgeführt wurde, hat gezeigt, daß mit 15 Jahren 16 Prozent der weißen Jungen und sogar 48 Prozent der farbigen Jungen schon Geschlechtsverkehr gehabt hatten. Die Prozentzahlen steigen dann ständig an, und im Alter von 19 Jahren hatten schon 76 Prozent der weißen Jungen und 96 Prozent der Farbigen Geschlechtsverkehr gehabt.[1]

Auch wenn die stetige Zunahme von AIDS sehr bedrohlich ist (um 63 Prozent mehr AIDS-Fälle in den ersten beiden Monaten des Jahres 1993 im Vergleich zum selben Zeitraum 1992) und auch die Bekanntgabe der AIDS-Infektion von Magic Johnson sicherlich erschreckend war, sollten Mütter nicht davon ausgehen, daß ihre Söhne deshalb automatisch sexuell nicht mehr so aktiv sein würden.[2] Um so höher die Prozentzahl der Heranwachsenden mit Geschlechtsverkehr steigt, um so stärker setzen sich die Jungen dem HIV-Virus aus. Zwischen 25.000 und 35.000 Schüler der High-School und Collegestudenten waren nach einem Test HIV-positiv und können unter Umständen an AIDS erkranken. Diese Tausende von jungen Leuten repräsentieren aber vielleicht nur einen vergleichsweise geringen Prozentsatz all derer, die sich schon mit dem Virus angesteckt haben, zumal die meisten Schüler nicht getestet worden waren.[3]

Die Sorgen einer Mutter um die Gesundheit und Sicherheit ihres Sohnes betreffen jedoch nicht nur AIDS, sondern auch alle anderen sexuell übertragbaren Krankheiten. Trotz dieser Tatsachen schützen sich viele sexuell aktiven Jungen nicht ausreichend selbst oder ihre Partnerinnen. Nur 58 Prozent der heranwachsenden Jungen zwischen 15 und 19 Jahren berichteten, daß sie bei ihrem letzten Geschlechtsverkehr Kondome allein oder in Verbindung mit anderen Verhütungsmitteln angewandt hätten.[4] Obwohl Kondome die Risiken einer unerwünschten Schwangerschaft und von Geschlechtskrankheiten sicherlich reduzieren, ist der Glaube daran, daß man mit ihnen unbedenklich »safe sex« haben könnte, in Wirklichkeit nicht begründet. Die Jungen sind außerdem davon überzeugt, daß Verhütung allein schon alle Probleme löse. »Safer sex« ist die schönere Umschreibung dafür, daß Verhütungsmittel keine absolute Sicherheit geben können. Der einzige risikofreie Sex ist kein Sex, aber für die Jungen ist es natürlich nur in den seltensten Fällen eine Alternative, abstinent zu sein oder mit der Sexualität noch zu warten.

Viele heranwachsende Jungen sind schon Väter. 1990 waren 68 Prozent der Geburten von Müttern im Teenageralter unehelich. Heranwachsende Jungen sind für fast ein Drittel dieser Fälle verantwortlich: Nicht alle dieser Kinder hatten Väter, die selbst noch Jugendliche waren, viele der Väter waren schon älter, aber trotzdem waren Heranwachsende in 32,2 Prozent der Fälle die

Väter (wobei jedoch nur bei 58 Prozent der Fälle das Alter überhaupt angegeben war).[5]

Eine Mutter kann schockiert und zugleich hellwach reagieren, wenn sie liest, wie viele Sexualpartner ein heranwachsender Junge heute manchmal hat. In einer Untersuchung, die sich nur auf Männer beschränkte, berichteten sexuell aktive Jungen (zwischen 17 und 19 Jahren), daß sie seit ihrem ersten Geschlechtsverkehr im Durchschnitt sechs verschiedene Sexualpartnerinnen gehabt hätten.[6] Bei einigen Jungen ist diese Anzahl sogar noch zu niedrig. Die Polizei in Lakewood in Kalifornien, einer Vorstadt, die hauptsächlich vom weißen Mittelstand bewohnt wird, entdeckte eine Jugendbande, in der es für jedes Mädchen, das sie »gehabt« hatten, einen Punkt gab. Ein Vater verteidigte die Jungen und meinte, daß sie nur dem Vorbild von »Wilt Chamberlain gefolgt sind, der in seinem Buch geschrieben hatte, daß er 20.000 Frauen gehabt hätte.« Einer der angeklagten Jungen berichtete den Reportern, daß er in der Schule zwar alles über Sexualität gelernt hätte, daß ihm dabei jedoch niemand gesagt hätte, wie er sich »dabei verhalten« sollte.[7]

Ein Junge, den ich interviewte, erzählte von den Erfahrungen seines Bruders, der auf ein College in Kalifornien ging: »Er sagte, daß die Mädchen dort früh anfangen würden, schon mit 13 Jahren. Wenn man dann daran denkt, wenn sie 18 oder 19 sind, dann haben sie schon viele Partner gehabt, und man muß vorsichtig sein. Er erzählte, daß er eine Freundin hätte und er ihr gesagt hätte, daß er mit ihr nur schlafen würde, wenn sie einen Test machen ließe, und er ließe sich auch testen.«

Bei solchen Nachrichten ist es kein Wunder, wenn Mütter ganz ratlos werden, wenn sie an die körperliche, psychische und moralische Sicherheit ihrer Söhne denken. An High-Schools wird derzeit vielfach eine sogenannte periodische Monogamie praktiziert. Mädchen und Jungen sind für eine bestimmte Zeit zusammen, trennen sich und haben dann wieder einen neuen Freund oder eine neue Freundin. Selbst wenn sich dadurch die Anzahl der Freundinnen summiert, hat ein Junge nicht das Gefühl, promiskuös zu sein (wie das in der Vergangenheit der Fall gewesen wäre), sondern meint, daß er treu ist – dem Mädchen, mit dem er einen Monat, ein Semester oder ein Jahr lang zusammen ist.

Die genannten Statistiken machen Eltern und Erwachsenen, die in der Jugendarbeit tätig sind, angst. Sie können ganz verzweifelt sein, weil trotz all ihrer Liebe und Sorge für einen Jungen oder ein Mädchen ein einziger Sexualkontakt genügen kann, die Gesundheit des Heranwachsenden zu gefährden und viele verschiedene Sexualpartner dieses Risiko noch erhöhen. Als ich jedoch einen Jungen fragte, mit wem er über Sexualität sprechen würde, erhielt ich eine typische Antwort: »Eigentlich nur mit meinen Freunden. Wir haben zwar Sexualkundeunterricht, aber das ist, als ob man sich Filme mit dem Titel *Bist du normal?* ansehen würde. Ich spreche auch nicht mit meinen Eltern darüber. Eigentlich bekommt man nie die richtigen Erklärungen, sondern es entwickelt sich von allein. Man fängt einfach von selbst an, darüber nachzudenken.«

Und wenn die Jungen »einfach anfangen, darüber nachzudenken«, sollten Mütter, die mit den Tendenzen der 90er Jahre vertraut sind, dieses Thema aufgreifen und über ihre sexuellen und familiären Wertvorstellungen reden.

Zwänge

Die amerikanische Kultur fördert den Sexualverkehr bei Jugendlichen. Wenn die Erwachsenen die nachfolgende Generation sicher bis ins Erwachsenenalter führen wollen, sollten sie diese kulturelle Botschaft revidieren und die bestehenden sexuellen Zwänge reduzieren. Viele Einflüsse, die auch aus dem eigenen Elternhaus stammen können, verstärken bisher die Norm, schon frühzeitig sexuell aktiv zu werden. Nicht nur, daß nur wenige Eltern mit ihren Kindern über Werte diskutieren, auch viele Jungen glauben selbst daran, daß mit ihnen etwas nicht in Ordnung ist, wenn sie keinen Sex haben. Und Väter können ihnen den Eindruck vermitteln, daß frühzeitiger Geschlechtsverkehr für heranwachsende Jungen normal und ganz selbstverständlich ist. So berichten einige alleinerziehende Väter manchmal ihren Söhnen von ihren sexuellen Erlebnissen. »Mein Vater hat mit mir viel über sein Sexualleben gesprochen, aber nicht über meines«, sagte ein Junge. »Als er noch Single war, erzählte er uns viel darüber. Er hatte Freundinnen, die Anfang 20 waren, und er selbst war schon gut 40. Aber jetzt ist er wieder verheiratet und kann uns darüber nicht mehr soviel erzählen. Jetzt ist sein Sexualleben auch nicht mehr so aufregend, da bin ich mir ganz sicher.«

Eine Mutter erzählte mir, daß sie der Lehrer ihres Siebenjährigen anrief und ihr sagte, daß sie lieber jetzt schon anfangen sollte, mit ihrem Sohn über Sexualität zu reden. Der Lehrer meinte, daß ihr Sohn sonst von seinen Mitschülern, die mit ihren Vätern den Playboy-Kanal schauen würden, alles über Sexualität erfahren würde. Eltern sollten immer daran denken, daß die 90er Jahre nicht die 60er Jahre sind und daß die Ära der freien Liebe und der Freizügigkeit vorbei ist. Ein Vater, der sich um seinen Sohn kümmert, wird ihm Vorsicht, Zurückhaltung, Vertrauen und Werte vermitteln.

Väter sind aber nicht die einzigen, die denken, daß »Jungen eben Jungen sind«. Die Mutter, die sich über die Einkerbungen am Revers ihres Sohnes amüsierte, signalisierte ihm damit, daß es ganz in Ordnung sei, wenn er jetzt schon Geschlechtsverkehr habe. Einige Mütter, die ich interviewte, nahmen zwar an, daß ihre Söhne auf der High-School Geschlechtsverkehr hatten, schienen vor den Konsequenzen aber die Augen zu verschließen. Wenn niemand einem Jungen sagt, daß er jetzt vielleicht noch keinen Sex haben sollte, hält dieser das Schweigen für Zustimmung.

Auch Alkohol kann einen Jungen dazu verleiten, schon in jungen Jahren Sex zu haben. Eine Untersuchung an Erwachsenen fand heraus, daß ein großer Anteil von denen, die, als sie noch jünger als 16 Jahre waren, bereits Marihuana, Alkohol und/oder Zigaretten konsumiert hatten, in diesem Alter auch schon sexuelle Erfahrungen hatte.[8] Ist ein Heranwachsender betrunken, erhöht sich auch sein Gefühl für Unverletzlichkeit, und seine natürliche Wachheit wird getrübt, weshalb er dann manchmal Dinge macht, die er bei klarem Verstand nicht tun würde.

Es gibt noch andere Faktoren, die zur sexuellen Risikobereitschaft eines Jungen beitragen können. Jungen aus intakten Elternhäusern mit zwei Elternteilen sind in der Regel nicht so sexuell aktiv und beim ersten Geschlechtsverkehr durchschnittlich älter als Jungen aus Single-Haushalten.[9] Weil alleinerziehende Elternteile ihre Jungen meist nicht so stark beaufsichtigen können, haben diese häufig auch mehr Gelegenheiten, sexuelle Erfahrungen zu sammeln. Wenn jedoch alleinerziehende Mütter ihre Söhne autoritativ erziehen, selbst genug Selbstvertrauen besitzen und beständig mit ihrem Sohn über sexuelle Wertvorstellungen reden, können auch sie Söhne mit einer gesunden Sexualmoral großziehen.

Alleinerziehende Mütter und Väter, die sich mit neuen Freunden und Freundinnen treffen, geraten in ein zusätzliches Dilemma. Eine geschiedene Mutter erzählte mir, daß ihre zwei Söhne wütend wurden, weil ihr neuer Freund sich schlicht nur als »Freund« vorgestellt hatte. Sie hatte mit ihren Söhnen immer noch nicht offen darüber geredet, als ich sie interviewte. Ein Jugendlicher, der selbst sexuell aktiv ist, kann ganz verstört und zornig werden, wenn ein Liebhaber im eigenen Haushalt auftaucht. Müttern sollte das bewußt sein, sie sollten auf die sexuellen Bedürfnisse ihres Sohnes sensibel reagieren und ihre männlichen Freunde von der Intimität des häuslichen Schlafzimmers möglichst fernhalten. Wenn ein Heranwachsender glaubt, daß er Sex haben kann, nur weil sein alleinerziehender Elternteil das auch macht, sollte man ihn daran erinnern, daß Erwachsene auch einen erwachsenen Körper und Geist besitzen, was ihm noch fehlt. Sex ist nichts für Kinder.

Auch Musikvideos können schon junge Pubertierende neugierig auf sexuelle Erfahrungen machen. Mütter, die mit ihren Söhnen Musikvideos ansehen oder Rockmusik hören, kennen die Botschaften von sexueller Promiskuität und Gewalt, die manchmal durch sie transportiert werden. Weil ich nicht regelmäßig fernsehe, hatte ich ganz bewußt beschlossen, mir einige Nachmittage und Abende lang das Programm des Musikkanals MTV anzusehen, um dabei das Programm für Heranwachsende zu studieren. Die Choreographie, die Kameraführung, die Art der Inszenierung und auch die Vitalität und das Talent der Darsteller waren faszinierend. Obwohl man sich (mit berechtigten Einwänden) schon öfters über die Texte der Rockmusik beschwert hat, konnte ich nicht viel davon verstehen, vor allem nicht bei Rap, und war dann ganz erleichtert, als ich in einer Kritik las, daß man die meisten Texte auch gar nicht verstehen muß – das sei Teil der Mystik der Rockmusik. Dadurch habe ich erst erfahren, wie faszinierend Musikvideos sein können und daß sie regelrecht süchtig machen können.

Gleichzeitig taten mir die Kinder jedoch leid, die ständig diesen Musikkanal ansahen – die sexuellen Anzüglichkeiten, die packenden und schlagenden Rhythmen und der männliche Eroberer, der sein Becken wiegt und sich in den Schritt faßt. Wenn Jugendliche ständig solche Videos sehen, können sie leicht auf den Gedanken kommen, daß sie selbst sexuell nicht aktiv genug sind (und wer ist schon ständig so erregt, provozierend und sexy?). Es kann auch passieren, daß es verherrlichend wirkt, Frauen zu verführen und sie zu mißbrauchen. Durch die tägliche Konfrontation mit solchen Bildern werden die Jungen für die Vulgarität immun und möchten die Protagonisten am liebsten imitieren (wie Forscher über Gewalt im Fernsehen herausgefunden haben). Einige Videos zeigen fast nur noch sexuelle Darstellungen – Filme, die die Jugendlichen stark verunsichern. Es soll aber nicht verschwiegen werden, daß es daneben auch schöne und gute Filme gibt, die zum Beispiel die Aufmerksamkeit auf soziale Probleme lenken.

In einer Konzertkritik des Rockstars Prince schrieb der Kritiker Jon Pareles, daß er »in sein Schlafzimmer zurückgehen mußte«, nachdem er Songs mit sozialem Hintergrund gehört hatte. »Er hat so viele Lieder, in denen es nur ums Bumsen und ums Quälen geht, er hat einen Sound, der erotisch einschmeichelnd ist und Songs, die die Zuhörer auffordern, Partei zu ergreifen ... Leider hat er das Bedürfnis, grobschlächtig zu sein und Frauen herabzusetzen.«[10]

»Leider« beschreibt nur unzureichend die Wut von vielen Müttern (mich eingeschlossen) über die schamlose und offensive Ausbeutung von Frauen als Sexualobjekte in vielen Musikvideos.

Solch eine grundsätzliche Einstellung sollte von den Söhnen verstanden und von den Eltern verboten werden. Das Verständnis für Mädchen resultiert stark aus dem, was ein Junge beobachtet, und wenn er ständig sieht, daß Frauen herabgesetzt und degradiert werden, glaubt er vielleicht bald selbst daran, daß Frauen diese Art der Behandlung mögen. Wenn Mütter selbst gerne MTV sehen, sollten sie das Programm dieses Kanals kritisch beurteilen und immer daran denken, welchen Einfluß es auf Kinder und Jugendliche ausüben kann.

Ein Carnegie-Bericht über den Einfluß von Musik auf junge Heranwachsende kam ebenfalls zu dem Ergebnis, daß sich deren Einstellungen oft in die Richtung der gesehenen Videos verändern, was sie dort gesehen, gehört oder darüber gelesen haben.[11] Die Musikvideoindustrie könnte eine positiven Einfluß auf die jungen Leute haben, weil sie die Heranwachsenden so stark anziehen. Bis dahin sollten die Eltern allerdings vehement auf ihre Kinder einwirken, um den mächtigen Auswirkungen der Musik auf ihre Kinder entgegenzuwirken.

Auch Fernsehserien, in denen es um die Sexualität von Teenagern geht, bestimmen oft die »Normen« der Sexualität von Jugendlichen. Innerhalb kürzester Zeit haben die jugendlichen Protagonistinnen in »Roseanne«, »Beverly Hills 90210«, »True Colors«, »Facts of Life« und »Growing Pains« ihre Jungfräulichkeit verloren. Sogar eine Fernsehkritik in der *New York Times* sah sich herausgefordert, den plötzlichen Anstieg von Teenagersexualität im Fernsehen zu kommentieren: »Es stellt sich die Frage, ob die soziale Wirklichkeit vom Fernsehen wiedergegeben oder ob sie durch das Fernsehen erst so geschaffen wird«, schreibt John J. O'Connor. »Der Druck durch Gleichaltrige, die häufigste Erklärung für das Verhalten von jungen Leuten, ist nicht einfach nur aus der Luft gegriffen. Bestimmte Dinge, die in der Luft liegen, tragen unzweifelhaft dazu bei ... *Ein Kind richtet sich ganz eindeutig nach den Botschaften, die ständig durch das Medium Fernsehen ins eigene Haus transportiert werden* [Hervorhebung der Autorin] ... und Kinder nehmen sich das zum Vorbild, womit die Bilder-Fabriken permanent ihr tägliches Leben bombardieren.«[12]

Experten auf dem Gebiet der Entwicklung Heranwachsender stimmen dem zu. »Der Einfluß der Massenmedien auf die sexuelle Sozialisation von Teenagern ist von ungeheurer Bedeutung«, schreibt Herant Katchadourian, Professor für Psychiatrie und Verhaltensforschung an der Stanford University.[13] Der Carnegie Report on Adolescent Development belegt mit Statistiken von *TV Guides*, daß amerikanische Fernsehzuschauer jährlich durchschnittlich 9.230 Szenen mit Geschlechtsverkehr oder eindeutigen sexuellen Anspielungen sehen würden und dabei satte 94 Prozent der Sexszenen in Seifenopern zwischen Leuten stattfinden würden, die nicht miteinander verheiratet sind.[14] Außerdem kümmert sich bei solchen Szenen niemand um Verhütung, mögliche Geschlechtskrankheiten oder Schwangerschaft. Obwohl manche Sendungen inzwischen »verantwortlicher« wirken, heißt die Botschaft nach wie vor »Mach es« und »Lern etwas durch Sex«. Das ist aber sicherlich nicht die richtige Botschaft für Jugendliche.

Mütter und Väter sollten deshalb den Fernsehkonsum ihrer Kinder möglichst gut unter Kontrolle haben, sich mit ihren jungen Heranwachsenden gemeinsam entsprechende Sendungen ansehen und über die Werte, die auf dem Bildschirm vermittelt werden, gemeinsam diskutieren – über gute Beispiele und andere, die nicht so empfehlenswert sind. Es gibt auch genügend Sendungen für Jugendliche, die Heranwachsende zeigen, die sich umeinander kümmern, die zuhören können, wenn ihre Freunde Probleme mit den Eltern oder der Schule haben und wirkliche Freunde sind. Solche Beispiele sind wirklich lobenswert und verdienen Anerkennung. Wenn die Protagonisten Fehler machen oder vorsätzlich Gewalt anwenden, kann eine Mutter beispielsweise fragen: »Was meinst du, wäre passiert, wenn sie anders gehandelt hätten?«, und sie kann die Situation mit ihrem Sohn diskutieren. Dieses Gespräch kann der Mutter zeigen, wie ihr Sohn seine eigenen Entscheidungen trifft. Wenn man über Fernsehhelden statt über ihn selbst spricht, kann sich der Sohn viel entspannter unterhalten und viel offener darüber reden, wie seiner Meinung nach Jungen und Mädchen in seinem Alter miteinander umgehen sollten.

Die Freunde eines Jugendlichen haben ebenfalls starken Einfluß darauf, ob er seine Entscheidung, Sex zu haben, noch aufschieben möchte oder nicht. In einer Forschungsarbeit über Schüler einer achten Klasse in der Innenstadt von Atlanta gaben nur 40 Prozent der Schüler an, daß ihre Freunde es wohl mißbilligen würden, wenn sie schon Geschlechtsverkehr hätten.[15] In derselben Studie gaben 73 Prozent der Schüler an, daß sich ihre Eltern sehr darüber aufregen würden, wenn sie schon Sex hätten. In diesem Fall waren die Meinungen der Freunde ausschlaggebender, weshalb das Henry W. Grady Memorial Hospital einen Gesprächskreis mit Gleichaltrigen ins Leben rief, der den Schülern helfen sollte, den sozialen Zwängen und den Meinungen ihrer Freunde zu widerstehen, schon so früh Geschlechtsverkehr zu haben. Zusätzlich zum bestehenden Sexualkundeunterricht gab es ein Programm mit fünf Sitzungen für die Schüler der achten Klassen, das von einem Jungen und einem Mädchen der elften oder zwölften Klasse geleitet wurde. Die Schüler sahen sich Videoaufzeichnungen und Dias mit Beispielen aus Fernsehsendungen und Situationen aus dem Freundeskreis an und übten, mit solchen Zwängen umzugehen. Sie sollten auch lernen, »nein« zu sagen, ohne die Gefühle der anderen zu verletzen. Solche neuen Projekte versprechen Erfolg, den Schülern dabei zu helfen, nicht zu frühzeitig sexuell aktiv zu werden.

Freundinnen

Ein Sohn braucht Freunde, keine reinen sexuellen Verbindungen, um seinen eigenen Lebensstil, seine Vorstellungen, seine Ideen, seine Träume und Hoffnungen zu entwickeln. Ein Junge möchte sowohl Freundinnen als auch Freunde haben, mit denen er ausgehen und Spaß haben kann, aber er möchte sich nur selten an ein Mädchen emotional binden. Hat ein Junge jedoch mit seiner Freundin geschlafen, wird sie zurecht erwarten, daß er in gewisser Weise zu ihr steht. »Ich habe keine Freundin«, erzählte mir ein Junge, »weil meine Freunde alle eine haben und sich ständig nur mit ihnen streiten.«

Ein heranwachsendes Mädchen fühlt sich gefühlsmäßig oft stärker an ihren Freund gebunden, und wenn sie miteinander geschlafen haben, empfindet sie eine besondere Nähe zu ihm und wird oft Forderungen stellen, relativ viel Zeit mit ihm zu verbringen, was ihm – und vielleicht auch ihren Eltern – meist nicht besonders recht sein wird. Ich war überrascht, als mir einige Mütter erzählten, wie besitzergreifend einige Mütter der Freundinnen ihrer Söhne reagieren würden. Diese Mütter vereinnahmten den Freund ihrer Tochter regelrecht und verhielten sich schon wie richtige Schwiegermütter. Manche Mütter stellten sogar die Betten und unbeaufsichtigte Zeit zur Verfügung. Einige Mütter von Söhnen sind darüber alles andere als begeistert, so wie die Mutter eines 15jährigen Jungen:

»Er kam zu mir und wollte meine Zustimmung [Sex zu haben]«, erzählte sie, »aber ich blieb bei meiner Meinung. Ich dachte, daß das für jemand in seinem Alter zuviel Verantwortung sei. Dann ging die Mutter der Freundin meines Sohnes mit meinem Sohn und ihrer Tochter zum Gynäkologen. Diese Mutter macht alles, damit ihre 15jährige Tochter Geschlechtsverkehr haben kann und tut auch sonst alles dafür, damit diese Beziehung funktioniert. Ich habe sie dabei erwischt, wie sie in meinem Haus miteinander geschlafen haben. Ich war entsetzt. Ich habe sie ins Auto gepackt und zu ihr nach Hause gefahren. Als ich acht Minuten später wieder in meinem Haus war, hatte mir ihre Mutter schon auf dem Anrufbeantworter gedroht, daß ich die Beziehung zwischen den beiden lieber nicht gefährden sollte. Sie sollte sich ein bißchen mehr Gedanken darüber machen, was sich eigentlich gehört.«

Zwei andere Frauen nickten zustimmend und erzählten Geschichten von Müttern, die den Freunden ihrer Töchter Betten und jede andere Bequemlichkeit zur Verfügung stellten. Eine Frau erzählte, daß die Mutter der Freundin dem jungen Paar Geschichten über ihre eigenen sexuellen Erfahrungen und »rauschende Orgasmen« erzählt hätte. Einige Mütter von Söhnen reagieren auch überhaupt nicht, wenn ein Mädchen am Sonntag morgen aus dem Zimmer ihres Sohnes kommt.

Heranwachsende möchten oft alle Privilegien des Erwachsenen-lebens genießen, bevor sie selbst dazu bereit sind, wenn sich die Erwachsenen jedoch selbst wie Jugendliche benehmen und mit ihren Kindern zusammenarbeiten, um ihnen sexuelle Erfahrungen überhaupt erst zu ermöglichen, tun sie ihren Söhnen – oder ihren Töchtern – damit keinen Gefallen. Ich glaube aber, daß die Mütter, die ihren Kindern erst die Möglichkeiten dazu verschaffen, nicht in der Mehrzahl sind. Die meisten Mütter von Töchtern (von denen ich mit sehr vielen gesprochen habe) unterstützen nicht auch noch deren Wünsche, sondern wollen sie eher davon abhalten. Und ein Junge sollte sich jedenfalls davor hüten, wenn er mit einem Mädchen sexuelle Beziehungen eingeht, sich von ihrer Familie allzusehr vereinnahmen zu lassen, weil er wahrscheinlich dann nicht das bekommt, was er sich vorgestellt hat, als er mit seiner Freundin nur ins Bett gehen wollte.

Einige Mütter sind keineswegs verängstigt oder verärgert, sondern dankbar, wenn ihr Sohn eine Freundin hat, vor allem dann, wenn die Freundin den Sohn davon überzeugen kann, mehr zu lernen, und wenn sie seine Interessen und Aktivitäten teilt. Eine Freundin kann sogar sehr guten Einfluß auf sein junges Lebern haben und ihm Stabilität und Freundschaft bieten. Eine Mutter erzählte mir, wie erschüttert sie war, als sich ihr Sohn von seiner Freundin getrennt hatte. Diese Mutter hatte die Freundin in alle Familienfeierlichkeiten mit einbezogen. Sie hatte sie wie eine Tochter geliebt und vermißte sie nun sehr, als die Beziehung zu Ende war. Manchmal ist es schwer, sich hier zurückzuhalten und nicht für eine bestimmte Freundin einzutreten, aber Mütter sollten hierbei vorsichtig sein. Sich in der Liebesbeziehung ihres Sohnes allzusehr zu engagieren, wird dem Sohn nicht helfen, eigenverantwortliche Entscheidungen zu treffen, und manchmal kann es sogar sein, daß eine Mutter, die eine Beziehung zu intensiv unterstützt, gerade dadurch das Ende herbeiführt. Meine Söhne haben sich einmal bei mir beschwert, daß ich ihre Freundinnen nicht leiden könnte, weil ich ihnen »nicht genug« Aufmerksamkeit schenkte. Ich mochte die Mädchen gern, die meine Söhne mit nach Hause brachten, aber ich wußte auch, daß sie im Lauf ihrer

Pubertät noch einige Freundinnen haben würden, und ich wollte nicht parteiisch sein. Ich hatte sie auch nicht ausgesucht. Trotz der Mädchen, die eine Mutter empfehlen könnte (wie etwa die Tochter ihrer besten Freundin) wird sich ein Sohn immer seine eigene Freundin suchen, und eine Mutter kann nur hoffen, daß diese Freundin ein guter Kamerad für ihren Sohn sein wird.

Heutzutage eine Liebesbeziehung auf einer rein platonischen Basis zu führen, ist für junge Leute sehr schwierig, vor allem wenn sie sich wirklich lieben und außerdem tagtäglich mit Botschaften bombardiert werden, daß man miteinander schlafen sollte. Wenn jedoch zwei Jugendliche dieselben Wertvorstellungen haben und sich ihre Liebe durch Küsse und Umarmungen zeigen, ohne unbedingt Geschlechtsverkehr miteinander haben zu müssen, können sie so hervorragend ihre eigene Individualität und ihre Erwartungen aneinander kennenlernen. »Ich kennen einen Jungen in meiner Klasse, der warten will«, erzählte mir ein Junge. Er erzählte mir von seiner Freundin, wieviel Spaß sie miteinander hätten und daß beide wissen würden, daß sie keinen Sex haben wollten, bis beide verheiratet wären (wahrscheinlich nicht miteinander). »Ich glaube, daß meine Ehefrau irgendwo dort draußen ist«, meinte ein anderer Junge. »Wenn ich jetzt Sex hätte, würde ich sie betrügen.« Ich bewundere diese Jungen, weil sie einen Standpunkt vertreten, der sich in unserer sexorientierten Gesellschaft nur sehr schwer aufrechterhalten läßt.

Die klare und eindringliche Botschaft von Müttern und Vätern sollte auf Aufschub hinauslaufen. Ein heranwachsender Junge sollte Geschlechtsverkehr so lange aufschieben, bis er dazu wirklich bereit ist, jemanden zu lieben, zu respektieren und bis er mit seinem Partner intensiv kommunizieren kann – das sind Fähigkeiten, die während der Pubertät noch kaum ausgebildet sind. Einige Söhne werden auch ihren eigenen Wertvorstellungen gemäß leben und warten, bis sie erwachsen sind.

Sex ohne Gefühle

Einige Jungen glauben, daß sie nur durch sexuelle Eroberungen ein bestimmtes Ansehen bekommen können. Die Football-Spieler aus Lakewood in Kalifornien, die ich weiter oben schon genannt habe, hatten keine Hemmungen, für jedes Mädchen, das sie verführt oder auch zum Verkehr gezwungen hatten, einen Punkt zu vergeben. Der Vater von einem der Jungen erklärte im Fernsehen, daß die Mädchen schuld gewesen wären. Sein Sohn hätte die Übergriffe nicht provoziert, meinte er, sondern die Mädchen hätten ihn immer angerufen, sich in ihn verliebt und immer gern mitgemacht. Eine solche Haltung trifft die Frauen ins Herz, die genau wissen, daß ein Junge für sein sexuelles Verhalten immer selbstverantwortlich und bei sexueller Gewalt meist selbst der Täter und nicht das Opfer ist. Ich kann mich nicht daran erinnern, daß ein Mädchen jemals wegen Vergewaltigung angeklagt wurde.

Die Vergewaltigung eines geistig zurückgebliebenen Mädchens in New Jersey von einer Gruppe von High-School-Sportlern wirkt um so schockierender, als ihre Verteidiger argumentierten, das Mädchen hätte sie zum Mißbrauch angestiftet und die Vergewaltigung »gewollt«, weshalb die Jungen nicht dafür verantwortlich gemacht werden könnten, daß sie mit einem Baseballschläger gewaltsam in sie eingedrungen sind.

Sex und Liebe sind in den Anschauungen von vielen jungen Leuten mittlerweile zwei ganz verschiedene Dinge. Ein Junge meinte: »Ich habe einen Freund, der schon mit sechs oder sieben Mädchen geschlafen hat. Ich habe ihn gefragt, ob er eines der Mädchen wirklich gern mochte, und er hat gesagt: ›Nein, ich habe mit ihnen geschlafen, weil sie das wollten.‹ Das verstehe ich nicht. Sie glauben, daß Sex ganz materialistisch ist. Ich glaube aber, daß Sex mit Gefühlen zu tun hat. Ein Junge oder ein Mädchen, der oder die mit jedem schläft, ist für mich eine Prostituierte.«

Der Junge, den ich interviewte, war keineswegs prüde, sondern ein sehr liebenswerter und beliebter Junge, der sich um seine Freunde und ihre Wertvorstellungen Sorgen machte. Wenn ein Junge Sex ohne Liebe hat, tut er sich selbst und auch seiner jungen

Partnerin keinen Gefallen. Falls ihm die schwierige Aufgabe zufällt, »nein« sagen zu müssen, weil das Mädchen die fordernde Stellung einnimmt, muß er sich überlegen, wie er mit dem Mädchen jede Intimität vermeiden kann, zum Beispiel kann er sagen: »Ich mag dich, und gerade deshalb möchte ich mit dir nicht schlafen. Es gibt zu viele Gefahren.« Er selbst, nicht seine Partnerin, ist verantwortlich für sein eigenes Verhalten und die möglichen Konsequenzen.

Wenn Liebe von Sexualität getrennt ist, können auch Brutalität und Dominanzverhalten leicht die Oberhand gewinnen. Wenn ein Junge in einer Gesellschaft, in der Liebe und Ehe zwei verschiedene Dinge sind, »Punkte sammeln« will, fühlt er sich vielleicht geradezu dazu gezwungen, herauszufinden, ob ein Mädchen (das ihn womöglich sogar mag) für ihn akzeptabel ist. Später ist es für ihn vielleicht ein Schock, wenn sie ihm sagt, daß Sex nicht das war, was sie erwartet und sich gewünscht hat. Man muß den Jungen klarmachen, daß Mädchen, die sie gern mögen oder sie sogar lieben, nicht unbedingt auch Geschlechtsverkehr haben wollen. Einige Jungen können noch immer nicht verstehen, daß Mädchen verliebt sein können, ohne dabei Sex haben zu wollen.

Vor Jahren schrieb der Psychiater C.G. Jung: »Ich muß es als Unglück ansehen, daß die sexuelle Frage heute als etwas ganz anderes als Liebe betrachtet wird. Sexualität, die nur reine Sexualität ist, ist brutal. Ist Sexualität jedoch ein Ausdruck von Liebe, dann ist sie heilig.«[16]

Mütter und Väter können schon am Anfang der Pubertät ihres Sohnes damit beginnen, ihm beizubringen, daß Sexualität etwas Heiliges ist, daß sie Liebe, Hingabe und Respekt und nicht Gewalt oder nur tierisches Verhalten bedeutet. Die Entscheidung und die Verantwortung dafür liegen bei jedem einzelnen. Seine Partnerin kann ihn nicht dazu zwingen, und er kann seine Partnerin nicht dazu zwingen. Ein »Nein« bedeutet ein »Nein«, und selbst wenn ein Mädchen zuerst zugestimmt hat, kann sie ihre Meinung jederzeit wieder ändern – wie er auch. Ein Mädchen wird einen Jungen nur bewundern, der ihr sagt, daß er sie respektiert und warten will, bis er älter ist.

Was Eltern unternehmen können

Obwohl es in vielen Schulen Sexualkundeunterricht gibt, wird dort meistens nur konkretes Wissen über die Sexualität vermittelt und kaum über sexuelles Verhalten gesprochen. »Sexualkundeunterricht kann die Leute nicht davon abhalten, Sex zu haben«, erzählte mir ein Junge. »Man erfährt immer nur etwas über Krankheiten und deren Symptome.« Und die Statistiken bestätigen das. Wissen allein verändert aber kaum jugendliche Einstellungen. Man sollte den Jungen vielmehr sagen, wie sie sich richtig verhalten sollen. Von den gängigen gesellschaftlichen Botschaften können sie das nicht lernen, und es ist auch schwierig, dies in den Klassenzimmern zu vermitteln. Die Schulen sind ohnehin schon überfordert, und man kann von ihnen kaum noch erwarten, sich auch um die emotionalen Aspekte von verliebten Jungen und Mädchen zu kümmern oder gegen die eindeutige gesellschaftliche Botschaft »Lerne etwas durch Sex« anzugehen. Weil die Eltern die ersten sind, die ihre Wertvorstellungen an die nächste Generation weitergeben, sollten sie auch die Sexualerzieher ihrer Kinder sein.

Ellen Hopkins, eine Mitherausgeberin des *Rolling Stone*-Magazins, schrieb in der *New York Times*, daß Abstinenz »bei den Jugendlichen wieder ›in‹ werden sollte ... Früher dachte ich einmal, daß ich meinem Sohn sagen würde, daß alles möglich ist – solange er nur Kondome benutzt«, erinnert sie sich. »Jetzt bin ich mir da nicht mehr so sicher. Nicht nur, weil ich möchte, daß mein Sohn am Leben bleibt. Ich möchte nicht, daß er nicht weiß, was Sehnsucht ist, Sehnsucht nach etwas, was er jetzt noch nicht verstehen kann.«[17] Sie hat mittlerweile erkannt, welche physischen Schmerzen und welchen psychischen Verlust viele sexuell aktive Jugendliche erleiden können und appelliert deshalb an alle Eltern, sich der neuen Realität zu stellen.

Als ich einen älteren Schüler einer High-School fragte, welchen Rat er Mütter hier geben würde, sagte er: »Ich glaube, sie sollten strenger sein. Meine Eltern hätten auch strenger sein sollen. Ich selbst werde auch streng sein, vor allem zu meinen Töchtern, weil ich weiß, wie die Jungen sind. Sie werden sich nicht mit irgend jemandem herumtreiben. Jungen können ganz schön fies sein.« Jungen brauchen klare Richtlinien, und wenn Mütter und Väter mit ihnen über Sexualität sprechen, sollten sie selbstverständlich auch über Moral, Wertvorstellungen und klares Urteilsvermögen reden. Wie eine Mutter dieses Thema angeht, zeigt meist ihre eigene Einstellung zur Sexualität. Ist ihr selbst Geschlechtsverkehr »heilig« oder nur ein Ausdruck von Körperfunktionen? Vielleicht hat sie auch generell Scheu, darüber zu sprechen. Wenn eine Mutter ihre eigene Sexualität akzeptiert und respektiert, übertragt sie diese Gefühle automatisch durch die Art, darüber zu reden und damit umzugehen, auf ihren Sohn. Sie ist glücklich darüber, eine Frau zu sein, sie bewundert andere Frauen, sie schätzt die Männer in ihrem Leben (vor allem den Vater ihres Sohnes – selbst dann, wenn sie geschieden ist). Der Sohn wird so erkennen, daß Sexualität ein Teil seiner Persönlichkeit ist und nicht ein Anhängsel davon, das man wie ein Werkzeug oder ein Hilfsmittel einsetzt.

Wie schon in Kapitel 6 besprochen, sollte eine Mutter ganz offen mit ihrem Sohn reden. »Ich war in der zweiten Klasse und fragte sie, woher die kleinen Kinder kommen, und sie hat nicht lange um den heißen Brei herumgeredet«, erzählte mir ein Schüler der High-School. »Ich kenne einige Kinder, die von ihren Eltern nie etwas erfahren haben. Meine Mutter hat mir ganz genau erklärt, was passiert, sie hat mir ein Buch gegeben, und ich habe mit vielen Freunden darüber geredet.« Wenn man einem Schüler der zweiten Klasse das Ganze in einfachen Worten erklärt, ist das längst nicht so kompliziert, als mit einem schon älterem Sohn erstmals über Sexualverkehr zu reden, erst recht dann, wenn er schon eine Freundin hat. Spricht man mit ihm erst darüber, kurz bevor er eigene Erfahrungen gesammelt hat, ist es auch kritisch. Und nach seinem ersten sexuellen Kontakt kann man ihn vielleicht kaum noch beeinflussen, weil er dann vielleicht denkt, daß ungeschützter Sex am besten sei.

»Ich habe gern meinem Dad zugehört, wenn er über Sex und das ganze Drumherum geredet hat«, erzählte mir einer der wenigen Jungen, die mit ihrem Vater darüber gesprochen hatten. Die

Botschaft, die er erhielt, lautete: »Es gibt viel zu viele junge Väter. Das ist nicht so einfach, weil du, wenn du älter wirst, vielleicht nicht mit diesem Mädchen zusammenbleiben willst und du dann Alimente für das Kind zahlen mußt, Kleidung kaufen mußt usw. Wenn du nicht aufpaßt, kann das passieren.«

Ein anderer Junge erzählte, seine Mutter hätte einige Kondome seines älteren Bruders gefunden und beschlossen, mit ihm darüber zu reden. »Sie hat mir erzählt, daß sie nicht möchte, daß ich mit irgend jemandem schlafen würde, ohne zu verhüten, weil das mein ganzes Leben ruinieren könnte. Sie fragt mich jedes Wochenende, ob ich auch Kondome habe. Das ist ihre Vorsichtsmaßnahme.«

»Meine Mutter macht darüber nur Witze«, erzählte ein anderer Junge und beschrieb damit eine weitere gängige Art, wie Eltern mit dem Thema Sexualität umgehen. »Sie ist in mein Zimmer gekommen und hat auf meinem Nachttisch ein Kondom liegen sehen. Sie hat mich gefragt, ob das eines ihrer Kondome sei, und ich habe nein gesagt. Dann hat sie gelacht und ist wieder gegangen.«

Die meisten Jungen sagten jedoch: »Niemand hat mit mir darüber gesprochen. Nur ab und zu mein Bruder. Ich glaube nicht, daß Eltern zuviel darüber reden. Das fällt ihnen sehr schwer. Ich glaube, sie haben Angst, und sie meinen, wir seien noch zu jung dafür. Eltern sind halt so. Als ich in diesem Sommer weggefahren bin, hat mein Vater so etwas gesagt wie ›Paß auf.‹«

Eine Mutter, die direkt und ganz offen über Sexualkontakte spricht, kann ihrem Sohn damit ihre Wertvorstellungen vermitteln. Meidet eine Mutter dagegen dieses Thema oder macht sie nur Witze darüber, verpaßt sie die Gelegenheit, Werte zu vermitteln, und verspielt die Chance, auf die Entscheidungen ihres Sohnes Einfluß zu nehmen – nicht nur darauf, ob er sexuell aktiv sein will oder nicht, sondern auch darauf, wie er sich gegebenenfalls schützen kann, unabhängig davon, wie jung oder unerfahren er und seine Partnerin sind.

Eine Mutter erzählte mir, daß sie sich mit ihrem 16jährigen Sohn lange über Kondome unterhalten hätte. Einige Tage später brachte ihr Mann einige Geschäftsfreunde mit nach Hause, und ihr Sohn erzählte während des Abendessens diesen Männern lachend von dem Gespräch über Kondome. Seine Mutter wäre am liebsten unter den Tisch gekrochen, aber ein Gast sagte zu ihrem Sohn: »Ich kenne keinen 16jährigen Jungen, der es mit den Gefühlen eines 16jährigen Mädchens aufnehmen könnte. Das sollte man lieber bleibenlassen.« Das war, meinte sie, der schlagkräftigste Kommentar und das größte Geschenk. Ihr Sohn hatte gut zugehört. Wenn Männer mit Jungen über Abstinenz reden, haben sie meist weit mehr Einfluß auf die Jungen als ihre Mütter.

Themen, die man diskutieren sollte

Wenn man mit einem Sohn über Geschlechtsverkehr spricht, sollte man mindestens vier Hauptthemen ansprechen. Angenommen, man hatte mit ihm bereits die ersten Gespräche, »wo die kleinen Kinder herkommen«, sollte sich eine Mutter erst auf die Werte von sexueller Abstinenz in frühen Jahren und Aufschiebung konzentrieren und betonen, daß Sexualität nur etwas für Erwachsene ist. Dann sollte sie auf die Zwänge zu sprechen kommen, die ihn angeblich »zwingen«, Sex haben zu müssen (auch von seinen Mitschülern und Freundinnen), und wie er mit diesen Zwängen am besten umgehen kann. Dann sollte sie die möglichen Konsequenzen von ungeschütztem Sex ganz klar zur Sprache bringen. Schließlich sollte sie betonen, wie wichtig es ist, Kondome zu benutzen, wenn er trotzdem Sex haben möchte, ganz egal, was seine Partnerin angeblich für die Verhütung tut.

Beim ersten Punkt sollten die Jungen wissen, daß ihre Eltern es schätzen, Sexualität auf später aufzuschieben, und daß es ganz in Ordnung ist, wenn man keinen Sex hat. Marion Howard nennt in ihrem Buch *How to Help Your Teenager Postpone Sexual Involvement* einige überzeugende Argumente für Abstinenz und Aufschiebung: die Angst vor Krankheiten, die Furcht vor unerwünschter Vaterschaft, religiöse Überzeugungen, die Angst, die Eltern zu verletzen, der Respekt vor der Freundin, kein Bedürfnis nach Geschlechtsverkehr, die Angst davor, die eigene Zukunft zu zerstören, noch nicht alt genug zu sein, noch nicht bereit zu sein, Verantwortung zu übernehmen.[18] Jedes dieser Argumente ist ein Grund dafür, abstinent zu sein oder den Geschlechtsverkehr noch hinauszuschieben, und alle von ihnen sind sehr sinnvoll. Wenn die Eltern den Jungen diese Argumente überzeugend erklären, denken die Jungen vielleicht genauso.

Je länger ein Sohn wartet, um so reifer wird er sein. Seine Fähigkeiten, Verantwortung zu übernehmen und eine tiefe Beziehung zwischen sich und seiner Partnerin aufzubauen, werden nur noch wachsen. Es ist ein schönes und wünschenswertes Ziel, sich eine intime Beziehung zu einer Frau, die man liebt, vorzustellen, ohne dabei Krankheiten oder eine unerwünschte Schwangerschaft befürchten zu müssen.

Zum zweiten Punkt: Mütter und Väter sollten mit ihrem Sohn über die direkten und indirekten Zwänge reden, Sex haben zu »müssen«. Diese Zwänge gehen von gesellschaftlichen Normen, von Freunden und Freundinnen aus. Die Eltern können mit dem Sohn über Filme, Videos, Rockmusik, Rapsongs und Werbung reden und ihn fragen, welche Botschaften jungen Leuten dadurch vermittelt werden. Diese Diskussionen können auch viel Spaß machen, und Eltern erfahren dadurch viel über ihren heranwachsenden Sohn.

Eltern profitieren auch davon, wenn sie die eigenen Botschaften, die sie dem Sohn vermitteln, genau betrachten – erwarten sie zum Beispiel bewußt oder unbewußt, daß ihr Sohn schon Sex hat? Jugendliche vermuten meist, daß ihre Eltern es nicht gern sehen würden, daß sie sexuell aktiv werden. Wenn Eltern es den Kindern zu leicht machen oder ihre sexuellen Aktivitäten wohlwollend akzeptieren, ohne zu versuchen, sie eventuell davon abzuhalten, werden ihre Söhne eine möglicherweise bestehende Resignation für Zustimmung halten. Von den Eltern wird erwartet, daß sie klare Richtlinien setzen, anstatt sexuelle Verhaltensnormen von Erwachsenen bei ihren Jugendlichen zu dulden. Sex ist etwas für Erwachsene, und Heranwachsende sollten wissen, wie es einmal sein wird.

Drittens sollten die Eltern über die möglichen Konsequenzen sprechen, die die Sexualität von Heranwachsenden mit sich bringen kann. Alle Jungen wissen, daß ein Mädchen schwanger werden kann, aber einige haben immer noch die seltsame Vorstellung, daß Jungfrauen nicht schwanger werden können. Mütter können dies leicht richtigstellen. Trotzdem sollten sie auch über alle anderen physischen Konsequenzen reden, über Geschlechtskrankheiten und über AIDS. Außerdem kann ein Kinder- oder ein Frauenarzt Schautafeln über Geschlechtskrankheiten zeigen und über die Symptome und Langzeitwirkungen aufklären. Ein Lehrer hinterließ bei seinen Schülern in der Mittelstufe einen nachhaltigen Eindruck, als er ihnen ein Bild mit Warzen am Penis zeigte. Eine Geschlechtskrankheit kann sich sehr schnell ausbreiten, wenn eine infizierte Person oft und mit unterschiedlichen Partnern Kontakt hat. Die Symptome werden dabei von Heranwachsenden oft nicht erkannt.

Schwieriger kann es sein, sich mit dem Sohn über die psychischen Nachteile von sexueller Aktivität in der Pubertät zu unterhalten. Jungen können sich verletzt, zurückgewiesen und als Außenseiter fühlen und ganz verstört reagieren. Sie brauchen Zeit, um genügend Selbstvertrauen zu entwickeln, bis sie in einer Beziehung Verantwortung übernehmen können. Jungen, die eine flüchtige sexuelle Beziehung nach der anderen haben, vergeuden ihre Energie und können sich die wichtigen Fragen »Wer bin ich?« und »Was soll aus mir werden?« erst gar nicht stellen.

Viertens schließlich sollten die Eltern in einer Diskussion über sexuelle Wertvorstellungen und über Geschlechtsverkehr immer wieder betonen, daß der Sohn sich selbst und auch seine Partnerin schützen muß, wenn sie Sex miteinander haben. Eltern können ihren Sohn über die besten Verhütungsmethoden aufklären und sollten immer betonen, daß es trotzdem keine hundertprozentige Sicherheit gibt – es sei denn, man lebt abstinent. Forschungen haben gezeigt, daß ein sexuell aktiver Mann den besten Schutz vor Vaterschaft und Geschlechtskrankheiten hat, wenn er zwei Verhütungsmethoden anwendet: ein qualitativ gutes Kondom und ein hochwirksames Spermizid.[19] Eine Mutter muß ihrem Sohn nicht erklären, wie er ein Kondom und ein Spermizid anwenden soll, aber sie kann ihm sagen, daß er sich nicht scheuen soll, seinen Arzt danach zu fragen. Sicherheit ist wichtiger als Schüchternheit. Es sollten beide Methoden gleichzeitig angewandt werden, wenn sie wirksam sein sollen, und der Sohn sollte sich auch versichern, daß das Kondom dicht ist – was für einen Heranwachsenden keine einfache Aufgabe ist.

Hoffnung

Nachdem wir die ganzen Statistiken über die sexuellen Aktivitäten von männlichen Heranwachsenden erörtert haben, könnten Mütter leicht mutlos werden. Die Freude, einen Sohn zu erziehen, kann von den Risiken und Ängsten überschattet werden, daß er die Pubertät nicht ohne lebenslange Schäden übersteht. Trotzdem kann ihm eine starke Mutter mit viel Selbstvertrauen dabei helfen, alle Schwierigkeiten zu überwinden und sicher erwachsen zu werden.

Eine Mutter, die einen guten Grundstein für die Entwicklung ihres Sohnes gelegt hat, die offen mit ihm über sexuelle Wertvorstellungen diskutiert, ihm vertraut, daß er auch mit schwierigen Situationen umgehen kann, wird jetzt auf sein eigenes Urteilsvermögen vertrauen. Die meisten Jugendlichen besitzen einen gesunden Menschenverstand und wollen die Erwartungen ihrer Eltern erfüllen. Ein Sohn braucht die Bestätigung seiner Mutter und ihr Vertrauen, daß er alle Schwierigkeiten meistern wird.

☞ Tips für Mütter

1. Gehen Sie in die Offensive, und diskutieren Sie mit Ihrem Sohn offen über Sexualität. Warten Sie nicht, bis es jemand anders macht.

2. Seien Sie sich dessen bewußt, daß immer mehr Jungen schon relativ früh sexuell aktiv sind, daß es viele uneheliche Kinder

gibt und daß Geschlechtskrankheiten und AIDS auch bei Jugendlichen keinen Seltenheitswert mehr haben.

3. Sprechen Sie mit Ihrem Sohn darüber, daß es gefährlich sein kann, viele Sexualpartnerinnen zu haben.

4. Überdenken Sie Ihre eigenen sexuellen Wertvorstellungen. Vermitteln Sie die Botschaft, daß Jungen schon mit 14 oder 15 Sex haben sollten?

5. Seien Sie sich darüber im klaren, daß Alkohol- und Drogenmißbrauch in jungen Jahren auch zu frühen sexuellen Kontakten führen können.

6. Seien Sie in Ihrem eigenen Sozialleben vernünftig, und seien Sie vorsichtig, wenn Sie als alleinerziehende Mutter Verabredungen mit Männern haben.

7. Diskutieren Sie mit Ihrem Sohn über die sexuellen Botschaften, die in der Musik, in den Musikvideos und in den Fernsehserien transportiert werden.

8. Sprechen Sie mit ihm über den Druck, den seine Klassenkameraden und seine Freundinnen eventuell auf ihn ausüben, Sex haben zu »müssen«. Entwickeln Sie Strategien, die Sie auch konsequent einhalten, um diesen Zwängen begegnen zu können.

9. Vermeiden Sie es, sich allzusehr für eine spezielle Freundin Ihres Sohnes einzusetzen oder sich emotional zu sehr zu engagieren.

10. Erinnern Sie ihn daran, daß Mädchen zurecht erwarten, daß sexuelle Beziehungen mit emotionaler Verantwortung verbunden sind und daß er selbst dafür wahrscheinlich noch nicht alt genug ist.

11. Ermutigen Sie ihn, Sex vorerst noch aufzuschieben. Betonen Sie, daß Sexualität nur etwas für Erwachsene ist, die emotional dazu auch in der Lage sind.

12. Sprechen Sie immer über Liebe und Verantwortung, wenn Sie über Sexualität diskutieren, damit für ihn beides immer verbunden ist.

13. Seien Sie immer möglichst gut informiert, und reden Sie mit ihm über die besten Verhütungsmethoden für Männer (Kon-

dome plus Spermizide). Betonen Sie dabei, wie wichtig die korrekte Anwendung ist, und sagen Sie ihm, daß es keinen »safe sex« gibt.

14. Lassen Sie sich von der Sexualität des Heranwachsenden nicht entmutigen. Sagen Sie ihm, daß Sie an ihn glauben und daß Sie auf sein Urteilsvermögen vertrauen.

11
»Kinder tun ja doch, was sie wollen«

Alkohol und Drogen

Als Mayor Richard Daley aus Chicago eine Pressekonferenz mit vielen Journalisten gab, befragten ihn die Reporter nicht nach städtischen Problemen. Statt dessen bedrängten sie ihn mit Fragen über die Vorwürfe gegen seinen 16jährigen Sohn, der im Ferienhaus der Daleys eine unbeaufsichtigte Party gegeben hatte. Ein Junge war schwer verletzt worden, eine Windschutzscheibe war zu Bruch gegangen, und mit einem Gewehr wurde gefährlich herumhantiert, als die Party außer Kontrolle geriet und schließlich die Polizei gerufen wurde. Daleys medienwirksamer und tränenreicher Bericht über die unerlaubte Party und das Trinken seines Sohnes fand Verständnis bei den Reportern, die selbst Kinder hatten, weil sie an jedem Wochenende ähnliche Situationen erleben. Die Polizisten in jeder amerikanischen Stadt kennen die »Partys« der Jugendlichen sehr gut.

Meistens »verschwinden die Eltern, und die Kinder tun, was sie wollen«, beschrieb ein Junge die vertraute Situation in seiner Nachbarschaft. Mayor Daley hatte jedoch seinem Sohn klare Anweisungen gegeben, im Haus eines Freundes zu bleiben, aber dieser konnte der Verlockung, seine Freunde in ein leeres Haus einzuladen und dort viel Alkohol zu trinken, nicht widerstehen. Die Nachricht von der Party verbreitete sich sehr schnell unter den jungen Leuten des Ortes, und die Situation eskalierte schließlich so, daß sie der 16jährige nicht mehr unter Kontrolle hatte.

Natürlich finden nicht alle Partys, bei denen viel getrunken wird, in unbeaufsichtigten Häusern und gegen den Willen der Eltern statt. »An diesem Wochenende«, erzählte mir ein Jugendlicher, »mußte man einfach nur fünf Dollar mitbringen und konnte dafür soviel Bier trinken, wie man wollte. Die Bierfässer standen direkt am Eingang. Die Eltern waren zu Hause.« Einige Eltern erlauben es, daß bei ihnen zu Hause getrunken und geraucht wird, weil sie meinen, daß sie die Teenager dann nicht unbeaufsichtigt in einem betrunkenen Zustand ließen und deshalb verantwortungsvolle Eltern seien. Oder sie nehmen ihnen die Autoschlüssel weg, damit sie nicht betrunken heimfahren können (wenn die Gäste dafür schon alt genug sind). Einige Elternhäuser sind sogar verkappte »Partyhäuser«, weil die Jungen wissen, daß sie dort unbegrenzt trinken und auch übernachten können. Kommt ein Junge am nächsten Tag dann wieder nach Hause, ist er schon wieder relativ klar im Kopf, und seine Eltern erfahren gar nicht erst, wie er die letzte Nacht verbracht hat.

Selbst wenn viele Jungen dem Alkohol gegenüber gemischte Gefühle haben, akzeptieren sie doch, daß es ihn gibt. »Das Trinken ist so eine Sache«, erzählte mir ein Junge. »Das ist kein Alkoholismus, weil man es nicht jeden Tag macht. Die Leute lassen sich nur am Wochenende vollaufen. Man sieht die Lehrer und die Eltern nicht mehr, man kann seinem Temperament freien Lauf lassen und trinken und es einem gutgehen lassen.« Obwohl dieser Jugendliche weiß, daß solche Trinkgelage leicht außer Kontrolle geraten, glaubt er, daß er und seine Freunde weit davon entfernt seien, Alkoholiker zu sein.

»Als ich in der siebten und achten Klasse war und auf eine sehr kleine Schule ging«, erzählte ein anderer Junge, »mußten die Jugendlichen irgendwo anders hingehen, in die Gänge zum Beispiel, wenn sie etwas trinken wollten. Als ich im nächsten Herbst dann in die neunte Klasse kam, sah ich, wie sich die Dinge weiterentwickelt hatten. Viele tranken und nahmen auch Drogen. Einigen ging es wirklich schlecht. Auf der High-School war das dann wieder ganz anders.«

Der gemeinsame Konsum von Alkohol und Drogen ist bei Jugendlichen in den USA nicht ungewöhnlich. Als ich Jungen nach anderen Rauschmitteln außer Alkohol fragte, gaben sie alle an, daß sie Marihuana kannten und auch überall erhalten konnten.

»Pot nehmen wir, meistens Pot«, meinte ein Junge. Ein anderer erzählte mir etwas Ähnliches:»Manchmal sehe ich LSD, aber ich würde sagen, daß die meisten Pot rauchen.«

Erzählen mir diese Jungen aus ganz unterschiedlichen Gegenden nur von Einzelfällen, oder sind Drogen- und Alkoholmißbrauch heute schon bei den meisten Jugendlichen gang und gäbe?

Wie verbreitet sind Alkohol und Drogen?

Heranwachsende Jungen haben immer schon gern Experimente gemacht und ihre Chancen ausgetestet. Ich erinnere mich, daß ich immer ganz erleichtert war, wenn meine Jungen im Teenageralter abends wieder gut nach Hause gekommen waren. Jede kleinste Veränderung in ihrem normalen Auftreten oder in ihrem Benehmen, wie sie gingen oder wie sie sprachen, ließ mich aufhorchen. Manchmal wollte ich auch einfach nur sichergehen, daß mit ihnen alles in Ordnung war. Wenn ich vermutete, daß sie irgendwo auf einer Party waren, wollte ich nachprüfen, wie es gewesen war und redete mit ihnen am nächsten Morgen darüber. Am besten konnte ich in jenen Jahren immer erst dann schlafen, wenn sie sicher nach Hause gekommen und ins Bett gegangen waren.

So ähnlich läuft es in vielen Elternhäusern jeden Abend ab, weil die Eltern immer wie auf Kohlen sitzen, solange ihre Kinder unterwegs oder in Kneipen sind, in denen auch an Minderjährige Alkohol ausgeschenkt wird. Manche Jugendliche gehen sogar noch größere Risiken ein und lungern an Straßenecken herum, um dort Drogen für sich zu kaufen oder als Dealer zu verkaufen.

Natürlich verbringen nicht alle Schüler ihre Wochenenden damit, zu trinken oder Drogen zu nehmen, aber für einen relativ großen Prozentsatz von ihnen trifft dies zu. Eine landesweite Studie fand heraus, daß fast 90 Prozent der amerikanischen Jungen schon (alle Arten von) Alkohol probiert hatten und 62,2 Prozent von ihnen regelmäßig trinken, wobei 43,5 Prozent angaben, daß sie »schon 'mal einen draufmachen« und fünf Drinks hintereinander nehmen würden. Marihuana taucht in dieser Statistik an zweiter Stelle auf: 35,9 Prozent der Jungen auf der High-School berichteten, daß sie schon Marihuana geraucht hatten, und 17 Prozent der Befragten bezeichneten sich als regelmäßige Konsumenten.[1]

Eine weitere Studie, die 1992 vom Parents Resource Institute on Drug Education (PRIDE) veröffentlicht wurde, zeigte, daß der Gebrauch von zehn verschiedenen Drogenarten (Zigaretten, Bier, Wein, Schnaps, Marihuana, Kokain, Antidepressiva, Aufputschmittel, Halluzinogene und Drogen, die inhaliert werden) um das *Sechs- bis Achtfache* zugenommen hat.[2]

Ich glaube nicht, daß solche Zahlen für Mütter allzu überraschend sind, die die Schüler in der Mittelstufe oder an der High-School kennen. Statistiken wirken kalt und unpersönlich, aber wenn ein Sohn betrunken nach Hause wankt oder in der Schule oder bei seinen sonstigen Aktivitäten erschreckend unmotiviert ist, wird aus diesen nüchternen Zahlen schnell Wirklichkeit.

Weshalb ist Alkohol so schlimm?

Alkohol ist nicht »schlimm«, wenn er von Erwachsenen in Maßen getrunken wird, aber Jugendliche sind keine Erwachsenen. Die Prozentzahl der Heranwachsenden, die Erfahrungen mit Alkohol hat, ist nicht zurückgegangen, und die entsprechende Zahl der Schüler aus der Mittelstufe hat sogar zugenommen (30 Prozent haben zum erstenmal zwischen neun und zwölf Jahren getrunken, 54 Prozent zwischen 13 und 15).[3] Daß es mittlerweile weniger Tote durch Trunkenheit am Steuer gibt, kann man nicht auf das Gesetz zurückführen, das in den Vereinigten Staaten Alkohol unter 21 Jahren verbietet, sondern auf die hervorragenden Aufklärungskampagnen gegen Trinken und Autofahren, die von Organisationen wie »Mothers Against Drunk Driving« (MADD) und »Students Against Drunk Driving« (SADD) durchgeführt wurden, und auf das harte Durchgreifen der Polizei gegen betrunkene Autofahrer.

Ich glaube, daß die meisten Jungen, die die High-School verlassen haben und auf dem College sind oder arbeiten, reif genug sind, mit Freunden einen Drink zu genießen, und auch alt genug, ihren Konsum zu beschränken, vor allem wenn sie alles aus eigener Tasche bezahlen müssen. Die Schüler der Mittelstufe und einer High-School sind jedoch noch keine jungen Erwachsenen und viel anfälliger für die Auswirkungen des Alkohols, sie werden auch viel schneller süchtig als Erwachsene, vor allem wenn sie Alkohol trinken und gleichzeitig Marihuana nehmen. Und leider trinken relativ viele junge Heranwachsende, die endlose Vorräte an Alkohol zu haben scheinen, nicht mäßig, sondern eher im Übermaß.

»Man will wissen, wieviel man trinken kann und wieviel hineingeht«, meinte ein Schüler der Eingangsklasse der High-School. »Am nächsten Morgen geht es dann darum, wer den größten Kater hat. Wer am meisten getrunken hat, ist der Größte.« Einige der älteren Jungen, die ich interviewt habe, erkannten, wie dumm ein solches Verhalten ist und führten das auf die immer jünger werdenden Konsumenten zurück.

»Als ich in der achten Klasse war, begann ich zu trinken«, erzählte ein älterer Schüler. »Jetzt fangen die Jungen schon in der sechsten oder siebten Klasse damit an. Alles, was die Eingangsklassen heute machen, ist nur, jedes Wochenende wegzugehen und sich zu betrinken. Früher taten das erst die Zehnt- und Elftkläßler, und sie mußten dabei aufpassen, nicht erwischt zu werden. Heute wissen auch die Eltern Bescheid.«

Michael Schick, der Direktor des Hazelton's Pioneer House, ein Suchtzentrum in Minnesota, meint: »Ich bin mir nicht sicher, ob wir als Gesellschaft das Problem [des übermäßigen Trinkens der Jugendlichen] überhaupt erkennen wollen. Wir glauben oft immer noch, daß sich die Teenager beim Trinken einfach austoben oder sich ausprobieren, oder wir denken: ›Als ich jung war, habe ich das ja auch gemacht, und mir geht es heute auch gut.‹ 85 Prozent der Jugendlichen, die zu uns kommen, betrinken sich jedoch schon viermal und öfter pro Woche, und sie haben mit dem Trinken schon mit einem Durchschnittsalter von zwölfeinhalb

Jahren angefangen. Ich glaube nicht, daß wir die Tatsache richtig einschätzen, daß nur einige Jugendliche einfach nicht nein sagen können.«[4]

Weil sich die Eltern meist gar nicht vorstellen können, daß ihre 12- oder 15jährigen Söhne schon trinken, erkennen sie die ersten Anzeichen oft gar nicht. In der Regel ist es ein untrügliches Anzeichen, wenn ein Jugendlicher Magenschmerzen hat, und diese ungute Erfahrung mag ihn vielleicht zukünftig auch vom Alkohol abhalten. »Letztes Jahr war ich auf einer Party«, erzählte ein Junge, »und ich habe sehr viel getrunken. In dieser Nacht mußte ich mich übergeben, und das möchte ich nicht noch einmal erleben. Deshalb trinke ich jetzt nicht mehr. Einige meiner Freunde trinken aber wirklich sehr viel. Ich weiß nicht, ob das nicht ihr ganzes Leben zerstören kann.«

Alkohol wird mittlerweile in vielen Schulen als ein ernst zu nehmendes Problem angesehen, und alle entsprechenden erzieherischen Gegenmaßnahmen dehnen sich heute schon bis zu den Klassen der Grundschule aus, aber die allgemeine öffentliche Akzeptanz des Alkoholkonsums von Jugendlichen hat die vielfältigen Bemühungen, die Heranwachsenden vom Trinken abzuhalten, immer wieder zurückgeworfen. Einige Eltern sind sogar erleichtert, wenn ihre Kinder »nur« trinken und keine anderen Drogen nehmen. Seltsamerweise ist diese Einstellung für viele beruhigend: Generationen von Eltern haben selbst als Teenager getrunken, und deshalb halten sie Alkohol auch für nicht so gefährlich, als Drogen zu nehmen oder mit Drogen zu handeln.

So erleichtert sie darüber sein mögen, daß ihre Kinder keine Drogen nehmen, so verharmlosen sie doch die Tatsache, daß sie Alkohol trinken. Das ist jedoch alles andere als harmlos, und die Suchtgefahren steigen bei Jugendlichen immer dramatischer an. Der Markt für Jugendliche ist für viele Firmen ein lukratives Geschäft. Malzlikör in Literflaschen hat inzwischen in vielen Gegenden das Bier als Lieblingsgetränk der Jugendlichen ersetzt. Malzlikör wird auch »flüssiges Crack« genannt, weil er so stark ist (er enthält ebensoviel Alkohol wie fünf Schoppen Wein oder wie fünf kleine Gläser Schnaps), und wird gerade bei den Jugendlichen in den Städten immer beliebter. »Was die Likörfabriken machen, ist teuflisch«, meinte ein Pfarrer einer Stadt, als er mit mir über den hohen Konsum von Malzlikör in seiner Gemeinde sprach. »Sie wissen ganz genau, was sie tun.«[5]

Eltern müssen hier nicht nur gegen die Werbung ankämpfen, sondern auch gegen ihre heranwachsenden Kinder selbst, die gern spontan handeln und Experimente lieben. Glücklicherweise haben Forschungsarbeiten gezeigt, daß Eltern ihre Kinder auch vom Trinken abhalten können. Wie eine Arbeit des Research Institute of Addictions gezeigt hat, trinkt ein Junge weniger Alkohol und begeht weniger kriminelle Taten, wenn er in seiner Familie emotionale Nähe und Unterstützung findet.[6]

Ein heranwachsender Junge schätzt sehr wohl die Unterstützung seiner Eltern, wenn sie sein neues Selbstwertgefühl anerkennen, ihn in alle Entscheidungen, die ihn betreffen, mit einbeziehen *und* ihn trotzdem beaufsichtigen. Eine starke Mutter läßt ihrem Sohn eine »psychische Autonomie«, wenn sie mit ihm wie mit einem Erwachsenen alle relevanten Probleme diskutiert und sich auch nicht überrascht zeigt, wenn er eine andere Meinung als sie vertritt. Trotzdem bleibt seine Autonomie insgesamt eingeschränkt, zumal er erkennt, daß »sein Verhalten immer noch von seiner Mutter kontrolliert wird«.[7] Eine gute Kombination aus einer sehr aufmerksamen und einer sich sehr verantwortlich fühlenden Mutter, wie ich es in Kapitel 5 beschrieben habe, funktioniert hier vor allem dann, wenn sich Mütter mit den starken sozialen Zwängen auf ihre Söhne, immer mehr und in immer jüngerem Alter zu trinken, auseinandersetzen. Selbst wenn Mütter selbst unter großem emotionalem Streß stehen, weil sie finanzielle Probleme oder Eheprobleme haben, können sie ihren Söhnen auch weiterhin gute Eltern sein und ihr Verhalten beobachten. Eine Mutter leidet zudem unter weniger Streß, wenn sie auf ihre Fähigkeiten als Mutter vertraut.

Wenn Mütter und Väter ihren Söhnen und seinen Freunden Zugang zu Alkohol verschaffen, mischen sie sich zu sehr in das Leben der Heranwachsenden ein, sie leugnen ihre Jugend (weil sie ihnen die Möglichkeit nehmen, ihre eigenen Schwierigkeiten zu meistern), und sie vermitteln ihren Söhnen das Gefühl, daß sie immer dasein werden, um ihre Bedürfnisse und ihre Wünsche zu erfüllen, selbst wenn diese fragwürdig oder sogar illegal sind. Eltern sollten es statt dessen ihren Kindern so schwer wie nur möglich machen, an Alkohol, Zigaretten oder Drogen heranzukommen.

Zigaretten und Kautabak

Obwohl die Statistiken zeigen, daß insgesamt immer weniger Zigaretten geraucht werden, raucht eine beträchtliche Anzahl (66 Prozent) von Schülern der Abschlußklasse der High-School Zigaretten, und Kinder im Alter von elf Jahren rauchen ebenfalls schon.[8] Weil die Zigarettenfirmen eine geringere Nachfrage bei den Erwachsenen festgestellt haben, haben sie ihre Werbekonzepte verstärkt auf die Jugendlichen ausgerichtet. Den »coolen« Jugendlichen wird mit jedem Zug ein sorgenloses Leben suggeriert. Heranwachsende, die gern »cool« und kontrolliert wirken möchten, fallen bevorzugt auf diese Art der Werbung herein, die folgende Botschaft oft ganz direkt vermittelt: Wenn man einfach nur rauchen muß, um angesehen zu sein, warum sollte man das dann nicht machen?

Auch hier sind viele Eltern oft nicht achtsam genug, wenn ihre Söhne rauchen, weil sie froh sind, daß sie Zigaretten rauchen anstatt Marihuana oder andere Drogen. Diese Einstellung ist aber sehr kurzsichtig, und wie viele Untersuchungen immer wieder herausstellen, sind Zigaretten für Jugendliche häufig nur Einstiegsdrogen für härtere Drogen.

»Ich bin schon seit einiger Zeit dabei, mich umzubringen«, schrieb ein Absolvent der Ivy League, »aber wäre ich nicht vor kurzem bei einer Routineuntersuchung beim Zahnarzt gewesen, hätte ich das wohl nie erfahren.« Dieser junge Mann hatte, seit er es bei einem Freund erstmals probiert hatte, Kautabak gekaut und das schon bald drei- bis viermal pro Woche gemacht, »als Ersatz für Alkohol«. Bevor er es merkte, war er süchtig, und sein

Mund war in »einem wüsten Zustand«. Jetzt kann er nicht mehr still sitzen und sich nicht mehr länger als 15 Minuten konzentrieren, weil »meine Gedanken nur darauf gerichtet sind, daß mein Körper diesen Nikotinrausch wieder erleben will.« Dieser junge Mann konnte seine Sucht nicht mehr aufgeben, obwohl ihm sein Zahnarzt gesagt hatte, daß in seinem Mund Krebs im Entstehen wäre.[9] Sowohl Schüler der High-School als auch Collegestudenten nehmen gern Kautabak. Gut 22 Prozent der High-School-Schüler kauen Tabak, um damit ihr Image als Mann aufzuwerten, aber sie sind sich dabei nicht bewußt, daß sie davon süchtig werden und Krebs bekommen können.

Weil viele Bücher die Anzeichen von Alkoholismus und Drogensucht beschreiben und den Eltern zeigen, auf welche Warnsignale sie achten müssen (siehe »Zusätzliche Literatur und Kontaktadressen«, Seite 271 f.), gehe ich im folgenden mehr auf die persönlichen und familiären Charakteristika ein, die dafür verantwortlich sein können, daß Jungen zu Drogen- und Alkoholmißbrauch neigen.

Die Eltern

Mütter und Väter, die ein hohes Maß an Verantwortung tragen und ihre Söhne entsprechend beaufsichtigen, setzen sie von Anfang an nicht den Risiken von Alkohol und Drogen aus. Zahlreiche Untersuchungen haben nachgewiesen, daß Eltern, die sich um ihre Söhne kümmern und die auf die intellektuellen und emotionalen Bedürfnisse ihres Sohnes eingehen, auch Kinder haben, die viel seltener Dinge tun, die den Vorstellungen ihrer Eltern widersprechen.[10] Diese Mütter (und Väter) loben ihre Söhne, wenn sie etwas gut gemacht haben, sie umarmen sie oft oder klopfen ihnen auf die Schulter, sie machen zusammen Dinge, die beiden Spaß machen, sie sind immer für sie da und geben ihren Kindern Ratschläge – selbst dann, wenn der Vater nicht mit im selben Haushalt lebt. »Je mehr die Mütter und Väter ihre Kinder unterstützen, um so geringer ist die Wahrscheinlichkeit, daß die Kinder anfangen, regelmäßig zu trinken, Drogen zu nehmen, kriminell oder schlecht in der Schule zu werden.«[11]

Diese intensive Unterstützung sollte mit einem ebenso großen Maß an Kontrolle des Verhaltens des Sohnes einhergehen. Wenn die Jugendlichen erkennen, daß es feste Regeln gibt, nach denen sie sich richten müssen, handeln sie meist auch viel verantwortlicher. Viele Eltern erinnern sich selbst noch an ihre eigene Jugendzeit und an die strengen Regeln, die damals herrschten. Trotz der festgesetzten Regeln sollten die heranwachsenden Jungen immer in die Diskussionen und Verhandlungen mit einbezogen werden. Eltern, die ihren Kindern vertrauen, erklären ihren Söhnen genau, warum sie meinen, daß Schüler nicht trinken oder Drogen nehmen sollten. Solche Eltern interessieren sich sehr für die Einstellung, die der Sohn zu Drogen und Alkohol hat, und gemeinsam lösen sie dazu bestehende Probleme beziehungsweise suchen nach Alternativen.

Wissenschaftler von der Catholic University, die einige Elternpaare nach den Problemen ihrer jugendlichen Kinder befragten, fanden heraus, daß sie sich mehr Sorgen über einen möglichen Alkoholmißbrauch ihres Sohnes machten als über andere Probleme, beispielsweise, daß er plötzlich in der Schule schlecht werden könnte.[12] Als diese Eltern gefragt wurden, was sie tun würden, wenn ihr Sohn stark angetrunken nach Hause käme, antworteten sie, daß sie versuchen würden, mit ihm darüber zu reden, ihm verbieten würden, Alkohol zu trinken, daß sie ihn bestrafen würden, daß sie andere Eltern um Rat fragen würden, das Verhalten des Sohnes besser überwachen würden oder versuchen würden, ihn von den Orten, an denen er Alkohol erhalten könnte, fernzuhalten.

Wenn sich eine Mutter und ein Vater um ihre Söhne kümmern und sie genau beobachten, werden sie sie und ihre Freunde ganz sicherlich nicht auch noch mit Alkohol versorgen. Sie werden all die Aktivitäten der Söhne unterstützen, die ihre Energie, ihre Neugierde und ihre Intelligenz fördern, ohne dabei ihre Gesundheit aufs Spiel zu setzen.

Natürlich können die meisten Eltern ihre Wohnungen nicht ständig beaufsichtigt lassen, wenn sie weggehen, selbst wenn es nur für einen Abend ist. Viele Teenager sind zuverlässig, aber andere suchen regelrecht nach Wohnungen, wo Partys steigen, wenn die »Alten« gerade nicht da sind. Ein verantwortungsbewußter Jugendlicher, der auf seine jüngeren Geschwister aufpaßt, wird nicht gleichzeitig an diesem Abend eine wilde Party veranstalten. Sind die Jugendlichen jedoch allein, sollte man sich mehr Sorgen machen. Eventuell sollten Nachbarn informiert werden, daß er allein zu Hause ist, und sie sollten die Telefonnummer erhalten, unter der die Eltern zu erreichen sind. Kluge Eltern rufen regelmäßig zu Hause an, wenn sie unterwegs sind, und einige haben schon Partys frühzeitig beendet, weil sie früher in ihr »leeres« Hause zurückgekommen sind.

Mütter können hier sehr verantwortlich handeln und das Verhalten ihres Sohnes beaufsichtigen, aber trotzdem kann ein Sohn die vereinbarten Regeln brechen. Deshalb ist es auch so wichtig, daß eine Mutter die ersten Anzeichen von Alkohol- oder Drogenmißbrauch erkennt. Mütter, die ihre Söhne gut kennen, erkennen auch, wenn er sich plötzlich anders gibt, wenn er physisch anders reagiert oder sich anders verhält. Und Söhne wissen, daß ihre Eltern ihre Sünden aufspüren können.

»Eines der größten Probleme, die wir haben, ist die Selbstgefälligkeit der Eltern«, sagte die ehemalige Chefärztin Antonia Novello, als sie über jugendlichen Drogenmißbrauch sprach.[13] Und ich habe die Befürchtung, daß viele Eltern toleranter werden, was den Konsum an Alkohol und Drogen ihrer Söhne betrifft.

Alleinerziehende Mütter von Jungen haben noch mehr Schwierigkeiten, den Alkohol- und Drogenkonsum ihrer Söhne zu überwachen. Einige Forschungsarbeiten haben gezeigt, daß männliche Heranwachsende aus Haushalten mit nur einem Elternteil eher geneigt sind, sich auf Experimente mit Drogen einzulassen als Jungen aus intakten Elternhäusern.[14] Andere Untersuchungen zeigen auch, daß Jungen aus der weißen Mittelschicht, die von Alleinerziehenden betreut werden, einem überdurchschnittlich hohen Risiko ausgesetzt sind. Ein Wissenschaftler faßte die Studien wie folgt zusammen: »Ein Zusammenhang zwischen abwesendem Vater und kriminellem Verhalten ist vor allem bei männlichen Jugendlichen aus der Mittelschicht zu beobachten.«[15]

Aus diesen Ergebnissen läßt sich jedoch nicht der Schluß ziehen, daß Mütter aus intakten Familien weniger wachsam sein müssen und sich weniger um ihre Söhne sorgen sollten. Alle Mütter, ganz egal, ob mit oder ohne Partner, sollten ihre Söhne führen, mit ihnen mitfühlen und sie zu verstehen versuchen, mit ihnen diskutieren, wie sie Probleme in diesem Bereich möglichst von vornherein vermeiden können, und ihre Aktivitäten überwachen. Mütter sollten immer daran denken, daß Jugendliche sich gern auf Experimente einlassen, aber die Mütter müssen dazu *nicht* einwilligen.

Freunde

Viele Mütter quält der Gedanke, daß ihre Söhne mit den »falschen« Freunden Umgang haben und daß sie mit ihnen Alkohol trinken oder Drogen nehmen. Wenn Freunde miteinander trinken, drängen sie oft auch die anderen, diesen »Spaß« mitzumachen, selbst wenn viele Jungen auch in der Lage sind, diesem Druck standzuhalten und ihre eigenen Wünsche respektiert werden. Ein Junge, dessen Vater Alkoholiker war, erzählte mir, daß er sich vorgenommen hatte, nie zu trinken und seine Freunde mit seiner Entscheidung einverstanden seien. »Niemand hat mich jemals gefragt, warum ich nicht trinken würde«, meinte er. »Es sind nur wenige, die zu Partys gehen und keinen Alkohol trinken, aber es hat nie Probleme damit gegeben.«

Dieser Junge ist ausreichend motiviert, nichts zu trinken, aber andere Jungen haben nicht die Kraft, nein zu sagen, und Freunde haben es dann leicht, sie da mit hineinzuziehen. Trotzdem wollen die meisten Jungen natürlich nicht, daß ihre Freunde mit dem Trinken ernsthafte Probleme bekommen. Sie verkehren zwar vielleicht in einer entsprechenden Szene, aber sie kümmern sich in der Regel auch um ihre Freunde oder Bekannten, die allzu stark trinken. Und die besten Freunde können immer dabei helfen, jemanden umzustimmen.

Wenn eine Mutter die Vermutung hat, daß die Freunde ihres Sohnes kein guter Umgang für ihn sind, hat sie es ziemlich schwer. Trotzdem sollte sie seine Freunde nicht kritisieren – das hat noch nie genutzt. Wenn sie weiß, daß seine Freunde sehr viel trinken oder auch Drogen nehmen, sollte sie mit ihrem Sohn darüber sprechen, welchen Einfluß diese Freunde auf *sein* Verhalten und *seine* Sicherheit haben. Ein Sohn muß von seiner Mutter lernen, daß seine eigene Sicherheit am allerwichtigsten ist, und nicht, daß seine Freunde nichts taugen. Wenn sie seine Freunde schlecht macht, wird er sie nur verteidigen wollen.

Untersuchungen bei Drogen- und Alkoholkonsumenten im Alter von 13 und 14 Jahren haben gezeigt, daß diese Jungen viel Zeit mit ihren Freunden verbringen und dabei Alkohol trinken und Drogen nehmen, selbst wenn sie noch so jung sind. Jugendliche, die weder tranken noch Drogen nahmen, beschäftigten sich viel mehr mit anderen Aktivitäten und verbrachten mehr Zeit mit ihrer Familie.[16]

»Unser Sohn ist mit Freunden zusammen, die ständig Partys feiern«, erzählte mir die Mutter eines 17jährigen. »Er trinkt wirklich sehr viel, und wir erfanden für ihn immer wieder Entschuldigungen, um ihn in Schutz zu nehmen. Aber schließlich hatten wir einen Punkt erreicht, an dem wir ihm sagten, daß er sich nach unseren Regeln richten oder unser Haus verlassen müßte.« Diese Mutter war so klug, sich professionelle Hilfe zu suchen und sich mit den Eltern der Freunde ihres Sohnes zu treffen. Sie vereinbarten, sich gegenseitig zu verständigen, wenn einer ihrer Söhne im Haus eines anderen Freundes übernachten würde.

Diese harte Linie hat dieser Familie geholfen. Ihr Sohn blieb erst einige Zeit weg bei Freunden und bei Verwandten, jetzt wohnt er aber wieder zu Hause und akzeptiert die Grenzen und Regeln seiner Eltern. Außerdem bereitet er sich darauf vor, aufs College zu gehen. Trotzdem geschah diese Kehrtwendung nicht ohne Tränen und Verletzungen. »Er ist ein Junge, der klare Grenzen braucht«, meint seine Mutter heute, »und mein Mann und ich haben das damals nicht erkannt. Er hat viele Freunde und ist sehr umgänglich, warmherzig und sensibel, aber er nützt alles aus. Wir haben alle gelernt, daß wir auch hart bleiben müssen.«

Viele Familien lernen wohl oder übel, diesen harten Weg zu gehen, aber die Entscheidung, streng zu sein und einen Sohn trotzdem noch zu lieben, obwohl er die »falschen« Freunde oder Gewohnheiten hat, zahlt sich aus. Wenn man sich emotional von ihm distanziert, hilft ihm das nicht. Der Sohn möchte, daß seine Eltern ihm nahe sind und daß sie versuchen, ihn zu verstehen, aber sie müssen auch ganz klar ihr Ziel verfolgen, ihn ohne Drogen und Alkohol zu erziehen, wenn sie ihm wirklich helfen wollen.

Eine Mutter mit einem besonders anstrengenden Sohn gab mir einen sehr guten Rat, den ich an andere Mütter gern weitergeben möchte: »Hören Sie ihnen zu. Lassen Sie sie sagen, was sie tun möchten, selbst wenn Sie nicht damit einverstanden sind. Aber vertreten Sie auch ganz klar Ihre eigene Meinung. Reden Sie nicht schlecht über seine Freunde, nur weil sie lange Haare haben oder verschlissene Kleidung tragen oder was auch immer. Fragen Sie sich selbst: ›Sind die Freunde da, wenn er sich bei jemandem ausweinen will?‹«

Persönlichkeit

Einige Jungen sind risikofreudiger als andere, und diese Einstellung wirkt sich auch auf ihr soziales Umfeld aus. Risikofreudig zu sein, ist an sich positiv, wenn der Junge dadurch Selbstvertrauen entwickelt und in schulischen Bereichen, im Sport oder vergleichbaren Gebieten Risiken eingeht. Wenn sich diese Risikofreude jedoch auf illegale Praktiken oder auf selbstzerstörerisches Handeln erstreckt, wenn der Sohn exzessiv trinkt oder Drogen nimmt, dann muß eine Mutter eingreifen.

Ein impulsiver Junge ist ebenfalls anfälliger für Alkohol- und Drogenmißbrauch. Seine Unfähigkeit, Bedürfnisse aufzuschieben, führt oft dazu, daß er spontane Rauschzustände sucht, mit wilden

Freunden zusammen ist, schnelles Fahren liebt und generell vieles macht, ohne lange darüber nachzudenken. Ob solch ein Junge jedoch Drogen nimmt oder zu trinken anfängt, hängt von anderen Faktoren ab, unter anderem von der Art, wie ihn seine Eltern erziehen, wie seine Schule und seine unmittelbare Umgebung beschaffen sind, ob es in seiner Familie schon Drogensüchtige gegeben hat, ob eines seiner Geschwister Drogen nimmt und wie stark er von seiner Familie beaufsichtigt wird.[17]

Jungen, die sehr starke Drogen nehmen, neigen dazu, sich selbst als die einzige Autorität in ihrem Leben zu sehen und jede Autorität der Eltern abzulehnen. Das passiert nicht automatisch. Es ist vielmehr eine langsame Entwicklung, bei der der Jugendliche denkt: »Niemand kümmert sich darum, was ich mache. Weshalb sollte ich dann für jemanden verantwortlich sein? Ich bin mein eigener Herr.« Er wird einer von den vielen Jugendlichen, die sich für niemanden verantwortlich fühlen. Je mehr sich ein junger Drogensüchtiger in dieses Netz verstrickt, um so weniger Verantwortung wird er für sein Verhalten übernehmen. Eltern müssen das schon lange vor dem Zeitpunkt erkennen, an dem er harte Drogen nimmt. Einigen Jungen muß dabei ihre eigene Familiengeschichte mit Alkoholikern und Drogensüchtigen vor Augen gehalten werden. Einige Familien bieten den Heranwachsenden Anreize, das Trinken seinzulassen, bis sie erwachsen sind, indem sie ihnen dafür beispielsweise Geld geben. Einige Psychologen, die sich auf Jugendliche spezialisiert haben, halten alles für richtig, was dazu dient, das Trinken aufzuschieben, vor allem bei sensiblen Jungen. Diese Entscheidungen müssen in der Familie getroffen werden. Gibt es in einer Familie jedoch schon Alkoholiker oder Drogensüchtige, sollte man ganz offen mit dem Sohn reden und ihn warnen, daß in der Familie Alkohol generell nicht toleriert wird.

Wenn man den Söhnen genügend Aktivitäten anbietet, die ihren Geist und ihre körperlichen Fähigkeiten fördern, hilft man ihnen, neue Lebensziele und gute Gründe zu finden, das Trinken aufzuschieben oder nur mäßig zu konsumieren.

Allgemein kann man sagen, daß ein Junge, der seine Mutter

und seinen Vater gut kennt, auch auf sie hören wird, sie um Rat bitten wird, und wenn sie sein Verhalten überwachen, auch keinen Grund haben wird, sich selbst durch Alkohol oder Drogen beweisen zu müssen. Eltern sollten von Anfang an hellwach sein, wenn ihre Söhne noch jung sind, sie sollten ihre Partys kontrollieren, Regeln aufstellen, wieviel getrunken werden darf, sich mit anderen Eltern treffen, sich in der Schule engagieren und die lokale Szene gut kennen. Wenn ein Sohn schon Alkohol trinkt oder Drogen nimmt, ist es zwar schwieriger, einzugreifen, aber trotzdem noch notwendig.

Was kann man tun, wenn er ein Problem hat?

Mütter, deren Söhne regelmäßig trinken oder Drogen nehmen, sollten sich professionelle Hilfe suchen. Die Schule oder das Gesundheitsamt am Ort sollte man dabei zuerst um Rat fragen. Hier kann man den Eltern auch weitere Beratungsstellen und Ärzte vermitteln, wo sie ganz persönlich beraten werden. In jeder Familie gibt es andere Familienbeziehungen und Zwänge, und jeder Sohn besitzt eine eigene Persönlichkeit. Der eine Sohn ändert sich vielleicht schnell, wenn seine Eltern ihn nicht mehr ins Haus lassen, solange er sich nicht nach ihren Regeln richtet. Ein anderer ist vielleicht dagegen froh, endlich eine Gelegenheit zu haben, sein Elternhaus endgültig verlassen zu können und nie wieder zurückzukehren oder sich immer tiefer in seine Schwierigkeiten zu verstricken. Das wollen die Eltern aber sicherlich vermeiden.

Eine Mutter, deren Sohn nicht übermäßig trinkt oder nur selten Drogen nimmt, muß trotzdem aufmerksam sein und sollte ihn genau beobachten. Wenn sie mit ihm über die Alkohol- und Drogenszene in ihrer Stadt gesprochen hat, weiß sie, was er denkt und wie er sich verhält. Wenn er jedoch ständig das Vertrauen seiner Mutter mißbraucht, sollte sie die Konsequenzen ziehen und auch dementsprechend handeln, wie sie es miteinander besprochen hatten. Ob man ihm Hausarrest erteilt, ihm das Auto wegnimmt oder ob man ihm mehr Verantwortung überträgt, um ihn zu beschäftigen, damit er seine Probleme lösen kann, hängt von jeder einzelnen Familie ab. Er muß jedenfalls wissen, daß sein Verhalten nicht toleriert wird. Dieser Wechsel von Diskussionen, Vertrauen, Wachsamkeit und das Bewußtwerden, daß er das Vertrauen gebrochen hat, dann die Konsequenzen ziehen, um ihm schließlich doch wieder zu vertrauen, wird im Laufe seiner High-School-Jahre immer wieder ablaufen. Es ist die Aufgabe der Eltern, ihn nie aufzugeben und immer nur das Beste von ihm zu erwarten. Von Zeit zu Zeit wird er seine Mutter wahrscheinlich enttäuschen, aber Vertrauen und Liebe werden meistens die Oberhand behalten, wenn er zu einem freundlichen jungen Mann heranreift.

☞ Zusätzliche Literatur und Kontaktadressen

Bastian, Johannes (Hrsg.): *Drogenprävention und Schule. Konzepte – Erfahrungsberichte – Unterrichtsbeispiele*, Hamburg: Bergmann + Helbig 1992

Heckmann, Wolfgang (Hrsg.): *Drogentherapie in der Praxis. Ein Arbeitsbuch für die 90er Jahre*, Weinheim: Beltz 1991

Nordlohne, Elisabeth: *Die Kosten jugendlicher Problembewältigung. Alkohol-, Zigaretten- und Arzneimittelkonsum im Jugendalter*, Weinheim: Juventa 1992

Seifert-Schröder, Brigitte: *Drogenabhängigkeit Jugendlicher: Problematik, Prävention, Elternarbeit. Eine Literaturdokumentation*, München: Deutsches Jugendinstitut 1983

Informationen und Broschüren erhält man in Deutschland zentral bei:

Bundeszentrale für gesundheitliche Aufklärung (BZgA), Ostmerheimer Str. 200, 51109 Köln, Tel. 0221/89 92-0

Deutsche Hauptstelle gegen die Suchtgefahren e.V. (DHS), Westring 2, 59065 Hamm, Tel. 02381/90 15-0

Fachverband Drogen und Rauschmittel e.V. (FDR), Brüderstr. 4b, 30159 Hannover, Tel. 0511/131 64 74.

Hilfe und Unterstützung kann auch bei folgenden Institutionen eingeholt werden:

Al-Anon Familiengruppen, Gruppen für Angehörige und Jugendliche, Emilienstr. 4, 45128 Essen, Tel. 0201/77 30 07
Anonyme Alkoholiker Deutschland, Postfach 46 02 77, 80910 München, Tel. 089/316 43 43
Bundesverband der Elternkreise drogengefährdeter und -abhängiger Jugendlicher, Jägerallee 5, 59071 Hamm, Tel. 02381/87 69
Nationale Kontakt- und Informationsstelle zur Anregung und Unterstützung von Selbsthilfegruppen (NAKOS), Albrecht-Achilles-Str. 65, 10709 Berlin, Tel. 030/891 40 19

☞ Tips für Mütter

1. Nehmen Sie zur Kenntnis, daß der Alkoholkonsum von Jugendlichen nach wie vor ein Thema ist.
2. Seien Sie sich dessen bewußt, daß schon die 12- bis 14jährigen immer mehr Erfahrung mit allen Arten von Drogen sammeln.
3. Beobachten Sie, ob Ihr Sohn Anzeichen von mangelnder Konzentration zeigt oder lethargisch wirkt, was auf den Gebrauch von Drogen hindeuten könnte.
4. Erlauben Sie es nicht, daß Jugendliche Alkohol trinken oder Drogen nehmen. Sagen Sie Ihrem Sohn, daß Sie es verstehen, wie leicht man versucht ist, Drogen und Alkohol zu probieren, und daß Sie verstehen, daß andere eventuell Druck auf ihn ausüben. Helfen Sie ihm, Fähigkeiten und Gegenargumente zu finden, gegen diesen Druck anzukämpfen.
5. Beziehen Sie ihn in alle Diskussionen über Alkohol und Drogen mit ein. Hören Sie sich seine Meinung an, aber bleiben Sie fest bei Ihrem Standpunkt.

6. Informieren Sie sich über Alkohol- und Drogenfragen, und beobachten Sie Ihren Sohn, ob sich seine Einstellung oder sein Verhalten verändern.

7. Vergessen Sie nicht, daß Zigaretten und Kautabak Krebs verursachen können.

8. Unterstützen Sie Ihren Sohn emotional.

9. Respektieren Sie seine Freunde, und lassen Sie sie wissen, daß sie jederzeit bei Ihnen zu Hause willkommen sind, aber daß sie dort weder Alkohol trinken noch Drogen konsumieren dürfen.

10. Ermutigen Sie ihn, sich Herausforderungen auf anderen Gebieten zu suchen, die produktiver sind.

11. Erinnern Sie sich daran, daß die Söhne von fordernden, aufmerksamen und verantwortungsbewußten Müttern nicht so schnell Alkohol trinken oder Drogen nehmen.

12. Lieben Sie ihn, bieten Sie ihm Herausforderungen, vertrauen Sie ihm, überwachen Sie ihn und geben Sie nie auf. Wenn er Ihr Vertrauen gebrochen hat, vertrauen Sie ihm erneut, nachdem er für sein Verhalten zur Verantwortung gezogen worden ist. Machen Sie das immer wieder.

12
»Ist mein Sohn homosexuell?«

Ängste einer Mutter

Eine Frau fragte mich, warum ich in meinem Buch *Töchter werden junge Frauen*, das sich an Mütter von heranwachsenden Mädchen richtete, nicht auch über Homosexualität geschrieben hätte. Als ich Mütter damals für dieses Buch interviewt hatte, schienen sie gar nicht an die Möglichkeit zu denken, daß ihre Töchter lesbisch sein könnten. Auch die Töchter selbst schienen sich keine Gedanken darüber zu machen, daß sie selbst oder ihre Freundinnen lesbisch sein könnten.

Vielleicht wird dieses Thema deshalb erst gar nicht aktuell, weil die meisten Mütter froh sind, wenn die Mädchen sich ebenfalls zu messen beginnen – auch mit Jungen – und Jungen in nichts nachstehen. Bei einem Mädchen macht sich niemand Gedanken, wenn es lieber Jeans statt Kleider trägt. Ein heranwachsendes Mädchen weiß auch, daß man sie nicht für lesbisch halten wird, nur weil sie gern die Spiele von Jungen spielt. Jungen genießen ihre Gesellschaft, weil sie sie als Kamerad und auch als mögliche Freundin schätzen. Wenn ein Mädchen sportlich ist oder sich für alle Aktivitäten der Jungen interessiert, wird weder dem Mädchen noch der Mutter in den Sinn kommen, daß sie lesbisch sein könnte.

Ein solches »gegen-geschlechtliches« Verhalten wird bei Jungen jedoch ganz anders interpretiert. Wenn sie lieber mit Puppen spielen oder sich mit allem, was auch Mädchen tun, beschäftigen, oder wenn sie gern Mutters Kleider probieren, dann wird man mißtrauisch. Einige Eltern gehen dann oft schnell zu einem Therapeuten, um sich beraten zu lassen.

»Er benimmt sich wie ein Mädchen«, sagte die Mutter eines Achtjährigen zu Richard Green, einem Wissenschaftler der University of California, der die Entwicklung von Homosexualität erforschte. »Er spielt nicht mit Jungen. Er hat sogar Angst vor Jungen, weil er sich davor fürchtet, mit den Jungen ihre Spiele zu spielen. Er zog sich früher auch gerne Mädchenkleider an. Das würde er immer noch gern machen, aber wir haben uns da wirklich quer gestellt. Er spricht auch wie ein Mädchen, manchmal geht und handelt er auch wie ein Mädchen.«[1]

Mütter – und Väter – wissen oft nicht, wie sie reagieren sollen, wenn ein Junge Lastwagen unbeachtet liegenläßt und lieber Kleider anzieht anstatt Baseballmützen aufsetzt und den rauheren Spielen der Jungen aus dem Weg geht. Die Mütter sind vielleicht zuerst amüsiert und fühlen sich geschmeichelt, wenn er sie imitieren will. Sie sind vielleicht gerührt und denken, daß er so süß und so niedlich wie ein Mädchen ist. Der unterschwellige Gedanke, daß ihr Sohn schwul sein könnte, wird von dem Gefühl überlagert, daß er ein sensibler Mann werden wird, der gern auf die Gefühle seiner Mutter oder von anderen Frauen eingehen wird.

Kommt er jedoch in die Pubertät und erklärt er seiner Mutter, daß er homosexuell ist, wird ihr das Herz in die Hose rutschen. Sie wird sich vielleicht fragen, ob sie selbst daran »schuld« ist. Hat sie sein Verhalten zu sehr toleriert? Was hätte sie anders machen sollen? Warum hat sich sein Vater nicht mehr für ihn interessiert?

Warum oder wann ein Sohn homosexuell wird, ist immer noch nicht geklärt. Nicht alle Söhne, die die typisch männlichen Aktivitäten nicht mögen oder sich gern Mutters Kleider anziehen, sind auch homosexuell, weshalb Homosexualität an sich für Mütter verwirrend und vielschichtig ist. Sich zu schämen, weil ein Sohn homosexuell ist, hilft nicht viel. Ein homosexueller Sohn und seine Eltern sollen sich gegenseitig verstehen und sich nicht gegenseitig verdammen.

»Ich erinnere die Eltern immer daran, daß sie nicht Gott sind«, rät Pater Lee Walker, Priester der Christ Church in Greenwich in Connecticut. »Bei einem Kind hat man auf bestimmte Dinge einfach keinen Einfluß. Man hat auch nichts richtig oder falsch gemacht, weil ein Kind ein Junge oder ein Mädchen geworden ist. Man hat nichts richtig oder falsch gemacht, weil das Kind eine weiße oder eine dunkle Hautfarbe hat. Das einzige, was bei einem homosexuellen Sohn wichtig ist, ist die Frage, wie man damit umgeht.«

Jede Theorie über Homosexualität verwirft eine andere, und dieser Mangel an konkreten Antworten kann dazu führen, daß Eltern von jungen Söhnen unnötigerweise Angst haben. Mütter und Väter grübeln zum Beispiel darüber, welche Spielsachen und welche Kleidung sie ihren Söhnen geben sollen. Sie machen sich Sorgen, wenn ihr Sohn ungern Sport treibt oder sich nicht für Mädchen interessiert. Sie haben Angst, daß ihn ein homosexueller Lehrer verführen könnte, oder sie fragen sich, ob sich bei ihm die homosexuellen Veranlagungen eines schwulen Onkels vererbt haben. Sie sind vielleicht auch darüber beunruhigt, daß es noch immer keine eindeutige Theorie darüber gibt, warum jemand homosexuell wird. *Mütter sollten ihre Söhne mit Liebe, Zuneigung und gesundem Menschenverstand erziehen und sich nicht schuldig fühlen, wenn sich zeigt, daß ein Sohn homosexuell veranlagt ist.* Für eine Mutter mag es schwierig sein, sich nicht schuldig zu fühlen, wenn ihr Sohn sexuell anders veranlagt ist, weil die Frauen in unserer Gesellschaft so erzogen werden, daß sie für das Leben ihrer Kinder uneingeschränkt verantwortlich sind. Trotzdem helfen Scham und Gewissensbisse einem jungen Mann nicht weiter, der versucht, seinen eigenen Weg zu gehen.

Alle Eltern möchten, daß ihre Söhne von anderen Leuten akzeptiert werden und beliebt sind. Wenn man weiß, daß ein homosexueller Sohn vielleicht verachtet und gemieden wird, kann das sehr weh tun. Als Pater Walker seinen Eltern eröffnete, daß er homosexuell sei, sagte sein Vater nach einigen Tagen, die er gebraucht hatte, um diese Nachricht zu verdauen, zu ihm: »Ich wollte immer nur das Beste für meine beiden Söhne. Ich sage nicht, daß es gut oder schlecht ist, wenn man homosexuell ist, ich meine nur, daß es in den Vereinigten Staaten viel einfacher ist, wenn man nicht homosexuell ist, und daß ich dir den einfacheren Weg gewünscht hätte.« Alle Eltern können die Gedanken dieses

Vaters gut nachempfinden. Sie wünschen sich, daß ihre Söhne glücklich werden und ein »einfaches« Leben haben. Aber darauf haben wir als Eltern nicht immer Einfluß.

Die hormonellen, biologischen und familiär bedingten Wurzeln der Homosexualität werden von Forschern und Psychologen noch immer untersucht. Man läßt sich Familiengeschichten erzählen und analysiert sie. Der Einfluß des Verhaltens auf das Gehirn und der des Gehirns auf das Verhalten ist sehr umstritten. Bis jetzt kann die diesbezüglichen Fragen einer Mutter noch niemand eindeutig beantworten. Warum sind einige Männer homosexuell und andere nicht? Mit »homosexuell« meine ich jemanden, der sexuell auf Dauer auf das eigene Geschlecht fixiert ist, einen Mann oder einen Jungen, dessen sexuelle Phantasien ausschließlich auf andere Männer ausgerichtet sind. Die Lebensgeschichten von homosexuellen Männern weisen zwar viele Gemeinsamkeiten auf, dennoch kann man nicht sagen, daß es eindeutige Gemeinsamkeiten in ihrer Erziehung gibt.

Ist die Mutter schuld?

Weil das Thema Homosexualität sehr komplex ist und die sexuelle Orientierung eines Jungen entscheidend für seine psychische Gesundheit und sein Selbstwertgefühl ist, will ich hier einige der gängigsten (und auch kontroversten) Theorien vorstellen, warum Jungen homosexuell werden, und Eltern von homosexuellen Söhnen Wege aufzeigen, die ihnen und ihren Söhnen helfen können, diese Realität zu akzeptieren.

Die klassische Meinung über die Entwicklung von Homosexualität, die auf Freud zurückgeht, ist die Theorie einer starken Mutterbindung.[2] Mütter machen demnach ihren Sohn homosexuell. Eine Mutter, so besagt diese Theorie, kann zu ihrem Sohn eine so starke Bindung entwickeln, daß er sich mit ihr total identifiziert, seinen eigenen Vater ganz ausschließt und nicht mehr von ihr lassen kann. Wenn aus diesem kleinen Jungen ein junger Mann wird, so meinen die freudianisch orientierten Therapeuten, kann er keine andere Frau lieben, weil er sich psychisch nie von seiner Mutter getrennt hat. Er hat selbst keine eigene Persönlichkeit, sondern ist nur eine Erweiterung der Persönlichkeit seiner Mutter. Nur wenn er die Bindung zu seiner Mutter löst, kann er heterosexuell werden.

Eltern von Homosexuellen und viele Wissenschaftler zweifeln an der Richtigkeit dieser Theorie. Natürlich kann ein homosexueller Mann eine sehr starke Bindung zu seiner Mutter haben, und das ist bei vielen auch tatsächlich der Fall. Aber auch viele heterosexuelle Männer haben eine sehr starke Bindung zu ihrer Mutter. Ein junger Mann meinte: »Viele Leute stellen Theorien über Homosexuelle auf, die eine starke Mutterbindung hätten. Ich war der Jüngste in unserer Familie mit fünf Jahren Abstand zum nächstälteren Geschwister. Meine Mutter war mir näher als mein Vater, aber ich glaube, ich hatte keine engere Beziehung zu ihr als die meisten anderen Kinder, obwohl einige Leute meinen, daß unsere Beziehung sehr eng war.«

Für die meisten Söhne ist eine allzu fürsorgliche Mutter schrecklich, weil sie ihren pubertären Freiheitsdrang stört und er sie lieber abschütteln möchte. Es ist sehr unwahrscheinlich, daß eine Mutter einen heterosexuellen Sohn in einen homosexuellen verwandeln kann. In einer Familie können auch gleichzeitig homosexuelle und heterosexuelle Kinder heranwachsen, und wir wissen nicht, warum.

Liegt es am fehlenden Vater?

Einige Forscher haben untersucht, wie stark sich das vorhandene oder fehlende Engagement eines Vaters für seinen Sohn auswirkt, um zu erklären, warum er homosexuell wird. Richard Green hat in seiner Arbeit festgestellt, daß Väter von homosexuellen Söhnen durchschnittlich weniger Zeit mit ihnen verbrachten als Väter von heterosexuell orientierten Söhnen.[3] Das stimmte jedoch nicht bei allen Familien, die Green 15 Jahre lang beobachtete, und sollte nicht als entscheidende Ursache für Homosexualität angesehen werden, aber das Ergebnis war trotzdem so eindeutig, daß es erwähnt werden muß.

In einer bekannten Arbeit von Alan Bell und anderen Wissenschaftlern über sexuelle Vorlieben berichteten homosexuelle Männer ganz generell, daß sie ein schlechtes Verhältnis zu ihren Vätern gehabt hätten. Bell folgerte daraus: »Ein schlechtes Verhältnis zum Vater scheint wichtiger zu sein als eine wie auch immer geartete Beziehung zur Mutter.«[4]

Distanziert sich ein Vater von seinem Sohn, weil sein Sohn nicht so männlich wirkt und ihm das unangenehm ist? Oder, andersherum, interessiert sich ein Junge mehr für alle weiblichen Aktivitäten, weil sich sein Vater so wenig für ihn interessiert? Man kann vermuten, daß sich ein Vater eher zurückzieht, wenn sein Sohn lieber mit Puppenhäusern als mit Rennautos spielt. Er widmet dann vielleicht seiner Tochter oder einem anderen, »männlichen« Sohn mehr Zeit. Wenn ein Vater ganz offen ein Geschwister vorzieht, hat der kleine Junge nur noch seine Mutter als Kameradin, die ihn versteht. Diese Situation führt dazu, daß der Vater psychisch und physisch abwesend ist. Und der Sohn fragt sich, was er angestellt hat, weil der Vater ihn meidet.

Glücklicherweise stellen all diese Forschungsarbeiten heraus, daß sowohl Mütter als auch Väter für die Erziehung ihrer Kinder verantwortlich sind und daß ein Kind schon seine eigene Veranlagung mitbringt. Wenn man einer Mutter oder einem Vater die Fähigkeit zusprechen wollte, sie könnten ihre Kinder komplett formen, ist dies unrealistisch. Ein Sohn hat nicht nur seine eigenen genetischen Anlagen, er hat auch Geschwister, Großeltern, Tanten, Onkel, Spielkameraden und Priester in seinem Leben. Alle Leute üben auf ihn Einfluß aus – meist weg von der Homosexualität.

Kann ihn ein älterer Mann homosexuell machen?

Einige Leute glauben, daß ein Mann homosexuell ist, weil er als Junge von einem älteren Jungen oder einem Mann verführt wurde. Diese Angst, die manchmal von Schlagzeilen geschürt wird, Lehrer würden ihre Schüler verführen, kann bei den Eltern Alpträume auslösen. Natürlich gibt es Fälle, in denen ein Lehrer einen männlichen Schüler verführt und dann angeklagt wird.[5] Aber so etwas passiert glücklicherweise nur selten, und darüber sollte man sich auch keine großen Sorgen machen. Ein guter Lehrer will die geistigen Fähigkeiten eines jungen Mannes fördern und ihn nicht verletzen, und beide, homosexuelle und »normale« Lehrer können hervorragend sein.

Kann jedoch ein älterer Mann einen Sohn homosexuell machen? Homosexualität ist nicht ansteckend, und die meisten homosexuellen Handlungen unter Jugendlichen spielen sich unter Gleichaltrigen ab. Ein Junge, der glaubt, homosexuell zu sein, sucht sich vielleicht ältere Männer, und seine Erfahrungen mit ihnen bestätigen ihm vielleicht auch, daß er homosexuell ist. Aber die Erfahrungen mit Gleichaltrigen allein machen ihn noch nicht homosexuell. Als Alan Bell Homosexuelle nach den Ursprüngen ihrer sexuellen Veranlagung befragte, fand er heraus, daß sie nicht von anderen homosexuellen Männern dazu verführt worden waren, ein solches Leben zu führen.[6]

Trotzdem sollte man Jungen davor warnen, mit Männern Umgang zu pflegen, die mit ihnen sexuell verkehren wollen, genauso wie Mütter ihre Töchter vor Männern warnen, die sie nur ausnützen wollen. Die meisten Homosexuellen sind wie auch die Heterosexuellen vertrauenswürdige Leute, aber einige, wie auch einige Heterosexuelle, vergewaltigen andere. Wer glaubt, daß ein Sohn nie auf andere ältere Jungen oder auf einen Mann attraktiv wirken kann, ist ziemlich naiv. Man kann Jungen mit Belohnungen ködern, und ein Heranwachsender ist vielleicht von Haus aus von sexuellen Experimenten fasziniert. Wenn ein Jugendlicher jedoch tatsächlich von einem Mann verführt wird, vor allem, wenn er ihm vorher vertraut hat, wird er sehr verwirrt sein und vielleicht auch psychologische Hilfe brauchen.

Trotzdem sind die meisten Kinderschänder heterosexuell veranlagte Männer, und ihre Opfer sind meist Mädchen. Ein Homosexueller findet meist andere homosexuelle Männer attraktiv und nicht die Heranwachsenden, die ihn meist gar nicht interessieren. Ein Junge sollte jedoch wissen, daß er, wenn er von einem homosexuellen Jungen oder Mann angemacht wird, nur das sagen muß, was ganz entschieden ein Junge sagte, der von einem Mann ein eindeutiges Angebot erhielt: »Das interessiert mich nicht. Verschwinde.« Das wird jeden vertreiben. Ein Junge kann zu einem Mann auch das sagen, was ich Mädchen immer rate, wenn sie belästigt werden: »Ich werde das zu Hause erzählen.«

Wurde er schon homosexuell geboren?

Eine relativ neue Theorie besagt, daß die biologischen Voraussetzungen, die angeborenen physischen Strukturen des Körpers oder etwas in der hormonellen Struktur bei einem homosexuellen Mann schon von Anfang an anders angelegt ist als bei einem Heterosexuellen. Nach dieser Theorie ist ein homosexueller Junge von Haus aus schon so geboren und wird sich auch entsprechend entwickeln, ganz egal, welchen Einflüssen er in seinem Leben ausgesetzt ist. Einige homosexuelle Männer, die über ihre Kindheit geschrieben haben, scheinen diese Theorie zu bestätigen, weil sie schon von klein an glaubten, daß sie anders als die anderen wären.[7] Mark Thompson schreibt beispielsweise, daß er schon mit neun Jahren vermutete, homosexuell zu sein, weil er von den Umkleidekabinen für Männer im Schwimmbad magisch angezogen wurde. Ein anderer Homosexueller schreibt: »Meine Mitschüler hatten mich schon jahrelang gehänselt, und deshalb war ich auch gar nicht überrascht, daß mich Männer sexuell anzogen. Ich wußte schon immer, daß ich anders als die anderen Jungen war.«

Eltern wissen, daß jedes Kind von Geburt an einzigartig ist und mit einzigartigen Veranlagungen und biologischen Voraussetzungen geboren wird. Die Vorstellung, daß ein Kind schon homosexuell geboren wird, könnte den Eltern somit einleuchten. »Was sein soll, soll sein«, meinte die Mutter eines 15jährigen. »Wenn mein Sohn wirklich schwul sein sollte, wird es sicherlich viele Leute geben, die sich darüber aufregen werden. Aber ich weiß, daß das bei uns nicht der Fall sein wird. Es wird immer weitergehen, ganz egal, was aus ihm wird.«

Simon LeVay, ein Neurobiologe vom Salk Institute for Biological Studies, hat die Gehirne von 19 männlichen Homosexuellen untersucht, die an AIDS gestorben waren, und dabei entdeckt, daß es an der Vorderseite des Hypothalamus, dem Teil des Gehirns, das die sexuelle Aktivität beeinflußt, Zellgruppen gab, die bei den Homosexuellen deutlich kleiner als bei den Heterosexuellen waren.[8]

Warum war dieser kleine Teil im Hypothalamus bei homosexuellen Männern kleiner? Das wissen wir nicht, und wir wissen auch nicht, ob dieses Forschungsergebnis allgemeingültig ist. Es konnte auch nicht festgestellt werden, wann der Hypothalamus bei diesen Männern diese Größe bekam. Hat die Homosexualität das Gehirn in diese Richtung beeinflußt und ist die Zellansammlung deshalb kleiner geworden, oder hat die kleinere Zellgruppe die Homosexualität erst hervorgerufen? Das sind verwirrende Fragen, auf die wir heute noch keine Antworten wissen.

In einer ähnlich gearteten Untersuchung fanden Laura S. Allen und Roger A. Gorski von der University of California in Los Angeles heraus, daß in den Körpern, die sie untersuchten, der Strang der Nervenfasern, der die beiden Gehirnhälften miteinander kommunizieren läßt, bei homosexuellen Männern größer war als bei heterosexuellen Männern und Frauen.[9] Hat dieser Nervenstrang etwas mit den sexuellen Neigungen zu tun? Das kann man jetzt noch nicht zweifelsfrei sagen, aber die Forscher sind von diesen Ergebnissen ganz begeistert.

Andere Wissenschaftler glauben trotzdem immer noch, daß es eine genetische Veranlagung zur Homosexualität gibt. Michael

Bailey von der Northwestern University und Richard Pillard von der Boston University befragten männliche Zwillinge, um Muster für eine Geschwister-Homosexualität herauszufinden. Sie stellten fest, daß bei 52 Prozent der 56 eineiigen Zwillinge, die sie interviewten, beide homosexuell waren und dasselbe bei 22 Prozent der 54 zweieiigen Zwillinge zutraf.[10] Wenn die genetischen Anlagen allein für Homosexualität verantwortlich sind, müßten alle eineiigen Zwillinge die gleiche Veranlagung zur Homosexualität haben. Wenn man ein bestimmtes Gen hat, ist man aber noch nicht notwendigerweise homosexuell, meinte Len Heston von der University of Washington, als er die Arbeiten von Bailey und Pillard kommentierte. Es käme vor allem darauf an, daß dieses bestimmte Gen auch aktiviert würde, und ob es aktiviert wird, hinge ganz allein vom Zufall ab.

Vor kurzem berichteten Dean H. Hammer und seine Kollegen vom National Cancer Institute, daß das X-Chromosom, das von der Mutter weitergegeben wird, die Homosexualität beeinflussen könnte. Die homosexuellen Brüder, die sie untersucht hatten, hatten einen bestimmten Bereich auf dem X-Chromosom gemeinsam – und einige Homosexuelle in der Familie der Mutter. Dieses Ergebnis hat, wie die meisten Forschungen auf dem Gebiet der Homosexualität, Schlagzeilen gemacht und gleichzeitig kontroverse Diskussionen bei den führenden Wissenschaftlern ausgelöst.[11]

Obwohl die meisten homosexuellen Männer ihre sexuellen Neigungen bis auf ihre Jugend zurückverfolgen können, glauben nicht alle Sozialwissenschaftler daran, daß allein die biologischen Veranlagungen die sexuelle Ausrichtung bestimmen. Unsere Gene und unsere Gehirnstrukturen stellen in gewisser Weise die Weichen, wie wir uns später verhalten werden, aber unser Leben wird auch von anderen Einflüssen bestimmt.

»Ich bin heute mehr denn je davon überzeugt, daß die genetische Veranlagung eine große Rolle spielt«, erzählte mir ein homosexueller Mann. »Aber ich glaube nicht, daß sie allein ausschlaggebend ist. Wichtig sind die Kombination von Umwelt und Vererbung und viele andere Faktoren. Selbst die anti-homosexuellen

Bewegungen haben anscheinend schon akzeptiert, daß die homosexuelle Veranlagung schon festgelegt ist, bevor das Kind seine Sexualität überhaupt entdeckt hat.« Auch ein anderer homosexueller Mann meinte: »Es geht um Veranlagung und um Erziehung. Ein Junge ist genetisch dazu veranlagt, und wenn man in einer Umgebung aufwächst, die einen auch noch in diese Richtung drängt, dann wird man auch so werden.«

Als er über die biologischen und genetischen Forschungen sprach, meinte John Money von der John Hopkins University: »Die tatsächliche Frage ist doch: Wann wurde sie [die genetische Veranlagung] eigentlich festgelegt? Schon vor der Geburt, nach der Geburt, in der Kindheit oder in der Pubertät? Das wissen wir nicht.«[12]

Die Kindheit von Homosexuellen weist einige erstaunliche Ähnlichkeiten auf, weshalb ich hier etwas näher darauf eingehen will. Wenn Homosexuelle über ihre Kindheit erzählen, sagen sie häufig, daß sie den Wunsch hatten, wie Mädchen zu spielen.[13] Sie haben das zwar vielleicht nicht immer getan, aber dieser Wunsch war immer da. Nur wenige Homosexuelle erinnern sich nicht daran, daß sie »wie Mädchen« waren, aber die Forschungen bei und die Erinnerungen von Homosexuellen bestätigen, daß ein offensichtlich »weibliches Verhalten« in der Kindheit ein Anzeichen für Homosexualität sein kann. Eine Mutter eines homosexuellen Sohnes meinte jedoch wiederum, daß sich ihr Sohn als Kind nie wie ein Mädchen benommen hätte. Sie sagte, ihr homosexueller Sohn hätte sich als Kind nicht anders verhalten als ihr heterosexueller Sohn.

Wie ein Mädchen sein

In den zwei schon einleitend genannten Forschungsarbeiten über Homosexualität fanden sowohl Richard Green als auch Alan P. Bell heraus, daß sich viele Homosexuelle daran erinnern, in der Kindheit gern so gespielt zu haben, wie es ihre Eltern am Anfang dieses Kapitels beschrieben haben. Kein geschlechtstypisches Verhalten schon in jungen Jahren – die Vorliebe eines Jungen für die Spiele und die Kleidung von Mädchen und Mädchen als Freunde – ist bei homosexuellen Männern sehr häufig zu beobachten. Die Forscher warnen jedoch davor, solche Verhaltensweisen in der Kindheit überzubewerten, und sie bedeuten auch nicht zwangsläufig, daß das Kind später homosexuell werden wird. Wenn sich Jungen manchmal wie ihre Mütter anziehen und gern mit Mädchen spielen, heißt das noch lange nicht, daß sie homosexuell werden müssen. Sie haben einfach ihren Spaß daran, und Eltern sollten sich deshalb noch keine Sorgen machen.

Die Forscher untersuchten Jungen, die ständig weibliche Verhaltensweisen bevorzugten: »Ich dachte, daß es ganz niedlich war, daß er sich ständig wie ein Mädchen anzog. Das ist bei Kindern etwas ganz Normales, und ich habe darüber auch nicht nachgedacht«, erzählte die Mutter eines Homosexuellen Richard Green, als er sie über die frühe Kindheit ihres Sohnes befragte.[14]

Green untersuchte zwei Gruppen von Jungen, um herauszufinden, ob »weibliche« Spiele auf Homosexualität hindeuten könnten. Erst befragte er Eltern von Söhnen im Alter von vier bis zwölf Jahren, die sich über das »weibliche« Verhalten, wie er es nannte, ihrer Söhne Sorgen machten und deshalb einen Therapeuten aufsuchten.[15] Diese 60 Jungen spielten am liebsten mit Puppen, verabscheuten die üblichen rauhen Spiele der Jungen und zogen oft auch die Kleider ihrer Mutter an. Daneben fand Green 60 andere Jungen, deren Familien den der »weiblichen« Jungen im Alter, in Anzahl und Alter der Geschwister, im Familienstand der Mutter, in Religion, Rasse und Erziehungsvorstellungen der Eltern glichen. Mit anderen Worten: Alles war gleich, nur waren diese Jungen nicht zu Therapeuten gegangen, zumal sie auch kein »weibliches« Verhalten an den Tag legten.

Green befragte und testete diese Jungen und ihre Eltern über 15 Jahre lang. Zwei Drittel der Jungen untersuchte er auch noch, als sie schon erwachsen waren. Von den Jungen, die sich »weiblich« verhalten hatten, nannten sich 75 Prozent als junge Erwachsene selbst homo- oder bisexuell. In der Gruppe von Jungen, die männliche Aktivitäten bevorzugt hatten (Raufen, Fahrzeuge und

Bauklötze als Spielzeug, Ballspiele, Jungen als Freunde), gab nicht ein einziger an, homosexuell zu sein, und nur einer von ihnen stufte sich 15 Jahre später als bisexuell ein.

Green berichtete, daß sich die Mütter in den »weiblichen« Familien oft über das weibliche Verhalten ihrer Söhne amüsierten und den Jungen vor allem in den ersten fünf Jahren keine Rückmeldung über ihr Verhalten vermittelten. Eine Mutter erinnerte sich an ihren Sohn, als er sechs Jahre alt war: »Er kam in ein Entwicklungsstadium, in dem er sich gern an- und auszog, und ich ging in einen Ramschladen, um für ihn Kleidung zu kaufen. Wir hatten dann eine Kiste voller Kleidung, aber es war nichts Interessantes für Männer dabei, und ich dachte wirklich nicht viel darüber nach. Er mochte auch Schmuck.« Und sein Vater meinte: »Ich habe mir früher keine Gedanken gemacht, eigentlich jetzt erst vor kurzem. Am liebsten trägt er die Kleider seiner Mutter – auch heute noch. Er interessierte sich sehr für Farben, und deshalb gaben wir ihm immer bunte Kleidung für Jungen, aber wir waren wohl trotzdem zu nachlässig. Er will hohe Absätze tragen und im ganzen Haus mit hohen Absätzen herumlaufen.«[16] Ihr Sohn merkte später, daß er homosexuell war.

Die Zahlen in dieser Studie sind sehr beeindruckend, aber trotzdem sollte man sich daran erinnern, daß 25 Prozent der Jungen, die wegen ihres »weiblichen« Verhaltens zu einem Therapeuten geschickt worden waren, als Erwachsene *nicht* erklärten, daß sie homosexuell seien.

Einige Jungen in dieser Untersuchung hatten keine klaren Informationen darüber erhalten, welches gesellschaftlich akzeptierte geschlechtsspezifische Verhalten sie zeigen sollten – ein wichtiger Aspekt auf dem Weg, ein Mann zu werden. In allen Gesellschaften bringen die Erwachsenen den Jungen bei, wie sie sich als Männer in ihrer Gesellschaft zu verhalten hätten.[17] Ein Junge lernt von seiner Mutter, was er selbst nicht ist, daß er keine Frau ist. Er lernt von seinem Vater, daß er ein Mann ist. Er sollte aber auch beobachten können, daß sich um andere kümmern und sie erziehen allgemein menschliche Qualitäten sind, die man bei allen Menschen schätzt, ob es nun Männer oder Frauen sind. Er soll nicht glauben, daß er sich wie seine eigene Mutter benimmt, wenn er diese »weiblichen« Qualitäten ausbildet. Dabei möchte ich betonen, daß viele Jungen sich manchmal wie ihre eigene Mutter benehmen und zu bestimmten Zeiten auch gern mit Mädchen spielen, aber das sind nicht die Jungen, um die es in den genannten Forschungsarbeiten in erster Linie ging.

Bell und seine Kollegen haben in ihrer Arbeit herausgefunden, daß dieses Schema von andersgeschlechtlichem Verhalten der einzige wirkliche Indikator für männliche Homosexualität war. Nachdem er eindringlich darauf hingewiesen hatte, daß *dieses Verhalten nicht immer auf Homosexualität hindeute*, meinte der Forscher: »Trotzdem können wir nach unseren Forschungsergebnissen feststellen, daß das nicht dem eigenen Geschlecht entsprechende Verhalten eines Kindes die Wahrscheinlichkeit erhöht, daß ein Kind homosexuell werden kann, unabhängig davon, welchen familiären Hintergrund es hat und wie stark es sich mit beiden Elternteilen identifiziert.«[18]

Anders sein

Die meisten Jungen wissen schon in jungen Jahren, daß sie so wie ihre Väter werden wollen und nicht wie ihre Mütter. Das lernen sie dadurch, daß sie sich anziehen wie ein Junge und daß sie mit anderen Jungen und mit den für Jungen typischen Spielsachen spielen. Das heißt natürlich nicht, daß Jungen nie mit Puppenhäusern oder mit Puppen spielen würden. Im Idealfall hat ein Junge einen Vater, der sich auch um die Kinder und den Haushalt kümmert, wodurch er lernt, daß auch Männer in der Lage sind, sich um andere zu kümmern. Wenn er dann zum Beispiel mit dem Puppenhaus spielt, nimmt er ganz glücklich die Rolle des Vaters ein, weil er weiß, daß auch Väter zu Hause Aufgaben übernehmen. Die Jungen in den obenerwähnten Forschungsarbeiten nahmen im Spiel jedoch die Rolle der Mutter ein. Sie wollten auch lieber mit Mädchen spielen und liebten alles, was mit Mädchen zu tun hatte.

Nicht alle Homosexuellen erinnern sich daran, daß ihre Kindheit anders als die von anderen Jungen gewesen wäre. Ein Mann erzählte mir, daß er sich Filme aus seiner Kindheit angesehen hätte, um darin Anzeichen dafür zu finden, daß er anders als seine Freunde gewesen wäre, aber er konnte nichts finden. Er wußte nicht, ob das daran lag, daß er in Texas groß geworden war, wo ein Homosexueller ganz plötzlich aus der Stadt verschwinden kann, weil er Angst haben mußte, als Homosexueller identifiziert zu werden. Er fragt sich, was aus ihm geworden wäre, wenn er auf einer einsamen Insel aufgewachsen wäre. Er erinnert sich jedoch auch daran, daß man ihn ab und zu ermahnt hätte, nicht so »dumm« wie ein Mädchen zu handeln, und daß man ihm ein Back- und Koch-Spiele-Set geschenkt hatte, als er in der vierten oder fünften Klasse war. Obwohl er sich nicht an den »typisch männlichen Wettkampfsportarten« beteiligt hatte, ging er gern zum Schwimmen, Wandern, Bootfahren und spielte mit Bauklötzen und Modellbaukästen.

Er erinnert sich jedoch – wie viele andere Homosexuelle – gut daran, als er das erste Mal das Wort *homosexuell* gehört hat. »Das erste Mal, als ich dieses Wort hörte, war ich in der vierten Klasse«, erzählte er. »Ich hörte, wie der Sportlehrer über ›Schwule‹ sprach, und als ich ihn fragte, was er damit meinte, sagte er ›homosexuell‹, und ich fragte ihn, was das wiederum bedeuten würde. Er meinte, ich sollte doch in einem Lexikon nachsehen. Das brachte mich noch auf andere Begriffe, und in den nächsten Monaten nahm ich immer heimlich den Bus in die Innenstadt von Dallas und las in der Bücherei darüber Bücher.« Er sagt heute, daß er damals schon wußte, daß er homosexuell war.

Ein anderer Homosexueller erzählte mir: »Ich erinnere mich gut daran, als ich zum erstenmal das Wort *schwul* hörte. Ich fragte meine Mutter, was das bedeuten würde, und sie redete lange um den heißen Brei herum und sagte sehr abfällig, daß das ein Mann sei, der sich in einen anderen Mann verlieben würde. Ich hatte nicht gewußt, daß das ganz normale Männer waren, die solche Gefühle empfanden. Ich habe erst gelernt, Homosexualität als etwas Normales zu sehen, als ich bei mir selbst feststellte, daß ich homosexuell bin.« Dieser junge Mann ist 26 Jahre alt, und seine Mutter weiß bis heute nicht, daß er homosexuell ist. Er meinte, daß sie es vermutet, aber sie hätte seinem Bruder gesagt, daß sie es »verdränge«, wenn sie daran denke.

Einige Jungen scheinen die Tatsache, im Teenageralter anders zu sein als die anderen Jungen, auch zu genießen. Ich interviewte einen 14jährigen Jungen, der der jüngste in einer Familie war, in der es nur Brüder, aber keinen Vater im Haus gab. Er war ein »Muttersöhnchen«, wie er sich selbst beschrieb, der gern seiner Mutter Gesellschaft leistete und sich gern mit ihr unterhielt. Er erzählte mir, daß er am liebsten nach dem Abendessen mit seiner Mutter zusammensaß und »redete, redete, redete«. Sie tauschten Klatsch miteinander aus und unterhielten sich über Kleidung und Kochrezepte. Er hatte alle charakteristischen Eigenschaften und den bezaubernden Charme einer Tochter, die seine Mutter nie gehabt hatte. Er war ein guter Sänger, wollte aber auch Kosmetiker werden, weil er es mochte, wenn andere Leute gut aussahen. Ich war von seinem Selbstbewußtsein stark beeindruckt, weil er sich deutlich ohne Einschränkung so akzeptierte, wie er war. Mich beeindruckte sein Humor und seine offene Aussage, daß er keine männlichen Freunde in seinem Alter hatte. Sein bester Freund war ein Mädchen, aber er erzählte mir auch ganz traurig, daß sie sich nicht mehr so gern mit ihm unterhielt wie früher, als sie noch jünger waren.

Andere Männer, die ich interviewte, erinnerten sich ganz deutlich daran, daß sie nie zu »der« Clique an ihrer Schule gehört hatten. »Ich habe mich nie als ein Teil der Gruppe gefühlt. Ich habe es akzeptiert, ein Außenseiter zu sein«, erzählte mir ein Mann. »In der Schule haben sich viele über mich lustig gemacht«, berichtete ein anderer. Als ich ihn fragte, warum, antwortete er: »Ich war kein guter Sportler, ich konnte keinen Ball fangen. Der Sportlehrer in der vierten oder fünften Klasse nahm mich nur in die Mannschaft, um sich über mich amüsieren zu können. Er selbst lachte mich aus. Andere Jungen wurden auch gehänselt, wenn sie keine Sportskanonen waren, aber ich bekam immer am meisten ab.«

Andere Jungen haben verzweifelt versucht, ihre homosexuellen Gefühle zu verdrängen und haben eine »extreme Wachsamkeit« entwickelt. »Anstatt sich ihre homosexuellen Gefühle einzugestehen«, erklärte mir ein Homosexueller, »wollen diese Jungen unbedingt sicher sein, daß andere Jungen nicht genauso empfinden, und verfolgen andere, weil sie sich homosexuell verhalten. Sie wollen sich selbst beweisen, daß sie nicht homosexuell sind.«

Es ist nicht verwunderlich, daß das Selbstbild eines Homosexuellen in der Pubertät Schaden nimmt und man annimmt, daß die Selbstmordrate bei homosexuellen Jugendlichen dreimal so hoch ist wie bei heterosexuellen. Die Welt ist gegen sie, und sie wissen nicht, warum. »Ich kann nicht verstehen, warum die Leute soviel dagegen haben«, erzählte mir ein junger Mann. »Ich bin ganz normal. Ich bin ein ganz normaler Mensch.«

Die Zeit der Pubertät

Homosexualität wird in Büchern über die Pubertät nur ganz selten erwähnt. Im bekannten Buch *At the Threshold: The Developing Adolescent*, das von der Carnegie Foundation in Auftrag und von S. Shirley Feldman und Glen R. Elliott herausgegeben wurde, findet man auf 641 Seiten nur drei Absätze über Homosexualität. Der folgende Abschnitt aus diesem Buch unterstreicht meine Ansicht darüber, daß Eltern und Lehrer sich mehr um die Aktivitäten von heranwachsenden Homosexuellen kümmern sollten, damit sie ihren Kindern gute Wegbegleiter sein können.

»Genauso wie einige Kinder gern sexuelle Spiele mit gleichgeschlechtlichen Partnern haben, ist es für heranwachsende Jugendliche nicht unüblich, homosexuelle Kontakte mit Gleichaltrigen zu haben und manchmal auch mit Erwachsenen oder mit Kindern. Normalerweise sind solche Begegnungen nur vorübergehend, passieren rein aus Neugierde und führen nicht zu einer homosexuellen Orientierung im Erwachsenenalter, obwohl die meisten erwachsenen Homosexuellen die Ursprünge ihrer sexuellen Neigung auf die Pubertät zurückführen.«[19]

Einige oder vielleicht auch viele Jungen erleben während der Pubertät homosexuelle Gefühle. Sie schwärmen vielleicht für einen Trainer oder finden einen älteren Jungen oder einen Freund sehr attraktiv. Das kann bedeuten, daß der Junge homosexuell ist, muß es aber nicht. Selbst wenn er diese Gefühle auslebt, ist er vielleicht nicht homosexuell. Der berühmte Kinsey-Report von 1948 hat gezeigt, daß 37 Prozent aller männlichen Erwachsenen nach der Pubertät Erfahrungen mit Partnern des gleichen Geschlechts machten, die zu einem Orgasmus führten. Im selben Kinsey-Report berichteten jedoch nur vier bis zehn Prozent, daß sie immer noch auf unterschiedliche Weise von Männern angezogen würden.[20] Diese Prozentzahlen hält man heute für zu hoch. Eine Forschungsarbeit stellte 1993 fest, daß zwei Prozent einer untersuchten Männergruppe (im Alter zwischen 20 und 39) in den zehn vorhergehenden Jahren gleichgeschlechtliche Kontakte hatten, und nur ein Prozent der Befragten berichtete, daß sie in diesem Zeitraum ausschließlich homosexuelle Beziehungen gehabt hätten. Eine andere neuere Forschungsarbeit, die sich über die ganzen Vereinigten Staaten erstreckte, fand heraus, daß bei Männern zwischen 16 und 50 Jahren vier Prozent der Befragten in den letzten fünf Jahren homosexuelles Verhalten zeigten.[21] Viele Experten nehmen heute an, daß etwa zwei bis vier Prozent der männlichen Bevölkerung homosexuell sind.

Was auch immer die Statistiken ausdrücken mögen: Der intensive Hormonschub in der Pubertät weckt die Neugierde der Jungen für alle Arten von Sexualität. Wenn sie an Sexualität denken und sich Wege suchen, sich sexuell zu betätigen, dann können Jungen das auch mit anderen Jungen ausprobieren wollen. Trotz allem sind diese Interessen aber meist nur vorübergehend und haben keine dauerhafte Auswirkung auf die Sexualität eines Jungen.[22] Ein heterosexueller Junge ist von solchen Erlebnissen zwar vielleicht fasziniert, aber seine Phantasien kreisen doch in erster Linie um Mädchen, und er möchte eine Frau lieben, nicht einen Mann. Männer findet er auf Dauer gesehen sexuell nicht mehr so attraktiv. Ihn begeistern Mädchen, heterosexuell ausgerichtete erotische Zeitschriften und die Körper von Frauen.

Die sexuellen Phantasien von homosexuellen Jugendlichen kreisen jedoch um Männer. »Ich hatte ganz typische homosexuelle Erfahrungen, als ich 10 oder 13 Jahre alt war«, erzählte ein homosexueller Mann: »Ich nehme heute an, daß ich das früher mehr genoß als andere Jungen. Meine Träume drehten sich um Männer und meine sexuellen Phantasien auch. Einige Jungen haben vielleicht auch solche Träume, unterdrücken sie aber. Aber darüber habe ich erst wirklich nachgedacht, als ich schon älter war.«

Die meisten homosexuellen Männer vermuten zum erstenmal, daß sie homosexuell sind, wenn sie auf die High-School kommen.[23] Sie kämpfen zwar darum, ganz normal zu erscheinen, aber tief in ihrem Innersten wissen sie, daß sie sich zu anderen Jungen, und nicht zu Mädchen hingezogen fühlen. »Der eigentliche Grund, weshalb man nicht schon in der Pubertät sein Coming-out hat, ist die Angst vor Zurückweisung«, erzählte mir ein homosexueller Mann. »Die Väter werfen ihre Söhne aus dem Haus.« Ein anderer Mann berichtete mir: »Als Jugendlicher wußte ich es noch nicht. Ich hatte zwar Gefühle für Männer, als ich noch jung war, aber ich dachte, daß sich das legen würde, daß das nur eine Phase wäre, aber dem war nicht so. Nach dem ersten Jahr auf dem College habe ich es richtig realisiert und auch akzeptiert, daß ich homosexuell war.« Auf der High-School erzählte er nur seinem besten Freund – einem Mädchen – von seinen Vermutungen.

Kann er sich noch ändern?

Die meisten Therapeuten gehen davon aus, daß es unmöglich ist, die sexuelle Orientierung grundsätzlich zu verändern. Laurence Steinberg, ein führender Experte für das Jugendalter, schreibt: »Alle Versuche, die individuellen sexuellen Vorlieben zu verändern, fordern einen hohen psychologischen Preis. Mißtrauen, Vorträge und inständige Bitten machen einem Heranwachsenden nur zusätzlich angst, ganz egal, welche sexuellen Neigungen er hat.«[24]

Wenn ein Junge wirklich weiß, daß er homosexuell ist, sollte eine Therapie nicht das Ziel verfolgen, seine sexuelle Grundeinstellung zu ändern, sondern ihm helfen, seinen Streß und seine Ängste abzubauen. Die Selbstmordrate wird bei Homosexuellen in den USA 300mal höher eingeschätzt als bei der übrigen Bevölkerung, und Heranwachsende sind für den Verlust des Selbstwertgefühls und für Depressionen sehr anfällig.

Trotzdem glauben einige Therapeuten nicht, daß die sexuelle Fixierung schon frühzeitig erfolgt. Moses und M. Egle Laufer, freudianische Analytiker der British Psycho-Analytic Society, sind der Meinung, daß die sexuelle Grundeinstellung erst gegen Ende der Pubertät festgelegt wird. Wenn ein Jugendlicher damit einverstanden ist, sich behandeln zu lassen, so lauten die Erkenntnisse der Laufers, sollte der Analytiker sich nicht neutral gegenüber der Homosexualität verhalten. Falls er doch neutral bleiben sollte und nicht versucht, den Jungen von der Homosexualität abzubringen, »kann das der Heranwachsende als eine weitere Bestätigung erleben, daß die sexuelle Abnormität das einzige Recht ist, das er hat.«[25]

Es mag einige Jungen geben, die zwischen Homo- und Heterosexualität hin- und herwechseln; diese Jungen brauchen Unterstützung.[26] Als ich einige homosexuelle Männer nach anderen Jugendlichen oder jungen Männern fragte, die zwischen beiden Vorlieben »hin- und herschwankten«, meinte einer: »Ja, ich glaube, daß es diese Leute schwer haben und daß sie am verwirrtesten sein müssen. Ich habe einige Freunde, die sagen, daß sie Frauen mögen, gerne verheiratet wären und eine Familie hätten, aber sie haben Angst davor, daß sie dann immer noch Männer lieben.« Ein anderer Mann war damit jedoch nicht einverstanden. Er meinte, daß Jungen zwischen den beiden Positionen schwanken würden, weil auf sie so viel Druck ausgeübt werden würde, »normal« sein zu müssen. »Ich glaube, daß Jungen nur deshalb hin- und herschwanken, weil sie von den Leuten sehr genau zu hören bekommen, was richtig und was falsch ist, was besser oder schlechter, schwarz oder weiß ist. Der Schwankende ist ein Kind, der haargenau weiß, was er fühlt, und der davor Angst hat, mit dieser Botschaft herauszurücken.«

Ich glaube, daß es heranwachsende Jungen gibt, die wirklich verwirrt sind von ihren sexuellen Vorlieben – und nicht nur, weil sie dem Druck der Familie ausgesetzt sind, sondern weil sie selbst zutiefst verunsichert sind und weil sie die neue Offenheit, mit der in der Gesellschaft alle sexuellen Probleme diskutiert werden, irritiert. Viele Jungen – und Mädchen – erleben schon längst, bevor sie dazu bereit sind, ein sexuelles Erwachen, oft als Reaktion darauf, was über die Medien auf sie einstürzt, und sie sind dann meist noch nicht alt genug, die richtigen Entscheidungen zu treffen. Ein Therapeut, der geduldig zuhört, wenn ein Junge von seinem inneren Aufruhr, seinen Selbstzweifeln und oft auch von seinem Selbsthaß erzählt, ist hier ganz besonders wichtig. Wird ein Junge erwachsen, sollte er dazu in der Lage sein, sein männliches Geschlecht zu akzeptieren und sich selbst als homo- oder als heterosexuell zu akzeptieren.

Die Bedeutung der Religion

In einem Buch, in dem es um die fehlende Sexualmoral bei unseren Kindern geht, prangert Frau Dr. Ruth Westheimer, die in ihrer Radiosendung telefonisch Fragen von Teenagern beantwortet, die Tatsache an, daß kaum jemand mit Kindern über ihr sexuelles Verhalten und auch nicht über Homosexualität spricht.[27] Dr. Westheimer unterhielt sich mit Geistlichen vieler Religionen, welche Sexualmoral sie jungen Leuten predigen würden. Dann fragte sie junge Erwachsene, wie sie zu ihren sexuellen Wertvorstellungen gekommen waren. Es war offensichtlich, daß die Geistlichen und die Jugendlichen sich nicht miteinander darüber unterhielten.

Junge Homosexuelle suchen nach Rollenmodellen von »normalen« Homosexuellen, die sie respektieren können. Einige Geistliche können ihnen diese Rollenmodelle selbst aufzeigen oder stellen Kontakte zu Homosexuellen her, die allgemein respektiert werden und freiwillig einen jungen Homosexuellen während der Pubertät beraten und ihm helfen. Pater Lee Walker meinte, daß es uns allen bessergehen würde, wenn wir nicht soviel Zeit damit verbringen würden, über das Sexualleben von anderen Leuten nachzudenken. »Wir sollten darüber nachdenken«, sagte er, »welche Persönlichkeit aus dem Bett hinaus in die Welt geht.«

Pater Walker gab vor einem Jungen, der ihm gestand, homosexuell zu sein und Hilfe brauchte, nicht zu, daß er selbst homosexuell war. Der Junge beging Selbstmord, nachdem er seinen Eltern gestanden hatte, homosexuell zu sein (gegen den Rat des Priesters), und die Eltern sehr negativ reagiert hatten. Der Priester beschloß daraufhin folgendes: »Meine Arbeit ist nicht soviel wert wie das Leben eines Teenagers, und von nun an will ich jedem, der mich danach fragt, auch sagen, daß ich homosexuell bin und daß ich dafür arbeite, das auch in die Öffentlichkeit zu tragen.« Dieser Priester der Episcopal Church fand eine Pfarrei in Greenwich in Connecticut, wo er so leben konnte, wie er war. Er empfahl mir das Buch *Coming Out Within* von Craig O'Neil und Kathleen Ritter, das, wie er meint, Homosexuellen bei ihren spirituellen Problemen helfen kann.

Ganz egal, welche Religion die Eltern oder die Erzieher haben, sie sollten einen Homosexuellen zu verstehen versuchen und ihm helfen. Ein junger Mann erzählte mir: »Ich wurde in dem Gefühl erzogen, daß homosexuell zu sein etwas Schlechtes ist. Diese negative Botschaft hörte ich überall. Ich habe erkannt, daß Gott nicht so urteilen würde, und ich habe gelernt, meine Homosexualität als ein Geschenk zu akzeptieren.«

Trotz allem sollten Eltern und Erzieher homosexuelle Jugendliche auch davor warnen, in Bars herumzustreifen auf der Suche nach schnellem Sex ohne weitere Gefühle. Das ist für homosexuelle, aber auch für heterosexuelle Männer sehr gefährlich, sowohl physisch als auch psychisch. AIDS erinnert uns daran, wie wichtig ein monogames Sexualleben ist. Eltern von homosexuellen, aber auch von heterosexuellen Söhnen sollten ihre Söhne immer wieder daran erinnern, daß die Zeit der Promiskuität der Vergangenheit angehört.

Wie man Jungen dazu erzieht,
Homosexuellen gegenüber tolerant zu sein

Unsere Gesellschaft hat die Homophobie ignoriert und sie deshalb auch verstärkt: die Angst und den Haß auf Homosexuelle.[28] Heranwachsende Jungen sind dabei häufig die Schlimmsten. Ihre Sprache ist von brutalen und aggressiven Ausdrücken gegen Homosexuelle durchsetzt. Sie machen sich über Homosexuelle lustig, beschimpfen sie verbal oder verletzen sie auch körperlich. Ein junger 21jähriger wurde in einer ruhigen Wohngegend in New York City aus seinem Auto gezerrt und mit einem Baseballschläger zusammengeschlagen, weil er homosexuell »aussah«. Er hatte den Fehler begangen, lange Haare zu haben, einen Ohrring zu tragen und mit einem anderen jungen Mann im Auto zu sitzen. Ein solches Verprügeln von Homosexuellen kann jedem jungen Mann passieren, der nicht dem eindeutigen Image eines »normalen« Teenagers entspricht.

Gegen solche Aktionen sollte konsequent vorgegangen werden. Eltern können dafür ein Beispiel geben und von ihren Söhnen verlangen, daß sie Homosexuelle respektieren. Mütter und Väter sollten ihren heranwachsenden Söhnen klarmachen, daß sie sich von homosexuellen Jungen nicht bedroht fühlen müssen. Ein Homosexueller wird auch nicht den »normalen Männern« ihre Rechte streitig machen wollen und versuchen, sie zu verführen. Ein Homosexueller hält sich am liebsten in der Gesellschaft anderer Homosexueller auf. Wenn sich ein Sohn unter Homosexuellen nicht wohl fühlt, sollte er sich auch nicht mit ihnen abgeben, sie aber gleichzeitig nicht verachten.

Eine Geschichte

Die Entwicklung der Homosexualität kann am besten von einem Homosexuellen selbst beschrieben werden. Nur er selbst kann sich an seine ersten Erlebnisse erinnern, als er sich anders als die anderen Jungen fühlte. Nur er kann beschreiben, wie es ist, sich zu anderen Jungen oder Männern hingezogen zu fühlen. Nur er selbst weiß, wie angenehm ihm die Gesellschaft von Mädchen als Kameraden ist, aber wie unangenehm sie ihm als Sexualpartnerinnen sind.

Autobiographien von homosexuellen Männern zeigen, wie schmerzlich für sie die Jugendzeit war und welche verzweifelten Versuche sie unternahmen, um als ganz normale Heterosexuelle zu erscheinen, damit sie von ihren Klassenkameraden in Ruhe gelassen wurden. In seinen sehr impulsiv geschriebenen und zugleich anklagenden Erinnerungen erzählt Paul Monette von seinen Qualen und seiner tiefen Verzweiflung, weil er niemandem sagen konnte, daß er homosexuell ist.[29]

Er beschreibt, wie stark er sich unter Kontrolle hatte, um niemandem in seiner Familie oder den Klassenkameraden in der Mittelstufe, auf der High-School und auf dem College seine wahre Identität zu offenbaren. Sein Selbsthaß spricht aus allen Seiten, indem er als Junge ganz verzweifelt versuchte, ein Mann zu werden, der von anderen geliebt wurde. Was er jedoch wirklich wollte und schließlich sich auch selbst eingestehen konnte, war, einen Mann zu finden, der ihn so lieben würde, wie er war, einen sehr erotischen und sensiblen Mann, der andere Männer liebte. Zehn Jahre nach seinem Collegeabschluß hatte Monette sein Coming-out, nachdem er einen Mann gefunden hatte, den er liebte und der ihn ebenso liebte.

Schon als Kind hatte er gewußt, daß er anders als die anderen war, weil er »in Schuhen mit spitzen Absätzen ganz stolz vor den Erwachsenen auf- und abspazierte. Außerdem liebte ich Puppen über alles. Ich erinnere mich an Fetzen, die ich von einer Auseinandersetzung meiner Eltern mitbekam, die sich um mein unangemessenes Benehmen drehte. Es fiel noch kein Wort wie ›weibisch‹, aber ich verstand ganz deutlich, daß sie sich über mich ärgerten.«

Andere Männer schreiben vielleicht nicht so leidenschaftlich über ihr Leben, aber wenn sie sich einmal ihrer eigenen Homosexualität bewußt geworden sind, sind alle erleichtert und erleben eine neue Freiheit. »Das Wunderbare an der Homosexualität ist«, erzählte mir ein Mann, »daß wir ein weites Spektrum an Gefühlen und die weiblichen Seiten in uns selbst entdecken können. Es ist eine Art Freiheit, wenn man sagen kann, daß ich alles Mögliche genießen kann. Ich höre sehr gern Ballettmusik und kann dafür schwärmen. Natürlich können das auch heterosexuelle Männer, aber für sie ist es nicht so leicht, die weiblichen Seiten bei sich selbst akzeptieren zu können. Freiere Männer können das.«

Wenn ein Sohn homosexuell ist

Ich bin überrascht, wie ruhig und verständnisvoll viele Eltern die Tatsache aufnehmen, daß ihr Sohn homosexuell ist. Ein Mann, den ich für ganz »traditionell« hielt, erzählte mir auf dem Collegetreffen meines Mannes, daß sein Sohn homosexuell gewesen und vor kurzem an AIDS gestorben wäre. Sein Sohn war in dem Jahr vor seinem Tod wieder in sein Elternhaus zurückgekehrt, und seit seinem Tod arbeiten seine Eltern aktiv in Gruppen mit, die Homosexuelle unterstützen. Noch vor zehn Jahren hätte es dieser Mann nicht gewagt, während eines Collegetreffens über einen solchen Sohn zu sprechen.

Das offene Bekenntnis, daß ein naher Verwandter homosexuell ist, hat viele Familien schon von einer großen Last befreit. Eine Mutter, die mir erzählte, daß sie ein Jahr, nachdem ihr Sohn ihr gesagt hatte, daß er homosexuell wäre, immer noch in Tränen ausbrach, kann heute ganz offen für das Verständnis von homosexuellen Kindern werben. Ich kenne keine Familie, die sich wünscht, daß ihr Sohn homosexuell ist. Das ist nicht das, wovon eine Mutter für ihren geliebten Sohn träumt, und für einen Vater kann es geradezu ein Alptraum sein. Einer Mutter fällt es jedoch erst recht schwer, wenn sie weiß, daß ihr Sohn homosexuell ist, ihn auch noch zurückzuweisen. Anerkennung, Respekt und Liebe sind es, was sich der Sohn von den Eltern wünscht – wie alle anderen Kinder auch. Eine Mutter muß nicht unbedingt gern in eine Bar gehen, in der nur Homosexuelle verkehren, sie muß nicht alle seine Freunde lieben oder seinen Lebensstil hochjubeln, um ihn voll und ganz zu akzeptieren. Vielleicht tut sie das jedoch tatsächlich, und ihr Sohn würde ihr vollkommenes Verständnis preisen, aber in erster Linie ist es wichtig, daß sie ihn so annimmt, wie er ist, und ihm deutlich zu verstehen gibt, daß sie ihn liebt und ihm vertraut.

Als ich einige homosexuelle Männer fragte, wie Eltern mit ihrem heranwachsenden Sohn über Homosexualität reden sollten, wenn sie vermuten, daß er homosexuell ist, gaben sie zu, daß das ein sehr schwieriges Thema ist. Sie meinten, daß Jugendliche nicht in erster Linie über Sexualität reden wollten und daß es ein großer Fehler sei, wenn sie ihren Sohn ganz direkt fragen würden, ob er homosexuell sei. Ein Mann meinte: »Ich finde, daß Eltern ihren Sohn nicht in die Zange nehmen sollten. Dann macht er entweder das eine oder das andere: Vielleicht ist er total erleichtert, oder er flippt völlig aus, weil er glaubt, daß sein homosexuelles Verhalten so offensichtlich ist, daß er sich nur noch weiter in sich selbst zurückzieht.«

Einige Männer schlugen vor, daß man ein Zuhause schaffen sollte, das für alle Leute einladend und offen ist, ganz egal, welcher Rasse oder welcher Religion sie angehören oder ob sie hetero- oder homosexuell sind, um damit dem Sohn eine »allgemeine Atmosphäre von Offenheit und Vertrauen« zu schaffen, in der er sich frei genug fühlt, über alle Themen mit seinen Eltern zu reden, auch über seine Sexualität. Die meisten Männer, die ich interviewt habe, sagten ihren Eltern erst, was mit ihnen los war, als sie schon Ende 20 und dazu in der Lage waren. Sie glaubten übereinstimmend, daß der Sohn den Anfang machen sollte.

Oft erkennen die Geschwister eines Jungen, daß ihr Bruder homosexuell ist, bevor es seine Eltern bemerken. Wenn ein Sohn seinen Eltern und seinen Geschwistern davon erzählt hat, sollten sie offen miteinander über ihre Sorgen, ihre Ängste, ihre Vorurteile oder ihr Verständnis reden. Einige Geschwister haben vielleicht Angst, daß sie ebenfalls als homosexuell verschrien oder von ihren Freunden gemieden werden, weil ihr Bruder homosexuell ist. Ihnen sollte klar gesagt werden, daß jedes Familienmitglied ein

Individuum ist mit eigenen sexuellen Vorlieben. Eltern können jedem ihrer Kinder das Gefühl geben, einzigartig und liebenswert zu sein, wenn sie ihren homosexuellen Sohn lieben und ihn respektieren.

»Die wichtigste Botschaft für Eltern ist es«, meinte ein homosexueller Mann, »daß dieses Kind dasselbe Kind ist, das sie nach der Geburt aus dem Krankenhaus mit nach Hause genommen haben. Es ist schlecht, wenn Eltern sich von ihrem Sohn lossagen, nur weil er homosexuell ist. Ich kenne Beispiele von offenem Haß. Ein Mensch zu sein heißt, respektiert zu werden.«

Pater Walker rät hier folgendes: »Es gibt Dinge, die man nicht kontrollieren kann, und ich verbringe so viel Zeit mit den Eltern wie notwendig, damit sie verstehen, daß ihr Kind auch als Homosexueller glücklich, produktiv und in die Gesellschaft integriert sein kann. Am besten ist es dabei, den Kindern beim Erwachsenwerden zu helfen, indem ihnen beigebracht wird, das Leben zu verstehen, das sie haben. Ich treffe oft auf Eltern, die ihre homosexuellen Kinder wirklich lieben und sie auch wirklich unterstützen, aber häufig schwingt unterschwellig auch mit, daß sie gern Enkel haben würden. Sie möchten auch nicht, daß es die Nachbarn wissen. Sie möchten nicht, daß es ihre Arbeitskollegen wissen, und meist muß man die Eltern fragen: ›Um wessen Wohl geht es Ihnen denn eigentlich?‹«

Ein junger Mann erzählte einem Reporter, daß er ganz »entsetzt« war, als er seine eigene Homosexualität erkannte, und daß seine Eltern völlig niedergeschmettert waren. »Ich habe nie vergessen, wie ich mich damals gefühlt habe«, sagte er: »So allein. Heterosexuelle verstehen nicht, welchen Preis wir bezahlen müssen, Außenseiter zu sein. Wenn ich mir heute alle meine Freunde ansehe, fällt mir auf, daß ich meiner Familie viel näher stehe. Es ist wunderbar, wenn man sein Coming-out erlebt hat.«[30]

☞ Tips für Mütter

1. Lieben Sie Ihren Sohn so, wie er ist. Versuchen Sie nicht, aus ihm das Kind zu machen, das Sie gerne hätten.
2. Bestärken Sie ihn in seiner Männlichkeit, und lernen Sie sie schätzen.
3. Bitten Sie seinen Vater, sich etwas zu überlegen, was sie gemeinsam unternehmen können.
4. Machen Sie sich keine Sorgen, wenn er keine wettbewerbsorientierten Sportarten mag – das heißt nicht, daß er homosexuell ist. Er kann sich viele andere Aktivitäten suchen, die genauso »männlich« wie Sport sind.
5. Verstehen Sie, wenn ein Junge Probleme mit seiner Sexualität hat. Viele Jugendliche sind über ihre Sexualität verwirrt, und nur wenige Leute sprechen mit Jungen über dieses beherrschende Thema.
6. Seien Sie offen für alle Diskussionen über Homosexualität, und respektieren Sie Homosexuelle immer als Person – selbst wenn Sie selbst sie nicht verstehen können. Bringen Sie Ihrem Sohn bei, daß er die Rechte von Homosexuellen respektieren und sie nicht schikanieren soll.
7. Schaffen Sie ein Zuhause, in dem Respekt vor allen Menschen großgeschrieben wird.
8. Raten Sie ihm, in seinen sexuellen Beziehungen monogam zu bleiben.
9. Wenn Sie die Vermutung haben, daß Ihr Sohn homosexuell sein könnte, konfrontieren Sie ihn nicht damit. Vielleicht haben Sie unrecht, oder sie drängen ihn nur noch mehr ins Abseits. Warten Sie, bis er selbst dazu bereit ist, mit Ihnen darüber zu reden.
10. Wenn Ihr Sohn Ihnen sagt, daß er homosexuell ist, sollten Sie dankbar sein, daß er Ihnen das erzählt hat.
11. Lieben und respektieren Sie Ihren Sohn.

13

»Bald wirst du
auch noch verlangen,
daß wir Büstenhalter tragen!«

Das Problem,
gleichzeitig sensibel und stark zu sein

Als ich versuchte, meinen ältesten Sohn die Vorzüge, sensibel zu sein und in Einklang mit seinen Gefühlen zu leben, darzulegen, schaute er mich ganz amüsiert an und lachte, als er meinte: »Bald wirst du auch noch verlangen, daß wir Büstenhalter tragen!« Ich habe an diesem Nachmittag nichts darauf gesagt, aber ich mußte oft an dieses Gespräch denken. Hatte er recht? Wollte ich wirklich, daß er sich wie eine Frau benahm? Wollte ich aus ihm irgend jemanden machen, der er gar nicht war? Distanzierte er sich von mir, und wollte er nicht über seine Gefühle reden? Oder machte er sich über mich lustig, weil er wußte, daß ich jahrelang versucht hatte, mit ihm und seinen Brüdern über ihre Gefühle zu reden?

In einer Hinsicht hatte er ja auch recht. Wenn ich wollte, daß er sich über seine Gefühle klarwurde und ihm sagte, daß er darüber reden sollte, dann war das sicherlich nicht der richtige Ansatz. Aus meinen Beobachtungen über heranwachsende Jungen und erwachsene Männer hatte ich gelernt, daß sich Männer zurückziehen, statt sich zu öffnen, wenn man von ihnen verlangt, sich emotional zu öffnen. Obwohl Jungen und Männer direkte Gespräche mögen, ist es in etwa so effektiv, sie nach ihren Gefühlen zu fragen, wie wenn man sie bittet, den Fernsehapparat abzuschalten, wenn ein Fußballspiel gerade in die Verlängerung geht. Sie weigern sich, hier mitzumachen.

Hier liegt das Problem. Kann eine Mutter einen Sohn erziehen, der eine harte äußere Schale hat, aber im Inneren immer noch zu seinen Ängsten, seiner Liebe, seinen Freuden und zu seiner Traurigkeit steht? Kann er gleichzeitig stark und sensibel sein? Oder wird ein Jugendlicher seine Gefühle dauernd verstecken und nach außen hin eine Unverletzlichkeit und eine undurchdringliche Maske zur Schau stellen?

Diese Machohaltung ist während der Pubertät vielleicht manchmal sogar ganz nützlich, aber sie kann beim Erwachsenen dazu führen, Liebe, Freundschaften und Beziehungen zu verlieren. Es ist schwierig, diese Maske aus Gleichgültigkeit abzulegen, wenn ein Junge daran gewöhnt ist, seine wahren Gefühle zu verstecken oder ihnen auszuweichen. Wie soll er offen sagen können: »Ich liebe dich und brauche dich«, wenn er seine ganze Jugend damit verbracht hat, sich zu beweisen, unabhängig zu sein und niemanden zu brauchen?

Ich habe in allen Gesprächen mit Müttern und heranwachsenden Söhnen immer wieder betont, wie wichtig es ist, daß das Wesentliche an stabilen Beziehungen *nicht* die Unabhängigkeit, sondern die gegenseitige Abhängigkeit und das Vertrauen sind. Ein Sohn kann diese grundsätzlichen Wertvorstellungen von seiner Mutter lernen. Er wird erkennen, daß es keine Bedrohung für seine Männlichkeit, sondern eine Qualität des menschlichen Zusammenlebens ist, wenn er von anderen (gegenseitig) abhängig ist. Er kann seine Mutter dabei beobachten, wie sie sich um andere kümmert, und von anderen Leuten und auch an sich selbst erfahren, daß sie und er von ihr abhängig sind. Sie zeigt ihm, was gegenseitige Abhängigkeit bedeuten kann.

Indem eine Mutter ihrem Sohn vertraut, an seine Kompetenzen glaubt und ihn für fähig hält, schwierige Situationen zu meistern, stärkt sie sein Selbstbewußtsein und sein Selbstvertrauen. Mit diesem Selbstvertrauen kann er mit seinen Klassenkameraden zusammen sein, ohne Angst haben zu müssen, bei ihnen unterzugehen oder seine Einzigartigkeit zu verlieren. Er wird sich auch keine Sorgen machen müssen, daß er sich ständig unter Kontrolle haben muß, was den meisten Jugendlichen sehr zu schaffen macht. Das Vertrauen seiner Mutter macht ihn mit sich selbst zufriedener, und er weiß, wer er selbst ist.

Für eine Mutter ist es sicherlich eine Herausforderung, ihren Sohn zu einem freien Menschen zu erziehen, der seine äußere Charakterstärke und seine innere Sensibilität entwickeln kann. Sie wünscht sich für ihren Sohn, daß er seine positiven männlichen Züge mit ihren Vorstellungen von Nächstenliebe, einem reichen inneren Leben und einer Seele verbinden kann, was ein Leben erst lebenswert macht. Diese ideale Kombination von Stärke und Sensibilität wird bei einem heranwachsenden Jungen vielleicht noch nicht auf Anhieb zu erkennen sein. Ein Junge glaubt wahrscheinlich, daß er erst beweisen muß, wie stark er ist, bevor er seine eigenen Gefühle und die von anderen schätzenlernt; Mütter sollten hier geduldig sein und nicht aufgeben. Wenn sie ihn auf die Gefühle von anderen aufmerksam macht, ermutigt sie ihn auch, hinter die Fassade zu blicken und die wirkliche Person zu erkennen. Wird ein Junge so erzogen, dann wird er sich vor Frauen, in der Schule und an seiner Arbeitsstelle nicht wie ein Macho aufführen, sondern seinen eigenen Wert erkennen und auch den von anderen Männern, Frauen und Kindern.

Die meisten Jungen sind sensibel, haben aber Angst, das zu zeigen. Ihre Angst oder ihre Freude können sie erst als solche Gefühle erkennen und auch sich selbst eingestehen, wenn sie in einer Atmosphäre der Sicherheit aufwachsen, in der sie keine Angst haben müssen, sich selbst lächerlich zu machen. Die Mittelstufe, die High-School, eine Scheidung, der Verlust von Freunden oder eines Familienmitglieds können dazu führen, sich einen starken Panzer zuzulegen. Ein Junge glaubt vielleicht, daß er alles verlieren wird, wenn er diesen Panzer abwirft, und daß es besser ist, »stark« zu bleiben.

Sich selbst treu bleiben

Starke Mütter von starken Söhnen lieben die Männlichkeit ihrer Söhne und schätzen die traditionellen männlichen Qualitäten, die Generationen von Familien beschützt und ernährt haben. Mütter können diese Qualitäten von Verantwortung und Pflichtbewußtsein bewundern und fördern, weil das positive traditionelle Werte sind, die man unterstützen sollte. Jungen sollten jedoch auch wissen, daß Männlichkeit in unserer heutigen Gesellschaft noch weitere Qualitäten beinhaltet.

Als Ronald Levant von der Harvard University die in Verruf geratenen männlichen Werte analysierte, meinte er, daß man die positiven Werte der traditionellen Männlichkeit sehr wohl schätzen sollte und sie nicht zugunsten verschwommener Vorstellungen von »neuer Männlichkeit« verwerfen sollte. Er meinte aber auch, daß es definitiv notwendig sei, den Männern die kommunikativen Fähigkeiten von Frauen, die viele Frauen besitzen und die vielen Männern fehlen, beizubringen.[1] Wenn man zu den grundsätzlichen männlichen Eigenschaften noch ein Bewußtsein für den großen Reichtum eines emotionalen Lebens gewinnen kann, werden die Männer einen neue Harmonie zwischen sich selbst und anderen entwickeln können. Levant beschreibt die positiven männlichen Züge sehr eloquent:

»Die Bereitschaft eines Mannes, seine eigenen Bedürfnisse zugunsten seiner Familie zu vernachlässigen, seine Fähigkeit, keine Härte zu zeigen und anderen keinen Schmerz zuzufügen, sondern andere zu beschützen, seine Bereitschaft, sich um andere zu kümmern und deren Probleme lösen zu helfen, als ob es die eigenen wären, seine Art, Liebe dadurch auszudrücken, indem man viele Dinge für andere macht, seine Loyalität, seine Hingabe und sein Pflichtbewußtsein, seine Hartnäckigkeit und Bereitschaft, sich um Dinge zu kümmern, bis die Probleme gelöst sind, seine Fähigkeit, Probleme lösen zu können, logisch zu denken, sich selbst treu zu bleiben, Risiken einzugehen und auch in gefährlichen Situationen ruhig und selbstsicher zu bleiben.«

Wir sollten diese Züge schätzen, meint Levant, und dem kann ich nur zustimmen, damit Männer »wieder von der verlorenen Ehre und ihrem Stolz gewinnen, den man den Männern immer zugeschrieben hat.«

Töchter, Ehefrauen und Mütter wollen nicht, daß wieder eine Zeit anbricht, in der die Männer dominant und die Frauen folgsam sind – und Levant will das auch nicht. Die erwähnten Qualitäten, die man typischerweise den Männern zuschreibt, sollten bei allen Menschen gewürdigt werden. Genauso wie die traditionellen weiblichen Züge.

Wenn ich an die Solidarität denke, die zwischen vielen Frauen – Freundinnen, Schwestern, Müttern und Töchtern – herrscht, scheint sie meiner Meinung nach von ihrer Fähigkeit zu kommen, mit anderen Beziehungen auf einer emotionalen Ebene aufbauen zu können. Frauen sind bereit dazu, ihre Gefühle mitzuteilen und über ihre persönlichen Probleme zu reden. Ich habe mit Müttern und Töchtern in Fernsehsendungen, die in ganz Amerika ausgestrahlt wurden, über ihre unterschiedlichen Standpunkte vor Millionen von Fernsehzuschauern diskutiert, und nach diesen teilweise heftigen Kontroversen vor laufender Kamera haben sie sich ganz freundlich miteinander über die Reaktionen ihrer Familie und ihrer Freunde zu Hause unterhalten – was die meisten Männer nicht verstehen können.

Männer reden miteinander meist über viel unpersönlichere Dinge. Wenn sich die Politiker vor laufender Kamera über philosophische Themen und politische Dinge streiten und danach im privaten Kreis mit Freunden Tennis spielen, sind Frauen meist erstaunt. Unterschiedliche Meinungen bringen Frauen oft einander näher, während die Männer Angst vor gegensätzlichen Gefühlen haben.

In ihrer Kindheit hat man den Jungen immer wieder gesagt, daß sie keine Gefühle zeigen sollten und daß sie nie weinen dürften, und deshalb sind Männer meist nicht dazu in der Lage, ihre Traurigkeit auszudrücken oder sich intensiv zu freuen. Diese Gefühle haben für sie keine Namen. Wenn Levant mit solchen Männern arbeitet, benutzt er einen »psychologisch orientierten Erziehungsansatz«, um ihnen dabei zu helfen, ihre eigenen Gefühle kennenzulernen. Sie entwickeln dabei ein Vokabular der Gefühle (Verletzlichkeit, Traurigkeit, Enttäuschung, Zurückweisung, Verlassenheit, Furcht, Wärme, Zuneigung, Nähe und Wertschätzung). Wenn Männer (und Jungen) ihre eigenen Gefühle nicht erkennen, erleben sie das, was Levant ein »Dröhnen« nennt, das sich durch einen Kloß im Hals, ein Engegefühl in der Brust, Bauchschmerzen, ein »bleiernes« Gefühl in den Beinen, angespannte Gesichtszüge, Schwierigkeiten, sich zu konzentrieren, und durch ein Zusammenpressen der Zähne ausdrückt.

Männer reagieren auf dieses »Dröhnen« nach Levant mit vier charakteristischen Möglichkeiten: »Sie lenken sich ab, was diesen Teufelskreis durchbricht und das Dröhnen erleichtert; dem ›Rubber Band Syndrom‹, bei dem sich das Dröhnen immer weiter verstärkt und schließlich in einem Zornesausbruch entlädt; dem ›Zinnsoldaten‹, bei dem das Dröhnen soweit wie möglich verdrängt wird, bis der Mann nichts mehr fühlt; oder dem ›zwiespältigen Boten‹, bei dem sich das Dröhnen nur noch durch sein nonverbales Verhalten bemerkbar macht.«

Frauen sind über diese Syndrome meist verwundert, und Männer können sie nicht erklären. Die Männer in Levants Gruppen lernen jedoch, wie sie das Dröhnen als ihre erste Reaktion auf Ärger erkennen können (Gefühle von Beklemmung und das Zusammenpressen der Zähne folgen dem normalerweise und münden in einen »explosiven Ausbruch«). Wenn man akzeptiert, daß es dieses »Dröhn-Syndrom« gibt, kann man auch ausdrücken, was einen bewegt, dagegen angehen oder alles nicht mehr so wichtig nehmen. Dann entdeckt man sich selbst.

Die Fähigkeit, Gefühle zu erkennen und sie konstruktiv auszudrücken, ist etwas, was Mütter ihren Söhnen gern vermitteln würden, aber manchmal fühlen sich Mütter vielleicht auch überfordert von den Gefühlen ihrer Söhne. Vielleicht wurden sie selbst von einem Vater erzogen, der keine Gefühle zeigen konnte, der streng und verschlossen war, und sie verstehen vielleicht nicht, wie wichtig es ist, seine Gefühle zu kennen, ob sie nun positiv oder negativ sind. Trotz ihrem Wunsch, nur das Positive zu sehen, braucht ein Junge seine Mutter, die ihm hilft, alle Gefühle, die er hat, besser zu verstehen.

Söhne hätten auch gern mehr Nähe zu ihrem Vater, selbst wenn sie das selbst nicht zum Ausdruck bringen. »Manchmal kommen meine Freunde und fragen mich, wo mein Vater ist«, erzählte ein Junge. »Manchmal sage ich, daß er gerade nicht da ist, weil ich nicht die Wahrheit sagen will, daß er uns verlassen hat, und manchmal sage ich auch, daß meine Eltern geschieden sind. Das hat mein ganzes Leben verändert, aber ich versuche, nicht mehr daran zu denken. Ich versuche einfach, mein eigenes Leben zu leben.«

Wenn ein Junge damit leben muß, seinen Vater verloren zu haben, kann das für ihn zu einer fast unerträglichen Last werden. Meist versteckt er seinen Schmerz zwischen gespieltem Draufgängertum und Gleichgültigkeit. Eine Mutter kann ihm den Vater nicht ersetzen, aber sie kann ihm helfen, seine Gefühle von Trauer zu erkennen, und sie kann ihm zeigen, wie er wieder Beziehungen zu anderen Leuten aufbauen kann, anstatt sich in sich selbst zurückzuziehen und seinen Schmerz zu negieren.

Wenn aus dem Jugendlichen ein Erwachsener wird, entdeckt er häufig ein neues Selbstverständnis, das manchmal nicht nur ihn selbst, sondern auch seine Eltern erstaunt.

In dem Jahr, als unser ältester Sohn das College abschloß, schrieb er einen Brief an meinen Mann und mich: »Je älter ich werde, um so wichtiger wird für mich meine weibliche Seite in der Beziehung zu meinen Freunden – Mitleid und Gefühle zeigen und sie ausdrücken können. Beziehungen zu anderen geben mir sehr viel, weil man jemanden dadurch kennenlernt, und das erfordert Offenheit, was mit Männlichkeit oder Machoverhalten nichts zu tun hat. Viele Männer haben Angst, ihre weiblichen Züge zu entwickeln, aber ich glaube, daß beides ausgewogen sein muß. Ich glaube, daß Menschen mit einer guten Mischung aus männlichen und weiblichen Eigenschaften Beziehungen aufbauen können, die ständig an Verständnis und Liebe zunehmen.« Ich habe mich sehr über diesen Brief gefreut.

Dieses Gleichgewicht, das sich eine Mutter für ihren Sohn wünscht, entsteht wahrscheinlich erst dann, wenn ein Sohn erkennt, daß emotionaler Schmerz genauso verletzen kann wie körperlicher und daß emotionale Freude genauso echt wie körperliches Wohlbefinden sein kann. »Ich habe gelernt«, erzählte mir mein Sohn später, »daß Gefühle weh tun können und daß ich verwundbar bin.«

Vielleicht ist es der erste Schritt, erwachsen zu werden, wenn man Mitgefühl und Pflichtbewußtsein entwickelt sowie das Bewußtsein, daß man selbst verletzbar ist und das auch akzeptiert. Dieses Bewußtsein kann die Fassade aus Gefühllosigkeit eines jungen Mannes aufbrechen, seinen Verteidigungspanzer ablegen lassen und ihn innerlich entlasten. Dann wird er fähig sein, zu seiner Frau und seinen Kindern sagen zu können: »Ich liebe euch, ich brauche euch, und wir werden zusammenhalten, was immer auch passiert.« Dann weiß eine Mutter, daß sie einen starken und zugleich sensiblen Mann großgezogen hat.

Anmerkungen

1 »Willkommen im Club«

1 Christiane Olivier: *Jokastes Kinder. Die Psyche der Frau im Schatten der Mutter,* München: dtv 1993.
2 Kaspar Kiepenheuer: *Geh über die Brücke. Die Suche nach dem eigenen Weg am Beispiel der Pubertät,* Zürich: Kreuz 1988.
3 Beverly I. Fagot und Richard Hagan:»Observation of Parent Reactions to Sex-Stereotyped Behaviors: Age and Sex Effects«. In: *Child Development,* Heft 62, 1991.
4 Judith G. Smetana:»Toddlers' Social Interactions in the Context of Moral and Conventional Transgressions in the Home«. In: *Developmental Psychology,* Heft 25/4.
5 C. Zahn-Waxler, M. Radke-Yarrow und R.A. King:»Childrearing and Children's Pro-social Initiatives Toward Victims of Distress«. In: *Child Development,* Heft 50, 1979.
6 Jeanne Brooks-Gunn und Wendy Schempp Matthews: *He and She: How Children Develop Their Sex-Role Identity,* Englewood Cliffs, N.J.: Prentice-Hall Press 1978. Diese inzwischen zum Klassiker avancierte Forschungsarbeit bezieht sich teilweise auf die Arbeiten von Eleanor Maccoby und Carol Jacklin.
7 Beverly J. Fagot und Richard Hagan: a.a.O.
8 Eleanor Maccoby:»Gender and Relationships: A Developmental Account«. In: *American Psychologist,* Heft 45/4 (auch im folgenden).
9 Lynn S. Liben und Margaret L. Signorella:»Gender-Schematic Processing in Children: The Role of Initial Interpretations of Stimuli«. In: *Developmental Psychology,* Heft 29/1, 1993.
10 Rita J. Casey:»Children's Emotional Experience: Relations Among Expression, Self-Report, and Understanding«. In: *Developmental Psychology,* Heft 29/1, 1993.

2 Total verrückt

1 Garrison Keillor:»About Guys«. In: *The New York Times* vom 27. Dezember 1992.
2 C.G. Jung in: *Aspects of the Masculine,* Princeton, N.J.: Princeton University Press 1989.
3 S. Shirley Feldman und Glen R. Elliott: *At the Threshold: The Developing Adolescent,* Cambridge, Mass.: Harvard University Press 1990.
4 J.M. Tanner arbeitet seit 1962 auf dem Gebiet des menschlichen Wachstums. In seinem neu überarbeiteten Buch *Fetus into Man* (Cambridge, Mass.: Harvard University Press 1990) beschreibt er kurz, aber vollständig die Grundzüge des menschlichen Wachstums. Seine Arbeit wird den meisten Studien zur Pubertät zugrundegelegt und bildet auch die Basis der gegenwärtigen Diskussion.
5 Roberts L. Paikoff und Jeanne Brooks-Gunn:»Physiological Processes: What Role Do They Play During the Transition to Adolescence?« In: Raymond Montemayor, Gerald R. Adams und Thomas P. Gullotta (Hrsg.): *From Childhood to Adolescence: A Transitional Period?* Newbury, Calif.: Sage

Publications 1990. Eine weitere gute Diskussionsgrundlage bietet Richard M. Lerner und Terryl T. Foch (Hrsg.): *Biological-Psychosocial Interactions in Early Adolescence*, Hillsdale, N.J.: Lawrence Erlbaum Associates 1987.

6 Edward A. Smith:»A Biosocial Model of Adolescent Sexual Behavior«. In: Gerald R. Adams, Raymond Montemayor und Thomas P. Gullotta (Hrsg.): *Biology of Adolescent Behavior and Development*, 1989.

7 Robert Bly: *Eisenhans. Ein Buch über Männer*, München: Kindler 1991 und Droemer Knaur 1993.

8 Alan Gaddis und Jeanne Brooks-Gunn:»The Male Experience of Pubertal Change«. In: *Journal of Youth and Adolescence*, Heft 14/1, 1985.

9 Bertrand Russell: *Autobiography of Bertrand Russell*, zitiert in: Ross Firestone (Hrsg.): *The Man in Me. Versions of the Male Experience*, New York: HarperPerennial 1992.

10 James C. Dobson: *Preparing for Adolescence: Straight Talk to Teens and Parents*. Ventura, Calif.: Ragal Books 1980. Dr. Dobson ist kein Verfechter der Masturbation, sondern zeigt einfühlsames Verständnis für Masturbation als Ventil für sexuelle Energie.

11 Richard Y. Handy: *Male Sexuality and the Challenge of Healing Impotence*, Buffalo, N.Y.: Promethus Books 1988. Ein autobiographischer Bericht über Handys Kampf mit Prostatakrebs sowie mit Erinnerungen an seine Sexualität als Junge.

12 Douglas H. Heath: *Fulfilling Lives: Paths to Maturity and Success*, San Francisco: Jossey-Bass Publishers 1991.

13 Sanford M. Dornbusch u.a.: »Stanford Studies of Adolescence Using National Health Examination Survey«. In: Richard M. Lerner und Terryl T. Foch (Hrsg.): a.a.O.

14 David Gilmore: *Mythos Mann. Rollen, Rituale, Leitbilder*, München/Zürich: Artemis & Winkler 1991.

15 Nancy L. Galambos, David M. Almeida und Anne C. Petersen: »Masculinity, Femininity, and Sex Role Attitudes in Early Adolescence: Exploring Gender Intensification«. In: *Child Development*, Heft 61, 1990.

16 Richard M. Lerner u.a.: »Physical Attractiveness and Psychosocial Functioning among Early Adolescents«. In: *The Journal of Early Adolescence*, Heft 11/3, August 1991.

3 Der Kampf mit der Identität

1 Andrew Collins: »Parent-Child Relationships in the Transition to Adolescence: Continuity and Change in Interaction, Affect, and Cognition«. In: Raymond Montemayor, Gerald R. Adams und Thomas P. Gullotta (Hrsg.): *From Childhood to Adolescence*, a.a.O. Dieses Buch bietet einen guten Überblick über die vielen Forschungsarbeiten, die die immer größer werdenden Konflikte zwischen den Eltern und den Heranwachsenden in der Pubertät untersucht haben.

2 Laurence Steinberg: »Pubertal Maturation and Parent-Adolescent Distance: An Evolutionary Perspective«. In: Gerald R. Adams, Raymond Montemayor und Thomas P. Gullotta (Hrsg.): *Biology of Adolescent Behavior*, a.a.O.

3 Aletha Huston und Midred Alvarez: »The Socialization Context of Gender Role Development in Early Adolescence«. In: Raymond Montemayor, Gerald R. Adams und Thomas P. Gullotta (Hrsg.): *From Childhood to Adolescence*, a.a.O. Huston und Alvarez fanden heraus, daß die Macht der Mutter meist verstärkt wird, wenn sie auch berufstätig ist, weil sie dadurch zum Familieneinkommen beiträgt.

4 Willard Gaylin: *Die Helden sind müde. Das männliche Ich,* Düsseldorf: Econ 1993 und 1994. Dies ist eine Erörterung über das »meist mißverstandene« männliche Ego eines Psychiaters und des Mitbegründers des Hastings Center.

5 Robert Bly: *Eisenhans,* a.a.O.

6 Andrew H. Malcolm: *The Huddle: Fathers, Sons, and Football.* New York: Simon and Schuster 1992.

7 Guy Corneau: *Abwesende Väter - Verlorene Söhne. Die Suche nach der männlichen Identität,* Solothurn/Düsseldorf, Walter 1993.

8 Erik H. Erikson: *Jugend und Krise. Die Psychodynamik im sozialen Wandel,* Stuttgart: Klett-Cotta, 3. Aufl. 1980. Eriksons Arbeit hat die Grundlagen für die meisten analytischen Forschungen auf dem Gebiet der Entwicklung von Jugendlichen geschaffen.

9 Carol Gilligan und Lyn Mikel Brown: *Meeting at the Crossroads: Women's Psychology and Girls' Development,* Cambridge, Mass.: Harvard University Press 1992.

10 Mark J. Benson, Paula B. Harris und Cosby S. Rogers: »Identity Consequences of Attachment to Mothers and Fathers Among Late Adolescents«. In: *Journal of Research on Adolescence,* Heft 2/3, 1992.

11 Susan Harter und Ann Monsour: »Developmental Analysis of Conflict Caused by Opposing Attributes in the Adolescent Self-Portrait«. In: *Developmental Psychology,* Heft 28/2, 1992.

12 Willard Gaylin: *Die Helden sind müde,* a.a.O.

13 David Gilmore: *Mythos Mann,* a.a.O. Gilmore hat festgestellt, daß Männer in vielen Gesellschaften erst »gemacht« werden müssen.

14 David Elking: *Total verwirrt. Teenager in der Krise,* Hamburg: Kabel 1990 und Bergisch Gladbach: Bastei Lübbe 1991. Elkind prägte den Ausdruck »persönliche Fabel«, um die Bemühungen eines Heranwachsenden zu beschreiben, sich seine eigenen Vorstellungen von Sicherheit zu schaffen. Seine Überlegungen über das Denken von Heranwachsenden prägten den Großteil der entsprechenden akademischen Literatur.

4 »Soll ich ihm sagen, daß ich ihn liebe?«

1 Russell Baker: *Growing Up,* New York: New American Library 1982.

2 Nancy J. Chodorow: *Feminism and Psychoanalytic Theory,* New Haven, Conn.: Yale University Press 1989.

3 Jonathan Rutherford: *Men's Silences: Predicaments in Masculinity,* London: Routledge 1992.

4 Ebd.

5 Carol Klein: *Mothers and Sons,* Boston: Houghton Mifflin 1984.

6 Jack Kornfield: »Parenting as a Spiritual Practice«. In: Charles Scull (Hrsg.): *Fathers, Sons, and Daughters,* Los Angeles: Jeremy P. Tarcher Inc. 1992.

7 Robert E. Salt: »Affectionate Touch Between Fathers and Preadolescent Sons«. In: *Journal of Marriage and the Familiy,* August 1991.

8 Nancy J. Chodorow: *Feminism and Psychoanalytic Theory,* a.a.O.

9 Harry Guntrip: *Personality Structure and Human Interaction,* Madison, Conn.: International Universities Press 1961. Dieses Zitat stammt aus Nancy Chodorows Buch *Feminism and Psychoanalytic Theory.*

10 Andrew H. Malcolm: *Someday: The Story of a Mother and Her Son,* New York: Alfred A. Knopf 1991.

11 Gail B. Werrbach, Harold D. Grotevant und Catherine R. Cooper: »Patterns

of Familiy Interaction and Adolescent Sex Role Concepts«. In: *Journal of Youth and Adolescence,* Heft 21/5, 1992.

12 Oscar Wilde: *The Importance of Being Earnest,* zitiert im Kapitel »Mothers and Sons« in: Alexandre Towle (Hrsg.): *Mothers: A Celebration in Prose, Poetry, and Photographs of Mothers and Motherhood,* New York: Simon and Schuster 1988.

13 Judith Wallerstein und Sandra Blakeslee: *Gewinner und Verlierer. Frauen, Männer, Kinder nach der Scheidung. Eine Langzeitstudie,* München: Droemer Knaur 1989 und 1992.

14 Judith G. Smetana u.a.: »Adolescent-Parent Conflict in Married and Divorced Families«. In: *Developmental Psychology,* Heft 27/6, 1991.

15 E. Mavis Hetherinton und W. Glenn Clingempeel: »Coping with Marital Transitions«. In: *Monograph of the Society for Research in Child Development,* Bd. 57, 1992.

16 James H. Bray: »Adolescents in Stepfamilies«. In: *The Family Psychologist,* Sommer 1992. Bray diskutiert die Forschungen von Abelson, über die in *Family Process,* Bd. 31, 1992, berichtet wurde.

5 »Meine Mutter würde mich umbringen!«

1 Diana Baumrind: »The Influence of Parenting Style on Adolescent Competence and Substance Abuse«. In: *The Journal of Early Adolescence,* Heft 11/1, 1991. Baumrind gibt hier einen hervorragenden Überblick über die Theorien, die sich mit der Entwicklung von Heranwachsenden beschäftigen.

2 Laurence Steinberg u.a.: »Authoritative Parenting and Adolescent Adjustment Across Varied Ecological Niches«. In: *Journal of Research on Adolescence,* Heft 1/1.

3 Der Begriff »autoritative Elternschaft« wurde von Diana Baumrind von der University of California in Berkeley geprägt, die Familien über zehn Jahre lang beobachtete. Laurence Steinberg und andere haben ihre Forschungen weitergeführt. Viele Arbeiten zum Thema Eltern und Heranwachsende beziehen sich auf Earl Schaefers brillante Forschungen, die 1959 erstmals veröffentlicht wurden: »A Circumplex Model for Maternal Behavior«, in: *The Journal of Abnormal and Social Psychology,* Bd. 59, und seine Veröffentlichung von 1965: »Children's Report of Parental Behavior«, in: *Child Development,* Bd. 36.

4 Wenn ich über »autoritative Elternschaft« schreibe, beziehe ich mich im wesentlichen auf Baumrinds Forschungen, zu denen unter anderem folgende Veröffentlichung gehören: »Parenting Styles and Adolescent Development« in: R.M. Lerner, A.C. Peterson und Jeanne Brooks-Gunn (Hrsg.): *Encyclopedia of Adolescence,* New York: Garland 1992 und »The Influence of Parenting Style on Adolescent Competence and Problem Behavior«, eine Rede, die bei der jährlichen Tagung der American Psychological Association im August 1989 in New Orleans gehalten wurde.

5 Meine Anwendung von Baumrinds Arbeiten auf das Familienleben leitet sich von meinen Diskussionen mit Müttern von Heranwachsenden und meinen persönlichen Erfahrungen als Mutter von sechs Kindern ab.

6 Ein Bericht von Felicia R. Lee in: *The New York Times* vom 9. Februar 1993.

7 Betsy Speicher: »Adolescent Moral Judgment and Perceptions of Family Interactions«. In: *Journal of Family Psychology,* Heft 6/2, 1992.

8 Arnold J. Sameroff und Barbara H. Fiese: »Family Representations of

Development«. In: Irving E. Siegel, Ann V. McGillicuddy-DeLisi und Jacqueline J. Goodnow (Hrsg.): *Parental Belief System: The Psychological Consequences for Children,* Hillsdale, N.J.: Lawrence Erlbaum Associates, 2. Aufl. 1992.
9 Grace M. Barnes und Michael P. Farrell:»Parental Support and Control as Predictors of Adolescent Drinking, Delinquency, and Related Problem Behaviors«. In: *Journal of Marriage and the Family,* November 1992.

6 Die Sprache der Mutter und die Sprache des Sohnes

1 John Gray: *Männer sind anders. Frauen auch,* München: Goldmann 1992 und 1995.
2 Deborah Tannen: *Du kannst mich einfach nicht verstehen. Warum Männer und Frauen aneinander vorbeireden,* Hamburg: Kabel 1991 und München: Goldmann 1994.
3 Phame M. Camarema, Pamela A. Sarigiani und Anne C. Petersen:»Gender-Specific Pathways to Intimacy in Early Adolescence«. In: *Journal of Youth and Adolescence,* Heft 19/1, 1990.
4 Die Forschungsarbeit stammt von Janice Stapley und Jeannetter Haviland von der Rutgers University und wurde veröffentlicht in *Monitor* (American Psychological Association, Oktober 1989).
5 James Youniss und Jacqueline Smollar: *Adolescent Relations with Mothers, Fathers, and Friends,* Chicago: University of Chicago Press 1985.
6 Richard Majors und Janet Billson: *Cool Pose: The Dilemmas of Black Manhood in America,* New York: Macmillan 1992. Das Zitat stammt aus einem Interview mit Majors in *The New York Times* vom 21. April 1992.
7 Eine hervorragende Übersicht über die Sozialisationsprozesse von Jugendlichen findet man in der Sonderausgabe von *Journal of Youth and Adolescence,* Heft 18/6, 1989. Besonders nützlich ist die Zusammenfassung zum Thema»The Life Space and Socialization of the Self: Sex Differences in the Young Adolescent« von Maryse H. Richards und Reed Larson.
8 Austen A. Ettinger:»Mum's the Word«. In: *The New York Times* vom 3. Februar 1991.
9 Deborah Tannen: *Du kannst mich einfach nicht verstehen,* a.a.O.
10 Paul W. Swets: *How to Talk So Your Teenager Will Listen,* Waco, Tex.: Word Books 1988.

7 »Warum müssen sie dauernd miteinander kämpfen?«

1 David Gilmore: *Mythos Mann,* a.a.O.
2 David G. Perry, Louise C. Perry und Robert Weiss:»Sex Difference in the Consequences that Children Anticipate for Aggression«. In: *Developmental Psychology,* Heft 25/2, 1989.
3 Perry, Perry und Weiss besprechen im obengenannten Artikel die Literatur über Selbstbewußtsein und Aggression.
4 Myriam Miedzian: *Boys Will Be Boys: Breaking the Link Between Masculinity and Violence,* New York: Doubleday 1991.
5 Rand D. Conger u.a.: »A Family Process Model of Economic Hardship and Adjustment of Early Adolescent Boys«. In: *Child Development,* Bd. 63, 1992.
6 Die ebenerwähnten Forschungen von Conger u.a. sind auch im *Journal of Youth and Adolescence,* Bd. 21, Nr. 3, 1992, veröffentlicht worden.

7 Judith Wallerstein und Sandra Blakeslee: *Gewinner und Verlierer*, a.a.O.
8 Brandon S. Centerwall, M.D., in: »Television and Violence: The Scale of the Problem and Where to Go from Here«. In: *The Journal of the American Medical Association* vom 10. Juni 1992.
9 Tori DeAngelis berichtete über diese Studie in *Monitor* (American Psychological Association, Mai 1992).
10 Leonard Eron ist der Vorsitzende der American Psychological Association's Commission on Violence and Youth. Zitiert ebenfalls in *Monitor* vom Mai 1992.
11 Berichtet von Jonathan Rabinovitz in *The New York Times* vom 6. August 1992.
12 Berichtet von Felicity Barringer in *The New York Times* vom 20. September 1992.
13 Denise B. Kandel, Victoria H. Raveis und Mark Davies: »Suicidal Ideation in Adolescence: Depression, Substance Use, and Other Risk Factors«. In: *Journal of Youth and Adolescence*, Heft 20/2, 1991.
14 Berichtet von Clare Collins in *The New York Times* vom 3. Mai 1992.
15 Interview mit Dr. David Brent von der University of Pittsburgh, aufgezeichnet von Jane Brody in *The New York Times* vom 16. Juni 1992.
16 Berichtet von Jane Brody in *The New York Times* vom 16. Juni 1992.
17 Marjolein L. de Jong: »Attachment, Individuation, and Risk of Suicide in Late Adolescence«. In: *Journal of Youth and Adolescence*, Heft 21/3, 1992.
18 Thomas E. Blackburn, zitiert in einer Besprechung von Myriam Miedzians Buch *Boys Will Be Boys* in *The National Catholic Reporter* vom 3. April 1992.
19 Bettie B. Youngs: *Helping Your Teenager Deal with Stress*, Los Angeles: Jeremy P. Tarcher, Inc., 1986.

8 Die eigenen Fähigkeiten entdecken und fördern

1 Theodora Ooms, Vorsitzende des Family Impact Seminar und Moderatorin der Diskussionsrunde »The Family-School Partnership: A Critical Component of School Reform«, die am 21. Februar 1991 in Washington, DC., stattfand.
2 »Turning Points: Preparing American Youth for the 21st Century« vom Carnegie Council on Adolescent Development, 2400 N. Street N.W., Washington, DC., 20037-1153.
3 Gene H. Brody und Zolinda Stoneman: »Child Competence and Developmental Goals Among Rural Black Families«. In: Irving E. Siegel, Ann V. McGillicuddy-DeLisi und Jacqueline J. Goodnow (Hrsg.): *Parental Belief Systems*, a.a.O.
4 Laurence Steinberg u.a.: »Impact of Parenting Practices on Adolescent Achievement: Authoritative Parenting, School Involvement, and Encouragement to Succeed«. In: *Child Development*, Nr. 63, 1992.
5 Peter G. Christenson und Donald F. Roberts: *Popular Music in Early Adolescence*. Ein Arbeitspapier des Carnegie Council on Adolescent Development, 2400 N. Street, N.W., Washington, DC., 20037-1153, 1990.
6 Jacquelynne S. Eccles und Carol Midgley: »Changes in Academic Motivation and Self-Perception During Early Adolescence«. In: Raymond Montemayor, Gerald R. Adams und Thomas P. Gullotta (Hrsg.): *From Childhood to Adolescence*, a.a.O.
7 Carol Goodenow: »Classroom Belonging Among Early Adolescent Stu-

dents: Relationships to Motivation and Achievement«. In: *The Journal of Early Adolescence*, Februar 1993. Goodenow liefert einen guten Überblick über ähnliche Forschungsarbeiten.

8 James P. Garvin: *Learning How to Kiss a Frog: Advice for Those Who Work with Pre- and Early Adolescents*, Rowley, Mass.: New England League of Middle Schools 1988. Dies ist eine hervorragende Abhandlung sowohl für Lehrer als auch für Eltern.

9 Laurence Steinberg u.a.:»Impact of Parenting Practices«, a.a.O. Eine andere Forschungsarbeit fand heraus, daß die Aufsicht der Eltern während der frühen Pubertät die Schulnoten positiv beeinflußt: Ann Crouter u.a.:»Parental Monitoring and Perceptions of Children's School Performance and Conduct in Dual- and Single-Earner Families«. In: *Developmental Psychology*, Heft 26/4, 1991.

10 Das National Center for Learning Disabilities hat folgende Anschrift: 99 Park Avenue, New York, NY 10016.

11 Sally B. Shaywitz:»Nice Quiet Girls Can Have Reading Problems Too«. In: *Their World*, eine Veröffentlichung des Center for Learning Disabilities, 1991.

12 The American Psychiatric Association's Diagnostic and Statistical Manual of Mental Disorders, 3., überarbeitete Auflage.

9 »Sie sollten irgend etwas machen!«

1 Eine hervorragende Zusammenfassung aller Forschungsarbeiten über »Schlüsselkinder« und die Aktivitäten nach der Schule findet sich im Arbeitspapier des Wellesley College Center for Research on Women. Fern Marx:»After-School Programs for Low-Income Young Adolescents: Overview and Program Profiles«.

2 Wendy Z. Hultzman:»Constraints to Activity Participation in Early Adolescence«. In: *The Journal of Early Adolescence*, August 1992.

3 George Leonard: *The Ultimate Athlete*, Berkeley, Calif.: North Atlantic Books 1990. Eine gute Übersicht über neuere Sportprogramme.

4 Andrew H. Malcolm: *Huddle: Fathers, Sons, and Football*, New York: Simon and Schuster 1992.

5 Ebd.

6 Ronald E. Smith und Frank L. Smoll:»Self-Esteem and Children's Reactions to Youth Sport Coaching Behaviors: A Field Study of Self-Enhancement Processes«. In: *Developmental Psychology*, Heft 26/6, 1990.

7 Gerald Eskenazi:»The Male Athlete and Sexual Assault«. In: *The New York Times* vom 3. Juni 1990.

8 Douglas H. Heath: *Fulfilling Lives: Paths to Maturity and Success*, San Francisco: Jossey-Bass Publishers 1991.

9 Dieses Programm wurde von Douglas Martin in *The New York Times* vom 2. Mai 1992 beschrieben. ScoutReach befindet sich in New York City.

10 Jeylan T. Mortimer u.a.:»Work Experience, Mental Health, and Behavioral Adjustment in Adolescence«. In: *Journal of Research on Adolescence*, Heft 2/1, 1992. Dieser Artikel bietet eine gute Übersicht über die Untersuchungen zum Thema Heranwachsende und Arbeit.

11 Laurence Steinberg und Sanford M. Dornbusch:»Negative Correlates of Part-Time Employment During Adolescence: Replication and Elaboration«. In: *Developmental Psychology*, Heft 27/2, 1991.

10 »Ich schlafe nur mit Jungfrauen!«

1 »Facts at a Glance, 1992«, veröffentlicht von Child Trends, Inc., 2100 M. St., N.W., Washington, DC., 20037. Child Trends veröffentlicht jedes Jahr einen statistischen Bericht über das Sexualverhalten von Jugendlichen.

2 Mireya Navarro: »AIDS Cases Rise Under New Federal Rules«. In: *The New York Times* vom 22. März 1993. Die Definition der AIDS-Fälle in den USA wurde auch auf Krankheiten ausgedehnt, die wiederum durch AIDS bedingt sind und weist eine genauere Anzahl von AIDS-Fällen bei Frauen und bei intravenösen Drogensüchtigen auf.

3 Berichtet in *The Family Psychologist*, Winter 1992.

4 »Facts at a Glance, 1992.«

5 »Facts at a Glance, 1993.«

6 William Marsiglio: »Adolescent Males' Orientation Toward Paternity and Contraception«. In: *Family Planning Perspectives,* Januar 1993.

7 Jane Gross: »Where ›Boys Will Be Boys‹ and Adults Are Befuddled«. In: *The New York Times* vom 29. März 1993.

8 Emily Rosenbaum und Denise R. Kandel: »Early Onset of Adolescent Sexual Behavior and Drug Involvement«. In: *Journal of Family and Marriage*, August 1990.

9 Ellie W. Young u.a.: »The Effects of Family Structure on the Sexual Behavior of Adolescents«. In: *Adolescence*, Winter 1991.

10 Jon Pareles: »The Eternal Seductions of Prince«. In *The New York Times* vom 26. März 1993.

11 Peter G. Christenson und Donald F. Roberts: »Popular Music in Early Adolescence«. Carnegie Council on Adolescent Development. Ein Arbeitspapier, Januar 1990.

12 John J. O'Connor: »On Teenage Virginity or Its Loss, on TV«. In: *The New York Times* vom 25. September 1991.

13 Herant Katchadourian: »Sexuality«. In: S. Shirley Feldman und Glen R. Elliot (Hrsg.): *At the Threshold: The Developing Adolescent*, Cambridge, Mass.: Harvard University Press 1990.

14 Fred M. Hechinger: *Fateful Choices: Healthy Youth for the 21st Century,* Carnegie Corporation of New York 1992.

15 Marion Howard und Judith Blamey McCabe: »Helping Teenagers Postpone Sexual Involvement«. In: *Family Planning Perspectives*, Januar 1990.

16 C.G. Jung: *Aspects of the Masculine,* Princeton, N.J.: Princeton University Press 1989. Eine Vorlesungs- und Aufsatzreihe von C.G. Jung über das Männliche, die zu seinen Lebzeiten zusammengestellt wurde.

17 Ellen Hopkins: »Sex Is For Adults«. Eine Kolumne über Erziehung in *The New York Times* vom 26. Dezember 1992.

18 Marion Howard: *How to Help Your Teenager Postpone Sexual Involvement,* New York: Continuum Publishing Company 1989.

19 Philip Kestelman und James Trussell: »Efficacy of the Simultaneous Use of Condoms and Spermicides«. In: *Family Planning Perspectives*, September/Oktober 1991.

11 »Kinder tun ja doch, was sie wollen«

1 *Chronic Disease and Health Promotion: 1990 Youth Risk Behavior Surveillance System,* U.S. Department of Health and Human Services, Centers for Disease Control 1992. Hierzu einige Vergleichszahlen: In der Bundesrepublik Deutschland rauchen 36,9 Prozent der Jugendlichen zwischen 12

und 24 Jahren, etwa 16,3 Prozent der Jugendlichen haben mindestens einmal illegale Drogen, meist Cannabis, probiert. Insgesamt leben in der Bundesrepublik ca. 100.000 Drogenabhängige und etwa 2,5 Millionen Alkoholkranke (Deutsche Hauptstelle gegen die Suchtgefahren e.V. [DHS] und Fachverband Drogen und Rauschmittel e.V. [FDR] (Hrsg.): *Sucht und Drogen*, Hamm/Hannover, März 1993).

2 The National Summary of PRIDE Questionnaire Report 1991-1992. PRIDE, Inc., 50 Hurt Plaza, Suite 210, Atlanta, GA 30303. Der Vergleich mit den vorangegangenen Jahren wurde veröffentlicht in *Chemical People* (Winter 1992/93), National Media Outreach Center, 4802 Fifth Ave., Pittsburgh, PA 15213. Die Forschungsergebnisse, daß immer mehr 14jährige Drogen nehmen, wurde in der 1992 durchgeführten Untersuchung von 50.000 14-, 16- und 18jährigen bestätigt. Diese Forschungen stammen vom National Institute on Drug Abuse und wurden von den Psychologen Lloyd Johnston, Patrick O'Malley und Jerald Bachman der University of Michigan geleitet.

3 *General Reports on Youth and Alcohol*, Bericht vom Office of Inspector General, November 1991.

4 Michael Schicks Ausführungen wurden von Nick Coleman, einem Kolumnisten der *St. Paul Pioneer Press,* berichtet und in der *Greenwich Time* vom 17. September 1992 abgedruckt.

5 Rev. Calvin O. Butts 3d of the Abyssinian Baptist Church, New York, zitiert in *The New York Times* vom 16. April 1993.

6 Michael Windle und Carol Miller-Tutzauer:»Confirmatory Factor Analysis and Concurrent Validity of the Perceived Social Support-Family Measure Among Adolescents«. In: *Journal of Marriage and Family*, November 1992.

7 Brian K. Barbar:»Family, Personality, and Adolescent Problem Behaviors«. In: *Journal of Marriage and Family*, Februar 1992.

8 Die Statistiken über das Rauchen stammen unter anderem aus *The Adolescent and Young Adult Fact Book*, veröffentlicht vom Children's Defense Fund 1991.

9 Brett Queener:»The Grip of a Vice«. In: *Dartmouth Alumni Magazine*, Sommer 1992.

10 Grace M. Barnes und Michael P. Farrell:»Parental Support and Control as Predictors of Adolescent Drinking, Delinquency, and Related Problem Behaviors«. In: *Journal of Marriage and Family,* November 1992. Ein guter Überblick über die Literatur über die Unterstützung und Kontrolle der Eltern.

11 Ebd.

12 James Youniss, James P. DeSantis und Sandra H. Henderson: »Parents' Approaches to Adolescents in Alcohol, Friendship, and School Situations«. In: Irving E. Siegel, Ann V. McGillicuddy-DeLisi und Jacqueline J. Goodnow (Hrsg.): *Parental Belief Systems*, a.a.O.

13 Zitiert in *The Chemical People*, National Media Outreach Center, Pittsburgh, März/April 1992.

14 Rebecca A. Turner, Charles E. Irwin, Jr., und Susan G. Millstein:»Family Structure, Family Processes, and Experimenting with Substances During Adolescence«: In: *Journal of Research on Adolescence,* Heft 1/1, 1991.

15 Owen Lewis:»Parental Absence: Psychotherapeutic Considerations in Boys«. Dieser Aufsatz wurde vom W.A.W. Institute, 20 W. 74th St., New York, NY 10023, veröffentlicht und abgedruckt in *Mothers and Daughters: Fathers and Sons*. Dies ist das Protokoll eines Symposiums, das finanziell

unterstützt wurde vom Common Ground: The Center for Adolescents, Stamford Hospital, Stamford, CT.
16 Lee Shifts: »Relationship of Early Adolescent Substance Use to Extracurricular Activities, Peer Influence, and Personal Attitudes«. In: *Adolescence*, Herbst 1991.
17 Tina Adler: »Temperament Tied to Drug Abuse Risk«. Berichtet in der Veröffentlichung *Monitor* der American Psychological Association im Februar 1990. Eine Übersicht über die gegenwärtigen Vorstellungen von Temperament.

12 »Ist mein Sohn homosexuell?«

1 Richard Green: The »*Sissy Boy Syndrome*« and the Development of Homosexuality, New Haven, Conn.: Yale University Press 1987.
2 Diese Theorie wird von Richard A. Isay beschrieben und in seinem Buch neu interpretiert: *Schwul sein. Die psychologische Entwicklung des Homosexuellen*, München: Piper 1993. Auch Kenneth Lewes bringt einen Überblick über die Geschichte der psychoanalytischen Theorie in seinem Buch *The Psychoanalytic Theory of Male Homosexuality*, New York: Simon and Schuster 1988. In älteren Forschungsarbeiten wird die Annahme zugrundegelegt, daß Mütter eine sehr starke Bindung und Intimität zu ihren Söhnen besitzen (»The Transsexual Experiment« im Band 2 von *Sex and Gender*, Jason Aronson 1976). Andere Forscher meinen, daß die Mütter ihren Söhnen gegenüber feindselig eingestellt sind (»On the Genesis of Male Homosexuality: An Attempt at Clarifying the Role of the Parents«. In: *The British Journal of Psychiatry*, Heft 111, 1965).
3 Richard Green: The »*Sissy Boy Syndrome*«, a.a.O.
4 Alan P. Bell, Martin S. Weinberg und Sue K. Hammersmith: *Sexual Preference: Its Development in Men and Women*, Bloomington: Indiana University Press 1981.
5 *The New York Times* vom 4. August 1992.
6 Alan P. Bell, Martin S. Weinberg und Sue K. Hammersmith: *Sexual Preference*, a.a.O.
7 John Preston (Hrsg.): *Hometowns: Gay Men Write About Where They Belong*, New York: E.P. Dutton 1991.
8 Berichtet in *Monitor* von der American Psychological Association im November 1991. Erwähnt auch in *Newsweek* vom 24. Februar 1992.
9 Laura S. Allen und Roger A. Gorski in: *The New York Times* vom 1. August 1992. Natalie Angier schrieb hier über die Forschungen der National Academy of Sciences.
10 Michael Baileys und Richard Pillards Forschungen wurden in *Monitor* der American Psychological Association im Februar 1992 abgedruckt. Len Heston schrieb darüber einen Kommentar in derselben Ausgabe.
11 David L. Wheeler: »Study Suggests X Chromosome Is Linked to Homosexuality«. In: *The Chronicle of Higher Education* vom 21. Juli 1993.
12 Berichtet in *Newsweek* vom 24. Februar 1992 und telefonisch bestätigt von John Moneys erstem Mitarbeiter.
13 Michael Ruse: *Homosexuality*, New York: Basil Blackwell Inc. 1988: »Viele Studien, die die Erinnerungen von Homosexuellen an ihre eigene Kindheit untersuchten, haben erbracht, daß es (durchschnittlich) auffallende Unterschiede zwischen den Erinnerungen von Homosexuellen an ihre eigenen Kindheit und vergleichbaren Erinnerungen von Heterosexuellen

gibt. Vor allem erinnern sich mehr männliche Homosexuelle daran, daß sie sich als Kinder wie Mädchen benommen haben, daß sie viel glücklicher waren, wenn sie mit Mädchen spielten und auch die Spiele von Mädchen (etwa mit Puppen) spielten, als mit Jungen zusammenzusein, aber viele Homosexuelle erinnern sich auch an gar nichts.«

14 Richard Green: The »Sissy Boy Syndrome«, a.a.O.
15 Diese Jungen waren »weiblich« und sollten nicht mit »Androgynen« verwechselt werden. Androgyne Kinder interessieren sich für alle Aktivitäten, sowohl von Jungen als auch von Mädchen.
16 Richard Green: The »Sissy Boy Syndrome«, a.a.O.
17 David Gilmore: Mythos Mann, a.a.O.
18 Alan P. Bell, Martin S. Weinberg und Sue K. Hammersmith: Sexual Preference, a.a.O.
19 S. Shirley Feldman und Glen R. Elliott (Hrsg.): At the Threshold, a.a.O.
20 Alfred C. Kinsey, W.B. Pomery und C.E. Martin: Sexual Behavior in the Human Male, Philadelphia: W.B. Saunders 1948.
21 Die erste Forschungsarbeit (mit einem Prozent ausschließlich Homosexueller) wurde vom Battelle Human Affairs Research Center in Seattle durchgeführt und basierte auf einzelnen Interviews mit einer Gruppe von 3.321 Männern. Die zweite Arbeit, die von Louis Harris und seinen Kollegen durchgeführt wurde, umfaßte 739 Männer im Alter zwischen 16 und 50. Zu beachten ist, daß Untersuchungen über sexuelle Themen von der Art der Fragestellung und vom Geschlecht der Interviewer beeinflußt werden können.
22 John Money und Patricia Tucker: Sexual Signatures: On Being a Man or a Woman, Boston: Little, Brown & Co. 1975.
23 Dies wird in vielen Essays über Homosexuelle genannt, vor allem bei John Preston (Hrsg.): Hometowns, a.a.O.
24 Laurence Steinberg und Ann Levine: You and Your Adolescent: A Parent's Guide for Ages 10 to 20, New York: Harper and Row 1990.
25 Moses und M. Egle Laufer: Adoleszenz und Entwicklungskrise, Stuttgart: Klett-Cotta 1989.
26 E.L. Pattullo: »Straight Talk About Guys«. In: Commentary, Dezember 1992. Pattullo legt hier seine Gründe dar, warum er glaubt, daß es Jungen gibt, die zwischen homosexuell und heterosexuell hin- und herschwanken, und daß sie Einflüssen ausgesetzt seien, die sie in die Richtung von Heterosexuellen drängen würden.
27 Ruth Westheimer und Louis Lieberman: Sex and Morality: Who is Teaching Our Sex Standards? New York: Harcourt Brace Jovanovich 1988.
28 G. Remafedi: »Adolescent Sexuality: Psychological and Medical Implications«. In: Pediatrics, Heft 79/3, 1987.
29 Paul Monette: Coming Out. Die Geschichte eines halben Lebens, Frankfurt: Krüger 1994.
30 Jeffrey Schmalz, berichtet in The New York Times vom 4. Februar 1993.

13 »Bald wirst du auch noch verlangen, daß wir Büstenhalter tragen!«

1 Ronald F. Levant: »Toward a Reconstruction of Masculinity«. In: Journal of Family Psychology, März/Juni 1992 (auch die folgenden Zitate entstammen diesem Beitrag).